Meine Heimat

Schlesien

Städte und Landschaften

Meine Heimat

Schlesien

Städte und Landschaften

Herausgegeben von Herbert Hupka

Weltbild Verlag

Genehmigte Sonderausgabe für Weltbild Verlag GmbH, Augsburg 1989

Gesamtherstellung: Mohndruck Graphische Betriebe GmbH, Gütersloh
Printed in Germany
ISBN: 3-7844-1736-1

Für meine Frau

die gebürtige Münchnerin

»Glauben Sie mir, es ist schwer sich zu verpflanzen. Ausweisen aus meiner Heimat wäre für mich der Tod.«
Boris Pasternak

Erinnerung und Bekenntnis

Dieses Buch ist zum ersten Mal 1966 unter dem Titel »Schlesisches Panorama« erschienen. Als es 1979, nachdem es längst vergriffen war, wieder aufgelegt wurde, stellte es sich dem Leser unter dem neuen Titel »Schlesien – Städte und Landschaften« vor. Das Land, von dem es Zeugnis ablegt, sollte sich nicht mit einem Beiwort, sondern als Hauptwort vorstellen. Heute kann es bereits in vierter Auflage erscheinen.

Viele fragen – und es sind erfreulicherweise mehr als zuvor –, was es denn mit diesem, mit unserem Schlesien auf sich hat, wie es einmal in Schlesien bis zur bitteren Stunde von 1945 gewesen ist. Als ein junger, 22jähriger Rheinländer aus schlesischem Elternhaus auf einem der vielen Heimatkreistreffen zu einer kurzen Ansprache aufgefordert wurde – denn man wollte wissen, was einem jungen Mitbürger die Heimatstadt seiner Eltern heute bedeutet –, bezog er sich sowohl auf die Erzählungen seiner Eltern als auch, und dies ausdrücklich, auf einen Essay aus diesem Buch. Hier ist die Vergangenheit eingefangen und festgeschrieben, heute sagt man dokumentiert, bei aller Bemühung um Objektivität bewußt subjektiv. Und das macht das Unwiederholbare des vorliegenden Buches aus.

Als das Buch konzipiert wurde, sollten Autoren gewonnen werden, die für die Städte und Landschaften Schlesiens die ebenso kompetenten wie aussagekräftigen Chronisten waren. Allerdings sollte es keine nur die Fakten bietende Geschichte werden und auch keine jede Örtlichkeit genau beschreibende Landeskunde. Ohne das Topographische vernachlässigen zu wollen, es war die Absicht des Herausgebers, das geistige Fluidum der Städte und Landschaften Gegenwart werden zu lassen.

Alle Autoren, die 1966 ihr Manuskript abgeschlossen haben (da und dort sind inzwischen geringfügige Korrekturen angebracht worden, weil kleine Irrtümer entdeckt worden waren), hatten die große Mehrzahl ihrer Jahre oder gerade die Hälfte ihres Lebens – dies bei den jüngsten der Mitarbeiter – daheim verbracht. Sie waren darum, als sie die Niederschrift begannen, leicht und schnell wieder ganz zuhause. Es bedurfte erst nicht langwieriger Nachforschungen und Ermittlungen, um über Breslau oder die Grafschaft Glatz, das Oberschlesische Industrierevier oder das Riesengebirge zu berichten. Obwohl auch bereits zwei Jahrzehnte seit 1945 ins Land gegangen waren, die Vergangenheit daheim brauchte erst nicht beschworen zu werden, sie war unauslöschlich präsent.

Heute muß leider angemerkt werden, daß von den 35 Autoren seit der Erstauflage des Bandes 18 verstorben sind. Ihre Darstellung der Heimat Schlesien ist zum Vermächtnis geworden. Sinkt dieses Vemächtnis nicht mit den Toten ins Grab, fängt Schlesien heute nicht doch mit dem Märchenwort »Es war einmal« an, ist es nicht an dem, daß Schlesien allmählich ausstirbt? Fragen, die immer wieder gern gestellt werden und deren Beantwortung man sich nicht leicht machen darf.

Man hat das Wort von der »Erlebnisgeneration« geprägt und dazu das Wort von der »Bekenntnisgeneration« gesetzt, so als gäbe es eine feinsäuberliche Unterscheidung der Generationen. Richtig ist, daß diejenigen, die 1945 50 Jahre alt waren, entweder durch den Tod abgerufen worden sind oder sich auf das Altenteil zurückgezogen haben. Und diejenigen, die 1945 30 Jahre alt waren, tun zwar heute noch eifrig mit, aber sie werden nicht mehr die Zukunft bestimmen können. Es sind inzwischen diejenigen aufgerückt, die erst nach 1945 geboren wurden. Wie wäre auch sonst zu erklären, daß die großen Treffen der Vertriebenen, und gerade auch die Heimatkreis-, Landes- und Deutschlandtreffen der Schlesier, ausgezeichnet besucht werden, ja daß sogar von hier und dort größere Teilnehmerzahlen gemeldet werden als noch vor einem oder zwei Jahrzehnten.

Der Begriff der Heimat ist – ohne daß hier der Versuch unternommen werden soll, sich auf eine Definition einzulassen – heute vielschichtiger und umfassender einzuordnen. Der Wert der Heimat ist nicht nur nicht mehr umstritten, sondern wird weit deutlicher herausgestellt als in den Jahren zuvor, auch wenn man gern statt Heimat Umwelt oder Umfeld oder Region sagt. Daß die ältere Generation nach wie vor fest in der Heimat Schlesien wurzelt (und gleiches gilt auch für die anderen Landschaften, die heute unter fremder Herrschaft stehen), wird niemand anzweifeln wollen. Die jüngere Generation, die hier zwischen dem Alpenrand und der Ost- und Nordsee aufgewachsen ist, hat selbstverständlich auch hier Heimat gefunden. Zugleich ist aber diese jüngere Generation in die Kontinuität der Generationen gestellt und wird die Heimat der Eltern und der Vorfahren nicht leugnen können und auch wollen. Schließlich ist das Verhältnis des einzelnen zu seinem Vaterland Deutschland immer zugleich ein Verhältnis zu den Heimaten – man gestatte diesen ungewöhnlichen Plural! –, ohne die das Vaterland nicht Vaterland wäre. Eine dieser Heimaten ist immer auch Schlesien. Warum sollte es dies auch nicht sein, denn über vier Jahrzehnte fremde Herrschaft über Schlesien haben doch noch nicht aus dem Unrecht ein neues Recht entstehen lassen!

Wer sich über Schlesien kundig machen will, sei es um seine eigene Erinnerung neu zu beleben und vielleicht Vergessenes aufzuarbeiten, sei es um überhaupt zum ersten Mal etwas über Schlesien in Erfahrung zu bringen, dem bietet sich dieses Buch an. Schlesien darf nicht zu einem Land werden, dessen viele große Namen keiner mehr kennt, weil sie niemand mehr nennt – oder aus Gründen der Gefälligkeit nur noch mit fremdsprachigen Bezeichnungen. Das macht gerade den besonderen Reiz des Buches aus, daß jeder Autor auf seine eigene Weise das Thema, das ihm gestellt war, angepackt hat, denn es gab kein vorgegebenes Raster oder Schema, dem sich jeder Mitarbeiter hätte unterziehen müssen. Immer wieder bricht die persönliche Erinnerung durch, die eigene Verbundenheit mit der Stadt, dem Kreis, der Landschaft. Richtig ist der Satz in einem der

Essays: »Der Einheimische braucht nicht das Wissen über die Heimatstadt zusammenzutragen. Es wächst einem etwas zu, das man nicht in Monographien findet und nicht abfragen kann«.

Verständlich ist, daß bei einem Rückblick – und es ist stets ein Blick zurück in Liebe und Treue und niemals ein Blick zurück im Zorn oder einer aufgekündigten Treue – eher schönes Wetter und blauer Himmel denn dunkle Wolken und Ungewitter herrschen. Einschränkend könnte man sagen, es werden zu viele Postkartenschönheiten angeboten, man stößt auf zu wenig grauen Alltag. Aber wer sich hinsetzt und über seine Heimatstadt zu schreiben beginnt, der wird seine Zeit nicht damit vertun wollen, daß er sich im Negativen berauscht, sondern er will, indem er mitteilt, wie es gewesen ist, loben und preisen können bis hin zum subjektiven Superlativ.

Dies geschieht einmal aus Gründen der Identität zwischen eigenem Lebenslauf und dem dargebotenen Ausschnitt aus dem Leben in der Stadt und auf dem Land. Zum anderen geschieht es, was nicht unterschätzt werden darf, aus dem bewußten Anderssein der einzelnen Städte und Landschaften, und dies wollten die Autoren zu Recht, vielfach auch unbewußt, herausstellen. Ohne daß die Einheit und Schönheit ganz Schlesiens in Frage gestellt werden darf: es besteht nun einmal ein Unterschied zwischen Gleiwitz und Hirschberg, zwischen Breslau und dem »Neiderland eiber der Auder«, zwischen dem sich Berlin ganz zugehörigen Schlesien und dem sich noch immer ein wenig mit Wien verbunden fühlenden Teil, zwischen den Gemüsebauern und den Industriearbeitern in Oberschlesien, zwischen dem im Volkstumskampf stehenden Ostoberschlesien und dem selbstsicher in sich ruhenden niederschlesischen Bauernland. Die Technik, vom Verkehr bis zu den elektronischen Massenmedien, hat heute die Unterschiede, die vielfach eben nur Unterschiede und keineswegs Gegensätze waren, abgeschliffen und vieles eintöniger gemacht. Für Schlesien, so wie es sich hier vorstellt, gelten noch die Unterscheidungen und auch, wenn es sein muß, Gegensätze. Gerade dies ist der Reichtum Schlesiens, außer dem natürlichen Reichtum seiner fruchtbaren Äcker und großen Erdschätze.

»Wir werden immer vor unserem Rathaus stehen«, dieses Wort, das auf das spätgotische Prachtstück Schlesiens, auf Breslaus Rathaus, geprägt worden ist, enthält mehr als diesen örtlichen Bezug. Es ist die ungebrochene Verbindung mit dem Zuhause. Zu einer Reise nach Hause lädt das Buch ein. Selbstverständlich zuerst den Schlesier selbst. Aber es wäre mit der Preisgabe Schlesiens gleichbedeutend, sollten sich nur die Schlesier angesprochen fühlen, wenn von Schlesien die Rede ist. So wie Berlin, unsere Hauptstadt, nicht nur den Bewohnern Berlins gehört, sondern uns allen, ist auch Schlesien als Teil ganz Deutschlands Eigentum aller Deutschen. Darum ist jeder zu dieser Reise nach Schlesien eingeladen.

Richtig ist, daß sich die ältere und mittlere Generation schneller und leichter in Schlesien zurechtfinden wird als die Jugend. Aber gerade für die Jugend ist das Buch erdacht und zusammengestellt worden. Das war 1966 nicht anders als heute. Was hat es denn mit diesem Land auf sich, aus dem Angelus Silesius und Andreas Gryphius, Jakob Böhme und Friedrich Schleiermacher, Johann Christian Günther und Joseph Freiherr von Eichendorff, Carl und Gerhart Hauptmann und Hermann Stehr, Gustav Freytag, Max Herrmann-Neisse und Jochen Klepper, August Borsig und Ferdinand Lassalle, die Heilige Hedwig und James Graf von Moltke, Adolf Menzel und Otto Mueller, Ludwig Meidner und Oskar Moll, Paul Ehrlich und Fritz Haber kommen, um nur wenige Namen aus der großen Reihe schlesischer Berühmtheiten zu nennen?

Die Erinnerung an Schlesiens Städte und Landschaften – und dies ist ganz bewußt Inhalt des Buches – ist zugleich auch ein Bekenntnis. Hierin waren sich Autoren und Herausgeber einig. Die Erinnerung meint nicht nur die Vergangenheit, aus der sie schöpft, sondern die Gegenwart, zu der sie die Brücke schlägt. Die Behauptung in der Gegenwart, auf daß die Zukunft gewonnen werden kann, bedarf dieser Erinnerung und des geschichtlichen Bezuges. Auch wenn dieser geschichtliche Bezug, gerade wenn es gilt, das Selbsterlebte darzustellen, kaum über die Jahrhundertwende zurückgreift, so ist doch diese Zeitgeschichte eine entscheidende Wegmarke der nahezu achthundert Jahre alten deutschen Geschichte Schlesiens. Was heute Schlesien widerfahren ist, ist nicht die logische Folge der Geschichte, sondern das Resultat des Diktats der Macht.

Was in den Jahrhunderten aus Schlesien geworden war und wie sich das Gewordene bis 1945 entfaltet hat, wie Schlesien seine Menschen geprägt hat und wie die Schlesier ihre Heimat sehen, in Liebe und Treue – wer wollte diese Tugenden leugnen! –, liegt aufgeschlagen vor uns. »Die Heimat wird sich mehren«, so hat es in der Emigration Max Herrmann-Neisse gedichtet. »Es steht bei jedem«, so ist in diesem Buch zu lesen, »was er erhalten, was er überliefern will, denen, die nach ihm kommen.«

Darum sind die Essays nicht in einen starren Rahmen eingezwängt, es sind keine Bilder nur zum Anschauen, obwohl sie dies auch sind, sondern Aufsätze, die mit dem Schlußpunkt eben nicht abgeschlossen sind, sondern weiterwirken sollen. Einmal indem sie kund tun, wie es gewesen ist, zum anderen, indem der Erinnerung das Bekenntnis folgt. Die Heimat, gestern erlebt und erfahren und, wovon das Buch »Letzte Tage in Schlesien«, 1981 erschienen, Zeugnis ablegt, erlitten, soll heute behauptet und bewahrt und als verpflichtende Überlieferung weitergegeben werden.

»München leuchtet«, so heißt eine von der bayerischen Landeshauptstadt verliehene Auszeichnung. »Schlesien leuchtet«, diesen Eindruck will das Buch vermitteln. Schlesien ist keine versunkene und verlorene Heimat, sondern so lebendig wie der Atem, der ihm eingehaucht wird und den es ausströmt. Hier und heute ist Schlesien, solange von Schlesien gekündet und für Schlesien Flagge gezeigt wird. Beides hat sich der vorliegende Band vorgenommen.

Herbert Hupka

BRESLAU

Wolfgang von Eichborn

Wir werden immer vor unserm Rathaus stehen

Ein Bericht über Breslau bedeutet für jeden Breslauer eine Reise in die Vergangenheit. Für die meisten von uns ist es eine Reise in die Kindheit, in die Anfänge des selbständigen und tätigen Lebens, eines Lebens, für das das Losgerissenwerden von Breslau die entscheidende Wendemarke geworden ist, eines Lebens, das anders verlief, als wenn es in der Heimatstadt hätte gelebt und eines Tages beschlossen werden dürfen. Eine solche Reise in die Stadt der Kindheit war von jeher ein Abenteuer; wieviel mehr ist sie es heute, da die Städte in Jahrzehnten schneller wachsen und ihr Aussehen mehr verändern als früher in Jahrhunderten; wieviel mehr ist es die Reise in eine Stadt, die fast völlig zerstört wurde, in eine Stadt, in die man nur noch in der Erinnerung reisen kann.

Der Bericht von einer solchen Reise kann nur sehr unvollkommen sein. Auch wenn man in einer Stadt von der räumlichen Ausdehnung Breslaus mehr als die Hälfte seiner Lebensjahre verbracht hat, kennt man genauer nur einen Ausschnitt – das war außer dem Zentrum für mich der Süden Breslaus. Auch wenn man einem Elternhaus entstammt, das am wirtschaftlichen, gesellschaftlichen und geistigen Leben der Stadt Anteil hatte, war man näher vertraut nur mit bestimmten Lebenskreisen – diese sind für mich gekennzeichnet etwa durch den Verein Christlicher Kaufleute, die Zwingergesellschaft, die Provinzialressource und die Gesellschaft für Vaterländische Kultur. Auch wenn man einer Familie angehört, die im öffentlichen Leben durch Generationen eine Rolle spielte, steht man in einer Stadt, in der so mannigfache, ja widerstrebende geschichtliche und geistige Kräfte zusammenstießen, in einer bestimmten Tradition – das war für mich die preußisch-protestantische. Heute bin ich mir der Beschränktheit meines Zugangs zum Wesen unserer Stadt, die sich aus diesen Bindungen und Verbindungen ergab, bewußt.

Wenn ich aber ein Bild von Breslau zeichnen soll, das erlebt, nicht angelesen ist, so bestimmen diese Bindungen notwendig meine Ausgangspunkte, von denen aus ich versuchen will, so viel wie möglich vom äußeren und inneren Leben Breslaus, von seinem Werden und von seinem Wesen, ins Blickfeld zu bekommen und zu bringen.

Ich will also versuchen, unser Breslau räumlich und geistig von außen nach innen zu erwandern, um so allmählich zu seinem Kern und Wesen vorzudringen.

Vielleicht, daß auf diese Weise uns am Ende unseres Weges auch ein Blick zuteil wird auf das, was unsere Trennung von der Heimat überleben und in die Zukunft weisen mag, denn es war doch wohl ein Irrtum anzunehmen, Breslau selbst sei untergegangen, weil alles das zugrunde ging, was unser deutsches Breslau uns gewesen ist; und vielleicht sollte unserer Erinnerung nichts so wichtig sein wie dieses Breslau, das den Untergang unseres deutschen Ostens überdauert.

Beginnen wir also mit solcher geistigen Rückgewinnung unserer Stadt an ihrer Peripherie, so stand mein Elternhaus in ihrem Süden, der Kleinburg hieß, nach einem Dörfchen, von dem außer ein paar Häuschen und einem Kretscham an der Straße, die seinen Namen trug, nichts mehr erhalten war. Dieses Kleinburg bestand aus zwei durch die Kaiser-Wilhelm-Straße geschiedenen Teilen. Auf der linken Seite mit ihren Alleen standen in parkartig angelegten Gärten außer wenigen älteren Landhäusern die typischen Villen des Großbürgertums aus der Jahrhundertwende. Der etwas jüngere rechte Teil wies dichter bebaute Straßenzüge mit jugendstilverzierten Etagenhäusern auf. Der Bruder meines Vaters hatte sein Haus auf der linken Seite, mein Vater baute seines kurz vor Ausbruch des Ersten Weltkriegs am äußersten Ende von Kleinburgs rechter Seite, dort, wo durch den Bahndamm der Umgehungsbahn der weiteren Ausdehnung dieses Wohngebietes eine Grenze gesetzt war.

Meine Kindheit spielte also zwischen der Kürassierkaserne und dem Kinderzobten. Auf meinem Weg zu unserer kleinen privaten Vorschule – in die Volksschule brauchte man noch nicht zu gehen und ging »man« noch nicht – wogte noch so manches Kornfeld, und durch die Kürassierstraße fuhr noch keine Straßenbahn – wo hätten auch sonst die silberbetreßten Kürassiere im weißen Harnisch auf ihren blanken Rappen paradieren sollen, wenn seine Majestät höchstselbst in hochrädrigem gelben Auto sein Leibregiment besuchen kam. Wir haben es dann erlebt, wie die Grundstücke, auf denen wir unsere Schützengräben und Unterstände gebaut und in unbelehrter Ahnungslosigkeit »Krieg« gespielt hatten, eingezäunt wurden, wie dort, wo im Herbst der Rauch der Kartoffelfeuer aufgestiegen war, die Baulücken sich allmählich schlossen, wie die Straßenbahn sich die Reitwege eroberte, wie die Vorkriegsvillen in Mietwohnungen umgebaut wurden und die Remisen sich in Garagen verwandelten, wie die Tümpel am Kinderzobten, in denen wir Kaulquappen, Molche und Gelbrandkäfer gefischt hatten, zugeschüttet wurden, wie auf den Wiesen, auf denen wir unsere Drachen hatten steigen lassen, erst die Schrebergärten und dann die Reihensiedlungen angelegt wurden.

Der Süden entsprach in Breslau dem, was in den anderen Großstädten Europas der Westen zu sein pflegt. In ihm aufgewachsen zu sein, bedeutete die erste Bestimmung des künftigen Lebenskreises, in der Regel nachhaltiger und bestimmender als alle späteren beruflichen und gesellschaftlichen Kontakte. Es bedeutete auch eine Prägung innerhalb der gleichen sozialen Schicht, denn Breslaus Süden hatte im Nordosten ein Gegenstück in Scheitnig, dem ein ähnlich geschlossener Lebenskreis entsprach. Scheitnig und Kleinburg verkehrten kaum miteinander, einfach schon, weil die ganze Stadt dazwischen lag. Es dürften aber auch die Hochschulen, Akademien und Kliniken der Grund gewesen sein, die überwiegend im Norden Breslaus lagen. Scheitnig war die beliebtere Wohngegend der geistigen Elite, der Professoren, der Künstler und selbst der Literaten. Der Süden war wohl vornehmer und im ganzen wohl auch reicher, aber Scheitnig war, der Kleinburger wird es neidlos zugestehen müssen, zweifellos bedeutender.

Uns hat das freilich nicht bekümmert. Für uns war Scheitnig Ausflugsziel, Zugang zum Zoologischen Garten, zur Oderpromenade, zu den Bootshäusern der Ruderklubs und den Anlegeplätzen der Vergnügungsdampfer; später dann auch zum Messegelände und zum Stadion. Mit dem Scheitniger Park meinten wir freilich konkurrieren zu können. Er mochte älter sein als unser, von jüdischen Mitbürgern gestifteter Südpark, erreichte aber bei weitem nicht dessen Mannigfaltigkeit und landschaftliche Schönheit. Dagegen war die Jahrhunderthalle nun wirklich eine Breslauer Berühmtheit. Ihre gewaltige, nur auf die Eckpfeiler gestützte Kuppel hat Alfons Paquet einen »stählernen Lobgesang auf die Reinheit des mathematischen Denkens und eine späte Huldigung an die Verwegenheit Michelangelos« genannt, was mir allerdings etwas übertrieben erscheint angesichts der technischen Möglichkeiten der Betonbauweise im Vergleich mit den Konstruktionsaufgaben jener Renaissancebaumeister. Die Orgel der Jahrhunderthalle mit ihren sechzehntausend Pfeifen und über zweihundert Registern gehörte jedenfalls damals, wie wohl auch heute noch, zu den größten der Welt.

Hatte somit Breslau in Scheitnig und in Kleinburg seine großbürgerlichen Villenviertel, die sich mit jeder europäischen Großstadt messen konnten und zu denen sich später die mittelständischen bis kleinbürgerlichen Siedlungen von Zimpel und Leerbeutel, von Bischofswalde und Wilhelmsruh gesellten, so hatte es ebenso seine Industrievorstädte in Gräbschen und Hundsfeld, seine Proletarierbezirke in Pöpelwitz und Morgenau. Sie waren gewiß nicht schöner und nicht häßlicher als andernorts. Ihnen einen besonderen städtebaulichen Charakter abgewinnen zu wollen, dürfte schwer fallen, während die Originalität des Volkscharakters der »Tscheppine« verschiedentlich die Neugierde der Völkerkundler angezogen hat.

Ehe wir uns von diesen Außenbezirken her der inneren Stadt zuwenden, sollten wir noch einen Blick nach draußen, in Breslaus landschaftliche Umgebung tun.

Schlesiens Hauptstadt mochte wie alle Großstädte mit Siedlungen und Industriebezirken weit ins flache Land hinausgewachsen sein, aber ihr verblieb mit den Oderwäldern flußaufwärts und den Oderauen flußabwärts eine eigentümlich unberührte Landschaft vor ihren Toren wie nur wenigen anderen, und sie besaß von der Endstation der Ausflugsdampfer am Fischerdörfchen Margareth über Oswitz mit seiner Schwedenschanze bis zum Kloster Leubus, von Sibyllenort mit dem königlich sächsischen Schloß bis zum Zobten und zu den Strehlener Rummelsbergen Ausflugsziele von einer Mannigfaltigkeit wie kaum eine andere. Welcher Breslauer hätte nicht in seiner Jugend die Eichenwälder der Strachate durchstreift, solange die Mückenschwärme ihn nicht daraus vertrieben, hätte nicht an den Moorlöchern der Schwarzen Lache und des Zinnobersees gesessen und im schlammigen Jungfernsee zu baden versucht. Wer wäre nicht zur Kirschblüte nach Pirscham gefahren oder mit der Bimmelbahn nach Obernigk. Wir könnten uns lange aufhalten in Breslaus näherer Umgebung, aber es wird nun wirklich Zeit, daß wir uns stadteinwärts wenden.

Steigen wir dazu bei uns im Süden in die Linie 2, dann zeichnen sich auf der Fahrt bis zum Ring deutlich die fünf Wachstumsringe ab, mit denen Breslau sich im Laufe der Jahrhunderte halbkreisförmig am linken Oderufer ausgebreitet hat. Der äußerste reicht von Kleinburg etwa bis zur Viktoriastraße. Er entspricht der raschen Ausdehnung aller großen Städte Europas in den ersten Jahrzehnten dieses Jahrhunderts. Damals gingen die vor der Stadt gelegenen Dörfer wie Gräbschen, Gabitz, Höfchen, Neudorf völlig in der Großstadt auf, anders als etwa in Berlin, wo sie in ihrer Struktur bis heute noch erkennbar geblieben sind. Nur die Straßennamen und ein paar niedrige Häuschen zwischen Mietskasernen erinnerten noch an sie. Ländliche Vergnügungslokale wie der Friebeberg und Gasthäuser wie der Kleinburger Kurgarten wurden zu städtischen Restaurants, bewahrten jedoch noch immer etwas von ihrem dörflichen Charakter.

Der zweite, in den letzten Jahrzehnten des vorigen Jahrhunderts entstandene Gürtel reichte bis zur Gartenstraße, an der, wie der Name sagt, bis in die siebziger Jahre hinein noch Vorstadtgärten gelegen hatten. In dieser Zone, am Stadtrand also zur Zeit des Ausbaues des Eisenbahnnetzes, lagen daher auch die Bahnhöfe, der gemütliche Freiburger, von dem aus man ins Gebirge fuhr, und der alte Oberschlesische, der auch einmal Kopfbahnhof gewesen war, aber nun Hauptbahnhof hieß, seit der Bahndamm gebaut war, und die Züge aus Dresden und Berlin durch die Stadt nach Oberschlesien weiterrollten. Er war ein wirklich schöner, man kann wohl sagen ein klassisch schöner Hauptbahnhof mit seinem großen freien Bahnhofsplatz, voll Erinnerungen an fröhliche Abreise und glückliche Heimkehr und

Breslau, Rathaus und Ring um 1850
Stahlstich nach einer Zeichnung von Th. Blätterbauer

Breslau, Stadtansicht um 1820
Lithographie

Oppeln mit Oderpartie um 1850
Stahlstich nach einer Zeichnung von Th. Blätterbauer

überschattet von den grauenvollen Bildern eines letzten Aufbruchs. Auch dieser zweite Stadtgürtel war noch Vorstadt, beliebte Wohngegend gutsituierter Bürger und gehobener Beamter. Auf der Fahrt durch die Kaiser-Wilhelm-Straße lagen die Fassaden ihrer gediegenen Etagenhäuser hinter Vorgärten voller Magnolien, Forsythien und Flieder.

Erst ab der Gartenstraße hieß die Kaiser-Wilhelm-Straße, wie sie eigentlich durchgehend hätte heißen sollen, Schweidnitzer Straße, und zwar die Neue, die den mittleren – von innen wie von außen gezählt – dritten Wachstumsgürtel durchschnitt, der nun ganz aus dem neunzehnten Jahrhundert stammte, eine an Grünflächen arme, graue Zone, die erheblich zu Breslaus zweifelhaftem Ruf beigetragen haben mochte, die dichtest bebaute Großstadt des Reiches zu sein. Hier war, in der Breite etwa eines halben Kilometers, Breslau über seine fünfhundertjährige Begrenzung hinausgewachsen, nachdem Napoleon die Wälle, Türme und Bastionen der Stadtbefestigung hatte schleifen lassen. Vordem dürften vor den Toren Breslaus nur wenige Klöster und Landsitze gelegen haben, die nun allmählich von der Stadt umzingelt wurden.

Auch meine Urgroßeltern hatten noch im Frühjahr die Koffer gepackt und die Wagen bespannt und waren vom Salzring, der Blücherplatz hieß, seit Rauchs Denkmal vom Marschall Vorwärts darauf stand, hinaus »aufs Land« gezogen, in das schöne, im italienischen Stil erbaute Landhaus auf der andern Seite des Grabens, dem Paradeplatz am königlichen Schloß genau gegenüber. In der Mitte des Jahrhunderts wurde der Sommersitz erweitert, fünfzig Jahre später, kurz vor dem Ersten Weltkrieg, wurde er abgebrochen, wurde der Park mit den hohen Bäumen abgeholzt, wurde der mit Seerosen bewachsene Teich, in dem sich das Wasser aus dem Springbrunnen im Binnenhof des Hauses staute, ehe es sich zum Stadtgraben hinunterschlängelte, zugeschüttet. Wir kannten die ganze Herrlichkeit nur noch von Bildern und aus Beschreibungen. Schon meine Großeltern haben nicht mehr darin gewohnt. Sie hatten weiter drüben, am Schweidnitzer Stadtgraben, eine der gravitätischen Kommerzienratsvillen mit dicken roten Läufern im marmornen Treppenhaus bezogen. Die Wohnzimmer und Salons dieses, ehrfurchtsvoll die »Villa« benannten Hauses – sämtlich nach Norden gehend, da die Sonne die Tapeten ausbleicht und den Plüschbezügen schadet – blickten auf die schönen Grünanlagen des alten Festungsgrabens, die sich um Breslaus Altstadt ziehen und die wir nun erreicht haben.

Ich schlage daher vor, daß wir bei Wertheim am Tauentzienplatz, auf dem der tapfere Verteidiger Breslaus im Siebenjährigen Kriege mitten im Großstadtlärm noch immer unter seinem von Rauch gestalteten, mit den Reliefs Gottfried von

Im oberschlesischen Industrierevier

Schadows verzierten Grabmal ruhte, die Straßenbahn verlassen und uns die beiden inneren Stadtringe des historischen Breslau nun zu Fuß erwandern. Wir können uns dabei eines vorzüglichen Führers bedienen, des berühmten Stadtplans von Barthel Weyhner aus dem Jahre 1562. Mit ihm vor Augen und im Herzen bin ich aufgewachsen, denn er hing handkoloriert in voller Größe über dem Kaminsims in der Halle meines Elternhauses. Ohne Schwierigkeiten konnte man sich mit seiner Hilfe im alten Breslau orientieren. Man fand auf ihm die Plätze und die Straßen, man sah die gotischen Kirchen in ihren genauen Proportionen, das Rathaus mit Turm und Erker, man konnte in den Gevierten der schachbrettartig angelegten Altstadt die heutigen Gebäudeblocks unschwer erkennen. Barthel Weyhners kunstvolles Blatt war weit mehr als ein Stadtplan, eher eine Stadtansicht, ein Stadtbild, ein »zu Papier gebrachtes Stadtmodell aus der Vogelperspektive«. Nicht nur die öffentlichen Gebäude waren verzeichnet, sondern, schräg von oben gesehen, die Dächer aller Bürgerhäuser und an den Straßenfronten ihre Fassaden. Die blauen Bänder der Ohlen und des Festungsgrabens markierten deutlich die beiden inneren Wachstumsringe, des ersten der nach dem Abzug der Mongolen 1241 neu angelegten Stadt und des zweiten ihrer Erweiterung, die schon hundert Jahre später nötig wurde.

Nicht nur dieser zweite Wachstumsring Breslaus war erhalten geblieben. Auch den ersten fanden wir in der Altstadt in den Straßenzügen wieder, die noch immer die »Ohlen« hießen, wenn sie auch schon lange zugeschüttet waren. Das war wohl an der Zeit gewesen. Jedenfalsl meinte unser Vater, sie hätten uns schon zu Beginn des vorigen Jahrhunderts die allerhöchste, uns stets ärgerliche Kritik des Geheimen Rats von Goethe am »lärmenden und stinkenden Breslau« eingetragen; der alte Herr habe nämlich auf dem Wege zu seinem Quartier immer über den gewiß nicht gerade lieblich duftenden Ohlegraben gehen müssen. Noch immer, und nicht nur an den allen Gästen und Besuchern unweigerlich vorgewiesenen Fachwerkhäusern der Weißgerberohle, führten in den Straßen, die der ältesten Stadtbefestigung folgten, hie und da Treppen von überdeckten Galerien hinab wie einst in das träge ziehende Gewässer der Ohlen.

Mit diesem Stadtplan im Gedächtnis hätten wir nun verschiedene Möglichkeiten, uns die Altstadt zu erwandern. So könnten wir zum Beispiel nach dem Überschreiten des Stadtgrabens vom weißen Granitblock des Kaiser-Wilhelm-Denkmals aus, das sich an der Stelle des ehemaligen Schweidnitzer Tores erhebt, mit einem schattigen Rundgang durch die Anlagen auf der inneren Seite des Stadtgrabens den Anfang machen. Wir könnten dabei rechts oder links beginnen. Rechtsherum kämen wir auf das Belvedere der Liebichshöhe auf dem Hügel der ehemaligen

Taschenbastion. Von seinem Obergeschoß hätten wir einen weiten Blick sowohl über die Dächer und Türme der Altstadt wie über die südliche neue Stadt. Wir sähen weit in das Land hinaus bis hin zu Schlesiens Wahrzeichen, dem fernen blauen Zobtenberge. Wir könnten dem Stadtgraben bis zur Klosterstraße beim ehemaligen Tor von St. Mauritius folgen und darüber hinaus bis zur ehemaligen Ohlemündung, von wo die Straße, die hinter dem Postscheckamt abgeht und zur Kaiserbrücke führt, noch immer »Am Ohlauufer« hieß.

Würden wir linksherum gehen, dann sähen wir alsbald jenseits des weiten Schloßplatzes die gelbe Fassade der bescheidenen Residenz des preußischen Landesherrn, von dessen Treppe 1813, »als Deutschlands Herz in Breslau schlug«, der Aufruf »An mein Volk« verlesen worden war. Wir sähen das hohe Dach der Kirche der heiligen Dorothea, der Schutzpatronin Breslaus, deren Haupt die Stadt in ihrem Wappen führt, über die Häuser ragen und könnten unter den hohen Bäumen der breiten Promenade immer weiter bis zum Königsplatz und seinen Springbrunnen spazieren. Noch etwas weiter kämen wir zum Allerheiligen-Hospital, jenem wahren Vorbild gemeindlichen Opfersinnes, das der Reformator Breslaus, der Prediger an der Maria-Magdalenen-Kirche, D. Johannes Heß, dadurch erzwang, daß er seine Predigten einstellte, weil der Rat auf seine Mahnungen, die Versorgung der Armen und Kranken in die Wege zu leiten, nicht hören wollte. Solches Gewicht hatte damals die Verkündigung des Wortes Gottes.

Wir könnten uns schließlich auch ein Boot mieten, den größten Teil der Altstadt auf dem Stadtgraben selbst umrudern und dabei die Schwäne füttern. Es schiene mir aber richtiger, wenn wir unsere einmal eingeschlagene Richtung beibehielten und am alten Generalkommando vorbei direkt dem Ring zustrebten.

Schon wenige Schritte weiter verhalten wir freilich, denn wir stehen vor dem Stadttheater. Eine Springflut von Erinnerungen überstürzt uns. Breslaus Rolle in der deutschen Theatergeschichte war ja immer unser Stolz gewesen. Waren nicht Ferdinand Fleck und die Sorma hier geboren worden, spielten hier nicht Iffland und die Sonntag, Friedrich Kayssler und die Durieux? Hörten wir hier im Opernhaus nicht Leo Slezak und Annelies Kupper? Wie gerne möchten wir verweilen und der Breslauer Theaterwelt gedenken, des gemütlichen Lobetheaters in der Lessingstraße, des aus einem Vorstadtzirkus entstandenen Thaliatheaters in der Schwertstraße, in dem Käthe Gold, schon nach München verpflichtet, zu Gerhart Hauptmanns siebzigstem Geburtstag noch die Pippa spielte. Aber wir würden nicht weit kommen bei solcher Anfälligkeit gegenüber allen Erinnerungen an Breslaus kulturelles Leben. Gleich müßten wir von der Literatur zur Kunst hinüberwecheln, uns in die Museen stürzen, in das Schlesische der Bildenden Künste mit seinem Willmannsaal, seinen Böcklins und seinen viel zu wenigen Menzels, in das Städtische des Kunstgewerbes mit der Schönen Madonna und ins Schloßmuseum. Könnten wir noch zur Akademie gehen? 1932 wurde sie, fast hundertvierzig Jahre alt, »aus wirtschaftlichen Gründen« geschlossen. Oskar Moll, ihren Direktor, habe ich nicht gekannt, nicht Otto Mueller, nicht Hans Kanold, nicht Johannes Molzahn, leider. Wir kannten die Museumsdirektoren, aber nicht die Künstler. Hätte ich sie gekannt, dann hätte ich auch schräg gegenüber im Café Fahrig verkehrt, von dem ich erst später erfahren habe, daß es der ständige Treffpunkt der Künstler, der Dichter, der Schriftsteller und ihrer Kritiker war. Ich war im gegenüberliegenden Zwingerbau zu Hause, in dem der Verein Christlicher Kaufleute seinen Sitz hatte, in dem zu Vorträgen und geselligen Veranstaltungen sich die Breslauer Geschäftswelt traf, in dem der Zwölfer tagte, das friderizianische Tabakskollegium, dem die alten Breslauer Kaufmannsfamilien angehörten und solche, die aufs Land gezogen waren. Man rauchte nicht mehr aus den langen Tonpfeifen, sondern verschenkte sie zu Weihnachten. Man spielte Bridge. Aber der Zwinger könnte mich verleiten, von den offenen und geheimen Sorgen um Breslaus wirtschaftliche Zukunft zu berichten, die uns viel öfter dort zusammenführte, denn so leicht hatte es die Hauptstadt einer Grenzprovinz gar nicht immer, ein Thema, das – leider – nicht mehr aktuell ist.

Gehen wir also weiter, vorbei am Monopolhotel und an Christians Weinstuben, den beiden Orten, an denen man sich traf mit denen, die aus der Provinz in die Hauptstadt kamen, die so ganz der Mittelpunkt allen schlesischen Lebens immer war, mehr als in irgendeiner andern deutschen Landschaft. Wir haben es nun eilig und gönnen weiter oben auf der rechten Seite nur einen kurzen Blick auch dem Haus der guten alten »Schlesischen Zeitung«, die während ihres ganzen zweihundertjährigen Bestehens bis zu ihrer erzwungenen Gleichschaltung treulich die preußisch-deutsche Epoche in der tausendjährigen Geschichte unserer Stadt verkörperte. Und unversehens stehen wir vor dem Rathaus.

Wir werden immer vor unserm Rathaus stehen, wenn wir an Breslau denken. Räumlich und geschichtlich bildet es die Mitte unserer Stadt, der Handels- und der Bürgerstadt, die niemals Residenzstadt war, auch wenn ihr dieser Rang verliehen wurde. Im Grunde haben auch wir preußisch-protestantischen Schlesier es immer gewußt, daß Breslau etwas ganz anderes war als eine Haupt- und Residenzstadt des Königs von Preußen. So waren wir merkwürdigerweise schon im geheimen stolz darauf, daß die nachmaligen Hofbankiers des preußischen Königs ihr Haus in einem Breslau gegründet hatten, das zu Österreich gehörte. Nicht weniger war es uns wiederum bewußt, daß der Erbübergang Schlesiens an das Haus Habsburg im Jahre 1526 für Breslau, trotz aller im Stadtbild so bedeutenden gegenreformatorisch-barocken Prachtentfaltung, in erster Linie den Niedergang seines Handels und das Ende seiner politischen Macht bedeutet hatte. Breslaus Blütezeit waren die ersten drei Jahrhunderte nach der Neuerrichtung der Stadt nach dem Mongolensturm gewesen. Mit der Gewinnung seiner Verwaltungs- und Gerichtshoheit (1329) und der Hauptmannschaft über das Fürstentum (1347) hatte es seine Macht begründet, im mehr als zehnjährigen Widerstand gegen den »Ketzerkönig« Georg von Podiëbrad hatte es sie bewahrt, und als dann der neue Landesherr, der Ungarnkönig Matthias Corvinus zur Huldigung nach Breslau kam, bekundete der Stadtschreiber Peter Eschenloer in seinen Denkwürdigkeiten seinen Bürgerstolz mit den Worten: »Die von Breßlau sind dem König über seine königlich Rente nichts pflichtig, jedoch aus Ere müssen sie dem König schenken nach irem Vermögen und bester Erkenntniß.«

Im Grunde betrachteten wir uns doch als die Söhne dieser alten Handelsstadt, die mit ihren 15000 Einwohnern zu den wenigen Großstädten des mittelalterlichen Reiches zählte. Wir hatten wohl sogar ein gewisses Recht dazu, denn Jahrhundert für Jahrhundert hatten die Kaufmannsgeschlechter Breslaus der Stadt den Rücken gekehrt, Rittergüter erworben und sich dem Landadel verbunden. Wenige Generationen genügten daher, um zum Patriziat gezählt zu werden.

Breslaus Wahrzeichen war keine Burg, kein Schloß und auch keine seiner vielen Kirchen, sondern dieses sein Rathaus, wie es unverändert seit seinem letzten Umbau vom Ausgang des 15. Jahrhunderts stand. So, wie wir es jetzt, nachdem wir den Ring betreten haben, vor uns sehen, Staupsäule rechts, Eingang zum Schweidnitzer Keller links, finden wir es wieder in jedem Bildband deutscher Baukunst. So gesehen hängen wir es uns fern der Heimat an die Wände, vom kolorierten Stahlstich des Hôtel de Ville de Breslau über die Ölgemälde Adalbert Wölfls bis zu den Radierungen Hugo Ulbrichs und zur modernen Photographie. Wir sind dankbar dafür, daß unser Rathaus steht, daß es Krieg und Belagerung überstanden hat und in Ehren gehalten wird.

Nun müssen wir aber einmal wenigstens den Ring umschreiten, um so recht gewahr zu werden, mit welcher Kühnheit die Neubegründer Breslaus den Grundriß ihrer Stadt in den soeben erst vom Krieg verbrannten Boden pflöckten. Nicht weniger als fünfzehn preußische Morgen mißt der Ring. Seine Größe kam uns nie so recht zum Bewußtsein, weil außer dem Rathaus noch ein großer Häuserblock in seiner Mitte stand. Das war keine neue Zutat. Schon im 13. Jahrhundert waren außer den hölzernen Verkaufsständen die steinernen Tuchhallen auf ihm errichtet worden. Rund um den Marktplatz aber standen einst, wie der Breslauer

Domherr Barthel Stein in seiner Descriptio totius Silesiae von 1512 berichtet, »sechzig stattliche, im Viereck geordnete Gebäude, die mit hohen Backsteingiebeln geschmückte, teilweise auch mit bunten Malereien gezierte Fronten aufweisen«. So mancher dieser stolzen Giebel hatte in einer wenig achtsamen Bauperiode modernen Gebäuden weichen müssen. Nun freut es uns zu hören, daß viele von ihnen bei der Wiederherstellung der zerstörten Stadt nach alten Abbildungen wieder neu geschaffen wurden.

Beginnen wir unsern Rundgang um den Ring links an der Goldenen-Becher-Seite. An ihrem Ende, am Blücherplatz, auf den die Reusche Straße mündet, nach den russischen Kaufleuten genannt, die mit ihren Fellen und Rauchwaren einst auf ihr zu Markte zogen, werfe ich einen Blick hinüber in die Südostecke, wo man durch den Riembergshof zum Roßmarkt geht. Auch unser altes Geschäftshaus, das dort stand, trug nicht mehr seinen ursprünglichen Giebel. Eine napoleonische Kanonenkugel hatte ihn zertrümmert, aber bald danach rollten dafür, wir hörten es mit kindlichem Vergnügen, jene Wagen mit den Salzfäßchen auf den Riembergshof, aus denen, wenn beim Abladen eines herunterfiel, die harten Dukaten englischer Subsidienzahlungen für den Kampf gegen Europas Zwingherrn auf das Pflaster sprangen, so daß man die schweren Flügeltore eilig schließen mußte. Gehen wir nun weiter an der Sieben-Kurfürsten-Seite lang, die ihren Namen den von Barthel Stein erwähnten Malereien verdankte, so ragen über den Gebäuden des Rathausblocks die stegverbundenen Doppeltürme von St. Maria-Magdalena auf, und kommen wir an die Ecke der Straße, die vom Nikolaitor heranführt, erhebt sich hinter den Altaristenhäuschen des Käse-Böhm der über hundert Meter hohe Turm von St. Elisabeth. Sollen wir hineingehen? Wenigstens eine der vierzehn Breslauer Kirchen schlesischer Backsteingotik müssen wir von innen sehen. Aber ich meine, in der Stadt, die einst der Reformation mehr aus humanistischer Gesinnung als aus religiösem Eifer kampflos zugefallen war, und in der alles in allem die Konfessionen überwiegend in bemerkenswertem Frieden nebeneinander gelebt hatten, sollte gerade der Protestant es drüben in der alten Bischofsstadt auf den Oderinseln tun.

Gehen wir also ohne Aufenthalt auf der Naschmarktseite weiter, so verlockt uns bald ein kleines Gäßchen, in Richtung Oder abzuschweifen. Nur die Schwibbögen scheinen hier die sich einander zuneigenden Häuser auseinanderzuhalten, doch offensichtlich mit Erfolg, denn schon besagter Domherr schritt vor vierhundertfünfzig Jahren durch die »überwölbten Durchgänge« dieser engen Gassen. Freilich sind wir nun in Gefahr, uns alsbald im Gewirr der alten, den ehrbaren Zünften der Nadler, der Kupfer- und Messerschmiede, der Gerber, Färber und Metzger gewidmeten Straßen zu verlieren, deren Bewohner und Bewohnerinnen kaum noch alle ehrbaren Gewerben nachgehen dürften. So atmen wir denn auf, wenn wir unversehens auf einen kleinen schönen Platz geraten, und sind zugleich schier überwältigt, denn im Norden begrenzt ihn die mächtige, geschwungene Fassade der barocken Universität, des ehemaligen Kollegs der Jesuiten.

Erste Begegnung auf unserm Wege mit dem böhmisch-schlesischen Barock, der ja kein Fremdkörper war in der geistigen Landschaft Schlesiens und auch in Breslau nicht, der vielmehr in die mittelalterliche Stadt hineingewachsen war wie die Elisabeth- und die Kurfürstenkapelle in den Dom. Wir sollten wahrhaftig hinaufgehen in die Aula Leopoldina und in den Musiksaal, um zwei der schönsten Beispiele solchen schlesischen Barocks zu sehen, oder wir sollten durch den Tortunnel zur Oder gehen und von der Brücke aus die nur zu zwei Dritteln vollendete Riesenfassade dieser Burg des Geistes, die an der Stelle der alten kaiserlichen Burg entstanden war, auf uns wirken lassen. Mit Breslaus Geistesleben hatte die Jesuitenhochschule nichts zu tun gehabt. Im 18. Jahrhundert lehrte von Breslaus besten Köpfen der eine, Christian Wolff, in Halle, und lebte der andere, Christian Garve, als freier Schriftsteller in seinem Haus an der alten Ohle. Aber die 1811 von Frankfurt an der Oder hierher verlegte Universität schuf der Stadt, von der doch einst Philipp Melanchthon zu rühmen gewußt hatte, daß »in keiner Stadt des Reiches sich so viele Männer aus dem Volke mit den Wissenschaften beschäftigen«, ihr geistiges Zentrum. Heinrich Steffens, Karl von Raumer, Hoffmann von Fallersleben öffneten hier dem freien Geist den Weg. Hier lehrten Theodor Mommsen und Otto von Gierke und die großen Mediziner von Mikulicz bis Otfried Förster.

Aber kehren wir noch einmal zurück. Wir müssen nämlich, vorbei am Brunnen mit dem nackten Fechter, dem die Studenten gelegentlich eine Badehose anzuziehen für nötig fanden, uns einmal noch stadteinwärts wenden, um durch die Schuhbrücke, deren Name noch immer daran erinnert, daß die nach der Oder hin feuchten Straßen einst mit Knüppeldämmen befestigt waren, zum Neumarkt zu gelangen, zum nur zwanzig Jahre jüngeren, zweiten großen Marktplatz Breslaus. Andernfalls gewinnen wir keine ausreichende Vorstellung von der Ausdehnung dieser wichtigsten Handelsmetropole des europäischen Ostens im Mittelalter. Wir werden dafür gut tun, uns im Gewimmel des Tippelmarktes auf dem Brunnenrand des Gabeljürgen niederzulassen und uns an Barthel Weyhners Stadtplan noch einmal zu orientieren.

Ring, Salzring und Neumarkt, wir sollten es noch einmal bedenken, daß innerhalb weniger Jahrzehnte diese Plätze angelegt, mit Markthallen und Verkaufsständen bebaut und jahrein jahraus mit Leben gefüllt worden waren. Denn die so geschaffenen Marktgelegenheiten waren es, die den Handel nach Breslau zogen, und dem Handel folgten erst die Stapelrechte. Was für einen Wagemut, was für eine Lebenskraft entfalteten doch die wenigen Generationen, die am Ausgang des Mittelalters auf diese Weise dem romanisch-germanischen Westen Europas seinen slawisch-germanischen Osten hinzugewannen, durch den erst das entstand, was wir heute das christliche Abendland zu nennen pflegen.

Solcherlei Gedanken werden uns beschäftigen, wenn wir nun vom Neumarkt durch die Sandstraße endgültig zur Oder hinuntergehen. Denn hier, die Sand- und Dominsel vor uns und die Altstadt hinter uns, überschauen wir mit einem Blick das Werden und das Wesen unserer Heimatstadt, die wir, nun doch schon wieder fast zu rasch, zu zielstrebig, vom Schweidnitzer Tor bis zu ihrem Ursprung auf den Oderinseln durchmessen haben. Hier wollen wir daher zum Abschluß kommen und, am besten vielleicht von einer der Bänke auf der Holteihöhe, mit dem Blick über die Oder auf Dom, Kreuz- und Sandkirche noch einmal ein wenig zu ordnen versuchen, was an Bildern und Gedanken auf diesem Weg durch Breslau auf uns eingeströmt ist, dabei auch zu ihrem Recht kommen lassen, was wir immer wieder zwischen die Zeilen verdrängen wollten: Schmerz, Ratlosigkeit und leise glimmende Hoffnung.

Dort hatte es also seinen Anfang genommen, auf der Insel im Strom. Aus Böhmen war ein Herzog gekommen, ein Przemyslide, Wratislaw mit Namen, und hatte eine Burg gebaut. Nach ihm nannte die slawische Siedlung auf den drei Inseln des Oderübergangs, Sand, Thumb und Werder, sich Wratislawia. Das war vor mehr als tausend Jahren. Kaum hundert Jahre später war der Bischof dazu gekommen und hatte sich, anschließend an die Burg, auf der mittleren Insel niedergelassen, kein Tscheche diesmal, sondern ein Pole, denn inzwischen gehörte die Burg den polnischen Piasten. Mit den Grenzen seines Bistums zeichnete sich die künftige Landschaft Schlesien zum erstenmal auf die Landkarte ein. Dann hatten die Piasten die deutschen Mönche und die deutschen Siedler gerufen. Ihnen war der deutsche Kaufmann gefolgt. Am linken Oderufer, etwa uns zu Füßen, hatte er sich niedergelassen. Nach dem Mongolensturm war die Stadt auf dem Gelände, das wir vom Stadtgraben bis zur Oder durchschritten haben, neu errichtet worden. Und dieses neue Breslau wurde durch Mongolen oder Türken nicht mehr zerstört, denn die Polen hatten den Schutz Europas im Osten übernommen.

Das neu erstandene Breslau war, wer wollte es leugnen, eine deutsche Stadt. Es war, wie der Erforscher und Deuter schlesischen Wesens, Will-Erich Peuckert, in seiner kurz vor dem Ausbruch des Krieges erschienenen Biographie der Landschaft Schlesien schrieb, »aus dem Untergang als deutsche Stadt erstanden«. Es war so selbstverständlich eine deutsche, seit sechshundert Jahren auch politisch zum Reich gehörende Stadt, daß er ohne Arg hinzufügen konnte: »Eines wird mit diesem Worte doch nicht gesagt: daß sie noch immer einen Traum bedeutete, den der Pole, von ihr zurück nach Osten weichend, ungern läßt.«

Wenn unsere Reise nach Breslau uns vom Rande der modernen Großstadt bis zu diesem uns so vertrauten Ausblick auf die Keimzelle seines Werdens führte, dann hat sie uns auch etwas anderes spüren lassen: daß unser Breslau nicht untergegangen ist, sondern daß es lebt, daß es uns und das Verhängnis des deutschen Ostens überlebt, daß es sich regt, daß es seine Arme ausstreckt, daß es sich bereit macht, die Brücken wieder über den Strom zu schlagen, die wir abgebrochen haben, als wir – entgegen aller Überlieferung, von der die Türme Breslaus vom Rathaus bis zur Bischofskirche zeugen – auf den Straßen, die einst im Oderland angelegt wurden, um den Händlern und Kaufleuten aus dem Osten den Weg zu Breslaus Markt zu bahnen, unsere Panzer nach Osten rollen ließen.

Breslau, an dem Strom gelegen, der heute Europas Westen und Europas Osten trennt, war schon einmal mehr als eine deutsche Stadt. Es will auch wieder mehr werden als eine polnische Stadt. Zu lange schon steht Breslau, zu viel steht von Breslau, zu viel von Breslau wurde wiederhergestellt, als daß seine heutigen Bewohner, die seinen Namen Wrocław aussprechen, im Grunde nicht das gleiche spüren sollten. Sie leben nicht in toten Mauern. Breslaus Mauern reden. Wer wäre mehr berufen, ihre Sprache zu verstehen, sie neu zu deuten und zu Gehör zu bringen als wir, die wir sie bauten und in ihnen lebten? Tun wir es recht, wenn wir nur ihr deutsches Lied zu singen wissen, das einzige, das man uns gelehrt hat, nicht auch ihr europäisches?

Es mag uns gutgetan haben, von der Holteihöhe solchen Rück- und Ausblick zu halten, aber ausdeuten und zum Reden bringen können wir die Mauern Breslaus nur, wenn wir bereit sind, auch hinabzusteigen vom Hügel der geschichtlichen Reflexionen und das Gespräch mit denen zu suchen, die nun in Breslaus Mauern leben. Es mag ein schwerer Gang sein, aber wir sollten am Ende unserer Reise nach Breslau unser Herz in die Hand nehmen und es hinübertragen über die Oderbrücken, über die steinerne Sandbrücke und über die eiserne Dombrücke, und in die Kreuzkirche eintreten und an das Grabmal ihres Stifters treten, der ein polnischer Fürst war und ein christlicher Ritter und vielleicht dazu ein deutscher Minnesänger. Wir wollen es uns ins Gedächtnis rufen, was schon von seinem Vater, Herzog Heinrich III., der Sänger Heinrich Frauenlob zu rühmen wußte: »Herzogen Heinrich eren rich / von Prezzela genennet, / den will ich loben sicherlich: / mein zunge in wol erkennet. / Fride und recht is uz gesant / von im uf sin straze . . .«

Wir wollen uns keinen Illusionen hingeben: Auch von Breslau ist keineswegs zu allen Zeiten immer nur Friede und Recht ausgesandt worden auf seine Straßen, die nach Osten führen, und wir werden niemals vergessen dürfen, was in jüngster Zeit auf diesen Straßen sich nach Osten in Bewegung setzte. Wir können nicht davon schweigen, wenn wir von Breslaus Schicksal reden. Aber um so dankbarer dürfen wir uns am Grabmal Herzog Heinrichs in der Kreuzkirche daran erinnern lassen, daß unsere Stadt, deren treue Kinder wir auch in der Verbannung bleiben wollen, ihren Weg in die Geschichte einstmals im Zeichen dieser Sendung angetreten hat.

OPPELN

Hans Niekrawietz

Bilder ziehen stumm vorbei

Flüchte dich ins Vergessen – es gelingt dir nicht. Überspiele dich selbst und veräußere dich in den Dingen des Alltags – es wird vergeblich sein. Weise die Erinnerung ab als sentimental und mache alles, was Heimat heißt, lächerlich – ob dir wohl dabei ist?

Doch wisse: die alte Heimat läßt sich nicht abschütteln, nicht abweisen, nicht totschweigen. Sie lebt und wird weiterleben, solange wir atmen – und soweit wir sie unseren Nachkommen geistig vererben können. Kein neu erworbener Besitz, keine »zweite Heimat«, keine Menschen auf neuen Lebenswegen sind wertvoller und wesentlicher. Die Heimat bleibt, was sie gewesen und wie sie Dichter gesehen und unsterblich gemacht. Und sie erneuert sich ständig in uns, im Bereich des Seelischen, und Bilder ziehen stumm vorbei, einstige Bilder, in denen wir selber leben, wie sie in uns noch weiterleben und wirken.

Ich selbst bin ein unstetig-stetiger Heimkehrer im Geiste, wie in einer meiner Erzählungen, in der ein weitgereister Mann, vom Westen kommend, im Bahnhof seiner Heimatstadt der Eisenbahn entsteigt und mit langen Schritten der Unterführung und dem Ausgange entgegeneilt.

Erst auf der Straße verhält er den Schritt, als habe er diese Stadt noch nie gesehen, oder im Gegenteil, als sei sie ihm wie keine andere vertraut, und er träfe sie nur veränderter an durch die lange Zeit, da er ihr fern gewesen.

Einen Augenblick steht er wie in stiller Verwunderung und schüttelt kaum merklich den Kopf. Gleich aber strebt er um so eiliger weiter, wie einer, den innere Unruhe drängt. Er erreicht einen parkähnlichen Platz, der die Hauptstraße unterbricht. Der Platz, früher nach dem Schinkelbau der Regierung benannt, ist seltsam ausgeweitet, und auch die Grünanlagen kennt er nicht.

Auch der Ring bietet ein anderes Bild. Ein fremdes Bild. Ohne Zerstörung zwar, doch gewandelt, teils bis zur Unkenntlichkeit. Selbst das Rathaus, inmitten buntfarbener, altem Baustil nachgeahmter Häuser, ist nicht mehr dasselbe wie einst; allerdings eines früheren Einst, wie der Fremde wohl weiß, da er in jener ersten Zeit – es war zwischen den beiden großen Kriegen – den Turm des alten Rathauses mitten im Frieden niederstürzen sah ...

Unbegreiflich, wie er damals so plötzlich umfallen konnte, der weiße Rathausturm, der durch manches Jahrzehnt als ein unverrückbares Bild, vom Glockenschlag seiner Uhr melodisch belebt, auf die oberschlesische Regierungsstadt hinabgesehen. Er war, neben dem mittelalterlichen Piastenturm an der Oder, das Wahrzeichen der Stadt mit seinen drei Zinnenkränzen, seinen harmonisch abgestimmten Maßen im Stile italienischer Gotik, in Anlehnung an den Palazzo Vecchio in Florenz. Angeblich habe ihn der italienische Steinmetz Pellerimo erbaut, las man in mancher Beschreibung. Glaubwürdiger freilich erscheint ein heute noch vorhandenes Buch über Bau- und Kunstdenkmäler Oppelns, wonach der Entwurf des Rathausturmes von einem einheimischen Bauinspektor stammt.

Bis Anfang der dreißiger Jahre war dieser Turm eine Zierde der Stadt. Er hatte ihr Wachstum geschaut, die strömende Fülle ihres Lebens, das geschäftige Treiben des Ringes da drunten, die Märkte und Feste und Aufzüge, die Trauer des Krieges und die wieder aufblühende Hoffnung des Friedens. Aber er sah auch das bedrückte und empörte Volk unter den Drangsalen der interalliierten Besatzungsmacht – und weitere Jahre darauf eine neue Macht prahlerisch aufsteigen, indessen der hohläugige Türmer dem Marschtritt brauner Kolonnen lauschte ... Aber schon nagte der Wurm im Gemäuer; und es war, als spürte der Turm, wie er zunehmend alterte und wie ihn die letzte Kraft zu verlassen drohte. Und wie ein Greis sich schwer auf den Krückstock stützt, so lehnte er schwach an den alten Krämerhäuschen, die sich wiederum an ihn klammerten und ihm gleichwohl noch einen letzten Halt gewährten.

Nun aber, da man sie eines Tages abgebrochen und ihn damit gleichsam zu »entrümpeln« suchte, begann es, unmerklich zunächst, leise in ihm zu rumoren, zu rieseln und zu bröckeln – und die »Doktoren« der Baukunst kamen zu spät: ihre Stützungsaktionen versagten. Der alte Turm war nicht mehr zu retten, schon brach sein vergehender Lebensatem aus berstenden Mauern, und er sank, langsam, teils in sich zusammen, teils legte er sich, wie in weiser Rücksicht auf die umstehenden Häuser, auf die offene, schon verkehrsgesperrte Ringecke um, wo er kaum größeren Schaden anzurichten vermochte.

Jener Heimkehrer hatte ihn fallen gesehen; es war im Jahre 1934. Mit ihm sah er den Staub der Jahrhunderte sich verflüchtigen – der wie grauer Hauch noch tagelang über der Stadt gelegen – und hatte das dumpfe Getöse, das den Turmfall begleitete, noch lange im Ohr. Und ihm wollte bedünken, daß da noch mehr eingestürzt sei als ein altersschwacher Turm. Denn war dieser Sturz nicht das Zeichen einer versinkenden Zeit und gleichzeitig wie ein düsteres Menetekel für die Zukunft?

Noch aber schien, trotz bedrohlicher Anzeichen, dieser Stadt ein besonderes

Wachstum gegeben, ehe der zweite große Krieg ihre Blüte zerschlug. Ihre Blüte war die eines jahrhundertealten Baumes, der immer noch neue Zweige treibt und der schon viele Blitze empfangen hat, aus dessen tiefen Wurzeln aber noch die alten Kräfte aufsteigen und sich in der Sonne verästeln. Ja, die Sonne eines fruchtbaren Jahrhunderts, mit Industrie und Verkehr, mit Handel und Schiffahrt, ließ die Stadt wachsen und sich entfalten. Schöpferische Unruhe erfaßte sie und gebot ihr, sich zu recken und auszudehnen, über Vorstadtgassen und altertümliche Winkel hinaus, rastlos und voller Impulse.

Schon um die Jahrhundertwende wuchs Oppeln zur fortschrittlichen Geschäfts- und Industriestadt, namentlich zum Mittelpunkt der oberschlesischen Zementindustrie, aber als Sitz der Regierungsbehörde auch zum Zentrum großer Verwaltungen und Ämter.

Und doch war Oppeln nicht nur Beamtenstadt, nicht nur ein Platz der Zementschlote, deren Rauch an der Peripherie den schon ländlichen Himmel bewölkte.

Diese Stadt war auch Domizil und Heimstatt nicht weniger Künstler, Wissenschaftler und Dichter. Sie war schöpferisch, aufgeschlossen und kunstsinnig. Große Begabungen gingen aus ihr hervor. Sie hatte – im noch alten Rathaus – ein Stadttheater und barg ein reges Gesangs- und Musikleben, und bedeutende Künstler und Dichter aus ganz Deutschland waren ihre Gäste.

Oppeln besaß sogar etwas wie eine »Boheme« und ein dazugehöriges »Romanisches Café«, natürlich klein und unbedeutend im Vergleich mit jenem an der alten Kaiser-Wilhelm-Gedächtniskirche in Berlin. Aber für die Stammgäste des Cafés »Knietsch« in Oppeln war das Größenverhältnis völlig bedeutungslos. Übrigens gab es noch andere Cafés in Oppeln, vor allem das »Residenz« mit ständigem Konzert, oder einige Konditoreien, darunter die von Gebel und von Malcomes, in deren hinterem Raume an der Decke eine große künstliche Spinne saß. (Ich schätze, daß sie noch heute da oben sitzt, wie sie auch dem Café ihren Namen gegeben haben soll.)

Mir aber ist »Knietsch« noch lebendiger im Gedächtnis geblieben. Und wem wie mir dies kleine Café ein Stückchen Zuhause, eine Junggesellen-Zuflucht gewesen, der wird vielleicht noch etwas von der Atmosphäre darin empfinden und wohl auch noch die anheimelnde Wärme und Behaglichkeit verspüren im Kreise der Bekannten und Freunde, deren Gestalten und Gehaben mir noch nach Jahrzehnten wie greifbar vor Augen stehen. Und gleichsam als ruhenden Pol darin die mollige, etwas gravitätische und immer lächelnde Wirtin, Frau Langer, im Gegensatz zu den etwas spinnigen Kellnern, die öfter mit den Gästen eine gewisse Vertraulichkeit verband.

Der Ober Tischbiereck etwa, dessen Name seinem Beruf wie angepaßt schien, war in einer Zeit »wirtschaftlicher Engpässe«, wie in den Jahren der großen Arbeitslosigkeit, wohl manchen Gastes verschwiegener Gläubiger. Auch ich gehörte in gewisser Weise dazu, und als ich mir später immerhin schon einige Erfolge erschrieben hatte, ruhte mitunter Tischbierecks gönnerhaft-verständnisinniger Blick auf mir, als hätte ich sie einzig ihm zu verdanken gehabt. Er hätte aber nie darauf angespielt und hatte auch nicht die Aufdringlichkeit mancher Kellner, sich mit einem Blick auf die leere Tasse nach weiteren Wünschen zu erkundigen. Nein, er brachte dem Gast seinen täglichen Kaffee und seine Zigaretten und ließ ihn dann unbehelligt in »seiner Ecke«, wo er stundenlang wie weltentrückt über Gott weiß was nachzudenken schien und anscheinend kostbare Einfälle sich manchmal auf einen Bierdeckel notierte.

Der Geist der Beschaulichkeit wohnte in diesem Raum, und es gab auch andere, die gleich mir Erholung und gleichzeitig Anregung darin fanden, so vor allem der Dramatiker Josef Wiessalla, der ständig in Plänen oder schon fertigen Auftritten und Szenen schwelgte. Täglich sah man hier den breitschultrigen, schwarzhaarigen Mann mit dem flächigen und durch die Brille etwas verhüllten Gesicht, das sich hinter einer Wand von Zeitungen vollends verbarg oder sich tief über einen Manuskript-Entwurf neigte, wie über eine geheimnisvolle Aufzeichnung, die plötzlich in der Rocktasche verschwand.

Es war etwas Gewaltsames und gleichzeitig Unbeholfenes um ihn. Ebenso gewaltsam-unbeholfen zeigten sich auch einige seiner Frühwerke: die Arbeitslosen-Tragödie »Krise« und ein Drama des oberschlesischen Abstimmungskampfes »Volk auf Vorposten« (Arcadia-Verlag Berlin) oder die reifere, wie gehämmerte Erzählung »Die Dostals«, erschienen im »Vorstoß«, Prosa der Ungedruckten, einem Sammelband, den im Bruno Cassirer Verlag der damalige Lektor Max Tau herausbrachte.

Natürlich traf man, wenn Dr. Tau nach Oppeln kam, auch im Café Knietsch zusammen, denn wer wäre mit jemand in Oppeln bei Knietsch nicht zusammengetroffen! Hier besprachen die Freunde manches, was später auf einer Berliner Bühne oder in Buchform Gestalt annehmen sollte. Wiessallas Erstlingsroman »Die Empörer« (1949 bei der Büchergilde Gutenberg wiedererschienen) zeugt bereits von der zupackenden Kraft des Gestalters, ebenso wie Wiessallas Grubenstück »Front unter Tage« einige urwüchsige Figuren auf die Bühne stellt. Bis in den Krieg hinein folgen dann noch zahlreiche Werke, vor allem Romane wie »Udyta« und der »Orpheusbecher« und zahlreiche Erzählungen.

Eine Stadt lebt in ihren Menschen fort, die sie geistig repräsentieren, auch wenn sie nicht mehr am Leben sind. Zu ihnen gehörte in erster Linie auch mein Freund Heinrich Sladkowsky, der temperamentvolle Maler und Zeichenlehrer. Sein Lehramt, durch seine Vorgesetzten erschwert, war ihm sicherlich eine Bürde, aber der Gedanke an sein ärmliches Elternhaus ließ ihn den Sprung ins freie Künstlertum wohl nicht wagen. Schließlich schätzte er die Vorteile einer gesicherten Existenz, auch um seiner Familie willen, und liebte es augenscheinlich auch, sich sehr sorgfältig und etwas modisch zu kleiden. Auf seinen Spaziergängen schwang er stets ein dünnes Stöckchen, das er wild durch die Luft sausen ließ, wenn ein Begleiter ihn etwa zu einem Gespräch über Formprobleme der Malerei anregte. Ihn selbst konnte man wohl zu den Expressionisten zählen, obwohl er nicht darauf festzulegen war. Einer seiner Schüler, Dr. J. A. Soika, ein gebürtiger Oppelner, der heute zu den modernen, international wirkenden Kunsterziehern Berlins zählt, ist davon überzeugt, daß Heinrich Sladkowsky, lebte er heute noch, in die erste Reihe deutscher Maler von Rang und Namen gehören würde. Aber »Slad«, wie ihn seine Freunde nannten, fand ebenso wie Josef Wiessalla, dieser bei Breslau und jener bei Oppeln, ein tragisches, nicht näher zu beschreibendes Ende.

Abseits von Schriftstellern und Künstlern, die zwar in Oppeln lebten, aber doch schon einer breiteren Öffentlichkeit bekannt – von Sladkowsky zum Beispiel wußte man in französischen Fachkreisen mehr als in der eigenen Heimat –, in der Stille also lebte ein Mann, der völlig aus der Vergangenheit zu existieren schien: der Oppelner Museumsleiter und Stadtarchivar Alfred Steinert. Mit ihm, der gestaltgewordenen Chronik der Stadt, wurde Alt-Oppeln gegenwärtig, die mittelalterliche Residenz der Piastenherzöge, die hier auf erhöhter Insel zwischen Oder und Mühlgraben bis 1532 das damals tief in den Osten hineinreichende oberschlesische Land regierten. Die Daten und Namen dieser Fürsten waren dem Stadtarchivar geläufiger als die seiner eigenen Vorfahren, und er selbst »residierte« jenseits des alten Piastenschlosses, auf dem östlich der Oder gelegenen Hügel der Altstadt, im einstigen Stadthaus der Grafen von Proskau, wo nun Stadtbücherei und Museum untergebracht waren.

Wie oft ging ich, Anfang der vierziger Jahre, vom Ringe aus die schmale Adalbertstraße hinauf, erstieg die lange Steintreppe und bog links in den wuchtigen Bau des Museums ein. Die dicken Gemäuer verbreiteten Ruhe und Geborgenheit vor dem politischen Lärm der Umwelt. Der Geist der Jahrhunderte nahm mich auf. Aus der Erinnerung sprechen viele Bücher und Bilder noch heute zu mir, die Stimmen unserer Vorväter, die Zunftaltertümer, die Gefäße der Proskauer Fayencen, die Gemälde der Altoppelner Maler Herrmann und Kuhnert, die Sammlungen der Zoologie, Botanik, Mineralien, Erze und Gesteine der Heimat.

Ich gehe von Raum zu Raum, wie durch eine vertraute, doch lange nicht mehr betretene Wohnung, und wieder ertönt leise Musik, und man meint, Gestalten aus dem Biedermeier nach einer Gavotte sich beugen und drehen zu sehen. Es sind die zarten Klänge einer Spieluhr, die manche Besucher und namentlich Schulkinder in Gang setzen. Noch immer höre ich die zirpenden Töne der Spieluhr und sehe den alten Stadtarchivar lächelnd dabeistehen, als sei er selbst noch eine Figur aus biedermeierlich-liebenswürdiger Zeit. Er weiß von der Stadt, wie sie wurde und wuchs, von frühen Bewohnern: Fischern, Jägern und Bienenzüchtern an der »Pascheke« und dem »Ostrowek« auf der Oderinsel, wo die erste Burg der Piasten sich erhob. Allein in der Minoritenkirche seien elf Angehörige des Piastenhauses beigesetzt. Vom Zug der Siedler aus Thüringen und Franken vor siebenhundert Jahren berichtet der Chronist, von Blüte und Niedergang und erneutem Aufstieg in preußischer Zeit. Er erzählt auch von ihren berühmten Söhnen, so von dem einstigen Regierungspräsidenten von Hippel, Verfasser von Friedrich Wilhelms III. »Aufruf an mein Volk« 1813, oder auch von dem Kolonialpionier Emin Pascha, bürgerlichen Namens Eduard Schnitzer, der das obere Niltal erforschte und im Kampf gegen den Sklavenhandel 1892 starb.

Verklungen die Namen, versunken im Schatten der Gegenwart manch fortschrittliche Tat. Ich aber stehe noch im Banne des Vergangenen und lausche ihm wie einem nie verklingenden Lied. Aus ihm erhebt sich die Stadt mit ihren Türmen und Brücken, mit ihren Straßen und Menschen und zuletzt mit dem Feuersturm, der sie in alle Winde verwehte. Die Oder allein, der Strom meiner Kindheit, wandert noch unberührt von den Erschütterungen der Zeit, vorbei an den grauen Zementfabriken und am großen Naturpark der Bolkoinsel, vorüber am gänzlich in Grün getauchten Villenviertel des Wilhelmstals und »Wäldchens«, durch die Stadt. Und am Mühlgraben, nächst der »Pfennigbrücke«, wachsen die efeuumrankten Gemäuer mit den Trauerweiden und den leise rauschenden Pappeln wie aus den Tiefen des Wassers empor. Noch stehen am Ufer die altersgrauen Häuser und dahinter die ragenden Kirchen, die ersten und letzten Zeugen von Generationen, die sich darin im Glauben und Hoffen der Allmacht gebeugt.

Stadt der Brücken und der Türme,
hingewürfelt um den blauen Fluß,
lange ruhen Schwert und Ritterschild,
und es schweigen alle Stürme,
wie aus Kinderzeit ein Friedensgruß
steigt herauf dein heimatliches Bild.

Immer ist es das Bild dieser Stadt, das ich bewahre und wieder beschwöre, und das sich vermehrt und in vielen anderen Bildern vorbeizieht. Manuskripte häufen sich, von denen sich viele auf meine Vaterstadt beziehen oder sie völlig zum Inhalt haben. Und wenn ich von meiner Arbeit aufsehe, erblicke ich an der Zimmerwand ein großes buntes Oppeln-Aquarell meines Freundes Georg Nerlich, der selbst gebürtiger Oppelner ist und heute, schon in hohen Jahren, nicht müde wird, unsere Stadt in vielen Motiven festzuhalten. Da sehe ich Brücken und Unterführungen, Gärten in Wilhelmstal und das Wäldchen im Schnee; sehe das Oderwehr und zwischen Altstadt und Odervorstadt den dahinziehenden Strom. Jährlich beschenkt mich der Freund mit neuen Skizzen, Radierungen und auch Fotos seiner Gemälde, die 1945 verlorengegangen sind. Täglich sprechen die Bilder zu mir, und ich antworte mit Gedichten über unsere Stadt, die wiederum dem Maler zu weiterer Darstellung unseres gemeinsamen Themas neue Impulse geben. Eine beglückende Wechselwirkung, die das Gedenken vertieft und immer neue Verse hervorbringt, wie die auf »Unsere Stadt«, die in meinem Lyrikbuch »Östliche Melodie« enthalten sind. Das Gedicht schließt mit einer Strophe, die sich zu allen Oppeln-Bildern Nerlichs sagen läßt:

Hier darf ich, tiefer heimgekehrt, verweilen,
und aus den alten, lieben Straßenzeilen
winkt mir die graue Mutter: unsere Stadt!

Unsere Stadt, die uns eines der stärksten und nachhaltigsten Leitmotive unseres Lebens und Schaffens ist, suche ich wachend und träumend auf und erkenne jeden Stein und jede Eigentümlichkeit wieder. Und jedes Haus blickt mir mit vertrauten Fensteraugen entgegen, bis ich auf alten, schon als Kind begangenen Wegen – wie in der anfangs erwähnten Erzählung – mich am Stadtrand meinem bäuerlichen Elternhaus nähere und dort nichts mehr vorfinde als Trümmer und Unkraut.

Doch über aller Trauer erkennt der Heimkehrer, daß er alles Vergangene noch in sich trägt und wie ein reiches Erbe bewahrt, als unvergänglichen Besitz.

Und die Zeit, die alles heilende, aber auch alles verlöschende und ins große Vergessen versenkende?

Keine Zeit ist so vergangen,
daß sie schon vergessen sei,
wenn unsägliches Verlangen
sie noch einmal eingefangen:
Bilder ziehen stumm vorbei.

KREUZBURG

Heinz Piontek

Faustskizze einer Stadt

Unter meinen Papieren befindet sich ein großes vergilbtes, ramponiertes Blatt mit dem Plan einer Stadt. Es ist eine Faustskizze von Kreuzburg, die ich mit Feder und Tinte im Jahre 45 aus dem Gedächtnis gezeichnet habe. Wie kam ich dazu, mitten in Bayern die Vaterstadt Straße um Straße, Hof um Hof zu rekonstruieren? Noch war kein Jahr vergangen, seit ich den Ort zum letztenmal betreten hatte. Freilich, schon damals war nicht daran zu denken, in das durch die Kriegsereignisse entrückte, von der Mehrzahl seiner Einwohner entblößte Oberschlesien zurückzukehren. Es kann sein, daß ich mir Kreuzburg vollkommen zerstört vorstellte. Wollte ich ein Dokument anfertigen? Oder nur schwarz auf weiß nachprüfen, in welchem Grad meine Erinnerungen stichhaltig waren? Jedenfalls brachte ich es fertig, die Anlage eines Gemeinwesens von etwa zwölftausend Einwohnern topographisch annähernd richtig, wenn auch nicht maßstabgetreu, wiederzugeben. Ich hatte die ganze Stadt im Kopf.

Bezeichnend, daß ich auf meinem Plan die Himmelsrichtungen nicht der Regel entsprechend anlegte. Ich weiß noch, ich bemerkte den Fehler erst, als ich mit der Arbeit beinahe fertig war. Vom gleichen Punkt nämlich, von dem aus ich als Kind meinen Gesichtskreis Meter um Meter erweitert hatte, war ich auch bei meinem Entwurf ausgegangen. Unsere Wohnung befand sich im Norden, also lag die Stadt vor mir, wenn ich die Stirn nach Süden richtete. Stadteinwärts, das hieß für mich: vorwärts – und war vorn nicht immer »oben« auf dem Blatt?

Ich hatte mit unserer langen Straße angefangen. Auf meiner Skizze kann man nicht erkennen, wie ausgezeichnet sie gepflastert war. Nicht einmal die Akazien, die sie flankierten, hatten sich anbringen lassen, geschweige denn der wandernde Schatten der Häuser oder der durch Schlitten festgewalzte Pulverschnee mit den Flecken vom Urin der Pferde. Zwei gerade Linien: eine Ausfall-, eine Reißbrettstraße. Aber denken läßt sich, daß hier Kindern die Gesetze der Perspektive aufgegangen waren.

Der Plan ist zweifarbig. Alles Künstliche darauf ist tintenblau, alles Gewachsene grün schraffiert. Das Grün, in das unser Viertel getaucht liegt, bedeutet Vorgärten, Siedlungsgärten, buschige Villengrundstücke, auch Wiesen, Gärtnereien, die Anlagen des Lederer-Platzes, schließlich das flache Land, das sich mit

Sandgruben und Teichen bis an unsere Häuser heranschob. Überhaupt eine grasgrüne Stadt, unsere Grenzstadt, mit viel sauerstoffhaltiger Luft, auffallend vielen Sonnentagen. Selbst der Mond scheint uns mit besonderer Klarheit heimgeleucntet zu haben.

Stadteinwärts sehe ich zwei ziemlich große unbebaute Plätze liegen. Sie hießen der Große und der Kleine Haken. Hierhin strömten die Bauern des Kreises, um quietschende Ferkel an den Hinterbeinen in die Höhe zu halten. Sie senkten die Lider über den zusammengekniffenen Augen, wenn ihnen Pferde ein Stück im Trab vorgeführt wurden. Während weißes Federvieh wahnwitzig mit den Flügeln schlug, wurde um den Pfennig gefeilscht mit Kopfschütteln, Auftrumpfen und besiegelt mit Handschlägen, ehe die Händler ihre aus Rindshäuten oder Hirschfellen genähten, ellenlangen Geldtaschen aufspringen ließen. Am Nachmittag säuberten Straßenkehrer die gestampfte Asche des Großen und Kleinen Hakens von Viehdreck, Strohhalmen, Hühnerfedern, Zigarettenschachteln, öde lagen wieder die Flächen da, bis die SA oder das Jungvolk antraten, um mit Versen, dem Zusammenschlagen der Absätze die frische Luft zu erschüttern.

Die Frische strich herüber von den Alleebäumen der Hakenstraße, wo Wasser, in das sie ihre Schatten senkten, nüchtern vorbeizog, ohne Umstände zu machen. Zwischen den Laubmassen konnte man die Provinzial-Heil- und Pflegeanstalt erkennen. Über den Kronen aber schwebte der luftige Teil des Stadtkerns: die höchsten Firste, Turmhauben, Wetterhähne und Fahnenstangen. Ein paar Schritte, und man befand sich im Gehäuse dieses Kerns.

Ein richtiger schlesischer Ring mit dem Rathaus in der Mitte. Zehn Straßen und Gassen mündeten an dieser Stelle. Die Häuser im Karree waren durchweg Geschäftshäuser, zwei, drei Etagen hoch, fast alle mit flachen Dächern. Solidität stand ihnen ins Gesicht geschrieben, viele ruhten noch auf alten Fundamenten. Jedoch das Beste von allem blieb das Rathaus mit den alten, Wand an Wand anschließenden Kaufmannsunterkünften. Ehemals waren es sechs Doppelhäuser, das heißt zwölf Giebel gewesen. Die Zwölf Apostel. Dieser ineinandergewachsene Komplex mit seinen Barockfronten, Gewölben und Walmdächern mitten auf dem Platz zeugte von einem zu leben verstehenden, ausreichend zivilisierten Stand und imponierte nicht nur den hier ihren Buttermarkt abhaltenden Landfrauen. Eines Nachts dann ein Feuersturm. Bloß sechs Apostel überdauerten.

Auch die Brandfläche überzog sich mit Grün. Gustav Freytag, dem geborenen Kreuzburger, der mit einem Buch »Soll und Haben« die Blicke der Deutschen auf sich gelenkt hatte, wurden zum Gedenken Granitblöcke aufgerichtet. Nach dieser Seite hin hatten die Apostel efeuüberhangene Kolonnaden: über dem großen, von ihnen getragenen Balkon war ein Ziergiebel angebracht, auf dem sich zauberspiegelhaft der gesamte Ring wiederholte. Ein Bildhauerkunststück: ein weißes erhabenes Relief. Doch was hatten wir sonst noch vorzuweisen? Vom Schloß gab es bloß etliche Steine im Sockel eines neueren Gebäudes, durch das man einen Torbogen gebrochen hatte. Auf den Resten des ehemaligen Schloßturms erhob sich – aus rosabraunen Ziegeln – der Wasserturm in der Art eines Wehrturms. Er galt als Wahrzeichen. Ihm gegenüber, jenseits des Ringes, stand die Evangelische Kirche, hochschiffig, mit einer welschen Haube auf dem kleinen robusten Turm, der älteste Bau Kreuzburgs.

Ich nehme meinen Plan zu Hilfe, laufe ringartig sich wiederholende Gassen ab, finde mein Gymnasium verzeichnet, die Post, das Konzerthaus, den Eiskeller, Namen wie Blücher und Bismarck (die renommierten Häuser am Platze), aber auch Lokalitäten wie Stadt Warschau, Runges Bierstuben, Deutsches Haus, Destille Bauer. In den Höfen einiger Gasthäuser, sogenannter Ausspannungen, fanden die Britschken der Leute vom Lande Platz, die den Pferden die Futtersäcke über die Nasen ziehen, Heu vorwerfen oder sie an die Tränke führen wollten. In den ersten Jahren meines Lebens wimmelte es von Pferden.

Immer grüner wird es mir vor den Augen, während ich dem Verlauf der Zeichnung folge. In einen Teich, Müller-See genannt, wo das Kahnfahren zwanzig, das Eislaufen zehn Pfennig kostete, tunkten Weiden ihre Zweige. Nicht weit davon hieß ein Sportplatz poetisch der Turnergarten. Dann die Zuckerstadt, jenes auf dem Gelände einer aufgelassenen Rübenfabrik angelegte Villenviertel (ich denke zurück an die riesigen, in die Erde zementierten Bottiche der Fabrik), der weiche Rasen vor den Villen, Hentschkes privates Schwimmbad, der Damm der Hindenburgpromenade, die Misteln in den Linden, die Synagoge, goldne Lettern in Laub und Blumen, die weiten, bis an den Wald reichenden, sehr berühmten Anlagen des Heldenhains.

Also eine Kleinstadt wie andere auch. Und doch: so nirgends wiederzufinden, kein zweites Mal so vorhanden. Eine Gründung der Kreuzritter, Herren vom Roten Stern, die 1253 das Stadtrecht erhielten. Kolonisten aus Thüringen, auch aus Schwaben, sich in einem abgesteckten Viereck ansiedelnd, Kolonistengeist bis zum Schluß: das Rauhe, Hartnäckige, In-die-Weite-Denkende. Doch auch die Ambivalenz: Schlauheit genau so wie Ehrlichkeit; Spintisieren, wilde Allüren und Untergänge genau so wie Mißtrauen, die eiserne Logik der Zweckmäßigkeit; einerseits tagelange Festivitäten (vor allem Schlachtfeste), die bekannte Gastfreundschaft, gelinder Reichtum mit Autofahrten und Tontaubenschießen, andrerseits bescheidene Kleinbürgerei mit ihrem Schäfchen im Trocknen, spartanische

Methoden, Beamte, die ihre Kreuze durchdrückten, zweimal gewendete Röcke trugen. Friedrich hatte Maria Theresia Schlesien abgenommen. Auch die Kreuzburger hatte er Mores gelehrt. Sie vergaßen es nicht, bis zum Schluß.

Sonderbare Stadt. Dem Praktischen ergeben, aber keine Industrie. Gute Schulen, Fortbildungskurse, aber wem hätten sie den Sinn etwa für die Sprache Trakls geschärft oder die Bedeutung des »Kapitals« eröffnet? Offiziere, Diplomaten, Pädagogen gingen hervor. Wenn der Lehrer Mühlich, der die Tasten einer Orgel mühelos anschlagen konnte, Bachs Toccata in F-Dur interpretierte, hielten wir es für Fingerübungen. Bewundert wurden die Geiger des Konzerthauses, die die Toselli-Serenade im Stehen spielen konnten, das Tegernseer Bauerntheater, Zauberer und Coupletsänger aus Breslau. Patriotismus wurde groß geschrieben, uns mit allen Emblemen vor Augen gehalten, eingebleut. Hatten die Polen nicht auch ihren Stolz? Die Polen. Zwanzig Kilometer bis zur Grenze, doch wie weit weg waren sie wirklich! Man ließ sie gelten. Sehr viel Wert legte man im Osten darauf, im Westen zu sein.

Nicht gewillt, daß sich meine Karte von Kreuzburg nachträglich rosa färbt, erwähne ich auch wahrheitsgemäß die Schläger unter den Arbeitslosen, die bei der SA bald das Wort führten, auch gewisse hochprozentige Wahlergebnisse durch die Märzhasen nach der Machtübernahme. Ich erwähnte die Kristallnacht. Sturheit, Feigheit wie überall. Für manchen, der dem Ort früh den Rücken gekehrt hatte, war Kreuzburg nicht mehr als ein Nest. Und doch hatte einer, dem auf Erden nicht zu helfen gewesen war, einstmals dieses Nest geadelt durch nichts als Schriftzeichen, die ihm hier eingefallen waren, Wörter, die sich reimten – das war nicht rückgängig zu machen. Fünfundzwanzigjährig hatte er sich 1720 als Arzt auf diesem Grund und Boden niedergelassen, für die kurze Zeit, die ihm noch blieb, hatte sich mit der Tochter des Pastors aus Bischdorf verlobt und hier einige Gedichte in deutscher Sprache geschrieben von der Art, die mit Engelszungen spricht:

Endlich blüht die Aloe,
Endlich trägt der Palmbaum Früchte,
Endlich schwindet Furcht und Weh,
Endlich wird der Schmerz zunichte;
Endlich sieht man Freudental:
Endlich, Endlich kommt einmal.

Adel und Anmut einer so geführten Sprache lagen noch in der Luft, hundertdreiundachtzig Meter über dem Meeresspiegel, auch wenn ich damals nichts davon ahnte, ich atmete sie ein. Indessen beschäftigte mich die Fleischerinnung, die am

Rosenmontag in einer Kavalkade (weiße Leinenjacken, hochrote Kappen) durch die Straßen getänzelt kam. Andere Pferde wieder, schwarzverhangene, zogen Leichenwagen querstadtein. Vornweg marschierte die Kapelle Ueberschaer (Marschtempo siebzig) und blies kunstvoll »Harre, meine Seele«, doch auf dem Rückweg »Alte Kameraden«. Juden mit schwarzen Hüten, ebenso schwarzen Bärten rollten die Thora auf und wiesen, silbergegossene Finger in den Händen, auf erstaunliche Stellen der Schrift. Mit einemmal bevölkerte sich die Nacht mit Lampions, draußen vor dem Schießhaus, unsere Schreie erstarben, senkrecht hielten wir die feinen Lampionstäbe hoch, während wir in langer Reihe heimwärts zogen.

Bilder, die alle in mein Stadtbild gehören! Immer mehr Gesichter tauchen an den Ecken auf, bekannte und namenlose, ganze Schwärme, wer kann sie festhalten? Gesichter von Eisenbahnern, ihre Frauen und Töchter spazieren führend, von Lehrern mit einer Vorliebe für Knäckebrot, Gamaschen nach Jägerart und genagelte Schuhe, die Züge eines von ihnen, der im Krieg hoch hinaufgelangte, der einzige General, wie es heißt, der sich weigerte, Juden erschießen zu lassen, und keineswegs mußte er es büßen, oder das Gesicht jenes kleinen Baurats, eines fanatisch Modernen, der die Stadt nach seiner Fasson umkrempelte und von dem wir sangen:

Der Hentschke, der hat was getan,
der hat gebaut die Rodelbahn –

Gesichter, Gesichter – unmöglich, sie festzuhalten! Und doch hatte ich meine engmaschigen Linien gezogen, um ein Netz zu bekommen, durch das weder die Lebenden noch die Toten schlüpfen sollten.

Die Ränder Kreuzburgs wurden von noch nicht eingemeindeten Ortschaften gebildet, von Volksschulen, Gleisanlagen, Friedhöfen, dem Freibad und der Kaserne der blauen Dragoner. Weiter reicht meine Skizze nicht. Aber was bei mir leeres, von den Jahren mitgenommenes Papier ist, ohne Anzeichen von Bedeutung, das war die Ebene, die Kreuzburg prägte wie sonst nichts. Baumbestanden, sich manchmal leicht aufwerfend, von Chausseen durchschnitten, war sie es, für die die Stadt nur einen Angelpunkt im Raum abgab. Die Stadt war auf die Weite bezogen, abhängig von ihr, nicht umgekehrt. Dieser Horizont bestimmte uns. Dieser Wind, diese nebelhaften Schiffe am Himmel, Duft des Getreides und kleinen Obstes, Punkte von Bauern und Gespannen: das waren unsere Lehrmeister. Wir lebten nicht nur von der Klarheit der Stadt, größere Kräfte zogen unsere Instinkte und Leidenschaften aus der Region des himmelhohen, unreinen einfachen Landes. Vielleicht hatte das auch den jungen Arzt Johann Christian Günther bewegt, als er bei uns seine großen Verzweiflungs- und Rechtfertigungsgedichte schrieb.

Und daß ich sie nicht vergesse, die Wälder. Mit ihren Ausläufern erreichten sie das Pulverhäuschen im Südosten und den Fliederweg. Hier zeigten sie sich zahm, je weiter sie sich jedoch von Kreuzburg entfernten, desto unberechenbarer wurden sie. Wälder, wie sie nur bei den alten russischen Erzählern vorkommen. Ihr Dunkel geisterte durch uns. Es hatte Anteil an unserer Zerrissenheit, unserer Schwermut, unseren Räuschen. Auch zu diesem unbändigen Grün, in welchem man buchstäblich sich verlieren konnte, kehre ich mittels meiner Skizze zurück. Rückkehr nach Kreuzburg. Auf einem fliegenden Blatt.

DAS OBERSCHLESISCHE REVIER

Alfons Perlick

Kohle, Eisen und Zink

Je häufiger man das Industriegebiet in seiner gesamten Ausdehnung durchwanderte, desto eindringlicher wurde der Einheitscharakter der Landschaft spürbar. Der oberschlesische Landrücken in seiner flächenhaften Ausbreitung ist an der Reliefbildung wesentlich beteiligt. Von den Tarnowitzer Höhen leuchtete im Sonnenschein das Gelb-Grau der Muschelkalkblöcke in den Steinbrüchen, im Süden aber tauchten mit dem Blick in das Vorland der Karpaten Höhen auf, denen man es schon an der Vegetation ansah, daß sie dem Karbon und dem Buntsandstein angehören. Der Westsaum des Reviers verläuft in die Ebene und geht in die Oderlandschaft über. Das Kerngebiet selbst zeigt sanfte Hügelwellen, die immer wieder die Straßen in Schwingungen bringen, mit kleinen Erhebungen, mit geologischen Buckeln aus der Zeit des Karbons und des Muschelkalks (Grützberg, Redenberg, Chropaczower Höhen). Vielfach waren sie durch Steinbrüche angenagt, deren Betrieb aber dann eingestellt wurde, weil der Naturschutz es erforderte. Abseits von den Siedlungen haben sich noch Talschluchten, oft erweitert zu Tälern, erhalten, die einen prachtvollen Baum- und Pflanzenwuchs aufweisen. Sie sind zu Rückzugsgebieten voralpiner Flora geworden (Enzianarten, Seidelbast). Natürlich wurden diese Gegenden wegen ihrer Schönheit oft zum Ziel von Wanderungen und Ausflügen gewählt (Täler der Drama, Rokittnitza, Jamna). Charakteristisch für das Gebiet sind die zusammenhängenden großen Waldungen, die sich an der Peripherie wie ein breiter grüner Gürtel entlangziehen (Pleß, Mechtal). Der industrielle Nutzungsraum selbst mit seinen Stadt- und Dorfsiedlungen weist in der Besetzung durch Betriebsanlagen Verdichtungen und Vereinzelungen aller Grade auf und bietet das Bild eines topographischen Durcheinanders.

Dem Beobachter fallen auf: die mächtigen Baukörper der Werke mit ihren mannigfachen Neben- und Kontaktbetrieben, aufragende Fördergerüste, Türme, Schlote, ein Gewirr von Gleisführungen auf Bündeln von Bahndämmen mit einer Vielzahl von Unter- und Überführungen, schwer keuchende Lokomotiven mit langen Reihen von Wagen, randgefüllt mit feinstem Sand für den Versatz, Halden aller Art, zerfahrene Straßen, »schwarze Wege«, Baggergruben, verschlammte Grubenteiche, Senkgebiete mit Drahtseilabsperrungen und Totenkopfschildern und anderes mehr. Vor allem die Hütten mit ihren umfangreichen und grotesken An-

und Aufbauten, mit ihrem Dröhnen und Hämmern, mit ihrem Farbenrausch in der Dampf- und Rauchentwicklung, ihren Abstichen, die sich in der Nacht weithin glutrot leuchtend in den Wolken des Reviers abzeichnen, stellen den Prototyp des Werkstattcharakters dieses Raumes dar. Im Gegensatz zu den Anhäufungen stehen viele Anlagen, besonders einzelne Gruben- und Wetterschächte, abseits in der Landschaft oder von Wald umklammert einsam da und wirken beinahe wie vergessen. Andere werden von bestelltem Land umgeben, in dem sie gleichsam wie Inseln liegen. Diese Durchdringung von Technik und Natur, diese Vielfalt und Mannigfaltigkeit einer scheinbaren Willkür ist für den, der in dieser Welt zu Hause ist, doch ein Ausdruck von Ordnung und sinngemäßer Verbundenheit, ein einheitliches Bild der Kraft, des Ringens und der Schönheit.

Grundlage und Ausgangspunkt für diese Entwicklung über Tage bildet das gewaltige oberschlesische Steinkohlenbecken in einer Flächenausdehnung von etwa 8500 qkm. Die Spitze dieses Karbondreiecks liegt bei Tarnowitz, der westliche Schenkel verläuft über Peiskretscham und Rauden bis in den mährischen Teil des Odertals, der östliche Schenkel über Dombrowa bis westlich Krakau. Die Grundlinie erstreckt sich am Nordrand der Karpaten von Mährisch-Ostrau bis Krakau. Das »Oberschlesische Revier« umfaßt das »Oberschlesische Zentralrevier« (Hindenburg, Beuthen, Königshütte, Kattowitz, Myslowitz) und das Rybniker und Plesser Revier. Man schätzt die in diesem Raum vorhandenen Kohlenvorräte (bis 1000 m Teufe) für Ostoberschlesien auf 44,9 Milliarden, für Westoberschlesien auf 3,3 Milliarden Tonnen. In der Beuthener und Tarnowitzer Mulde des Muschelkalks liegen die Erzlagerstätten, die Eisen, Zink und Blei zur Verhüttung gaben. Erwähnenswert ist, daß etwa zum Ende des 19. Jahrhunderts die Eisenerze nahezu erschöpft waren, so daß Erz eingeführt werden mußte. Auch die Zinkerzeugung litt durch den Verbrauch von Galmei. Aber durch die Verhüttung der Zinkblende hatte sich Oberschlesien bis zum Ersten Weltkrieg zum größten Zinkproduzenten Europas entwickelt. Durch die Teilung 1921 wurde die wirtschaftliche Struktur des oberschlesischen Industriegebietes schwer gestört. Es war aber gelungen, die in deutscher Hand verbliebene Restindustrie so auszubauen, daß auf allen Gebieten ein Höchststand in der Produktion erreicht werden konnte.

Es erscheint zweckmäßig, die Persönlichkeiten in Erinnerung zu bringen, die mit besonderer Tatkraft am Aufbau des Reviers beteiligt waren. Schon die Namen der großen preußischen Beamten – Reden, Heinitz, Schluckmann, Wedding, von Boscamp, Holzhausen, Pochhammer, von Einsiedel, Heintzmann, Karsten, von Carnall – und der Grund- und Industrieherren, deren Schöpfungen persönliches Gepräge hatten – Georg von Giesche, die Grafen Colonna und Renard, die Vertreter des Geschlechts Henckel von Donnersmarck, die von Hohenlohe, von Pleß, Ballestrem, Franz Winkler, die Tiele-Winckler, Godulla und Borsig – sie lassen die Kraftaufwendung der Jahrhunderte bewußt werden, die das Land zu einer unvergleichlichen industriellen Entfaltung brachte. In diesem Zusammenhange muß auch der hervorragenden Arbeit der führenden Generaldirektoren wie Grundmann, Richter, Bernhardi, Meier, Pieler, Kollmann, Mauve, Williger, Hilger, Remy, Niedt, Berve, der Bergwerks- und Hüttendirektoren, der Ingenieure, Chemiker und Erfinder gedacht werden.

Übrigens hat man sich von der Vorstellung freizumachen, daß die Grundherren und führenden Beamten die Erfüllung ihrer Aufgaben nur im Rahmen des Wirtschaftlichen gesehen hätten. Ihre frühe soziale Tätigkeit gab oft Anregungen für die übrigen Reviere. Die Fürsorge setzte schon Jahrzehnte vor der gesetzlichen Sozialpolitik Bismarcks und seiner Nachfolger ein.

Es war ein alter schöner Brauch, neben Denkmälern und Gedenktafeln durch Namengebung der Schächte und Hütten, besonders aber durch Benennung der Flöze (heute durch eine Zahlennomenklatur ersetzt), den Persönlichkeiten zu danken, die sich um Wirtschaft und Technik und durch Fürsorge verdient gemacht haben. Vergessen wir aber auch nicht die große Schar der willigen Berg- und Hüttenleute und der Industriearbeiter, die in täglicher Mühsal mit ihren Händen am Werke waren, vor allem nicht die Arbeitstruppen, die bei Explosionen und Bränden an der Front unter Tage den Tod fanden (Cleophas, Heinitz ...). Friedhöfe mit ihren Reihengräbern und bergmännischen Denkmälern im Revier erinnern daran, wie hart, bitter und opfervoll der Kampf hier ist. Auch Arnold Borsig hat am 1. April 1897 bei Rettungsarbeiten anläßlich eines Grubenbrandes auf Hedwigwunsch mit seinen Mitarbeitern den Grubentod gefunden. Für sie alle gelten mit aller Eindringlichkeit die Worte auf seinem Grabstein, die ihn in Haltung und Sterben als »leuchtendes Vorbild treuester Pflichterfüllung« bezeichnen.

Der eigentliche Pulsschlag im Revier, die merkantile Bewegung, die wirtschaftliche Dynamik wurde in ganzer Kompaktheit erst spürbar, als sich zum Zweck der größeren Wettbewerbsfähigkeit wie in aller Welt auch hier im Raum die Einzelunternehmungen zu Syndikaten, Kartellen, Interessengemeinschaften und Konzernen zusammenschlossen und die Aktiengesellschaften zur herrschenden Norm wurden. Über geschichtliche und regionale Verhältnisse hinweg kamen nur großzügige wirtschaftliche Gesichtspunkte zur Geltung. Je nach Konjunktur kamen sie zustande, lösten sich auf oder veränderten sich durch Abstoßung und Ergänzung oder fügten sich im Wechsel zu neuen Verbindungen zusammen. Charakteristisch für diese Entwicklung war es, daß die alten Großunternehmer und Träger der Industrie teils aus Notlage, teils aus finanzieller Zweckmäßigkeit nach außen hin den Besitztitel aufgaben und in die Anonymität der Gesellschaft einstiegen. Im Revier zeigte sich dieser Vorgang bereits 1850.

Die ständig vermehrten geistig-beruflichen Anforderungen an die Beamten des Bergbaus und des Hüttenwesens verlangten eine Weiterbildung und Informierung, eine Aussprache in Fachkreisen, die Bildung von Vereinigungen und eine Veröffentlichungstätigkeit in Fachblättern. Als besonders aktiv und maßgebend für das Revier trat der Oberschlesische berg- und hüttenmännische Verein unter dem jahrzehntelangen Vorsitz von Williger und den Geschäftsführern Voltz, Gothein, Knochenhauer, Bonikowsky, Geisenheimer, Krause und Pyrkosch hervor.

Es ist aber auch auf bewährte Einrichtungen hinzuweisen, die im Dienst der technischen Sicherheit, Forschung und Ausbildung standen. 1906 wurde die Oberschlesische Hauptstelle für das Grubenrettungswesen mit der angegliederten »Oberschlesischen Versuchsstrecke« in Beuthen als erste ihrer Art eröffnet, der Professor Woltersdorf Geltung und Ansehen weit über Deutschlands Grenzen hinaus verschaffte. Die oberschlesischen Bergwerke haben später in dem »Oberschlesischen Verein für Grubensicherheit und Grubenrettungswesen« die Unterhaltung dieser Einrichtung übernommen. In Verbindung mit dieser Hauptstelle stand die »Erdwissenschaftliche Landeswarte Ratibor« unter der Leitung von Professor Mainka, deren Außenstellen in Beuthen, Borsigwerk, Hindenburg, Gleiwitz und Peiskretscham vornehmlich der Aufzeichnung und Forschung von Gebirgsschlägen im oberschlesischen Bergbau dienten. Von größter Bedeutung für das Revier war die Oberschlesische Bergschule in Tarnowitz, später in Peiskretscham, in der sich die Heranbildung des mittleren technischen Beamtenstandes vollzog. Die Anfänge gehen bis 1800 zurück, die Neugründung erfolgte 1839 durch von Carnall.

Das Revier muß, damit seine Menschen wenigstens in den Grundzügen verstanden werden, auch von der Volkskunde her betrachtet werden. Seine Bevölkerung, die schon im Erscheinungsbild und in einigen markanten Linien als einheitlicher Volkskörper zu erkennen war, setzte sich zunächst aus Nachfahren der alten Bergleute aus dem Beuthener und Tarnowitzer Erzrevier zusammen, dann aus den Vertretern des hier ursprünglich zuständigen bäuerlichen Lebenskreises, weiterhin aus zugezogenen bäuerlichen Menschen des näheren und entfernteren Vorfeldes und schließlich aus Abkömmlingen der Bürger, die in den Städten des Reviers ansässig waren. Wenn die hier Zusammengeströmten den Forderungen entsprechen konnten, die der dynamische Raum verlangte, dann blieben sie, ordneten sich ein, glichen sich an und gingen in der großen Reviergemeinschaft auf. Die von der Arbeit gestellten Bedingungen waren: angeborene Härte, unbedingtes Einfügen,

Kameradschaftlichkeit, Geduld, Beharrlichkeit, Mut, Unerschrockenheit und Treue. Diese Eigenschaften waren auch für die Formung des Volkstums von Bedeutung. Einen großen Teil der Voraussetzungen brachten sie schon als allgemeines oberschlesisches Erbe mit. Auch Bürger und Bauern, die außerhalb der industriellen Arbeit standen, wurden in diesen Verschmelzungsprozeß eingeschlossen.

Greifen wir aus der Fülle der Erscheinungen, die das Volkstum des Reviers, besonders der Berg- und Hüttenleute, kennzeichnete, nur einige Beispiele heraus: Kameradschaftlichkeit und Gastlichkeit, Naturverbundenheit und einen trockenen Humor in allen mißlichen Lagen. Die gemeinsame Arbeit im Berg und in der Hütte kommt ohne ständigen gegenseitigen Beistand nicht aus. Die Männer stehen hier täglich an einer Front, an der das Gesetz der väterlichen und brüderlichen Hilfe von jeher Geltung hatte. In jeder Belegschaft gehen die Berichte von solchen Tatsachen, vom Zuspringen und Retten, vom Bergen und auch vom Sterben durch die Reihen, ohne daß viel Aufhebens davon gemacht wird. Für sie ist solches Verhalten zur selbstverständlichen Haltung geworden, auch wenn sie oft über das durchschnittliche menschliche Maß hinauswächst. Wer Berg- und Hüttenleute während des Krieges in der Truppe kennengelernt hat, weiß, daß der Kameradschaftsgeist gerade der Soldaten aus dem Revier besonders auffiel.

Aus dieser Haltung und der bewußten Gemeinsamkeit hatte sich auch eine Toleranz in gesellschaftlicher, konfessioneller und parteipolitischer Hinsicht entwickelt, wie sie anderswo kaum anzutreffen war. In diesem Zusammenhange darf darauf hingewiesen werden, daß für die Oberschlesier die sogenannte Judenfrage niemals bestand. Wir haben immer mit den jüdischen Mitbürgern erfolgreich zusammengearbeitet und ihre großzügigen Förderungsmaßnahmen auf den Gebieten der Kultur, Kunst, Wissenschaft und Wirtschaft sehr geschätzt (Friedlaender, Grünfeld, Lustig, Landsberger, Kopfstein, Immerwahr, Tau).

Aus dem durch die Eigenart und Schwere der Arbeit sich entwickelnden Gemeinschaftssinn erwuchs auch die Gastfreundschaft, die Gastlichkeit, die Freude am Zusammensein, die Lust zum Feiern, die Betonung der Freundschaft und Brüderlichkeit. Waren es bei den Beamten gesellschaftliche Feiern aller Art, Herrenabende, Bergfeste, so kam man beim anderen Teil der Bevölkerung gern bei Besuchen, bei Tauf-, Kommunions-, Konfirmations- und Hochzeitsfeiern, besonders aber bei den typischen Kirmesfeiern, zusammen. Alle Schichten des Bergmannsstandes aber vereinigte in gemeinsamer Feier das Barbarafest am 4. Dezember (Gottesdienst, Ehrung der Jubilare, Festumzug, Essen und Tanz).

Die auffallende Naturverbundenheit, diese Feststellung erscheint zunächst unglaubwürdig, stellt gleichfalls eine Reaktionswirkung aus dem Berufsleben dar.

Hier wird unbewußt ein Ausgleich für die Härte des Einsatzes bei der manchmal stumpfsinnigen Arbeit am anorganischen Material gesucht, zum anderen kommt das bäuerliche Erbe zum Durchbruch. Es war rührend, mitzuerleben, wenn der Berg- und Hüttenmann mit seinen verarbeiteten, schwieligen Händen die Stubenvögel im Käfig fütterte, mit Ausdauer an seinem Kaninchenstall herumzimmerte, sich um die Tauben in ihrem kleinen Schlag kümmerte oder die Fische im Aquarium pflegte. Dem Arbeiter sind die Tiere zu innigen Vertrauten, zu Kameraden geworden. So haben zum Beispiel die Bobreker Hüttenleute in ihrer Freizeit abseits am Haldengelände eine Anlage geschaffen, die nicht nur der Aquarien- und Terrarienpflege und dem Vogelschutz diente, sondern am Sonntag auch ihren Familien als Erholungsort.

Jeder, der nur besuchsweise im oberschlesischen Revier weilte, war begeistert von der Fülle humoristischer Geschichten, Anekdoten, Witze und Scherze, die durch die Sprachmischung noch eine groteske Note erhielten, die einfach hinreißend wirkte. Dieser Humor mit seinen trockenen, treffenden Einfällen gehört mit zum wesentlichen Bestand des Volkstums. Angeborener oberschlesischer Mutterwitz, Erzähl- und Darstellungsbegabung, Erfindungsgeist und schnelle Auffassungskraft, das Bemühen um kurze Ermunterungsstöße bei der eintönigen Arbeit und Unterhaltung der Gemeinschaft, das alles leuchtete aus diesen volkstümlichen Äußerungen hervor.

Charakteristisch für das Industriegebiet wirkte sich aber auch der starke Behauptungswille der bodenständigen bäuerlichen Bevölkerung aus, deren Gehöfte von Arbeiterhäusern stark umdrängt wurden, deren Äcker durch die Ausbreitung der Industrie immer mehr verloren gingen. Es war ein stiller, aussichtsloser Kampf, der hier ausgetragen wurde. Trotz der Schwierigkeiten ist den Bauersleuten eine auffallende Beharrung in Sitte und Brauch (Sommersingen und Osterreiten), ja sogar im Trachtentragen eigen (Roßberg, Schönwald). Wirtschaftlich standen sie mit den Städten und industriellen Unternehmen in engem Kontakt (Gestellung von Fuhrwerken, Belieferung der Märkte und Kantinen).

Es ist wohl leicht erklärlich, daß ein Raum mit einer derartigen landschaftlichen, technisch-wirtschaftlichen und volkskundlichen Profilierung auch zum bevorzugten Objekt für Dichtung und bildende Kunst geworden ist. Beim Studium der schöngeistigen Literatur des Reviers entdeckt man, daß sehr früh bei Max Waldau in seiner Schilderung vom »Kohlebauern« (1850) das Industriegebiet erwähnt wird. Verhältnismäßig lange bleibt es dann literarisch unberücksichtigt. Erst 1906 bringt Paul Albers seine Geschichten »Unter Kiefern und Schloten« heraus, die sich eingehend auf die hier geleistete Arbeit beziehen. Eine bewußte

Beschäftigung mit der eigentlichen Problematik der Auseinandersetzung zwischen Landschaft, Volk und Industrie zeigen erst die meisterhaften Darstellungen von Bruno Arndt (»Der Ruf der Felder«, 1911). Volkstümliche Bedeutung haben die Bücher von E. Grabowski und R. Kurpiun. K. F. Mainka und Paul Habraschka (»Nach der Schicht«, 1932) konnten aus eigenem bergmännischen Schaffen schreiben und dichten. Hugo Gnielczyk verdanken wir das Bändchen »Grubenpferd« (1929) mit Tatsachen aus dem schicksalhaften Leben der Bergleute. Das hohe Lied der Kameradschaft der Bergleute schrieb Josef Wiessalla (»Front unter Tage«, 1935) mit der Karsten-Zentrum-Grube als Schauplatz der Handlung. Der 1932 von August Scholtis veröffentlichte Roman »Ostwind« spielt zum größten Teil im Revier, zumeist um Beuthen. In dem Büchlein »Vom Kumpel Janek« (1935), verfaßt von Viktor Kaluza, zieht der arbeitslose Kumpel aus Hindenburg von der Scharnafka an durch das Revier, an den Halden und stillgelegten Gruben vorbei und philosophiert mit seiner Umwelt über alle Umstände des Raumes und der Zeit. Besondere Bedeutung kommt den Romanen historisch-biographischer Art, zum Beispiel den Werken von Georg Zivier »Zink wird Gold« (1937) und »Wenn es Tag wird« (1942) zu. In dem »Großen Janja« (1939) zeigt Arnold Ulitz die Entwicklung von Kattowitz seit 1895 und gibt dabei einen sehr aufschlußreichen Querschnitt durch die Verhältnisse des Reviers.

Die Industriemalerei begann mit Aufträgen der Werkbesitzer und setzte in der frühen Hälfte des 19. Jahrhunderts ein. Die Königshütte war die erste Anlage, die bildlich festgehalten wurde (J. E. Gillern, »Mondro«, 1820). Ein industrielles Dokumentationswerk von besonderer Bedeutung schuf der Schmiedeberger E. W. Knippel mit einer Fülle von Zeichnungen und kolorierten Lithographien auf seiner Studienreise (1840–1850) durch das Revier. Fast alle Industriewerke dieser Zeit wurden in ihren technischen Einzelheiten unter Einbeziehung der Landschaft und der Menschen künstlerisch festgehalten. Ein großartiges Werk im Bereich der oberschlesischen Industriemalerei schuf Adolph von Menzel. Sein »Eisenwalzwerk«, ursprüngliche Bezeichnung »Zyklopen bei der Arbeit«, ist 1872 in der Königshütte gemalt worden und gilt als die erste meisterhafte Großdarstellung der Arbeit am glühenden Block.

Vielleicht ist es in dieser kurzen Übersicht möglich geworden, das Revier in seiner Eigenart, Ausdrucksfähigkeit, Schaffenskraft, in seinem Menschentum und in seinen geistig-künstlerischen Bemühungen so darzustellen, daß man es als geschlossenen Wirtschafts- und Kulturraum eigener Art erkennt.

GLEIWITZ

Alfons Hayduk

Weltweite Atmosphäre und schlesische Gemütlichkeit

Der kleine Schuljunge, der sommers von Oppeln nach Bielschowitz zur Großmutter in die Ferien fuhr, wußte noch wenig von dieser im breiten Wiesental der Klodnitz gelegenen Stadt Gleiwitz. Er wartete sehnsüchtig, war der endlose Föhrenwald zwischen Annaberg und Vatershausen durchquert, daß der mächtige Kirchturm der Allerheiligenkirche auftauche, das überragende Wahrzeichen der Stadt.

Denn dann war es nicht mehr weit, dann war die Pforte zum oberschlesischen Kohlenrevier passiert, dann begann das rastlose Land der Gruben und Hütten, das heimatliche Industrierevier, in dem Vater, Großvater und Urgroßvater zu Haus waren. Der Junge konnte nicht ahnen, daß diese Stadt, die erste, die er nächst seiner Vaterstadt kennenlernte, für fast ein Drittel seines künftigen Lebens sein Zuhause werden sollte, daß er hier seine Lebensgefährtin finden sollte, die Mutter seiner Kinder, sein höchstes Glück wie den tiefen Schmerz des Verlustes dieser heimatlichen Geborgenheit.

Geborgenheit zeichnete diese Stadt aus, die sich Großstadt nennen durfte, in ihrem Kern aber alle Vorzüge einer deutschen Klein- und Mittelstadt aufwies: weltweite Atmosphäre mit schlesischer Gemütlichkeit, historisch einer der wesentlichen Schnittpunkte von preußischem Tätigkeitsdrang, gemildert und entschärft durch das Fluidum altösterreichischer Lebensfreude.

Unter den bekannten Städten Ost- und Westoberschlesiens nimmt die Großstadt Gleiwitz, schon im 13. Jahrhundert urkundlich bezeugt, eine besondere Stellung ein. Schon damals vor siebenhundert Jahren trat die Bedeutung der nach der Urkunde vom 14. Juni 1276 mit deutschem Magdeburger Recht versehenen Stadt als Verkehrsknotenpunkt hervor. Denn hier kreuzen sich ebenso alte wie wichtige Straßen, Fernwege im Zeichen der Windrose, deren Teilstücke durch die oberschlesischen Städtenamen Oppeln-Pleß, Tarnowitz-Ratibor und Cosel-Beuthen gekennzeichnet sind.

Aber seine einzigartige Stellung innerhalb der oberschlesischen Städtefamilie verdankt Gleiwitz zu guter Letzt der Entwicklung des südostdeutschen Industriegebietes während der letzten zweihundertzwanzig Jahre. Die günstige geographische Lage am Westeingang des Areals, die Mittlerstellung zwischen Kohlenrevier und Odertal, forderte das Schicksal heraus. Es ließ das beschaulich-stille, einst mauerumwehrte Städtel mit der wuchtigen spätgotischen Allerheiligenkirche sich rasch in geradezu amerikanischem Tempo entwickeln. Es zählte am Beginn der preußischen Zeit ganze 1200 Seelen, ein geruhsames Landstädtchen, das sich freilich durch mittelalterlichen Holzhandel und mehr noch durch Hopfenanbau und weither besuchte Hopfenmärkte einigen Ruf und Ruhm erworben hatte. Aber bescheiden verträumte es sein Dasein inmitten der Klodnitzebene mit ihren Hopfenfeldern, Äckern, Wiesen und angrenzenden weiten Föhrenwäldern. Erst mit dem anbrechenden Industriezeitalter nach den friderizianischen Kriegen gelangte Gleiwitz zu neuer Bedeutung. Seine Entwicklung zur Großstadt setzte unversehens nach der Zerreißung Oberschlesiens 1922 ein, die Gleiwitz zum Teil die Rolle zuwies, die vorher Kattowitz innehatte.

So sehr Gleiwitz sich als junge Industriestadt einen Namen gemacht hat, so ehrwürdig ist auch seine Geschichte. Ihre Anfänge liegen im Dunkel; vermutlich verbrannten manche Urkunden beim großen Brande anno 1601, wenn sie nicht schon bei der Zerstörung der Stadt durch die Hussiten am 17. April 1430 verloren gegangen sind. Der Ort soll schon um das Jahr 1100 bestanden haben, um 1204 wird eine Kirche vermutet, um 1250 dürfte eine eigene Pfarrei entstanden sein, 1276 erscheint die Stadt urkundlich als »civitas Gliwitz«.

Um diese Zeit ist die deutschrechtliche Erschließung des Gleiwitzer Landes im Zuge der deutschen Rückbesiedlung des Mittelalters anzusetzen. Herzog Wladislaus (1246–1281), ein Enkel des ersten oberschlesischen Piasten Mesko, der noch 1241 gegen die Mongolen gekämpft hat, vollzieht wie die übrigen schlesischen Piasten, voran die Breslau-Liegnitzer, den Anschluß an den Westen. Durch die Erbteilung des Wladislaus-Besitzes kommt Gleiwitz zum Herzogtum Cosel-Beuthen (1282–1355), das 1281 als erstes schlesisches die Lehnshoheit des Böhmenkönigs anerkennt. Es beginnt die Zeit der unglückseligen Teilungen, an deren Beginn ein eigener Herzog von Gleiwitz steht, am Ende eine Aufteilung der Stadt und des Landes unter die Teschener und Oelser Piasten als Tiefpunkt.

Im Hussitensturm ist Gleiwitz ein Opfer des litauischen Prinzen Sigismund Korybut am schon genannten 17. April 1430; die phantastischen Träume des Prinzen zielen auf ein slawisches Großreich mit Gleiwitz als Hauptstadt. Doch schon im nächsten Jahr zerstört Konrad der Weiße von Oels diese politische Großmannssucht; er berennt siegreich Gleiwitz, zu dessen rechtmäßigen Herren er gehört. In der Folge gehen die Wirren und der Wechsel der Herrschaft parallel zur gesamtschlesischen Geschichte weiter, Gleiwitz gerät unter die letzten Oppelner Herzöge und wird durch Erbfolge 1532 habsburgisch.

Reformationsunruhen – Georg der Fromme von Ansbach-Brandenburg wird der Schirmherr der Evangelischen – und der Dreißigjährige Krieg sind weitere Stationen. Vergeblich belagerten 1627 Mansfeldische Truppen die kaisertreue Stadt. Eine Legende schreibt die wunderbare Errettung von Gleiwitz der Himmelskönigin zu, die als Mantelmadonna ihr Gewand über die bedrohte Stadt breitete. Ein Bildnis dieser Begebenheit bewahrte die Allerheiligenkirche auf. Auch das neue Stadtwappen, das Kaiser Ferdinand 1629 in Huld und Gnaden verlieh, zeigt »auff einem halben Mondschein Vnser liebe Fraw in einem blawen Rockh und Ihrem flammichten und mit goldt verhöheten Schein, haltend in rechtem Arm einen königlichen Scepter, vnd auff dem linken Ihr Christ-Kindlein vnd tragendt auff dem Haupt eine guldene vnd mit Edelgestein versetzte Cron«.

Überliefert ist auch eine Sagenhistorie aus jener Zeit, wonach die Gleiwitzer Frauen »die stürmenden Feinde von den Mauern herab mit großen Massen von kochendem Hirsebrei überschüttet und hierdurch fast allein zum Rückzug gezwungen« hätten.

Das Landstädtchen-Idyll wich mit der friderizianischen Zeit einer wirtschaftlich-kommerziellen Epoche, die der Staat mit einer Wiederbelebung des Bergbaues aus der Siedlertätigkeit um Beuthen und den Gründerjahren des Ansbacher Markgrafen Georg – er ist der Schöpfer der Freien Bergstadt Tarnowitz – herausforderte. Schon hatten Preußens Bergwerksminister von Heinitz und sein Oberberghauptmann Graf von Reden im Zuge vorausschauender Industrieplanungen einen Kohlenkanal zur Oder in Angriff genommen, der zur Lebensader der bescheidenen Stadt werden sollte. Wie Tarnowitz durch die Aufstellung der ersten Dampfmaschine des Kontinents, die auch Goethe besichtigte, zu jungem Ruhm gelangte, so Gleiwitz 1794 durch die Gründung der ersten Eisengießerei im Revier. Schon zwei Jahre darauf, am 21. September 1796, wurde hier der erste Kokshochofen des europäischen Festlandes angeblasen. Seine hellen Abstichflammen, die fortan durch die Nächte glühten, leuchteten einer neuen Zeit.

Rauchfahnen und Kohlenstaub wehten über den stillen Wassern der Klodnitz, einem kleinen Nebenfluß der Oder, die vorher rechtsseitig noch die Olsa, Ruda und Birawka aufnimmt. Die Klodnitz entspringt auf der Tarnowitzer Hochfläche und schlängelt sich bedächtig durch das reichlich flach auslaufende Gleiwitzer Tal mit seinen anheimelnd verborgenen Naturschönheiten, dann durch die Hohenloheschen Forsten zur Mündung bei dem alten Städtchen Cosel. Dieses gewann seine besondere Bedeutung wie Gleiwitz mit dem Bau des Klodnitz-Kanals zwischen beiden Orten und wurde zum Umschlagplatz für die oberschlesische Kohlen- und Eisenindustrie.

Der Klodnitzkanal hatte nicht seinesgleichen in ganz Schlesien. Dreißig Jahre, von 1792 bis 1822, wurde an ihm gebaut, und als er nach einem guten Jahrhundert ausgedient hatte, erhielt er parallel zu seinem Lauf einen großen Bruder, den Großschiffahrtsweg (1934–1938), der Lasten bis zu tausend Tonnen trägt. Auch der alte Klodnitzkanal der friderizianischen Zeit war parallel zu dem Mutterfluß angelegt worden, vom Gleiwitzer Hafen bis zur Mündung. Wer da hinauswanderte nach Westen, entdeckte verträumte Wanderpfade von seltsam verlorenem Reiz, von Schleuse zu Schleuse – es waren insgesamt achtzehn –, wenn er den Weg am Kanal entlang wählte. Noch romantischer schlenderte es sich an der Klodnitz selbst im Wiesental entlang, über Laband und Flößingen zum Bischofstal, dem alten Ujester Halt des Mittelalters, in dem sich die Hügelausläufer des Annabergmassivs in welligen Hängen ausruhten, sanft und kaum noch als Bodenerhebung spürbar, aber für den Geologen ein überaus reizvolles Gebiet.

Der Großschiffahrtsweg benötigte nur noch sechs Schleusen für die großen, tiefgehenden Kohlenschiffe, die keine Segel mehr aufsetzten wie bisweilen die alten Kähne. Das Staubecken von Stauwerder speicherte in seinen drei Einzelbecken zuletzt rund achtzig Millionen Kubikmeter Wasser, womit Kanal und Oder nach Bedarf gespeist werden konnten. Zum Bewässerungsgebiet der alten Klodnitz gehörten von je die südlichen Gefilde zwischen Schönwald und Kieferstädtel wie die nördlichen zwischen Klausberg und Peiskretscham. Merkwürdig, das sei noch erwähnt, ist der Beginn des Klodnitzkanals von einst. Er wurde unterirdisch vom Erbschlüssel-Hauptstollen bei Hindenburg bewässert. Die Schiffahrt aber begann erst im Gleiwitzer Hafen. Übrigens kannten ihn nur wenige und ergötzten sich am Verladegeschäft. Die ständige Zunahme der Schienenstränge, die das Revier von Gleiwitz aus mit einem Eisenbahnnetz dicht belegten, lenkten die Aufmerksamkeit in eine andere Richtung. Der Stolz der Gleiwitzer stützte sich in erster Linie auf den Umstand, der von der Hindenburgbrücke aus augenfällig war: Gleiwitz besaß den größten Güterbahnhof der deutschen Ostprovinzen.

Der Verkehrsmittelpunkt als Tor zum oberschlesischen Industrierevier machte die einstige Hopfen- und Holzhandelsstadt bald über die Romantik der Altstadt hinaus zu einem modernen Konglomerat von Vororten, Fabrikvierteln und trostlosen Straßenzeilen der Arbeiterwohnhäuser und Mietskasernen, aber auch zum Sitz oberster Verwaltungsbehörden und Konzerne, zur lebhaften Geschäftsstadt mit einer aufgeschlossenen, lebensfrohen Bevölkerung, die »leben und leben lassen« zur Devise nahm.

Solch lebensfrohe Menschen prägten im letzten keine trostlose Industrielandschaft wie etwa im westdeutschen »Kohlenpott«. Dazu liegt Gleiwitz zu sehr am Rande, dazu war das Ländlich-Kleinbürgerliche zu ausgeprägt. Das dörfliche Element ragte beschwichtigend wie die weiten Wälder und die heuduftenden Wiesen in den alten Stadtkern hinein, und die vorhin trostlos genannten Straßenzeilen waren es nur für den, der verlernt hatte, auf den Horizont zu schauen, über die Promenaden im anmutigen Stadtpark zu wandeln oder sich erholsam im nordöstlichen Stadtwald zwischen Gleiwitz und Hindenburg zu ergehen, von den Ausflügen ins nahe Dramatal oder in das schöne Raudener Klosterland mit seinen Buchenforsten ganz zu schweigen. »Oberschlesien ist schön!« Dieses Werbewort war hier zu Haus.

Dazu kam, daß eine gewisse Gediegenheit, ja Vornehmheit mit den großen Verwaltungsbehörden und Konzernen, deren Sitz Gleiwitz geworden war, Einzug gehalten hatte. Das gab dem gesellschaftlichen Leben der Stadt das Gepräge, nicht minder als die Garnison, die seit der Preußenzeit die Katzlerschen Ulanen und die 22er Infanterie (von Keith) beherbergte. Der eigene Reiz schlesischer Garnisonsstädte warf auch hier seine Glanzlichter über das pulsierende Leben der werdenden Großstadt, die in wenigen Jahren nach der neuen Grenzziehung heranwuchs (1919: 69 000 Einwohner, 1944: 120 000 Einwohner).

Als 1922 nach der für Deutschland gewonnenen Volksabstimmung vom 20. März 1921 trotzdem mitten durch das oberschlesische Revier die neue deutsch-polnische Grenze gezogen wurde, Kattowitz und Königshütte also verlorengingen, wurde Gleiwitz eine »Grenzstadt«. Damit gewann seine Lage neuerlich, wie die von Beuthen und Hindenburg, an Bedeutung.

So war die Stadt der Sitz der VOH, der Vereinigten Oberschlesischen Hüttenwerke – kurz »Oberhütten« genannt –, der Ballestremschen wie der Schaffgotsch'schen Verwaltung, Sitz zweier Bergrevierämter und zahlreicher Behörden, von der Oberschlesischen Knappschaft bis zum Polizeipräsidium und dem Wasserbauamt, dazu zahlreiche Schulen, von der Maschinenbau- und Hüttenschule bis zur Hebammenlehranstalt der Landesfrauenklinik. Ein moderner Flughafen und der Rundfunksender bezeugten den Kontakt zur großen Welt, zwei überlokale Tageszeitungen nicht minder. Aber altfränkisch-gemütlich blieb die Altstadt mit der Allerheiligenkirche und dem laubumkränzten Rathaus, dem alten viereckigen schlesischen »Ring« der deutschen Siedlerzeit vor siebenhundert Jahren, auf dem auch das vertraute Standbild des »Gabeljürgen« mit Brunnen nicht fehlte. Hier breiteten die Ratiborer Kräuterfrauen, die Raudener und Schönwälder ihre Gemüse- und Lebensmittelschätze an den Markttagen verschwenderisch aus.

So klangen Stadt und Land, alte und neue Zeit harmonisch zusammen, vereinten sich die Vorzüge der Kleinstadtidylle mit modern-großstädtischem Leben, boten sich viele Beispiele bruchlosen Übergangs von überlieferungsgetreuer Vergangenheit zur Zukunft vielschichtiger Gesellschaftsformen an. Da war beispielsweise noch die traditionsreiche Kunstgießerei der Gleiwitzer Hütte, die Ansehen und Wertschätzung zu steigern wußte. Ihre Kunstgüsse zeugten von edler und hoher Formgestaltung des spröden Stoffes Eisen; ihre wundervollen Groß- und Kleinplastiken und vor allem ihr einst die Zeitmode bestimmender Filigranschmuck verschafften ihr und ihren Künstlern – zu denen gültige Namen wie Kiß und Kalide zählten – eine bis in unser Jahrhundert wirksame Berühmtheit in aller Welt. Noch zwischen den Kriegen gingen ihre Erzeugnisse wie auch die farbenfrohen Stickereien auf schwarzem Tuch, die das an Gleiwitz angrenzende Trachtendorf Schönwald mit seiner »Stickstube« bot, bis nach Übersee, vornehmlich nach Amerika. Schinkels schlichtes und doch so eindrucksvolles Eisernes Kreuz, das Sinnbild der Volkserhebung von 1813, wurde in der Kunstgießerei der Gleiwitzer Hütte gegossen.

Kunstfreudigkeit – auch auf den Gebieten des Theaters, der Musik, der bildenden Künste wie der Literatur und Wissenschaft –, Gewerbefleiß, der neben der Gruben- und Hüttenindustrie zahlreiche Großbetriebe entstehen ließ, zeichneten Gleiwitz seit jeher aus. Die Vorrangstellung der Stadt war redlich verdient und hart erarbeitet. Friedliches Streben wußte den Unsegen der »blutenden Grenze« von 1922 in Segen zu verwandeln. Aufgeschlossenheit und Lebensbeschwingtheit pulsierten in dem »Haus Oberschlesien« sinnbildhaft für das ganze Land, wie sie auch noch am letzten Stammtisch zu Haus waren.

Das furchtbare Geschehen der schlesischen Tragödie von 1945 schloß auch das Einzelschicksal der Stadt Gleiwitz mit ein. Am 23. und 24. Januar besetzten sowjetrussische Panzertruppen den Stadtkern, es folgte polnische Miliz mit ihrem Schreckensregiment. Das deutsche Gleiwitz war nicht mehr. Dabei sind die Zerstörungen selbst noch als geringfügig zu nennen. Aber die Gleiwitzer wurden zerstreut in alle Winde, soweit sie mit dem Leben davongekommen sind. (Die Gleiwitzer Kartei in der Patenstadt Bottrop benennt an die zweitausend Orte, in Europa und Übersee, wo heute Gleiwitzer wohnen.) Das gilt vor allem von denen, die guten Glaubens, keine Schuld zu haben, in der Stadt ausharrten. Doch es genügte, daß sie Deutsche waren. Die sogenannte Intelligenz wurde nach Rußland verschleppt. Wenige erlebten die Rückkehr, der sich das Schicksal der Austreibung anschloß. Was bleiben durfte, waren die Gruben- und Hüttenarbeiter, das notwendige Aufräume- und Arbeitspersonal, die Optanten; insgesamt wird ihre Zahl auf dreißigtausend geschätzt. Für die Flüchtlinge und Vertriebenen kam eine landfremde Bevölkerung hereingeströmt.

Die Erinnerung ist übermächtig. »Weißt du noch?« beginnt sie, wo immer sich zwei Gleiwitzer treffen. Und es sind keine großen Dinge, von denen die Rede geht. Es ist der Gleiwitzer Werkeltag, der Feierabend, es sind die Feste der Familie, die Stunden der Gemeinsamkeit, die ihren Glanz ausbreiten wie einst die strahlende Fronleichnamsprozession um den Ring, der Schützenrummel an der Neuen Welt, ein Spiel von »Vorwärts Rasensport«, eine Theater-Uraufführung, ein Konzert des Gleiwitzer Musikvereins, ein Gesellschaftsabend im »Haus Oberschlesien«, wo auch die Rheinländer ihren Stammtisch hatten.

Ja, die Gleiwitzer Stammtische. Ihnen müßte ein besonderes Lob gesungen werden, ihnen und den Kumpeln, Bürgern, Künstlern und wer alles da in unbeschwerter Lebensfreude zusammenhockte, bei Scobel, Karliner, Neugebauer, im Stadtgarten, bei Kißling, in der Engen Weste, im Entenarsch hinter der Goldenen Gans, im Schlesischen Hof, im Wein-Casino, bei Gutsmann und Przyskowski, im Café Otto, bei Nogliks oder im Café Schnapka, dem oberschlesischen »Café Größenwahn«, in dem der Landeshauptmann Woschek sich lachend mit dem Schlager der dreißiger Jahre begrüßen ließ: »Bin kein Hauptmann, bin kein hohes Tier ...«

Als Sinnbild der Erinnerung überragt der alte Turm von Allerheiligen das unvergeßliche Stadtbild, gewiß bedeutungsvoller als nur eine persönliche Erinnerung an die geliebte Stadt, die auch jene lieben lernen mögen, die das Geschick grausam und doch gütig in sie hineinwarf; der Turm, der über aller Not der Menschen auch von ihrer Bewährung kündet:

Alter Turm, in meine Stube
hast du Jahr für Jahr geblickt
und im Wandel der Gezeiten
Gruß um Gruß zu mir geschickt.

Alter Turm, in meinem Herzen
tönt dein Lied; mir ist nicht bang.
Tönt Erinnern, weint die Wehmut,
summt der Sehnsucht sanfter Sang.

Gruß um Gruß an dich zu senden,
zieht mein Heimweh täglich aus.
Mag es Gott, wie er will, wenden:
Du bist Heimat, bist Zuhaus.

HINDENBURG

Erich Schönfelder

Stadt auf der Kohle

Herbstsonne lag über dem Grubenland und wob in seine sonst so grauen und rußigen Städte lichte Muster. Auch über die jüngste Stadt des dampfenden und pochenden Kohlenreviers, über Hindenburg, hatte die Sonne ihr Strahlennetz gebreitet. Die Menschen gingen beschwingt durch die immer belebten Straßen. Im neuen Skagerrak-Park wie im alten Park der Donnersmarckhütte verströmten die letzten Rosen ihren Duft und prangten schon die Astern. Hinter dem Birkenwäldchen der Redenhütte quollen gewaltige weiße Dampfwolken über Skalley in den blanken Herbsthimmel. Ein Bild, das ein Malerauge entzückt hätte! Ach, es stimmte gar nicht, wie man so oft in den Büchern lesen konnte, daß eine ewige Rauchwolke die Stadt bedeckte und den Himmel verdüsterte.

Auch der Schienenweg blitzte und flimmerte in der Nachmittagssonne, der sich aus dem unübersehbaren Weichengewirr des Gleiwitzer Bahnhofes endlich löste, um über Hindenburg, Ruda, Kattowitz bis nach Myslowitz an die alte Reichsgrenze zu führen. Dieser Schienenstrang nahm seit 1845 seinen Weg mitten durch die Stadt und teilte sie in Hindenburg-Nord und Hindenburg-Süd. Während der Nordteil bevölkerter und verkehrsreicher war und sich im Laufe der Zeit zum Einkaufszentrum entwickelt hatte, war der Südteil in seiner Anlage offener und mehr mit der Natur verbunden. Hier breitete sich an der Südgrenze der Stadt der Guido-Wald aus, der über Sosnitza bis vor die Tore von Gleiwitz reichte. Er war zu allen Zeiten für die Hindenburger die grüne Insel, die ihnen Erholung und Entspannung schenkte. Die Klammer aber, die beide Ortsteile verband, war die hochgelegene Brücke, die unmittelbar neben dem Hauptbahnhof über das Schienenfeld führte.

Über hundert Jahre steht der Bahnhof an seinem Platz und hat sich bis zur Stunde wenig verändert. Ein schlichter, kastenförmiger Ziegelbau, im Laufe eines Jahrhunderts von Rauch und Ruß geschwärzt, so bietet er sich den Reisenden dar. Nein, dieser Bahnhof war für die aufstrebende Grubenstadt keine Zierde! Nach der Abstimmung am 20. März 1921 wurde er zum Grenzbahnhof. Für die Züge aus dem Reich war Hindenburg zur letzten deutschen Station in der zerrissenen Südostecke Deutschlands geworden.

Die kleine Verstimmung über den so enttäuschenden Bahnhof zerflattert aber schnell in der milden Herbstsonne, wenn wir unseren Blick über den Bahnhofsplatz schweifen lassen. Neben der Hauptpost steht das 1913 erbaute Café Metropol, von dem noch später die Rede sein wird. Eine Augenfreude aber bereiten die zwei Treppenaufgänge zur Bahnüberführung nach Hindenburg-Süd, nach Dorotheendorf. Diese Steintreppen sind in einen Grüngürtel eingelagert, der je nach der Jahreszeit mit frischen Blumen bepflanzt wird. Ein paar alte Linden, die vor der einstigen Dresdner Bank wie aus einem alten Wallgraben lugen, schließen die ganze Anlage nach der Bahnhofstraße hin ab.

Tausende von Hindenburgern steigen täglich diese Stufen von Süd nach Nord und umgekehrt. Wandern wir mit ihnen durch die Bahnhofstraße. Für einen Augenblick schauen auch wir nach den immer verlockenden Auslagen des Kolonialwarengeschäftes Czepan, doch nach wenigen Minuten erreichen wir den Peter-Paul-Platz und stehen im Zentrum der Stadt. Hier kreuzen sich die Straßenbahnlinien Gleiwitz-Königshütte und Klausberg-Hindenburg-Süd, Endstation Guido-Grube. Noch immer steht die alte Kochmann-Ecke mit dem Hotel Monopol beherrschend an der Kronprinzenstraße und schaut dem regen Treiben gelassen zu. Durch die abfallende Peter-Paul-Straße fängt unser Blick ein gewaltiges Hüttenwerk ein, das schwarze und weiße Rauchwolken in den heute so blauen Himmel schickt. Es ist die Donnersmarckhütte mit ihren Hochöfen. Solche Durchblicke sind in dieser Stadt keine Seltenheit und erinnern immer wieder daran, daß hier die Schwerindustrie zu Hause ist. Es ist doch erregend, sich vorzustellen, daß unter all diesen Straßen und Plätzen eine zweite Stadt liegt, durchzogen von lauter Kanälen und Stollen, in denen elektrische Bahnen eilig die gebrochene Kohle zu den Schächten bringen. Es ist das Reich der Bergleute, die hier fünfhundert, siebenhundert, achthundert Meter in die Tiefe fahren.

Ja, Kohle und das immer nachfolgende Eisen bestimmen auch den Weg und die Entwicklung der beiden Ortsteile Hindenburgs. Was ist aus der Gründung von Klein-Zabrze, der Sandkolonie und der mehr ländlichen Siedlung Dorotheendorf zur friderizianischen Zeit durch den etwas eigenwilligen Grund- und Freiherrn Mathias von Wilczek (1718–1790) geworden: Am 1. April 1905 das vereinigte Zabrze, das damals größte Dorf Preußens mit rund 54 000 Einwohnern; am 21. Februar 1915 nach Genehmigung und Änderung des Ortsnamens die Großgemeinde Hindenburg, die am 1. Oktober 1922 das Stadtrecht erhielt und im Januar 1927 durch die Eingliederung der Gemeinden Zaborze, Biskupitz-Borsigwerk, Mathesdorf und des Gutsbezirkes Klausberg die volkreichste Arbeiterstadt Oberschlesiens mit rund 127 000 Einwohnern wurde und damit zugleich hinter Breslau den zweiten Platz unter den schlesischen Städten einnahm.

Seit hundert Jahren rauchen über Hindenburg die Schornsteine, drehen sich die Räder auf den Fördertürmen, züngeln die Flammen der ausgestoßenen Koksmassen in den Himmel und verglüht im vorbereiteten Sandbett die rote Erzschlange beim Abstich der Hochöfen. Gar mancher Pionier des Berg- und Hüttenwesens wäre zu nennen, der sich erfolgreich beim industriellen Ausbau der Hindenburger Flur betätigt hat, jedoch will ich mich nur auf drei Namen beschränken, die für alle Zeiten mit dem wirtschaftlichen Aufstieg Hindenburgs verbunden sind: die Grafen und späteren Fürsten Henckel von Donnersmarck, der deutsche Lokomotivkönig August Borsig und der Seilermeister aus Zülz, Adolf Deichsel.

Im Jahre 1790 ging der preußische Staat an die Erschließung der Königin-Luise-Grube in Zaborze, die diesen Namen aber erst zwanzig Jahre später führte. Mit dem Arbeitsbeginn auf dieser Grube nahm jedenfalls die Kohlenförderung im Hindenburger Raum ihren staatlich gelenkten Anfang. Niemand ahnte damals, daß gerade sie zu einem der größten Bergwerke der Welt werden sollte.

Schon 1800 hatte der sich regende Ort hohen Staatsbesuch. In Gegenwart des Staatsministers von Hardenberg wurde der Stollenkanal eröffnet, der in einer Tiefe von fünfzig Metern das gesamte Kohlenrevier bis nach Königshütte hin entwässerte und die Wasser in einem 14 km langen Kanal in die Klodnitz führte, die bei Cosel in die Oder mündet. Für die damalige Zeit eine technische Leistung, die in der Fachwelt Aufsehen erregte. Graf Lazarus Henckel von Donnersmarck kaufte 1848 die schon bestehende Concordia-Grube, die wegen Wassereinbruchs vorübergehend stillgelegt war, und nahm sie wieder in Betrieb. Die vorhin bereits erwähnte und erspähte Donnersmarckhütte im Ortsteil Nord wurde von Graf Guido Henckel von Donnersmarck 1850/51 mit einer Koksanstalt, Schmiede, Gießereien gegründet und durch eine Hochofenanlage 1852 erweitert. Ein Jahr später eröffnete er die Guido-Grube in Dorotheendorf, zugleich wurde der Skalley-Schacht in Betrieb genommen.

1855 öffnete die Redenhütte ihre Tore und wurde die Seilerei Adolf Deichsel am Stollenkanal ins Leben gerufen. Diese Seilerei versuchte neben der Hanfseilerei auch die Herstellung von Drahtseilen. Bald wurde die Firma »Adolf-Deichsel-Drahtwerke und Seilfabrikation« über Zabrze und die Grenzen Schlesiens hinaus bekannt. Durch den Einsatz seines Sohnes, des späteren Kommerzienrates Adolf Deichsel, auch seines Enkels, Erwin Deichsel, erlangten die Deichselwerke mit ihren Zweigwerken in Sosnowitz, in Mähren und in Ungarn Weltruf.

Im Jahre 1854 faßte auch August Borsig im Hindenburger Raum Fuß. Noch kurz vor seinem Tode kaufte der »Geheime Kommerzienrat« von dem Grafen

Ballestrem die Kohlenfelder Hedwigwunsch, Berthawunsch und Gute Hedwig bei Biskupitz, um seine Berliner Werke fortan mit eigener Kohle beliefern zu können. 1870 entstand dann das oberschlesische Borsigwerk in Biskupitz-Borsigwerk, zu dem sich 1874 noch die Ludwigsglück-Grube gesellte.

Um die Jahrhundertwende war die Königin-Luise-Grube mit ihrem Ost- und Westfeld zu einem ergiebigen Kohlenrevier geworden. Im Ostfeld standen die Paul-Schächte, der Hermann- und der Ruda-Schacht, im Westfeld die Krug-Schächte und der Prinz-von-Schönaich-Schacht. Selbst eine Glashütte (Eisner) hatte sich mitten im Ort aufgetan. 1906 rauchten schließlich zum erstenmal die Schornsteine der Delbrückschächte und glühten die Öfen der neuen Koksanlage vor den Toren Makoschaus. So schloß sich der Kreis der himmelstrebenden Schornsteine und der stählernen Fördertürme um den Grubenort, in dem es nie eine Arbeitspause gab.

Zu all den Gruben, Hütten und Hochöfen zogen täglich Tausende von Arbeitern. Sie kamen aus ihren Siedlungen, aus den Kolonien, die umsichtige und soziale Grubenherren schon seit Jahrzehnten in der Nähe des jeweiligen Kohlenfeldes erbaut hatten. Schmucklose Ziegelbauten, von Staub und Rauch geschwärzt, so standen sie rechts und links der Koloniestraße. Wenn das fahle Frühlicht um die hohen Schornsteine und Stahlgerüste strich, pochte in diesen Straßen bereits die Arbeit an die Tür. Der Kumpel verließ sein Heim und schritt, das Butterbrot in der Rocktasche und die Kaffeekanne in der Hand, seinem Arbeitsplatz zu. Durch das Grubentor aber schob sich schon ein Menschenstrom, lösten die Ankommenden ihre Kameraden von der Nachtschicht ab. Acht Stunden Abschied vom Sonnenschein, acht Stunden harte Arbeit unter Tage, acht Stunden umlauert von Gefahren, die verborgen in der Tiefe geisterten. Wer wollte es den Bergleuten verübeln, daß sie auf dem Heimwege kurz in die Destille an der Ecke einkehrten? – Auch ihre Destille war schmucklos, ohne jeden Komfort, eben nur für eine kurze Einkehr gedacht. Wohl standen Stühle und Holzbänke um rohe Tische, doch begehrter war der Platz an der Theke, um für einen Groschen einen Korn durch die trockene und rußige Kehle zu jagen. Es blieb natürlich nicht bei dem einen Glas. Bald wurden die Kumpel gesprächig, blühte der Flachs, wurden ungewollt die bekannten Antek- und Franzek-Witze geboren. Beschwingt trat man schließlich den Heimweg an, spuckte den sich lösenden Kohlenstaub auf die Straße und lärmte ein wenig.

Das ganze Glück des Kumpels aber war sein Garten. In ihm verbrachte er seine Freizeit, ihn liebte er ebenso wie seine Grube. Ein solcher Garten gehörte auch dem Häuer Paul Scholtissek. An diesem milden Herbsttag war er natürlich in seinem kleinen Paradies. Fast liebevoll wanderte sein Blick von dem Dach seiner Laube, das er mit neuer Dachpappe benagelte, nach der nahen Guido-Grube hinüber. Dort standen jetzt seine Kameraden vor Ort, gingen die Förderschalen in die Tiefe, verließen lange Kohlenzüge die Grube. Von der St.-Anna-Kirche läuteten die Abendglocken, und das goldene Kreuz auf der Turmspitze funkelte im Sonnenschein. Dem biederen Häuer wurde auf einmal so feierlich zumute. Ja, Arbeit und Gebet standen hier dicht nebeneinander.

War es in Hindenburg-Süd die St.-Anna-Kirche, so war es in Hindenburg-Nord die St.-Andreas-Kirche und in Zaborze die St.-Franziskus-Kirche, die jetzt die Gläubigen zur Abendandacht sammelten. St. Andreas ist nachweislich die älteste Pfarrgemeinde auf Hindenburger Boden. Genau dort, wo sich heute die steinerne St.-Andreas-Kirche erhebt, riefen schon vor fünfhundert Jahren die Glocken über die weiten Waldungen, die einst den Boden deckten. Aus dem Holz dieser Wälder war auch die Kirche erbaut worden, eine Schrotholzkirche, die bald für das oberschlesische Land so typisch werden sollte. Dieses Gotteshaus fiel 1530 einer Feuersbrunst zum Opfer. Bald stand eine neue Schrotholzkirche auf diesem Platz, und von dem frei stehenden Glockenturm riefen die Glocken erneut zum Gebet. Viel, viel später, im letzten Drittel des vorigen Jahrhunderts, wurde die jetzige Kirche aus Stein erbaut und kann nun zum hundertjährigen Bestehen rüsten. Durch das Anwachsen der Pfarrgemeinde ergab sich zwangsläufig eine Teilung der Pfarrei. So erhielt Zaborze 1886 seine St.-Franziskus-Kirche, und elf Jahre später schritt man bereits zur Grundsteinlegung der St.-Anna-Kirche in Dorotheendorf. Sie wurde 1900 durch den damaligen Kardinal Fürstbischof Kopp geweiht. Das im romanischen Stil erbaute Gotteshaus liegt auf einer sanften Bodenwelle und beherrscht mit seinem weithin sichtbaren Turm das gesamte südliche Stadtbild. Allen alten Hindenburgern wird St. Annas erster Pfarrer, der allseits geachtete und beliebte Erzpriester Johannes Peschka in Erinnerung sein, der ein reges Kirchenleben in Dorotheendorf entfalten konnte. Bald konnten auch diese Kirchen die Gemeindekinder nicht mehr fassen. Heute besitzt Hindenburg zehn katholische Kirchen. Für die evangelische Gemeinde sind die Friedenskirche in der Nähe des Scheche-Platzes und die Königin-Luise-Gedächtnis-Kirche in Zaborze zu nennen.

Die größte Pracht zeigten die katholischen Kirchengemeinden Ende Mai oder Anfang Juni zum Fronleichnamsfest und am 4. Dezember, am Barbaratag. In feierlicher Prozession wurden am zweiten Donnerstag nach Pfingsten mit Fahnen und Baldachin bei Glockengeläut die Kirchen umzogen. Die Priester, Kapläne und die den Weihrauchkessel schwingenden Ministranten im Festgewand, die Mädchen in strahlendem Weiß, die Frauen noch oft in der schmucken Volkstracht, mit dem bunten Kopftuch, darunter hervorschauend die langen, geflochtenen Zöpfe, der schillernden Schürze und dem farbenfrohen Rock. Über dem bunten Bild aber strahlte meist schon die Sommersonne, und der Gesang der Gläubigen stieg hinauf in den blauen Himmel, wie es schien, bis vor den Thron des Allmächtigen.

Das wahre Volksfest der Hindenburger aber war der Ablaß, auf den sich schon wochenlang vorher die Kleinen wie die Großen freuten. Es ging zwar nicht mehr um die Löschung von Sündenstrafen, aber in Verbindung mit dem jeweiligen Kirchspiel wurde auf allen Plätzen das bunte Treiben aus dem Mittelalter wieder wach. Auf den Wochenmarktplätzen schlugen die Schausteller ihre Pfefferkuchen- und Schießbuden, ihre Karussells und die Geisterbahnen auf, die Gastwirte ihre großen Bierzelte, und die Menschen strömten in diesen Tagen zu ihrem Ablaß. Es war eine Pracht von Flitter und Tand für die Kleinen, ein harmloses Vergnügen für die Großen. Weit hallten die Drehorgeln über den Platz, flammten am Abend tausend bunte Glühlampen auf, und bis Mitternacht nahm das fröhliche Treiben kein Ende. Wenn dann der Festtrubel langsam erstarb, die bunten Lichter verlöschten, rötete sich der Nachthimmel im Widerschein der tausend Grubenlichter und flammenden Feuer der Hütten. Ein vernehmbares Pochen klang durch die nächtliche Stille, der ewige Herzschlag Hindenburgs war wieder zu hören, der die Bürger bis an die Schwelle des Schlafes trug.

Wenn auf den erstarrten Fluren vor der Stadt die erste Schneedecke lag, feierten die Berg- und Hüttenleute ihr Barbarafest, den Tag ihrer Schutzpatronin. An diesem Tag zogen die Bergleute ihren Staatsrock an und prägten das Straßenbild der Stadt. Wenn die Glocken von den Türmen zur Barbarafeier riefen, ruhte für die Kumpel die Arbeit. In ihrer kleidsamen Uniform nahmen die Männer ihren Weg nach dem geschmückten Zechensaal, nach den Kirchen und Kapellen. Wie stolz schritten sie in ihrem schwarzen Ehrenkleid mit den goldenen Knöpfen, den goldenen Borten um den Samtkragen und dem Lederschurz einher. Auf dem Tschako flatterten die schwarzen Federn, bei den Steigern und Fahrsteigern waren es schwarz-weiße Federbüsche und an der Seite glänzte der Degen; den Tschako der Kapelle zierte gar ein roter Federbusch.

Von besonderer Schönheit war der Barbara-Altar in der St.-Josefs-Kirche in Hindenburg-Süd. Er war aus Kohle errichtet worden und wurde während der Barbarafeier vom Licht der Grubenlampen der Bergleute angestrahlt. Hier holten sich die Bergleute neue Kraft für ihre schwere Arbeit, erflehten am Barbaratage Schutz und Segen der Heiligen vor Schlagwettern, Stolleneinbruch und Wassersnot.

Doch nicht nur Berg- und Hüttenarbeiter bevölkerten die Stadt Hindenburg.

Hinter ihnen standen die Techniker und Chemiker, Zeichner und Steiger, Baumeister und Ingenieure, Bergräte und Bergwerksdirektoren, Planer und Unternehmer. Sie alle sorgten unermüdlich für das Wohl und die Sicherheit der Arbeiter, für den modernen Ausbau der Gruben und Hütten. In gewaltigen Bauten hatten sie ihre Arbeitsplätze, ihre Zeichensäle und Konferenzzimmer, in Beamtensiedlungen (Halden- und Hochgesand-Straße) und Villen ihre Wohnungen. Nur zwei dieser nicht zu übersehenden Herzkammern der verborgenen Arbeit seien hier genannt: die Bergwerksdirektion der Preußag in der Kronprinzenstraße und das große Verwaltungsgebäude der Donnersmarckhütte Ecke Peter-Paul-Straße und Neue Beuthener Straße.

Neben diese Bürgerschicht, die seit dem ersten preußischen Bergbauminister, Freiherrn von Heinitz, und seinem Neffen, Graf von Reden, hier Fuß gefaßt hatten, traten nun noch Ärzte und Geistlichkeit, Staatsbeamte und Lehrer, Kaufleute und Handwerker. Sie alle formten Jahrzehnt um Jahrzehnt das Bild der wachsenden Stadt.

Zwei Schlagadern durchzogen Hindenburg: die Kronprinzenstraße in Nord, die Dorotheenstraße in Süd. Die Kronprinzenstraße führte in 20 km Länge von Gleiwitz über Hindenburg nach Königshütte und hatte in Hindenburg eine Länge von 9 km. Im Jahre 1819 wurde sie von dem preußischen Kronprinzen Friedrich Wilhelm, dem späteren König Friedrich Wilhelm IV., eröffnet.

Sie war zur Hauptgeschäftsstraße der Stadt geworden. An ihr lagen die großen und bekannten Geschäfte: Palluch, Januschowsky, Lewin, Hamburger, Markus, Peschka und der Brennpunkt Kochmann. Bereits 1894 verband die erste Dampfstraßenbahn Gleiwitz und Zabrze und sorgte für einen regen und flüssigen Verkehr. Es war schon ein anstrengender Marsch, wenn man einmal zu Fuß die Strecke von Mathesdorf bis zur Königin-Luise-Grube in Zaborze abmessen wollte. Die Dorotheenstraße, die von der Bahnüberführung fast gradlinig bis zur Guido-Grube führte, zeigte mehr ein Amtsgesicht. An ihr lagen das große Knappschafts-Lazarett, das Landratsamt, das Amtsgericht, zwei Schulen, das städtische Säuglingsheim, eine Zweigstelle der Hauptpost und die Geschäftsstellen der Zeitungen »Zabrzer Anzeiger« und »Oberschlesischer Wanderer«. An der Kreuzung Dorotheen-Garten-Schillerstraße verdichtete sich noch einmal das Geschäftsviertel. Dominierend aber für ganz Dorotheendorf blieb die schon genannte St.-Anna-Kirche im Kranz ihrer gepflegten Anlagen, in denen sogar Palmen ihre langen Fächer ausbreiteten.

Eine wichtige Querverbindung zwischen der Dorotheenstraße und der Kronprinzenstraße war die Gartenstraße. Am Ende dieser ansteigenden Straße, dort, wo sie in die Gymnasialstraße übergeht, stehen auch heute noch zwei markante Wahrzeichen dieses Stadtviertels: der hohe Wasserturm und das einst humanistische Königin-Luise-Gymnasium. Der gewaltige Ziegelbau glich in seinem um die Jahrhundertwende herrschenden Baustil eher einer Kaserne als einer Schule. Nüchtern, sehr nüchtern, wenn in den Korridoren nicht die Farbenpracht der an den Haken hängenden Mützen die Nüchternheit ein wenig gemildert hätte. Zinnoberrot waren die Mützen der frisch gebackenen Sextaner, grün war die Farbe der Quintaner, und das Blau gehörte den Quartanern, die Tertia hatte ein Zitronengelb gewählt, während die Sekunda das ernste Schwarz trug, die Primaner endlich zeigten den weißen »Stürmer«, für die unteren Jahrgänge der Inbegriff aller Weisheit und ein kaum zu erreichendes Ziel. Es war für die Stadt sicher ein bedeusamer Tag, als 1900 nach eifrigem Bemühen und vielen Eingaben der Bergbeamten das Gymnasium eröffnet werden konnte.

Auch noch ein Wort über Musik und Theater. Das Konzertleben wurde hauptsächlich von Kapellmeister Fred Humpert mit seiner »Hindenburger Stadtkapelle« bestritten. Seit 1917 war das Wirken des leider früh erblindeten Musikdirektors Johannes Pionczyk, eines treuen Sohnes der Stadt Hindenburg, tonangebend. In seinem Konservatorium wurde auch Kirchenmusik gelehrt. Er erlebte noch die Freude, in die neuen Räume an der Neuen Dorotheenstraße einziehen zu können. Neben diesem Konservatorium wurde 1937 die Orchesterberufsschule ins Leben gerufen. Lange Zeit mangelte es an einer akustisch einwandfreien und geräumigen Konzerthalle, bis die Tonhalle, die Aula der Mittelschule an der Florianstraße, ausgestattet mit einer prächtigen Konzertorgel, hier Abhilfe schuf. Das Theater wurde immer noch von dem Oberschlesischen Landestheater bestritten, das im Kasinosaal der Donnersmarckhütte gastierte. Der langjährige Wunsch der Theaterfreunde, endlich ein eigenes Stadttheater zu besitzen, wurde durch den Ausbruch des Zweiten Weltkrieges vereitelt.

Jung und alt war stolz auf das Hindenburger Stadion, an der Kampfbahn-Allee in Hindenburg-Süd zwischen den Kriegen angelegt. Es faßte 34000 Menschen und beherbergte auch das Friesenbad. Hinter dem etwas kühn klingenden Namen »Kampfbahn-Allee« verbirgt sich die alte Sosnitzaer Straße, die vom Gasthof »Schwarzer Adler« in der Dorotheenstraße nach Südwesten zum alten Schützenhaus führte. Auch in der Sosnitzaer Straße wurde bis zur Errichtung des Stadions schon fleißig Sport getrieben. Hier lag eine große städtische Sportwiese mit Tennisplätzen. Im Winter wurden die Rasenflächen überflutet und zur Spritzeisbahn. Sie konnte die vielen begeisterten Eisläufer an manchen Tagen kaum fassen. Für den Schwimmsport stand damals den Hindenburgern in erster Linie das Hallenbad der

Donnersmarckhütte zur Verfügung. Heute tummeln sich die Hindenburger in dem neuen Hallenbad am Schecheplatz oder sie fahren hinaus in das schöne Waldbad in Mathesdorf. Daß auch damals schon der Fußballsport groß geschrieben wurde und »Preußen Zaborze« für Oberschlesien ein Begriff war, sei nebenbei erwähnt.

Freude und Geselligkeit fanden in zahlreichen Gaststätten, Cafés und Kabaretts, stillen Weinstuben und gepflegten Hotels ihr Zuhause. Aus der Reihe der Unterhaltungs- und Vergnügungsstätten sei hier gleich am Bahnhofsplatz das Café Metropol genannt. Das »Metro«, wie es die Hindenburger nannten, war der Vorgänger des späteren Admiralspalastes. In den unteren Räumen beherbergte das Metro ein Konzertcafé. Bei lauschiger Musik trank man hier gern seinen Kaffee und blätterte in den neuesten Tageszeitungen. Im ersten Stock befand sich das Kabarett. Die Kleinkunstbühne zeigte ein auserlesenes Programm und zog viele Gäste an. Nur dreihundert Meter vom Metro entfernt erhebt sich seit 1927 der Admiralspalast, auf den die Hindenburger besonders stolz waren. In der Tat, ihr »Admi« war ein Prachtbau und lockte Besucher aus dem ganzen Industriegebiet herbei. Beherrschend schaute der Hotelpalast in die Kronprinzenstraße hinein. Zur schnellen Einkehr bot sich das Bräustübel im Erdgeschoß an, in dem alle Bürgerkreise einträchtig beieinander saßen. Im ersten Stock befand sich das Kabarett-Restaurant, und darüber saß man im stilleren Hotel-Restaurant. Im vierten und fünften Stockwerk lagen die Gästezimmer, und endlich erreichte man den Dachgarten, der das ganze Jahr geöffnet war. Von ihm aus blickte man weit über die stählernen Fördertürme und rauchenden Schlote, über die brodelnde Grubenstadt. Nach dem Theaterbesuch traf man sich gern in »Sedlaczeks Weinstuben« in der Bahnhofstraße, und bis zur Eröffnung des Admiralspalastes war wohl der »Stadlersche Marmorsaal« mit seinem Konzertgarten der Mittelpunkt des gesellschaftlichen Lebens in Hindenburg.

Jäh war das Erwachen im Januar 1945, als sich auch über dieser Stadt die dunklen Kriegswolken zusammenzogen und das gewohnte Leben am 24. Januar 1945 erlosch. Gottlob ist die Stadt nicht zerstört worden, aber das Leben in ihren Mauern hat eine andere Form angenommen. Trotz reger Bautätigkeit ist der Glanz verblaßt. Der Atem, der heute durch ihre Straßen weht, kommt aus dem Osten. Die Sehnsucht der verbliebenen Deutschen nach dem Westen ist groß, das Leid über die Trennung der Familien überschattet ihr bescheidenes Dasein. Für uns bleibt nur die Erinnerung als unverlierbares Gut und die Hoffnung, daß der Vater im Himmel seine oberschlesischen Kinder eines Tages wieder heimholt.

BEUTHEN O/S

Willibald Köhler

Gruben- und Grenzstadt

Zwischen Beuthen und Beuthen liegt Schlesien. Das klingt wie ein Witz, ist aber keiner. Von dem Vorhandensein des anderen Beuthen, jenes Landstädtchens an der Oder und am Westrande Schlesiens, des sogenannten Kuhbeuthen, erfuhr ich erst spät durch die Tagebücher des jungen Eichendorff. Die große Industriestadt Beuthen aber, das Beuthen nahe der alten russisch-polnischen Grenze, die altehrwürdige Gruben- und Grenzstadt, ist meine Vaterstadt.

Goethe, als er die erste Dampfmaschine auf dem europäischen Festland auf der Silber fördernden Friedrichsgrube bei Tarnowitz unter einem Mister Potter mit dem Berghauptmann Graf Reden besichtigte, hat, wie wohl jedermann weiß, Schlesien ein zehnfach interessantes Land genannt. Der Dichter Wolfgang Schwarz aus Tarnowitz hat das letzte der darstellenden Kapitel seines Buches »Flucht und Vertreibung« mit dem zauberwortartigen Titel »Oberschlesien – ein Land wie ein Meer« überschrieben.

Dem Reisenden, der sich von der Regierungshauptstadt Oppeln aus auf der stillen Wälderstrecke nach dem oberschlesischen Industriegebiet begibt, eröffnen sich die erstaunlichsten und gegensatzreichsten Eindrücke. Hinter sandigem Vorland begleitet der kaum abreißende Zug der eintönigen Föhrenwälder die Reise gegen Südosten. Weitab, wie in menschenverbergender Absicht, drücken sich die Dörfer in Erdmulden hinein, wenn das Land sich einmal in weitausschwingenden Waldbuchten dem Blick öffnet.

Da steht ein rotes Haus einsam am Saum des monotonen Waldfortwanderns, die kleinen Landstädte, gering an Zahl, getrauen sich nicht an die ihre reine Luft vergiftenden, Qualm und Dampf ausspeienden, ihre Stille mordenden Schienenwege heran. Der Reisende belächelt mitleidig solche Ängste. Tut er es mit Recht?

Allmählich verdunkelt sich der Himmel; aber es ist jetzt ein anderes Dunkeln als das von den Wäldern herrührende, denn der Wald scheint jetzt von krankhaftem Schwund zerfranst und zerfressen. Statt der grünen rücken Schornsteinwälder heran. Bald hängt der Himmel, der in Oppeln einen sonnigen Tag verhieß, tief und wie umflort herab. Wo ist die Sonne? Der Fahrgast blickt jetzt dem Lande in ein verwaschenes, pockennarbiges Gesicht. Die Stille scheint weit hinter die Wälder geflohen zu sein. Rauchfahnen wehen schwarz von Ort zu Ort, eine volkreiche Ansiedlung folgt jetzt ohne großen Grünlandübergang der andern, und das Grün ist verwelkt und blaß.

Je näher er dem Fleißbezirk kommt, desto stärker wird ein Gebraus in seinem Ohr, und er vermag nicht zu sagen: ist es Glockengetön oder Emsigkeit. Es war überall im Reich bekannt: dieses Land war fromm, geadelt durch Gebet und Arbeit, und dieses Beuthen O/S besonders kirchen- und kaisertreu. – Und endlich fährt der Zug gelassen in den großen Hallenbahnhof ein, wo nach dem Abbruch des Rechte-Oder-Ufer-Bahnhofs in der vornehm-stillen Gartenstraße nun alle Strecken münden. Der Reisende steigt in dem modernen Reichsbahnhotel ab, sofern er es nicht vorzieht, sich sogleich wißbegierig mitten hinein in das volle Leben dieser so lebensvollen Großstadt zu stürzen. Es überflutet schon den weiten Bahnhofsvorplatz, wo eine etwas rückständig anmutende schmalspurige Elektrische, von auswärts kommend, die von Menschen der ganzen Breite nach überflutete Bahnhofstraße entlangfährt, durch eine drangvoll fürchterliche Enge. Man hat Angst, diese lang und schmal gebauten Wagen könnten aus dem Schienenstrange kippen, so wie der Kondukteur jetzt sich abrackert, die Rolle an der Stange, die zur Oberleitung führt, wieder an die Drähte zu bringen. Man traut es diesem Vehikel kaum zu, daß es auch imstande ist, über Land zu fahren. Aber dem Fremden gibt man bereitwilligst die Auskunft, daß es von hier aus an der Hohenzollerngrube vorüber nach Schomberg und Godullahütte und wer weiß wohin noch weiterfährt. Der Fremde horcht bei der Nennung dieser Namen und dem der nächsten Großstadt Königshütte auf, denn diese Namen hat er schon gehört, sei es aus der Kunstgeschichte, verknüpft mit dem des berühmten Malers Adolph von Menzel, der kleinen Exzellenz, oder der Wirtschaftsgeschichte. Der Dichter Alfred Hein hat die erste Überlandfahrt dieser Elektrischen in einer ergötzlich zu lesenden Kurzgeschichte dargestellt, an welcher sein Vater, der Konrektor und bekannte Heimatforscher Benno Hein mit wenigen Herren eines Honoratiorenausschusses teilnahm.

Der mehr geschobene als sich vorwärtsschiebende Fremde hat dabei Gelegenheit, den Menschen forschend ins Gesicht zu sehen. Sie haben von harter Arbeit geprägte Züge. Sie sind ländlich oder städtisch gekleidet, reinblütig oder mischblütig und sprechen reines und reinstes Deutsch oder die oberschlesische Mischsprache, wenn nicht gar eine ausländische ost- oder westeuropäische; manche sprechen auch mit einem für das geschulte Ohr herauszuhörenden nordischen Akzent, denn das mächtig aufstrebende Industriegebiet hat viele Ingenieure aus den skandinavischen Ländern angezogen. Die Augen der Einheimischen scheinen erfüllt von einer Sehnsucht nach der Stille der Wälder, welche starben, und der Weite, welche ihnen überall verstellt wurde. Der Fremde schert bald aus der Menge aus, um sich für die

Oberschlesische Schrotholzkirche

Eisenwalzwerk Königshütte um 1875
Zeichnung von H. A. Littmann

Als Kattowitz noch ein Dorf war
Lithographie von E.W. Knippel

Ratibor und die Domsmühle von Osten um 1845
Lithographie von E. W. Knippel

Nacht in einem der Grandhotels einzulogieren, welche die prunkvollen Namen »Kaiserhof« oder »Reichshof« tragen.

In einer haarnadelartigen Kurve, welche ihre Schienen singen macht, befreit sich die Elektrische aus der Enge hinunter in die nach einem Räuberhauptmann benannte Dyngosstraße, vorüber an dem ersten der geräumigen Plätze, an denen die Stadt so reich ist. Dieser »Kaiserplatz« war nicht immer schon ein seines großartigen Namens würdiger Platz gewesen. Dem wenig schönen, in Rohziegel und nachgeahmter Gotik erbauten staatlichen Gymnasium gegenüber gähnte ursprünglich eine ungeheure Müllgrube. Dann errichtete dort auf dem eingeebneten Gelände ein Bauunternehmer namens Utler für die Dauergastspiele des weltberühmten Zirkus Stosch-Sarasani einen hölzernen Rundbau, denn die Galavorstellungen und Wasserpantomimen zogen ein schaulustiges Volk aus Stadt und Land an, vor allem der Hauptdressurakt des Direktors Stosch, bei dem dieser sich, auf der Plattform eines freiballonartigen Gebildes, wie ein Denkmal ruhig im Sattel seines Pferdes sitzend, bis zur hohen Decke des Gebäudes hochziehen ließ, so daß die Zuschauer vor schauderregender Spannung den Atem anhielten. Roß und Reiter stürzten irgendwann in die Manege hinunter, wo sie zerschmettert liegen blieben.

Danach wurde an dieser Stelle und die Gymnasialstraße hinunter von der eigens zu diesem Zwecke gegründeten Konzerthaus- und Theatergesellschaft ein Gebäudekomplex errichtet, der das erste stehende Theater Oberschlesiens unter der Leitung des hochverdienten Hans Knapp beherbergte. Hans Knapp brachte erstklassige Aufführungen, klassische und moderne. Er spielte selbst in Heldenrollen mit und war oft sein eigner Regisseur. Sein Schwiegersohn war der bis nach Berlin bekannte Komiker Franz Arnold, der mit Rudolf Bach zusammen den Schwank »Die Spanische Fliege« geschrieben hat. Knapp pflegte nicht nur das Schauspiel, sondern auch die gute Operette und die Spieloper, ja sogar auch die große Oper. Er bespielte von Beuthen aus auch drei weitere Bühnen. Und endlich hatte Beuthen jetzt ein Konzerthaus mit einem großen Saal, wo der Singverein unter Mitwirkung des Breslauer philharmonischen Orchesters und weltberühmter Solokräfte Konzerte gab.

Aus bescheidenen Anfängen in der Bahnhofstraße entwickelte sich das Ciepliksche Konservatorium. Hier unterrichteten musikerzieherisch wie kompositorisch hervorragende Kräfte wie Professor Gerhard Strecke und Alois Heiduczek. Hier hielt der berühmte Kattowitzer Meistersche Gesangverein, von dem Dichter Bruno Arndt durch die mit dem Eichendorffpreis ausgezeichnete Novelle »Missa Solemnis« dichterisch verewigt, unter Professor Fritz Lubrich mit Brahms'schen Chören seine letzten Proben ab. Es ist das Verdienst von Max Tau, diese Novelle

Arndts im Lintz-Verlag zu Trier herausgebracht zu haben. Akademieprofessor Alfons Perlick, jetzt Dortmund, hat sie in den von ihm herausgegebenen Jahrbüchern des Beuthener Geschichts- und Museumsvereins neu gedruckt.

Die Kammermusik wurde in den Patrizierfamilien der Großkaufleute Kaller und Pringsheim gepflegt. Aus der Familie Kaller kam der spätere Bischof von Ermland und vom Papst nach 1945 zum Bischof der Vertriebenen ernannte Maximilian Kaller (1880–1947). Er wird wegen seines heiligmäßigen Lebens und seiner Liebesbotschaft hoch verehrt.

Am Kaiserplatz und der vornehm stillen Gymnasialstraße war Beuthens »Quartier latin«. In dieser Gymnasialstraße hatten die bekanntesten der Beuthener Ärzte ihre Kliniken. Auf dem Kaiserplatz stand gleich vorn das Reiterstandbild Friedrichs des Großen von Tuaillon, das von Kaiser Wilhelm II. enthüllt worden war. Es war ein kalter Tag, und die zum Spalierbilden befohlene Jugend fror und bibberte in ihren dünnen Mänteln, wie mir Max Tau später in Recklinghausen, der Patenstadt von Beuthen, erzählte. Hinter einer großen Grünanlage ragte die im Jugendstil erbaute Städtische Oberrealschule mit ihren weiten lichten Klassenräumen und Experimentiersälen auf, gekrönt von einer grünen Kuppel mit vier Zifferblättern, den Bürgern, die sich den fortschrittlichen realen Lehrfächern vergebens versagten, die Lehre erteilend, daß die Zeit nicht stillsteht. Auch der drinnen herrschende Geist war licht und hell, dank der gemäßigten und weisen Leitung ihres ersten Direktors Dr. Hermann Flaschel. In Beuthen hatte der von München kommende neue Stil seine erste Heimat in Oberschlesien gefunden. Zu Skizzierübungen wurden die Schüler im Sommer ins Freie geführt, zum Genuß einer lebendigen Anschauung in die nahe Hohenzollerngrube und mit der Straßenbahn in die Friedenshütte gebracht. Diese große Hütte lag in dem zu Beuthen gehörenden Stadtteil Schwarzwald. Nach der Besichtigung wurden die Jünglinge in den Zechen und Kasinos der Betriebe ausgiebig bewirtet.

An Denkmälern war die Stadt arm. Inmitten des Ringes stand der dem Gedenken der 1870/71 gefallenen Söhne der Stadt gewidmete Brunnen mit den Gedenktafeln an den zwei Breitseiten und dem schlafenden Löwen obenauf, einem Werk des gleich seinem Meister August Kiß im Lande geborenen Bildhauers Theodor Kalide. Der bronzene Löwe war in der staatlichen Eisenkunstgießerei zu Gleiwitz gegossen worden, die damals mit ihren künstlerischen Erzeugnissen ganz Europa belieferte. Ihre künstlerische Tradition wird heute von den Buderuswerken in Wetzlar fortgesetzt und von dem Oberschlesier Peter Lipp betreut. Das reiche Oberschlesien vermochte seine Künstler noch nicht genügend zu beschäftigen, obwohl es über bedeutende, im ganzen Reich anerkannte Bildhauer verfügte wie zum

Beispiel den in Roßberg geborenen Thomas Myrtek, dessen Hauptbetätigungsfeld Oppeln und Breslau waren.

Das schönste Gefallenendenkmal aber schuf sich Beuthen mit der von Mikultschütz herübergeholten und im großen Stadtpark wiederaufgebauten alten Schrotholzkirche. Ihr Innenraum wurde zu einer stimmungsvollen, würdigenWeihestätte für die Gefallenen des Ersten Weltkrieges umgestaltet. Dieser Stadtpark war für Beuthen, mit seinen zwei Teichen, dem Gondel- und dem Schwanenteich, eine unschätzbare Erholungsstätte. Der von einer Holzbrücke überspannte Schwanenteich war im Winter dem Eislaufsport und den winterlichen Vergnügungen für jung und alt vorbehalten. Die Schwäne fanden Unterkunft in einem Schwanenhäuschen. Den Abschluß des Parks bildete ein künstlich aufgeworfener Aussichtshügel. Über den Zaun hinweg erblickte man ganz nah vor sich die Karsten-Zentrum-Grube und dahinter das große Industriedorf Karf, wohin die inmitten der Stadt beginnende, breitspurige Elektrische mit ihren modernen Wagen führte, um dann im rechten Winkel nach dem Stadtwald abzuzweigen, wo die Ausflügler im Linnertschen »Waldetablissement« drinnen und draußen mit allerlei Eß- und Trinkbarem und auch aus einem festen Musikpavillon mit einer das Echo des Waldes weckenden Blechmusik bewirtet wurden, ausgeführt von einem der städtischen Orchester oder einer Grubenkapelle, manchmal auch einer schmetternden Militärmusik. Mitunter würde das Echo des Waldes auch künstlich durch einen im Gebüsch versteckten Solotrompeter mit Nessels »Behüt' dich Gott, es wär so schön gewesen« oder dem dazu gut passenden »Gebet einer Jungfrau« oder dem reichlich charakterleeren Charakterstück »Die Post im Walde« herausgefordert.

Zwischen dem Stadtpark und dem Stadtwald lag das moderne, riesige sportbegeisterte Volksmassen fassende Stadion, das von Reichskanzler Dr. Heinrich Brüning und Oberpräsident Dr. Hans Lukaschek eröffnet worden war.

Der in der Bahnhofstraße so stürmisch treibende Strom des Verkehrs floß über den alten Boulevard, der je nach der politischen Lage einige Male seinen Namen wechselte, ein zweites Mal auf der glänzenden Gleiwitzer Straße in die Enge getrieben, über den Ring, die Krakauer Straße hinab bis zu dem nach einem dort stehenden alten Gasthaus Pogoda benannten Verkehrsschnittpunkt. Dort kreuzten sich die Landstraßen und Straßenbahnlinien nach der nächsten Industriegroßstadt Königshütte und die in entgegengesetzter Richtung über Roßberg, das Rosenberg der alten Chronik, über Scharley nach dem Wallfahrtsort Deutsch-Piekar. An diesen Punkt oder jedenfalls ganz in seine Nähe wurden die Fremden aus aller Welt geführt, um sie von der Rücksichtslosigkeit zu überzeugen, mit welcher Oberschlesien, aller Gerechtigkeit zum Hohn, durch den unsinnigen Genfer Teilungsspruch von 1921 in zwei Teile zerrissen wurde. Die Grenze ist unter dem Namen »Bosheitsgrenze« im Volke bekannt geworden. Alle Welt weiß heute, daß dieses Unrecht durch den französischen General Le Rond, den auf deutschen Schulen gebildeten polnischen Volkstribun Wojciech Korfanty und die Gewinnsucht der ihn bestechenden Aktionäre bewirkt wurde. Mit Genugtuung nahm es Oberschlesiens deutsche Bevölkerung auf, als sie hörte, daß Korfanty später vor die Schranken der neuen polnischen Machthaber gerufen und dann selbst ein Heimatloser wurde, der in Rolles, einem schönen Ort am Genfer See, mittwegs zwischen Lausanne und Genf, in völlige Bedeutungslosigkeit versank.

Der Wallfahrtsort Deutsch-Piekar war historisch durch August den Starken berühmt, weil der protestantische König von Sachsen, um im katholischen Polen König werden zu können, dort nicht nur über die Grenze, sondern auch zum alleinseligmachenden Glauben übertrat. Die Prozessionen der Bitt- und Bußwallfahrer zogen singend und betend und vielfach auch barfuß, sei es aus Bußfertigkeit, sei es auch, um die teuren Schuhe zu schonen, auf der staubigen Landstraße hinter einem mit Feldblumen geschmückten Kreuz, neben den Gleisen der Straßenbahn hin zum heiligen Ort und alle rückten Stufe um Stufe betend und kniend zu dem Gnadenbilde der Gottesmutter hinan. Auch zur Heiligen Quelle gingen sie hinunter, und von dort aus sahen sie in die schier unendliche Weite der Ebene hinein, in dieses ganz und gar andere Land, dessen Grenze bis zum Ersten Weltkrieg die auf- und niederjagenden Kosaken bewachten, manchmal ihre Flinten drohend in die Luft abschießend. Oder sie sangen traurige Lieder von der Sehnsucht nach ihrer fernen Heimat an den Ufern eines breiten Stroms.

Beuthen selbst war reich an Kirchen und Kapellen, unter denen die eigenartigste die achteckige Heilig-Geist-Kirche in der Krakauer Straße war, die sogleich die Aufmerksamkeit jedes Fremden erregte. Die Hauptkirchen aber waren die altehrwürdige St.-Marien-Pfarrkirche und die neue Trinitatiskirche am Ende der alten Tarnowitzer Straße. Beide Kirchen hatten weite grüne Vorplätze, und an den Sonn- und Feiertagen waren diese bis auf die Straße hinaus mit Gläubigen gefüllt, die drinnen keinen Platz mehr fanden. Vor der Marien-Pfarrkirche drängte sich die Menge an den drei Toren. Die Musikliebenden unter ihnen konnten es kaum erwarten, bis in der Heiligen Nacht das Lied der Lieder oder das nicht weniger zu Herzen gehende »Transeamus usque Bethlehem« erklangen. Die alte Kirche war dreischiffig und hatte drei Altäre, von denen der Hauptaltar wie das ganze Gotteshaus der Gottesmutter geweiht war. Auf der dem großen Pfarrhaus zugewandten Seite war sie von Strebepfeilern gestützt, zwischen denen sich im Sommer gut »Ritter und Räuber« oder »Polizisten und Hacharen« spielen ließ.

Hinter dieser alten Kirche lag die Mauergasse, deren Namen anzeigte, wo die alte Stadtmauer verlief. Denn von altersher war Beuthen eine wegen ihrer Bodenschätze oft berannte, feste Stadt. Auf der entgegengesetzten Stadtseite deuteten die Namen Boulevard, gleich Bollwerk, »Lange Straße« und »Wallstraße« den Verlauf der Mauer an, und in einem verborgenen Winkel des Klosterplatzes war ein kärglicher Rest der Mauer sogar noch zu sehen. Am Klosterplatz lag die außen unscheinbar, innen jedoch schön und modern erneuerte evangelische Kirche. In seinem besten Buche – »Das Land, das ich verlassen mußte« – schildert Max Tau, in Beuthen 1897 geboren, selbstloser Förderer und Entdecker literarischer Begabungen, seit 1938 in Oslo lebend, wie die Jugend ohne Unterschied des Bekenntnisses beim Einzug des Superintendenten in die erneuerte Kirche Spalier stand. Katholische Krankenschwestern hielten während seiner schweren Erkrankung am Bett die Wache. Die Geistlichkeit aller drei Bekenntnisse stand einander bei mit Rat und Tat. Oberrabbiner, Erzpriester und Prälat und Superintendent waren bei der ganzen Bevölkerung gleich beliebt und hochgeachtet. Wenn gar S. E. Kardinal Kopp aus Breslau, den der Kaiser wegen seiner hohen diplomatischen Fähigkeiten geadelt hatte, zur Firmung nach Beuthen kam, so holten ihn die Roßberger Bauern in ihren schönen Trachten, auf weißen Rossen und aus blitzenden Trompeten Gottes Lob schmetternd, vom Bahnhof ab. Beuthen war eine Stadt der Duldsamkeit im Lande der Toleranz.

Zu den alten Kirchen gehörte auch die an der Landstraße nach Schomberg auf einem vom Chronisten »Sutuhalt« genannten Hügel gelegene kleine Margaretenkirche, seinerzeit den Minoriten gehörig, zu denen vom Rathaus aus ein unterirdischer Gang geführt haben soll. Diese Mönche sollen, wenn wir dem Chronisten glauben wollen, eine feindliche Haltung gegen die reiche St.-Marienkirche eingenommen und eine zwielichtige Rolle im Zwist gegen den Stadtpfarrer Peter von Kosel gespielt haben, den die Bürger schließlich im Teiche bei St. Margaret ertränkten, weil er den Zehnten auch von den Silberfunden auf den Äckern vor dem Tarnowitzer Tore beanspruchte und zur Durchsetzung seiner Rechte die Feinde vor die Tore der Stadt herbeirief. Der heilige Hyazinth, der einzige Heilige des Landes aus dem Grafengeschlechte der Strachwitz zu Groß-Stein, soll die Befreier des bedrohten Pfarrers herbeigeholt haben. Diesem Heiligen war die alte, kleine Kirche auf dem Rosenberge geweiht. Die Schalastern mieden die Stadt, und die Sage erzählt, daß sie der Heilige verwünscht haben soll, als sie ihn einst beim Beten des Rosenkranzes auf dem Hügel störten. Der Rosenkranz des Heiligen zerriß, und wo die Perlen im Sande hinrollten, entsprang eine Quelle mit heilkräftigem Wasser. Anstelle der unscheinbaren alten erbaute man in unseren Tagen eine große neue Kirche, die weithin ins Beuthner Land gegen Westen hinausschaut. Eine neue große Kirche wurde auch der Schutzheiligen der Bergleute, St. Barbara, im neuen Stadtteil nahe der Pädagogischen Akademie in der Gutenbergstraße geweiht.

Es war die Großtat des Kultusministers der Weimarer Republik, Professor Carl Heinrich Becker, alle Lehrerseminare in Pädagogische Akademien umzubilden. Im Gebäude des ehemaligen Beuthener Lehrerinnenseminars wurde die Akademie zuerst untergebracht, bis sie dann in der Gutenbergstraße unter Direktor Abmeier ein eigenes Gebäude erhielt. An diese Akademie wäre ich beinahe als Dozent oder Professor berufen worden. Ich war als Freund mancher bedeutender Dichter bei uns und in Österreich und als Schriftsteller und Organisator einer eigenständigen oberschlesischen Literaturbewegung, die Josef Nadler als eine »Versonderung« der schlesischen bezeichnet hat, bekannt. Der zweite Direktor der Akademie hatte bei mir hospitiert, ich war im Neisser Heimgarten vom Direktor einer Gruppe von Studierenden als ihr künftiger Lehrer vorgestellt, auch zu einer Ansprache bei der Eröffnungsfeier eingeladen worden und schon nach Beuthen von Oppeln aus gereist. Da ereignete sich etwas ganz Unerwartetes. Am Biertisch in den »Reichshallen« zu Beuthen eröffnete mir ein junger aus Berlin eigens herbeigeeilter Ministerialrat, daß aus meiner Ernennung nichts werden könne, weil laut eines Führererlasses Angehörige der Deutschen Demokratischen Partei in gehobene Stellungen nicht einrücken könnten ... Da mir der junge Herr versicherte, er habe Auftrag zu erklären, daß ich selber die Annahme der Professur verweigert hätte, schied ich bittersüß lächelnd und reiste stillbefriedigt nach Oppeln zurück in der festen Zuversicht, daß eine spätere Zeit mir Genugtuung verschaffen würde.

Der bedeutendste Romanschriftsteller dieser mächtig aufstrebenden jüngsten Literaturbewegung war der 1898 in Beuthen geborene Josef Wiessalla, ein aus dem Volke kommendes urwüchsiges Talent. Er war ein »Empörer«, und das war auch der Titel seines bekanntesten Romans. Eine rührige Verlagspropaganda verbreitete damals einer Mode entsprechend, er sei ein »Kumpel«. Wiessalla hat nie eine Grube befahren, so wenig wie Friedrich Schiller je die Schweiz gesehen hat. Um so erstaunlicher ist es, mit welcher Treue Wiessalla in Novelle und Drama »Front unter Tage« Todesnot und Kameradschaft von der Außenwelt abgeschnittener Bergleute schildert. Hans Niekrawietz, sein Freund und schon damals mit den von mir bevorworteten »Strophen von Heut« ein führender Lyriker, konnte seine Bergmannsgesänge aus der lebendigen Anschauung gestalten. Er hatte zusammen mit einer Gruppe oberschlesischer Schriftsteller die Hohenzollerngrube bei Beuthen befahren. Die »Ostdeutsche Morgenpost« in Beuthen widmete diesem seltenen Ereignis unter ihrem hochverdienten Chefredakteur Hans Schadewaldt und seiner jungen Feuilletonistin Lore Reinmöller eine ganze illustrierte Seite. Sein Nachfolger Dr. Kollarzik räumte dem O/S-Schrifttum eine regelmäßig erscheinende Beilage ein.

Unter der jüngsten Schriftstellergeneration ragt der Bilderbuchdichter Reiner Zimnik aus Beuthen hervor. Seine bekanntesten Bücher sind »Die Trommler für eine bessere Zeit« und »Jonas der Angler« und seine »Geschichten vom Lektro« sind sensationelle Erfolge gewesen. Im Fernsehen unserer Tage belegt er einen hervorragenden Platz. Wirklich aus dem Bergarbeiterstand kommen die Arbeiterdichter Karl Mainka, Paul Habraschka und V. R. Paschenda, heute im Ruhrgebiet als Hüttenarbeiter. 1966 erscheint seine »Oberschlesische Passion«. Im Tuchwarengeschäft Kukofka in der Gleiwitzer Straße war der jetzt in Regensburg als Verlagslektor und Lyriker wirkende Sohn Gerhard zu Hause.

Einen Roman der Stadt Beuthen besitzen wir nicht. Bruno Arndt hätte ihn schreiben können, aber seine Berufung zum Studienrat führte ihn nach Kattowitz, wo er unter dem Decknamen Bittermann den ersten ins Reich dringenden oberschlesischen Roman »Der Ruf der Felder« schrieb. Am nächsten käme einem Roman der Stadt des Altmeisters Robert Kurpiun Godullaroman »Das Schwarze Weib«, der mit seinem Geschehen oft von Ruda und Schomberg her nach Beuthen herüberspielt. Auf Grund gewissenhaftester Studien hat dann Hans Nowak Kurpiuns Buch zu einem »Roman des wirklichen Lebens« umgestaltet. Der Schauplatz von Josef Wiessallas Meisternovelle »Die Dostals« und der »Empörer« ist die Stadt und das zu ihr gehörige Roßberg. Auch Alfred Hein und Wiessalla hätten den Roman der Stadt Beuthen schreiben können, wenn sie nicht ein Opfer des bisher furchtbarsten aller Kriege geworden wären.

So hat Beuthen dem alten Deutschen Reiche bis in unsere Tage hineinwirkende kulturelle Antriebe gegeben und ihm große Männer der Literatur und Wissenschaft geschenkt, in der Literaturwissenschaft den im Kreis Pleß geborenen, an der Pädagogischen Akademie als Professor lehrenden Alois M. Kosler und den in der Stadt geborenen Verfasser der ersten vollständigen schlesischen Literaturgeschichte, Arno Lubos.

Und für die ungewisse Zukunft können Beuthens Söhne und Töchter, soweit sie die stürmischen Zeiten überlebten, ihrer geliebten Vaterstadt nur wünschen: »Möge Gott ihr gnädig sein!«

KATTOWITZ

Arnold Ulitz

Jung in einer jungen Stadt

Im März 1895 kam ich mit meinen Eltern und drei Brüdern – ich selber ein siebenjähriger Schuljunge – von Breslau nach Kattowitz, lebte dort bis 1906, bis zum Abitur, von da an nur noch jeweils während der studentischen Ferien, und hörte 1910 endgültig auf, ein Kattowitzer zu sein. Aber gerade weil ich in jenem Alter stand, das zur Reife hinstrebt, im Alter des Sehnens, des Ahnens, der begeisterungsfähigsten Empfänglichkeit, gerade deshalb prägte sich mir das Wesen dieser Stadt, die gleichfalls noch jung war und an Wachstumswillen, Wachstumskraft, ja Wachstumsgestüm ihresgleichen im damaligen Deutschland nicht hatte, unlöschbar ein. Wie mit magischer Kraft hat Kattowitz auf seine Bewohner gewirkt, immer neue herbeigezogen und auch sie bezaubert. Der »Magier« aber, der diese Kraft zuerst entfesselte, war Friedrich Wilhelm Grundmann.

Wir neuen Kattowitzer von 1895 sahen verwundert, daß die von richtigem Großstadtleben durchströmte, eleganteste Straße nicht etwa nach einem Kaiser, nach einem Feldherrn, einer siegreichen Schlacht benannt war, sondern nach einem einfachen »Grundmann«. »Wer war denn das? Erzählt doch mal!« Und wir hörten die märchenhafte Geschichte vom wunderbaren Aufstieg des Dorfes Kattowitz zur Stadt, eine Geschichte, die unsere Herren Lehrer als reine Wahrheit bestätigten:

Im Jahre 1839 erwarb der sehr reiche, später in den Adelsstand erhobene Herr Franz Winckler – reich besonders durch Bergwerksbesitz – das Gut Kattowitz und machte zum Direktor all seiner weitverzweigten Unternehmungen seinen Jugendfreund Friedrich Wilhelm Grundmann, und zum Verwaltungsmittelpunkt machte er Kattowitz, dieses ganz unbedeutende Dorf, das nur den Vorzug hatte, im Industriebezirk zentral gelegen zu sein. Und so kam der »Magier« nach Kattowitz und blieb hier, im Laufe der Jahre mit immer tönenderen Titeln ausgezeichnet, bis zu seinem Tode 1887. Ihm muß ein seherischer Blick, muß der Spürsinn für die Keimkraft des Dorfes zu eigen gewesen sein, die unbeirrbare Gewißheit muß ihn beherrscht haben, dieses Dorf werde einst eine Stadt mit großer Zukunft sein.

Als sich am 10. März 1864 der Tag, an dem er Kattowitzer geworden war, zum fünfundzwanzigsten Male jährte, überreichte die Gemeinde – man beachte, noch immer ein Dorf! – dem »hochgeehrten Herrn Geheimen Commissionsrath« einen silbernen Ehrenpokal mit einer Widmung, die von Kattowitz als einem Ort sprach, »der als seltenes Beispiel schnellen Wachstums und als ein merkwürdiger Glanzpunkt in der Culturgeschichte unserer Provinz gerühmt« werde. Die Gemeinde, so fuhr die Widmungsurkunde fort, wolle durch diesen Ehrenpokal zum Ausdruck bringen, daß der »hochverehrte Herr«, teils »durch eigene Tat«, teils »durch wohlwollende Unterstützung der Bestrebung anderer«, das heutige Kattowitz »fast allein« geschaffen habe, und nachdem die Widmung nochmals von Kattowitz als von seiner »Schöpfung« gesprochen hat, klingt sie mit dem Versprechen aus, es solle die liebste Sorge der Gemeinde sein, daß der Name Grundmann »unter den Bewohnern von Kattowitz sich in dankbarer Erinnerung von Geschlecht zu Geschlecht vererbe«.

Kattowitz seine »Schöpfung«! Ein großes ehrendes Wort, das zu immer neuer Förderung des schnellen Wachstums anspornte, auf daß der »Glanzpunkt in der Culturgeschichte« Schlesiens immer heller erstrahlte; zu immer weiterem Ausbau der bereits städtisch wirkenden »Industriestraße« antrieb und zu nicht nachlassender Bemühung, den trotzigen Widerstand des bäuerlichen Landbesitzes zu überwinden, wobei Grundmann an seinem Schwiegersohn, dem beliebten Arzt Dr. Richard Holtze, den getreuesten Helfer fand.

Wann endlich wird es eine Stadt Kattowitz geben?

Im nächsten Jahre schon war es so weit: Durch Kabinettsordre vom 11. September 1865 wurde »die Ortschaft Kattowitz im Kreise Beuthen des Regierungsbezirks Oppeln« zur Stadt, zu einer sehr winzigen von nur 4815 Seelen; aber ob auch noch so gering an Zahl, die Kattowitzer waren doch richtige Städter geworden, sie hatten keinen Dorfschulzen mehr, sie durften zum ersten Male »Stadtverordnete« wählen, und ihr Stadtverordnetenvorsteher wurde Dr. Richard Holtze und blieb es bis zu seinem Tode 1891.

Am 24. Oktober 1867 sahen sich die Herren Stadtverordneten vor die Aufgabe gestellt, die Benennung der Straßen endgültig zu regeln, und beschlossen, ihre erste, schönste, vitalste Straße solle nicht wie bisher »Industriestraße« heißen, sondern fortan den Namen »Grundmannstraße« führen. Bestimmt war hierbei nicht Liebedienerei, nicht etwa verwandtschaftliche Cliquengesinnung Dr. Holtzes am Werke, um dem Schwiegervater zu schmeicheln, sondern zum Ausdruck kam das schon bei der Pokalüberreichung bekundete, ungeheuchelte Bedürfnis, Dank und Verehrung zu bezeugen.

Es ist mir nicht bekannt, ob Kattowitz auch in den übrigen Fällen, wenn es Straßen nach verdienten Mitbürgern benannte, ebenso schnell gehandelt hat, ob also auch Dr. Holtze es erleben durfte, durch die Holtzestraße zu gehen, und ob Bürgermeister August Schneider noch selber die nach ihm benannte Straße sah.

Seither ist zweimal aus dem deutschen Kattowitz ein polnisches Katowice geworden; das erste Mal nach dem verlorenen Ersten Weltkriege und der oberschlesischen Volksabstimmung von 1921, obwohl sie mit 717 122 deutschen gegen 483 514 polnische Stimmen ausgegangen war, und dann, nachdem es von 1939 bis 1945 wieder deutsch gewesen war, infolge des verlorenen Zweiten Weltkrieges. Zweimal also wurden in Katowice naturgemäß die Straßenschilder getilgt, weil sie deutsche Namen enthielten; getilgt auch, wenn es die Namen von Männern waren, denen die Stadt ihr ganzes Sein und Werden verdankte. Zweimal mithin erlosch der Name Grundmannstraße, nicht allerdings für solche Kattowitzer, die noch die alten Schilder selber gelesen und den seltsamen Zauber gerade dieser Straße noch erlebt haben, fast tagtäglich erlebt, weil sie das gleiche bedeutete wie etwa für die Breslauer die Schweidnitzer Straße, die »Schwo«, die Straße des »Bummels«, des Lustwandelns zu ganz bestimmter Stunde, die zwar von niemandem festgelegt, aber dennoch unverbrüchlich eingehalten wurde; diese Straße, immer diese Straße auf und ab, auf und ab. Alte Kattowitzerinnen und alte Kattowitzer, wißt ihr noch, welchem jungen Herrn, welcher jungen Dame ihr damals zu begegnen hofftet? Männer und Frauen, die sich noch erinnern können, sprechen jetzt vielleicht, wenn sie dies lesen, das Wort »Grundmannstraße« leise vor sich hin; bei manchen mag es gar wie ein Liebeslied klingen, und wenn sie auch spöttisch dazu lächeln, so ist der Spott wohl nur Verlarvung für tiefe Trauer um Verlorenes. Oder für Bitterkeit?...

Aber ich will zum Jahre 1867 zurück, in dem die Grundmannstraße soeben begonnen hatte, ihren neuen Namen zu tragen. In diesem Jahre war die Stadt erst zweijährig, also sozusagen noch ein Kind unter den Städten, aber gerade diesem Kinde war eine Sensation vergönnt, um die ältere Städte es beneiden konnten: Anton Rubinstein spielte in Kattowitz! Die Rückreise von London nach Petersburg unterbrachen der weltberühmte Rubinstein und der Pianist Tansing, um zu konzertieren, nur in drei deutschen Städten, in Berlin, in Breslau und in – Kattowitz.

In manchen Provinzblättern soll damals gestanden haben: »Kattowitz wird Weltstadt«. Das war gewiß nicht ohne Spott gemeint, aber verdiente es die kleine Stadt, ironisiert zu werden? Mußte sich nicht viel eher die Provinz sehr ernst und sachlich fragen, wie es sich überhaupt erkläre, daß es einem Rubinstein lohnend sein konnte, in dem »Nest« zu spielen? Etwas jedenfalls war bewiesen: In Kattowitz gab es ein musikbegeistertes – und zahlungsfähiges – Publikum, und möglicherweise war das Wort von der »Weltstadt« ein ahnungsvoller Hinweis, daß wirklich in nicht gar zu ferner Zukunft das »Nest«, wenn auch nicht unterwegs zur »Weltstadt«, so doch auf dem besten Wege sein werde, alle älteren, viel größeren Rivalen im Industriebezirk hinter sich zu lassen. Allerdings – im Jahre 1867 lag triftiger Grund zu solcher Eifersucht noch nicht vor, und der später oft zu hörende Witz über Breslau, die »große Kleinstadt«, im Vergleich zu Kattowitz, der »kleinen Großstadt«, war noch verfrüht. Aber die Frage, wann eine kleine Stadt aufhört, »Kleinstadt« zu sein, und wann sie anfängt, nicht nur eine große Stadt zu sein, sondern eine »Großstadt«, läßt sich nicht allein durch die Einwohnerzahl beantworten. Entscheidender ist die Einwohnerqualität: die geistige Gespanntheit, Erregbarkeit, Beweglichkeit, innere Bereitschaft, der Wagemut zum Neuen, statt sturen Festhaltens am Hergebrachten, und alles dies trotzdem vereint mit dem starken Gefühl des Zuhauseseins, aber ohne muffige Gemütlichkeit, ohne ängstliche Vorsorge, sich durch absperrende Pfähle gegen die Strahlungen der Welt zu schützen. Kattowitz war vom Anbeginn seines städtischen Daseins kein Boden für das Gedeihen von Pfahlbürgern und sogar als noch sehr kleine Stadt nie eigentlich »kleinstädtisch«.

Es war die geradezu schicksalhafte Aufgabe und Zukunftsverheißung dieser Stadt, Heimat für Gegensätze sein zu müssen. Drei Konfessionen lebten trotz ihrer Unterschiede friedlich nebeneinander, jede hatte ihr Gotteshaus; im Glauben an ihre Stadt, in der Liebe zu ihr und im tatkräftigen Bestreben, sie zu fördern, waren sie einig.

Deutsche lebten neben solchen Kattowitzern, die fließend nur das »Wasserpolnische«, eine stark eingedeutschte Mundart des Hochpolnischen, sprachen, das Deutsche aber nur unbeholfen und holprig; doch daß sie zu Deutschland gehörten, wußten auch sie damals genau, und zwar voll Freude und Stolz.

Der Kumpel wohnte im ziegelroten Arbeiterhause, der Generaldirektor in einer der geradezu schlößchenhaften Villen, etwa in der Friedrichstraße; der soziale Gegensatz klaffte sichtbar genug, aber gute Kattowitzer waren beide, der Kumpel und der Direktor. Man lebte in einer Stadt der eleganten Hotels und Restaurants mit erlesenen Weinen und feinstem Essen; man konnte sich auch im gutbürgerlichen Gasthaus beim Tichauer Bier sehr wohlfühlen; und in den »Destillen« fanden Bergmann, Hüttenarbeiter und mancher andere fleißige Mann den geliebten Fusel zum Stillen des Durstes und hörten erst auf, ihn zu stillen, wenn die Frauen kamen, um die Männer nach Hause zu holen und von der Löhnung genug zu retten, daß noch etwas für die Einkäufe übrig blieb, vielleicht gar in den Läden der Grundmannstraße. »O Jesus, die sind ja so schön! Schönere kann's auch in den ganz großen Städten nicht geben!«

Wehe aber, wenn dieses Kattowitz, das sein Wachsen und Immerweiterwachsen unleugbar der Großmacht Industrie verdankte, durch die gleiche Großmacht verführt worden wäre, im »praktischen« Denken und Handeln, im Erwerb den alleinigen Sinn, die alleinige Würde des Menschen zu sehen, in materiellen Freuden den alleinigen Ausgleich für harte Arbeit. Die »sanften Gewalten« der Kultur wären der hämmernden, dröhnenden, niederwalzenden Tyrannei des Wirtschaftslebens erlegen.

Schon in der dörflichen Zeit hatten Grundmann und Dr. Holtze diese Gefahr erkannt und ihr entgegenzuwirken versucht. Und wodurch? Sie gründeten oder förderten – Vereine und fuhren auch als städtisch gewordene Kattowitzer darin fort. Da spöttelt gewiß mancher: »Vereine? Merkwürdige Mittel fürwahr, den Alltag zu vergeistigen!« Aber es wurden wirklich höhere Ziele erreicht als Geselligkeit und Gemütlichkeit, und wenn beispielsweise der Turnverein seinen Mitgliedern nur zur Einsicht verhalf, daß überreichlicher Alkoholgenuß, der im Lande der Kohlengruben und Hüttenwerke besonders verführerisch lockte, sich mit turnerischer Höchstleistung niemals vertrug, dann war schon sehr viel Gutes vollbracht. Der Gewerbeverein war nur die Vorstufe zum »Verein für Kunst und Wissenschaft«, an dessen ernstem Streben sich nicht zweifeln ließ. Aber der bereits 1857 gegründete Männergesangverein, der schon nach zwei Jahren selbstbewußt genug war, ein Sängerfest zu veranstalten, war er nicht – so fühlt sich mancher mit überheblichem Lächeln zu fragen geneigt – mit der Pflege des »deutschen Liedes« und überhaupt der »Sangesfreude« in der Gefahr zu verspießern? Nein! Denn gerade diese Sangesfreude war der Anfang dessen, was man ohne lokalpatriotische Übertreibung als eine besonders in dieser Stadt gedeihende und in naher Zukunft wahre Triumphe feiernde Sangeskultur bezeichnen kann. Sie nämlich führte zur Gründung des Meisterschen Gesangvereins. »Also schon wieder ein Kleinstadtverein?« Nein, ein Zusammenschluß ernster, musikbegeisterter Menschen, die Professor Oscar Meister, ein aus Ehrfurcht vor der Musik unerbittlich strenger Erzieher, zu solchen Leistungen emporführte, daß berühmteste Künstler es als Ehre ansahen, in Meisterschen Konzerten aufzutreten. Er starb am 25. Januar 1907, aber sein Chor lebte weiter; er wurde zuletzt von Professor Friedrich Lubrich geleitet, bis 1945 das bittere Ende kam.

Nun aber sei eines anderen, zwar weniger klangvollen, aber doch ernst zu bewertenden Wesenszuges von Kattowitz gedacht, der vorausschauenden Sorge für seine Schulen. Seine Volksschulen mit immer wachsenden Schülerzahlen verstanden sich von selbst. Nicht ebenso selbstverständlich war es jedoch, daß schon in der erst sechs Jahre alten und noch sehr kleinen Stadt ein Gymnasium mit den vier untersten Klassen eröffnet werden konnte. Anreger war Dr. Richard Holtze, der damit nur wieder einmal seinen Glauben an die Zukunft der Stadt bewies. Im Jahre 1877 fand in Kattowitz zum ersten Mal ein Abiturium statt. Zehn Jahre später waren von zweihundertdreiundsiebzig Schülern hundertzwei auswärtig und vier ausländisch. Es war also erwiesen: Hinsichtlich der höheren Schule war Kattowitz ein Mittelpunkt.

Noch eine andere Zahlenangabe über das gleiche Schuljahr des Kattowitzer Gymnasiums scheint mir bedeutsam: Von jenen zweihundertdreiundsiebzig Gymnasiasten waren allein hundertsechs jüdischen Glaubens, ob allesamt einheimisch, läßt sich freilich nicht ersehen. Klar ist jedoch, wie ausgeprägt bei jüdischen Eltern der Wille war, sich die Schulbildung ihrer Söhne etwas kosten zu lassen und gewiß auch die der Töchter, denn seit 1875 gab es in Kattowitz auch eine höhere Mädchenschule. Es läßt sich denken, wie dankbar die Eltern der Stadt gewesen sein müssen, die ihren Kindern solche Möglichkeiten bot. In diesem Zusammenhang will ich an eine ergreifende Tatsache erinnern: Es gibt einen »Verein der Kattowitzer« in Israel! Seien wir Deutsche dieser Tatsache in tiefem Ernst eingedenk! In Israel wird voll »Heimattreue« an Kattowitz gedacht, vielleicht in Jerusalem, in Haifa, in Tel Aviv an die Grundmannstraße, an die Buchhandlungen von Siwinna und Georg Hirsch, an das Stadttheater, an den Wilhelmsplatz und den Ring, an den Südpark, an ... alles, was einst Heimat war, und auch mit besonderem Stolz vielleicht daran, daß im Jahre 1884 Dr. Theodor Herzl, der Organisator des Zionismus, als Tagungsort für den ersten zionistischen Weltkongreß nicht Berlin, nicht Frankfurt am Main, nicht Breslau ausersah, sondern Kattowitz, ja ihr Kattowitz, auch das ihre.

Gerade um die Mitte der achtziger Jahre begann für den oberschlesischen Industriebezirk eine wirtschaftlich schwere Zeit, von der auch Kattowitz nicht verschont blieb. Bei der Einwohnerzahl 15 000 stockte das Wachstum und entsprechend der Wohnungsneubau; erst nach einigen Jahren ging es wieder bergauf, bis endlich 1895 ein entscheidender Sprung geschah, ein Aufschwung ohnegleichen: Kattowitz wurde Sitz einer neuen Eisenbahndirektion, wurde Verkehrsmittelpunkt, und jenes Kattowitz, dessen Wesen Wachstum war, hatte sich gekräftigt wiedergefunden. Vierhundert Wohnungen für die zuziehenden Beamten waren zu erstellen. Unter den damals nach Kattowitz versetzten Beamten war mein Vater.

Zum ersten Male betrat ich meine zweite Heimatstadt, die vor dreißig Jahren noch ein Dorf gewesen war und nun die 25 000 überschritt.

Die junge Generation der neuen Kattowitzer war von Anbeginn begeistert, die ältere trauerte zunächst noch um Altehrwürdiges, das es freilich hier nicht gab;

keine Romantik mit träumerischen Brunnen, alten Mauern und Torbögen, nicht einmal Patina an Kirchtürmen; hier blitzten alle Dächer, sofern sie nicht industriell verrußt waren. Wir aber fanden Romantik in Fülle; die Stadt, befeuert vom Ansturm der neuen Bewohner, zeigte sich erstaunlich rege im Aufbau: Straßen, in deren Schlamm zuerst die Möbelwagen bis an die Radnaben eingesunken waren, wurden gepflastert; Wiesenwildnis wandelte sich zum gärtnerisch gepflegten Platz, auf dessen Spazierwegen sich die verwöhntesten Neuankömmlinge ergehen und auf dessen Ruhebänken sitzend sich überzeugen konnten, wie dies vielleicht von manchem noch bemißtraute, »verräucherte« Kattowitz unablässig auf Schönheit bedacht war und übrigens, oft genug, unter klarem Himmel leuchtete. Es gab viele Teiche. Sie wurden trockengelegt, um Baugelände zu werden. Uns erregte es, wie die Stadt sich ausdehnte. Wohin sie sich ausdehnen mußte, war deutlich zu erkennen: nach Süden. Die Neustadt war die Südstadt, und die Altstadt mit Grundmannstraße, Wilhelmsplatz, Ring, Schloßstraße, Friedrichstraße, Holtzestraße und sonstigen, nur in einer so jungen Stadt schon als »ehrwürdig« geltenden Teilen wirkte bei weitem nicht so abenteuerlich begeisternd wie der Süden, der einmal Haus bei Haus tragen sollte, und jetzt gleichsam erst urbar gemacht wurde. Und wir, wir wurden Zeugen solchen Werdens! Da war beispielsweise eine zweite große oder uns doch riesig groß erscheinende Wiese, die wohl nicht für Anlagen, so doch gewiß für Neubauten gedacht war. Einstweilen der herrlichste Platz zum Drachensteigenlassen. Und an der Wiese entlang und noch ein Stück ins Freie hinaus lag die Krazla. Gibt es noch jemanden, der sich erinnert, was und wo die Krazla war? Und der noch in ihr gebadet hat, falls er nicht so fein war, nur das städtische Badehaus an der August-Schneider-Straße zu benutzen, das zum Teil der großherzigen Stiftung Holtzes zu danken war? Ja, die Krazla, aus der wir schleunigst flüchteten, wenn die Pferde, für die sie bestimmt war, zur Schwemme kamen! Die Krazla mit den über sie hinspielenden Libellen! Welche Glückseligkeit, jung in einer jungen Stadt zu sein, die noch mit der Natur verschwistert war!

Auch die Eltern der Neuankömmlinge verschlossen sich nicht lange der anfangs bezweifelten Tatsache, daß Kattowitz schön war. Zuerst vielleicht sahen sie nur das unvergleichlich Interessante der Gleichzeitigkeit von Kumpeldasein und Feudalität, von Zerlumptheit und Mondänität, von Frömmigkeit und rohem »Pieruna« so wie das Aufregende der Auslandsnähe, die besonders spürbar war, wenn russische Offiziere mit ihren Damen herüberkamen, um in den hochfeinen Geschäften einzukaufen oder in den vornehmen Restaurants zu dinieren. Ja, auch die Eltern sahen, Kattowitz war richtig schön.

Wir spazieren die Beatestraße nach Süden hinaus und sind bald am Südpark, jawohl, die Kattowitzer haben einen richtigen Park! Und dann stehen wir auf der Höhe und schauen zu blauenden Bergen hinüber, weit in die Ferne. Es sind österreichische Berge, es sind die Beskiden. Wir wenden uns um, und was wir jetzt sehen, ist – Rußland. (Ein selbständiger Staat Polen bestand noch nicht.) Und Wald haben wir, meilentiefen Wald. An manchen Stellen überragen ihn Fördertürme, die verraten, hier ist der Weg ins Unterirdische, aus dem bei Tag und bei Nacht Kohle geschachtet wird. Und wir hören auch von dem furchtbaren Unglück, das in der Cleophasgrube, im nahen Zalenze, über hundert Bergleuten das Leben gekostet hat. Da lernen wir vor der Dämonie der Tiefe erbeben.

Außer der Entdeckung der Schönheit und der Abenteuerlichkeit gab es natürlich auch den Ernst der Schule. Und welch einer Schule! Kattowitz verdiente immer mehr den ehrenvollen Beinamen: »Stadt der Schulen«. Seit 1898 gab es eine Realschule, die 1902 zur Vollanstalt wurde, so daß 1905 das erste Abiturium stattfinden konnte. Beim zweiten war ich selber beteiligt ... Ich erlebte den ersten Abschied von der geliebten Stadt, die ich heute noch liebe. Ich schrieb einmal: »Eine schwerfällige Seele mußte es sein, der hier nicht Flügel wuchsen.« Ich bin noch immer überzeugt davon. Das Wissen um die Stollen, die unterirdischen Gänge der Kohlengruben, wo Menschen arbeiteten, während wir droben auf strahlenden Straßen gingen; der Gegensatz von sausender Dynamik und Waldesstille und schließlich die Ahnung von der weiten Welt, die uns doch so nahe war, dies alles mußte erregen, begeistern, beglücken, nachdenklich machen ... So erscheint es mir als geradezu organischer Vorgang, daß Kattowitz zahlreiche Persönlichkeiten mit weitreichendem Namen hervorgebracht hat.

Im Jahr 1910 hatte es 43 173 Einwohner, im Jahre 1925 erreichte die polnische Stadt Katowice, allerdings durch Eingemeindungen, 130 000 und 1950 und 1960 durch das gleiche Verfahren 300 000.

Die Gründer von Kattowitz hätten solches Wachstum für unmöglich gehalten. Für ebenso unmöglich hätten sie es gehalten, daß ihre Stadt je aufhören werde, eine deutsche Stadt zu sein.

Benutzte Literatur für Daten, Zahlen und einzelne biographische Angaben ist das von W. Majowski aus verschiedenen Beiträgen zusammengestellte Jubiläums- und Gedenkbuch »100 Jahre Stadt Kattowitz 1865–1965«, Verlag Oberschlesischer Kurier, Salzgitter-Bad.

RATIBOR

Herbert Hupka

Bürger, Arbeiter und Bauern

Mein lieber Sohn!

Von 1919 bis 1945 war ich Bürger von Ratibor und fühle mich auch heute noch als Bürger dieser meiner Heimatstadt. Hier wuchs mein Vater, Dein Großvater, auf und machte am Kgl. Evangelischen Gymnasium sein Abitur. An diesem Gymnasium unterrichtete mein Großvater, Dein Urgroßvater, zwölf Jahre; während einer Ansprache vor der versammelten Schülerschaft brach er tot zusammen. Dieses Gymnasium gab mir das »Reifezeugnis«. Meine Mutter und ich haben zuerst auf dem Polkoplatz, am Nordrand der Altstadt, und dann auf der Parkstraße, in dem sich nach Süden ausweitenden, nach dem Ersten Weltkrieg neu bebauten Wohnviertel gewohnt. Darum wollen wir uns die Stadt zuerst vom Nordrand her, später vom Süden erschließen.

Der erste gewichtige Satz über Ratibor muß immer lauten: Ratibor liegt an der Oder, mit dem alten Stadtkern auf deren linken Seite, 192 Meter über dem Meeresspiegel. Ein Anker verzeichnet in leider täuschender Absicht, daß von hier ab die Oder schiffbar sei. Lediglich Boote der Strommeisterei fuhren die Oder abwärts und zuweilen ein Ausflugsboot namens »Christine« auf Lubowitz zu. Wenn die heißen Festlandsommer die oberhalb Ratibor mündenden Flüsse Oppa und Zinna so wie die Oder selbst ausgetrocknet hatten, konnte man von Sandbank zu Sandbank stapfend den Fluß durchqueren. Wenn aber Hochwasser war, und das war fast jedes Jahr einmal (wenn nicht sogar auch noch ein zweites Mal), dann wurde aus unserem Fluß ein reißender, ungeheuerlich schneller Strom. Auf der Bernert-Brücke habe ich ihm eines Tages meinen nagelneuen Füllfederhalter samt Goldfeder geopfert, denn als ich eine Aufnahme schießen wollte, flog aus der Tasche mit dem Fotoapparat der Federhalter heraus und schwamm stadteinwärts davon. Später wurde acht Jahre lang an der Umlegung, der zehn Kilometer langen Verkürzung des Oberlaufs gearbeitet, mit dem Blick auf den projektierten Oder-Donau-Kanal, vor allem um die durch die Überschwemmungen entstehenden Schäden zu verringern. Mitten im Zweiten Weltkrieg wurde dies friedliche Werk vollendet.

Großes Ereignis mit Wimpelschmuck, Bläsertusch und Festbeleuchtung, wenn der Ruderverein im Frühjahr sein Anrudern und im Herbst das Abrudern feierte.

Auf der breiten Oderpromenade hinter der Seifenfabrik Hoffmann bis zur Schloßbrücke hin standen wir in dichten Scharen – mitten unter uns die Mitglieder der Berufsfeuerwehr vom nahen Feuerwehrdepot – und freuten uns, wie auf dem anderen Oderufer die Boote zu Waser gelassen wurden, oder schauten anfeuernd zu, wenn die Langstreckenregatta Ratibor-Cosel (über dreißig Kilometer) gerudert wurde.

Drei Brücken überquerten unseren Strom. Die schöne Schloßbrücke verband die Stadt mit Ostrog und Bosatz. Es ist die Stelle der ältesten Verbindung zwischen Gleiwitz und Rybnik im Osten mit Ratibor und dem Westen Oberschlesiens mit Troppau und Leobschütz. Zuerst stand hier eine Holzbrücke, über die König Johann Sobieski 1683 gegen die Türken in Richtung Wien gezogen sein soll. Vor der Jahrhundertwende war hier die erste gußeiserne Brücke Schlesiens über den Strom gespannt, schließlich 1913 bis 1914 aus Eisenbeton die Schloßbrücke errichtet worden. Ihr Name – eigentlich sollte sie »Hindenburg-Brücke« heißen, aber niemand hielt sich daran – kam vom Schloß des Herzogs von Ratibor, gleich auf der rechten Oderseite gelegen, viele mochten gemeint haben, sicherlich von der Wirtschaft »Schloßgarten« und der gleich daneben befindlichen Schloßbrauerei. Denn das Ratiborer Schloß war ein unansehnlicher Bau, lediglich die gotische Kapelle hat ihren Platz in der Kunstgeschichte, sie ist übrigens Thomas von Canterbury geweiht. Das sagenumwitterte Mongolenhaupt an der Fassade sollte an den Zug der Mongolen über die Oder 1241 gemahnen. Der Herzog von Ratibor, es gab noch Titel und Würde, in mehreren Generationen mit Namen Victor, residierte in Rauden, auf halbem Wege zwischen Ratibor und Gleiwitz gelegen, Gründung der Zisterzienser, mit wunderschöner Barockkirche, inmitten tiefer Wälder. Die »Herzogliche Kammer«, die Verwaltung der nicht unbedeutenden Besitzungen, hatte ihren Sitz im Ratiborer Schloßtrakt; schon der Name flößte Ehrfurcht ein.

Nicht Ehrfurcht, sondern Angst war es, als während der Abstimmungszeit das italienische Kommando der in Ratibor stationierten italienischen Truppen (wir ahmten als Kinder auf den Straßen das Marschtempo der Soldaten mit lautstarkem »uno-due« herausfordernd nach) die Nachricht erhielt, daß mittags um zwölf Uhr die Schloßbrücke gesprengt werden würde. Hugo Christoph hatte diese Nachricht überbracht. Die Truppen gingen in Deckung und standen auf dem Propsteiplatz vor dem häßlichen Bau des Realgymnasiums in Bereitschaft, als Hugo Christoph mit einer Gießkanne daherkam und die Brücke sprengte. Dieses »Attentat«, dem sogar die Verhaftung von Geiseln aus der Stadtverwaltung vorangegangen war, brachte Hugo Christoph eine Gefängnisstrafe ein. Wegen seines wiederholten groben Unfugs hatte dieser Ratiborer Till Eulenspiegel immer wieder mit dem Gericht zu tun; er mußte einmal wegen einer Ehescheidungsangelegenheit »in Sachen Ihrer Frau« einer Vorladung folgen, und erschien in weiblicher Kostümierung. Zylinder, weiße Krawatte, Gehrock und barfuß war sonst sein bevorzugtes Habit, auch dann, wenn er an einer für Angler verbotenen Stelle an der Oder mit Angelrute erschien, um dem aufgebrachten Polizisten die Antwort geben zu können: »Ich habe doch nur heute zum Freitag meinen Salzhering in der Oder wässern wollen!«

Die zweite der drei Oderbrücken war die häßlichste, aber wohl die wichtigste. Die Nord-Süd-Bahn – sie verband Österreich und die Tschechoslowakei von Wien und Oderberg kommend mit Breslau und Berlin, mit Schlesien und Deutschland – überquerte auf dieser Eisenbahnbrücke, neben der ein vielbenutzter Fußsteg entlanglief, die Oder. Vielbenutzt schon deswegen, weil Tausende in den Plania-Werken von Siemens beschäftigt waren, in der »Schwarzen Bude«, in der Kohlenelektroden, Kohlestifte, Kohlenbürsten für Motoren hergestellt wurden. Bevor man den Fluß überschritt, sog man noch den Rauch der Dampfmühlen von Schlesinger in die Nase, »Ratiborer Dampfmehlmühlen und Presshefefabrik, gegründet 1841« stand es in den Anzeigen, bevor die Nationalsozialisten auch hier diktierten.

Der dritten und südlichsten Brücke hatte man offiziell – es war eine Eisenkonstruktion von 1903 – den Namen des mehrere Jahrzehnte tüchtig waltenden Oberbürgermeisters August Bernert gegeben, doch diese »Bernert-Brücke« hieß immer nur die »Zweipfennig-Brücke«, denn zum Einbringen der Kosten mußte man lange ein Brückengeld zahlen.

Zwischen Eisenbahn und Oder lagen die anderen großen Betriebe der Stadt: die Eisenbahnwerkstätten, die später aufgelöst wurden; Ganz und Co. Danubius, womit schon im Namen »Danubius« gleich »Donau« ein in Budapest beheimatetes Werk sein Herkommen anzeigte, hier wurde schwerer Eisenguß produziert; die Werkzeugmaschinenfabrik Wilhelm Hegenscheidt, zu der auch die frühere »Hoffnungshütte« im fünfzehn Kilometer entfernten Ratiborhammer gehörte. Neben der staksigen Überführung, die über die Bahn in den alten Stadtpark führte, machte sich die Zuckerfabrik breit. Im November rollten in langen Fuhren aus dem ganzen Kreis die Zuckerrüben an, über der Stadt lag der Duft von Melasse und Sirup, jetzt konnte es nicht mehr weit bis Weihnachten sein. Anschließend hatte sich die Hutfabrik Hückel niedergelassen, ihr Hauptwerk stand in Neutitschein im Kuhländchen, das die gerade dem Lieselberg entsprungene Oder durchquert. Das Schlußstück dieser breiten Industrieanlagen bildeten das Stahlwerk von Boehler und das Stella-Werk hinter dem Schützenhaus, auf Studzienna zu, später Ratibor-Süd genannt.

Ratibor war eine Arbeiter-, eine Bürger-, eine Bauernstadt. Daß es eine Arbeiterstadt war, spürte man wenig. Eine große Ausnahme war der 1. Mai. Da wurde bereits am Vorabend die Germania (in Erinnerung an den Sieg von 1870/71 in unmittelbarer Nachbarschaft zum Polkoplatz auf dem Germaniaplatz, den die wenig wohlriechende Psinna umspülte, aufgestellt) gelegentlich rot angestrichen und drapiert, was uns Kindern viel Freude, der Polizei nur Verdruß bereitet hat. Da gab es Musik von helltönenden Schalmeien und Umzüge, deren Marschierer alle eine rote Blume im Knopfloch stecken hatten. Frauen taten kaum mit, obwohl viele von ihnen bei Doms in der Schnupf- und Kautabakfabrikation und in der Zigarrenfabrik von Reiners (später ein Opfer der durch die Grenzlage bedingten Wirtschaftsmisere) beschäftigt waren. Weder im Gesicht der Stadt, noch in ihrer politischen Repräsentanz machte sich der Charakter einer Arbeiterstadt bemerkbar. Sozialdemokratische Stimmen waren in der Minderheit. Das Zentrum, die Partei des katholischen Bürgertums, zu dem sich auch die Mehrheit der Arbeiter zugehörig fühlte, beherrschte die Stadt.

Mittelpunkt dieser Herrschaft des Zentrums war aber nicht das Zentrum der Stadt, das Rathaus, sondern ein inzwischen eingemeindeter Vorort, Altendorf, dort, wo die Straße nach Cosel im Norden und Leobschütz im Nordwesten sich gabelte. Hier war Pfarrherr von St. Nikolaus Prälat Karl Ulitzka, der »ungekrönte König Oberschlesiens«, wie ihn seine Gegner nannten, »Hochwürden«, der »Herr Prälat«, wie er von seinen Gläubigen und den Parteigängern in tiefer Verehrung genannt wurde. Er war Mitglied des Deutschen Reichstages und hatte sich während des Abstimmungskampfes durch sein klares und mutiges Bekenntnis zum Deutschtum um Oberschlesien verdient gemacht. Das hinderte die Nationalsozialisten nicht, ihn 1939 des Landes zu verweisen und später im Konzentrationslager Dachau zu inhaftieren. Als er in das inzwischen polnischer Verwaltung unterstellte Ratibor in den Augusttagen 1945 heimkehrte, folgte dieser Heimkehr in die Fremde die sofortige erneute Ausweisung. Ulitzka war eine große, dem Auge wohltuende Erscheinung, er strahlte die Souveränität eines Herrschers aus. Sein Wort hatte in Oberschlesien Macht und Geltung. Man nannte die nach dem Ersten Weltkrieg neu gegründete Provinz Oberschlesien, die ihr Oberpräsidium in Oppeln, ihre Selbstverwaltung in Ratibor hatte, scherzhaft »Propiulka«, worin die Abkürzung für den ersten Oberpräsidenten Proske, den ersten Landeshauptmann Piontek, Prälat Ulitzka und den Ratiborer Oberbürgermeister Kaschny zu suchen war.

Nachdem Dr. Hans Piontek Landeshauptmann geworden war, bis dahin seit zwei Jahren Ratibors Oberbürgermeister, wurde Adolf Kaschny, ein Mann aus

Köberwitz in dem zum Kreis Ratibor gehörenden Hultschiner Ländchen, sein Nachfolger. Er war preußischer Staatsrat und für die durch die Grenzziehung nach dem Ersten Weltkrieg schwer getroffene Stadt immer unterwegs. Sein kluges und festes Auftreten, seine große Eloquenz und sein starkes Temperament haben der Stadt geholfen, nicht nur zu überleben, sondern allmählich an wirtschaftlicher Potenz zuzunehmen. Nach dem Einbruch der Nationalsozialisten 1933 auch in die Ratiborer Stadtverwaltung wurde ihm der Stuhl vor die Tür gesetzt, sein Nachfolger hieß Josef Burda, weshalb das Witzwort umging: »Ratibor ist umgetauft worden, es heißt jetzt Burda-Pest«. Dem Erstverbreiter dieses Gerüchtes brachte es eine mehrmonatige Freiheitsstrafe ein! Kaschny wurde im Zusammenhang mit dem 20. Juli 1944 verhaftet und im Februar 1945 wieder freigelassen. Als sich nach Ende des Zweiten Weltkrieges die Tschechen dafür stark machten, statt Polen Stadt und Kreis Ratibor zugesprochen zu erhalten, setzten sie auf den »Autochthonen« Kaschny, aber dieses Spiel war nach knapp einem halben Jahr zu Ende, Ratibor verblieb in polnischem Besitz, so wie das Hultschiner Ländchen erneut zur Tschechoslowakei geschlagen worden war.

Der zweite gewichtige Satz über Ratibor lautet seit dem verlorenen Ersten Weltkrieg: Durch den Spruch von Versailles, 1919, und das Genfer Protokoll, 1921, verloren Stadt und Kreis Ratibor nahezu fünfundfünfzig Prozent ihrer Einwohner, dreiundfünfzig Prozent der Gesamtfläche und die Hälfte des Steuersolls. Das Hultschiner Ländchen, mit dem Städtchen Hultschin und dreiunddreißig Gemeinden südwestlich der Stadt gelegen und einst die Heimat der Vorfahren Eichendorffs, ging ohne jedes Plebiszit an die neu entstandene Tschechoslowakei verloren. Die Bevölkerung sprach zwar deutsch und mährisch, aber sie bekannte sich, wie eine inoffiziell durchgeführte Abstimmung ergab, zu neunzig Prozent für den Verbleib beim Deutschen Reich. Der Verlust der Gemeinden im Osten des Kreises widersprach dem Ergebnis des Plebiszits, das eine Mehrheit für Deutschland erbracht hatte – das Verhältnis war 22 000 : 2 000 in der Stadt, 17 800 : 11 800 im Landkreis –, doch der Genfer Entscheid mußte hingenommen werden, auch wenn die Reichsregierung aus Protest zurücktrat.

Das Ringen um Oberschlesien war meine erste ganz wach aufgenommene Geschichtserfahrung. Fremde Truppen als Besatzung, ausgeworfene Schützengräben auf dem benachbarten Germaniaplatz, Pflegestation für Verwundete im Gebäude der Loge auf der Zwingerstraße, Auszeichnung einer Tante, die Rotkreuzschwester gewesen war, mit dem Schlesischen Adler, nationalistische Lieder: »Korfanty kam geritten, / auf einem Ziegenbock, / da dachten die Polacken, / es wär der liebe Gott«, Selbstschutz und Insurgenten. Immer noch oder schon wieder Krieg ...

Unsere Wohnung lag auf dem Polkoplatz, benannt nach einem verdienstvollen Stadtrat und Kommerzienrat, der auf diesem Platz einen Springbrunnen hatte errichten lassen. Unter den Nationalsozialisten benannte man den Platz in Horst-Wessel-Platz um und wälzte einen riesigen Findling heran. Der Findling ruht noch heute auf dem Platz, doch heißt dieser unter den Polen jetzt »Freiheitsplatz«. Zum Gymnasium, dessen Schulhof sich bis zur Oder erstreckte, oder zum Bollwerkplatz, wo gelegentlich Karussell und Buden aufgebaut wurden, und unmittelbar zum Oderufer war es gleich weit, nur ging es einmal zum Lernen, das andere Mal zum Spielen. Das humanistische Gymnasium war nicht nur ein Stück Familiengeschichte, sondern vor allem ein Stück Stadtgeschichte. Hier unterhielten viele Jahrhunderte hindurch die Dominikanerinnen ein Damenstift. Die selige Euphemia, Tochter des Herzogs, der 1299 das Jungfrauenstift zum Heiligen Geist gegründet hatte, war die erste Äbtissin des Klosters und wurde bis in unsere Tage in der Euphemia-Kapelle der Pfarrkirche verehrt. Die Jungfernstraße trug den Namen von Kloster und Stift. Nach der Säkularisation, 1810, wurde das Kloster Kgl. Evangelisches Gymnasium, die Kirche wurde der evangelischen Gemeinde zur Verfügung gestellt, bis sie 1911 ein eigenes, wie aus dem Steinbaukasten erstelltes Gotteshaus erhielt. Innen versöhnte ein schönes Altarbild, das die Kreuzabnahme zeigte. In der alten Stiftskirche entstand ein Museum, in das wir oft genug als Schüler hinübergeführt worden sind, denn unser Zeichenlehrer Reimann war der Spiritus rector. Von der Köberwitzer Madonna um 1400 über die barocke Holzplastik des heiligen Nepomuk auf der Wolke bis zu den vor allem in der Kranowitzer Gegend liebevoll gezeichneten Ostereiern war hier alles zur Stadtgeschichte zusammengetragen und weiträumig ausgestellt, ergänzt durch einige völkerkundliche Zufallstreffer.

Auf eben dieser Jungfernstraße befand sich auch die polnische Bank, die »Bank Ludowy«, die sich hier 1899 niedergelassen hatte, zur Zeit des aufbrechenden Nationalitätenkampfes. In Ratibor hörte man selbstverständlich auch polnische Laute, vor allem während der Markttage, wenn Ratibor sein anderes Gesicht, das der Bauernstadt zeigte. Die Bauern in den Dörfern sprachen wasserpolnisch und wählten deutsch, wie es die Abstimmung deutlich gemacht hat. Dieses Wasserpolnisch wurde auch in Altendorf und Neugarten und Ottiz gesprochen, wo im Einzugsgebiet der Stadt das Gemüseland lag. Davon hatten sowohl die Ratiborer Hausfrauen ihren Nutzen, doch noch mehr die Gemüsebauern selbst, die nachts mit ihren hoch gestapelten Gemüsewagen nach Gleiwitz, Hindenburg und Beuthen fuhren, wo sie frühzeitig die Märkte belieferten, um dann ohne Fracht, dafür aber mit dicken Geldtaschen wieder heimzukehren. Außer in Liegnitz gab es nur noch in Ratibor diese guten sauren Gurken. Vielleicht war sogar das Ratiborer Sauerkraut, frisch vom Faß und roh verzehrt, noch besser.

Der dritte gewichtige Satz über Ratibor lautet: Das schönste Monument der Stadt ist die Mariensäule auf dem Ring. Von den vier, in alle Himmelsrichtungen verlaufenden Straßen, die vom Ring ausgingen, verband die Lange Straße den Polkoplatz mit dem Stadtzentrum. Die Oderstraße führte über die Oder nach Norden, die Dom- und Bahnhofstraße nach Osten, die Neue und in Fortsetzung die Troppauer Straße nach Süden und Südwesten, die Lange Straße schließlich nach Westen und Nordwesten. Die Mariensäule könnte genau so gut in einer österreichischen Stadt stehen und zeugt für die Zugehörigkeit auch Ratibors zur Krone Habsburgs, bis Friedrich der Große 1742 hier festen Fuß faßte. Auf sich türmenden Wolken thront Maria, zu ihren Füßen am Sockel der Pestsäule stehen die Heiligen Sebastian, Florian und Marzellus. Hier auf dem Ring wurde noch Jahrmarkt gehalten, führten die politischen Kundgebungen zur Erinnerung an die Abstimmung die Menschen zusammen, trommelten nach 1933 der Untergauleiter und der Kreisleiter die Bevölkerung zum Befehlsempfang zusammen. Niemand dürfe mehr über tausend Mark verdienen, die Villa des Landeshauptmanns werde der Gemeinschaft zur Verfügung gestellt – so klassenkämpferisch gab man sich und nistete sich gleich selbst als neuer Landeshauptmann in eben dieser Villa ein.

Das adlergeschmückte unauffällige Rathaus stand in einer Reihe mit der »Schönheitsquelle« und dem Pelzgeschäft Schareck, den Stoffläden von Lorenz und Silbermann und der Eisenhandlung der Gebrüder Freund. Viel beziehungsreicher war der Standort der Dominikanerkirche St. Jakob in der Nordostecke und der Liebfrauen-Pfarrkirche, ein wenig zurückgesetzt, wenige Schritte südöstlich vom Ring entfernt, doch hatte dieser zurückgezogene Standort keine Rangminderung zur Folge. Die ältere und wohl erste Pfarrkirche war die gotische und später barockisierte Dominikanerkirche, aber der Pfarrherr von Ratibor residierte in der Liebfrauenkirche, die ein prächtiges Chorgestühl aus dem 17. Jahrhundert besaß und eine um zweihundertfünfzig Jahre ältere gotische Monstranz, ihr kostbarster Besitz. Brausend klang der Chor der Glocken aller Ratiborer Kirchen und Kapellen, wenn im Sommer die Wallfahrer vom Annaberg heimkehrten.

Der Verbindungsweg von der Domstraße zum Blumenmarkt zu Füßen der Dominikanerkirche hieß Schuhbankstraße, obwohl hier die Schuhbänke keinen Platz mehr hatten, sie waren den vielen eleganten Schuhgeschäften gewichen. In dieser Schuhbankstraße stand die im maurischen Stil erbaute Synagoge der etwa 1500 Mitglieder zählenden jüdischen Gemeinde. Bis heute ist noch nicht bekannt, wieviele überlebten, wieviele in die Gaskammern gehen mußten. Am 1. April

1933, als der Boykott der jüdischen Geschäfte auch in Ratibor von der SA überwacht und vollzogen wurde, brach zum erstenmal der ganze Antisemitismus in seiner Brutalität auch in die Bürgerstadt ein. Die Synagoge wurde in der Nacht zum 9. November 1938, der Kristallnacht, angezündet.

»Die Stadt an zwei Grenzen«, »die Stadt des jungen Eichendorff« – das waren zwei Namen, die sich die Stadt selbst zugelegt hatte, um für sich einzunehmen. Eichendorff war der Stadtheilige. Das ist der vierte gewichtige Satz über Ratibor. Zwar sangen wir pietätlos, das Eichendorff-Lied verballhornend und auf das bekannteste Fleischwarengeschäft der Stadt auf der Oderstraße anspielend: »Wem Gott will rechte Gunst erweisen, / den schickt er in die Wurstfabrik. / Den läßt er Klamkas Würste preisen, / ob groß, ob klein, ob fett, ob dick.« Aber wir versammelten uns auch wieder ganz voller Andacht vor dem Eichendorff-Denkmal, das vor dem Ersten Weltkrieg errichtet worden war und den Dichter auf einem Baumstumpf in die Ferne blickend und in der Hand Griffel und Buch zeigte. Nach 1945 ist es demontiert worden. Vor dem Eichendorff-Denkmal sang die Liedertafel die gleichen Lieder, die wir unter Lehrer Folwaczny in der Zwingerschule, dann im Gymnasium unter Musikdirektor Kirchner, dem wir das zum Volkslied gewordene »Am Holderstrauch« verdanken, und später unter Musikdirektor Ottinger, dem Dirigenten der Singakademie, mit dem Brustton einer Nationalhymne schmetterten. Zehn Kilometer nordwärts liegt Schloß Lubowitz, wo der größte Sohn der Stadt und des Kreises am 10. März 1788 geboren wurde. Zum Bücherkauf und zum Jahrmarkt, zu Festen und Besuchen ist der junge Eichendorff immer wieder auf Kutsche und Schlitten nach Ratibor gekommen. Später, als er dreißig Jahre alt geworden war, reiste er nur noch durch, um sich nach Sedlnitz zu begeben, auf das ihm verbliebene Gut im Kuhländchen. Als die Nationalsozialisten darangingen, die heimischen Ortsnamen zu germanisieren, tauften sie das südlich von Lubowitz gelegene Dorf Brzesnitz, wo die Mühle des Liedes »In einem kühlen Grunde« gestanden haben soll, in Eichendorffmühl um. In Lubowitz, dessen Schloß der Familie Eichendorff noch zu Lebzeiten der Brüder verlorenging, ruhen auf dem Friedhof die Eltern und eine Schwester des Dichters.

Aus dem Süden des Kreises, aus Bolatitz, einem der dreiunddreißig Dörfer des Hultschiner Ländchens, stammt der zeitgenössische Schriftsteller August Scholtis, der dem Volke aufs Maul und in die Seele geschaut und immer wieder versucht hat, die Zwiespältigkeit zwischen mährisch-schlesischer Gemüthaftigkeit und preußisch strenger Ordnung in des engeren Landsmannes Brust und dem eigenen Herzen aufzuspüren. Unweit der Wiege des berühmten mährischen Komponisten Leo Janáček wurde der schlesische Musikant Karl Sczuka geboren. Auf dem rechten Oderufer, Lubowitz gegenüber, liegt das Dorf Schichowitz, dem der gleichfalls in Ratibor geborene Schriftsteller Egon Rakette einen umfangreichen und erdgebundenen Roman gewidmet hat, aus Schichowitz wurde »Schymanowitz oder Die ganze Seligkeit«.

Wer vom Bahnhof kommend die Stadt betrat, hatte wohl kaum genug Zeit, auf eine Tafel am Bahnbetriebsgebäude zu schauen, auf der verzeichnet war, daß hier 1855 Arnold Mendelssohn, der bekannte Kirchenmusiker und Lehrer von Paul Hindemith, geboren wurde. Sein Vater war bei der Eisenbahn Sekretär und ein Vetter von Felix Mendelssohn-Bartholdy, er selbst hatte das Ratiborer Gymnasium besucht. Nach 1933 ließen die Nationalsozialisten die Tafel entfernen, sie maßen mit dem Arierparagraphen.

Der fünfte gewichtige Satz lautet: Ratibor war eine Stadt der Märkte. Donnerstag war der große Markttag. Auf dem Neumarkt mit der schönen Säule des Heiligen Nepomuk, vergleichbar der Mariensäule von 1727, wurde Butter- und Eiermarkt abgehalten. In großen Rhabarberblättern wurde die Butter frischgehalten, mit der Löffelspitze kosteten die wählerischen Hausfrauen die Qualität, die langen Butterbänke und Eierstände entlanggehend. Auf dem benachbarten Marzellusplatz waren ehedem die Fleischstände aufgebaut worden. Der Gemüsemarkt wurde täglich reich beliefert, er breitete sich nördlich der Dominikanerkirche aus. Dort, wo der Blumenmarkt war, auf der anderen Seite hinter der Dominikanerkirche, wurden im Winter die großen Fischbottiche aufgestellt, denn auf jedem Tisch mußte zu Heiligabend ein Karpfen in polnischer Tunke serviert werden. Markttag hieß aber auch, daß die Bauern in die Stadt kamen, um selbst Einkäufe zu machen. Dies geschah zwischen den Kriegen immer noch mit Pferdefuhrwerk oder gar Ochsengespann, wenn man es nicht zu weit hatte. Rings um die Stadt in den Vorstädten priesen sich die Wirtschaften als Ausspannungen an. Wenn dann sogar noch Viehmarkt war, dieser hatte seinen Platz gegenüber dem Lyzeum, auf Preußens Sportplatz, wurde der erzielte Erlös auch noch gebührend begossen, und die Ausspannungen hatten ihre großen und fröhlichen Tage.

Der sechste gewichtige Satz lautet: In Ratibor gab es immer etwas zu feiern, die Ratiborer feierten gern. Zum Mitfeiern muß man ein wenig älter sein, darum will ich die Stadt jetzt vom Neubauviertel im Süden, von der Parkstraße her, wo wir seit 1927 wohnten, schildern. Zwischen Gymnasium und den beiden Taubstummenanstalten für Jungen und Mädchen lag der Polkoplatz, zwischen Zuchthaus und Badeanstalt mit Gondelteich und Eichendorff-Park die Parkstraße.

Die Eltern hatten nicht nur in der Pfarrkirche, sondern auch bei Glusa geheiratet – so hörte ich es immer. Das Weinhaus Robert Glusa lag der Konkurrenz unmittelbar gegenüber, die Konkurrenz hieß Przyszkowski und war auf den »Alten Ratiborer«, einen guten Branntwein, und den Ungarwein spezialisiert. Seit eh und je war Ratibor Umschlagplatz für Ungarweine, »nullum vinum nisi hungaricum« gehörte zu unseren frühesten lateinischen Erkenntnissen. Für 1901 habe ich einmal gelesen: in den Weinkellereien von Przyszkowski wurden 276 000 Liter unverzollbarer, 235 000 Liter zu verzollender Wein registriert. Gegenüber Przyszkowski lag also Glusa. Hier haben wir das Abitur begossen. Hier hielten die renommierten Stammtische ihre regelmäßigen Zusammenkünfte.

Die Chronik der Ratiborer Stammtische verzeichnet unter den erstrangigen sieben derartige gesellschaftliche Mittelpunkte. Wer auf sich hielt, wer hoffte, daß auch andere etwas von ihm hielten, war Mitglied eines nach heiterernstem Zeremoniell geleiteten Stammtisches. Den größten Genuß hatten die Gasthöfe und Weinstuben. Unser Gymnasialchef, den die Nationalsozialisten dann von der Schule entfernten, weil er ihnen zu zentrumstreu war, was als ein schweres Verbrechen galt, residierte im »Blauen Affen«, wie der »Goldene Löwe« betitelt wurde. Um das echte Pilsener die Kehle hinunterfließen zu lassen, fuhr man mit dem Zug in den Grenzort Annaberg, jetzt Dreiländerecke genannt, und lief über die Oderbrücke nach Oderberg, das bereits in der Tschechoslowakei lag und also an der Quelle des Pilseners.

Um gut zu essen und zu jausen fuhr man nach Troppau, wer guten Wein trinken wollte, kam nach Ratibor. Früher, so erzählte immer die Mutter, hatte man auch noch eifrig gejeut, sein Glücksspielchen getrieben, zu welchem Behufe man in die »Aussicht« gewandert war, die jetzt jenseits der neuen Grenze zu Polen lag.

Beliebtester Ausflugsort war der Stadtwald, die Obora. In Lukasine drückte man sich an der polnischen Grenze vorbei. Hohenbirken, dieses Dorf aus dem Kreis Ratibor, gehörte bereits zum polnisch gewordenen Ostoberschlesien. Knapp eine Stunde, und man stand vor einem polnischen Schlagbaum, zwei Stunden Fußweg, und man stieß auf einen Schlagbaum der Tschechoslowakei. Trotzdem ging es immer wieder hinüber nach Kuchelna, wo Fürst Lichnowsky – ein mit der deutschen Geschichte eng verknüpfter Name – seinen Sitz hatte, wo Forstrat Riedel, was für mich viel entscheidender war, wohnte und mich auf Fuchsfährten und in die unermeßlichen Wälder führte.

Der nächste Satz gilt für alle Städte und alle Bürger dieser Städte, es ist der Satz von der ersten Liebe. Die Schülerinnen der beiden Lyzeen, der Hoffmann-von-Fallersleben-Schule an der Troppauer Straße (vordem war hier das Lehrerseminar) und des Ursulinenklosters an der Zwingerstraße, fanden sich gleich uns, den Schülern des humanistischen und des Realgymnasiums, auf der »Rennbahn«, das war die Neue Straße, pünktlich am Abend ein. Das Amtsgericht, ein Bau nach Plänen von Schinkel, machte hier auf der Neuen Straße zu dieser Zeit den geringsten Eindruck auf uns. Da »man« aber weder von Lehrern noch Eltern entdeckt werden wollte, verabredete man die Rendezvous an der Oder auf dem Wege zum Schützenhaus oder traf sich in den Wymollen, den schluchtenreichen Gefilden von Altendorf, oder beim Wohltätigkeitsball im »Deutschen Haus«. Das Café Residenz galt indes als Sündenbabel, denn hier wurde allabendlich bis in die Nacht hinein getanzt, selbst in der Fastenzeit, und an der Bar sollte sogar eine Bardame den Ausschank besorgen.

Das Stadttheater bot in eigens eingelegten Schülerveranstaltungen auch noch Gelegenheit genug zur Begegnung, jetzt sogar unter den Augen der Lehrer. Von der Prima an ging man auch schon einmal abends ins Schauspiel und zur Oper oder Operette. Das Ratiborer Theater war das beste, das es gab – dies schon deswegen, weil wir gar keine Vergleichsmöglichkeiten hatten. Aber auch später habe ich immer wieder trotz Leipzig, Berlin und München bekennen müssen, hier zum ersten Mal »Egmont« und »Fuhrmann Henschel«, »Zar und Zimmermann« und »Das Land des Lächelns« begeistert aufgenommen, die Schauspieler und Sänger geradezu schwärmerisch bewundert zu haben. Erste Vergleiche erlaubte das zu vielen Gastspielen verpflichtete Troppauer Theater, ein Luftzug Wiener Theatertradition strömte in den klug entworfenen Zweckbau des Theaters an der – offenbar schon in weiser Vorahnung nach der nunmehr zur Tschechoslowakei gehörenden österreichisch-schlesischen Herzogstadt benannten – Troppauer Straße.

Daß man in Ratibor vor vielerlei Entscheidungen gestellt wurde, das ist nicht typisch für die Stadt. Daß aber die Entscheidungen so und nicht anders ausschauten, das war dann so nur in Ratibor der Fall. Welche Zeitung sollte man lesen, den »Generalanzeiger für Schlesien und Posen«, so sein langatmiger Titel, oder die »Oberschlesische Rundschau«? Die eine Zeitung war deutschnational angehaucht, konservativ, protestantisch, obschon es kaum mehr als fünf Prozent der Bevölkerung der Stadt waren, die sich zur evangelischen Konfession bekannten, die andere Zeitung war das Blatt des Zentrums und streng katholisch. Nach 1933 wurden beide gleichgeschaltet. Welchem Sportverein sollte man beitreten, Preußen 06 oder Ratibor 03? Der eine hatte seine Sportstätten links der Oder und war robuster, der andere hatte sie seit kurzem rechts der Oder und war etwas vornehmer. In welche Schule sollte man die Kinder schicken, in das humanistische Gymnasium oder das Realgymnasium, die Hoffmann-von-Fallersleben-Schule oder das Ursulinenkloster? Da wurde nicht immer nur nach objektiven Maßstäben entschieden, da spielten Unwägbarkeiten mit, Freundschaften konnten zerbrechen.

Doch was wäre die Stadt, ihre Geschichte, die mit der ersten Erwähnung um 1108 anhebt und im nächsten Jahrhundert zum deutschen Stadtrecht führt, die Herzogsstadt war und Industriestadt wurde, wenn es nicht die Ratiborer gegeben hätte. Noch heute unterscheiden sich die Ratiborer deutlich von den Oppelnern oder Leobschützern, den Gleiwitzern oder Troppauern. Sie sind Oberschlesier wie all diese Stadtbürger auch. Die Oppelner sind vornehmer, weil Residenz- und Hauptstädter, die Troppauer bestimmt österreichischer, denn das Herzogtum Troppau blieb nach den Schlesischen Kriegen bei Österreich, die Leobschützer ländlich ausgeprägter, die Gleiwitzer doch mehr Industriestädter. Bauern, Bürger und Arbeiter in einem, das waren die Ratiborer. Sie waren bereits Preußen und auch noch Österreicher. Ihr deutsches Volkstum wurde von der rechten Oderseite und vom Lande im Norden slawisch-polnisch, vom Süden und Südwesten slawisch-mährisch bestimmt. Das eine bedeutete mehr Arbeitsenergie und tiefe Frömmigkeit, das andere mehr Musikalität und Leichtigkeit. Daß Männer der Stadt und des Kreises in Oberschlesien die Politik so entscheidend mit bestimmt haben, erklärt sich vielleicht aus dieser Windrose der Anlagen, der Temperamente.

»Ratibor ist eine der schönsten Städte Oberschlesiens und dürfte hier vielleicht nur von Neisse übertroffen werden«, so liest man es in einer Schilderung Schlesiens aus dem Jahre 1885. Wir wollen das gern zur Kentnis nehmen, obschon wir ein leichtes Augenzwinkern nicht unterdrücken können. Jedenfalls ließ es sich, das darf mit Stolz und Freude und ohne Überheblichkeit gesagt werden, in Ratibor gut leben. Und die Ratiborer haben gut zu leben gewußt.

Der letzte gewichtige Satz lautet: Ratibor mit dem halben Adler und halben Rad als Wappen hatte 52 000 Einwohner, am 31. März 1945 wurde es von der Roten Armee erobert. Es brannte zu achtzig bis neunzig Prozent nieder, indem die erobernden Truppen Feuer ansteckten, wo es ihnen gerade gefiel. Die Polen nennen es heute Raciborz, 37 000 Einwohner soll es zählen. Trotzdem heißt es auch weiterhin Ratibor, denn dieses Ratibor kann nicht, soll nicht untergehen.

Das mußt Du, mein lieber Sohn, wissen, wenn Du nach Ratibor gefragt wirst, wenn über Ratibor gesprochen wird, wenn Du Zeugnis für die Heimatstadt Deines Vaters, Deiner Großeltern, Deiner Vorfahren ablegen sollst. Ihre Gräber pflegen heute Fremde.

LEOBSCHÜTZ

Alois Maria Kosler

Drei Bilder aus drei Jahrzehnten

Kurz vor der Stadt, von Wernersdorf ab, stehen wir am Fenster unseres Abteils 4. Klasse, in der wir Kinder mit dem Dienstmädchen fahren, während die Eltern standesgemäß in der 3. Klasse sitzen, im Zug, der von Ratibor (über Groß-Peterwitz, Stolzmütz, Bauerwitz) nach Leobschütz dampft, faucht und rollt. Wir fahren durch unsere Ferienlandschaft, die uns vier Wochen lang zur Heimat werden soll. Mit Spannung erwarten wir das Auftauchen des Kirchturms von Badewitz, der aus einem Bukett von Baumkronen herausragt: dorthin geht die Reise. Aber noch aufregender ist es, das Gebirge zu erblicken, den Gipfelsaum im Westen. »Hast du den Altvater – «, da verschwindet der Zug im Geländeeinschnitt vor der Troppauer Chaussee und kommt erst kurz vor dem Bahnhof wieder ins offene Gelände. Und da ist sie auch schon, die Stadt!

Wir sind angekommen an einem lichtfunkelnden, heißwerdenden Vormittag im Juli eines der golden-friedlichen Jahre vor 1914. Vor dem Bahnhof wartet die etwas klapprige Kutsche des Onkels, zwei Braune davorgespannt. Was nehmen wir Kinder jetzt von der Stadt wahr? Wir fahren an der schattigen Anlage am Bahnhof entlang und biegen nach links in die Jägerndorfer Straße ein. An der Kurve sehen wir rechts eine Fabrik mit einem hohen Schornstein, auf dem ein bauchiger Windfang sich wie ein dickes, behäbiges Männchen bald hierhin, bald dorthin dreht; wir hören: das ist die große Mälzerei von Kraemer. Der Wagen rattert an einer Werkstatt vorbei, einer Schmiede, vor der landwirtschaftliche Maschinen, grün und rot lackierte Grasmäher, Pflüge, rotgestrichene Dreschmaschinen, zur Reparatur und zum Verkauf stehen. Jetzt biegen wir von der Jägerndorfer Straße in die Troppauer Straße ab, an dem »Gasthaus mit Ausspannung« von Neugebauer vorbei – dort will der Vater mit einigen Herren aus der Stadt sich zum Skat treffen –, vorbei auch an den großen Gebäuden der Bruckschen Dampfmühle – im Hof stehen Fuhrwerke, Säcke werden aufgeladen, abgeladen –, und jetzt steigt die Straße zum südlichen Stadtrand hinauf, ein paar große Scheunen, eine Windmühle sind die letzten Gebäude; nun kann von der hochgelegenen Straße aus der Blick frei nach dem Gebirge schweifen: »Kannst du den Aussichtsturm auf dem Altvater sehen? Bloß so groß wie ein Streichholz! Und dort im Süden, eigentlich schon ganz nahe, die Türme der Wallfahrtskirche auf dem Burgberg bei Jägerndorf – nein, die Stadt kann man nicht sehen, aber wenn wir auf Onkels weites Feld fahren, das schon nahe bei Sauerwitz liegt, dann werdet ihr Jägerndorf im Tal der Goldenen Oppa vor euch sehen. Gleich bei der Stadt – rechts hier am Ende der Bergreihe? Das ist die Bischofskoppe, nicht weit von Neustadt . . .«

Der Wagen rollt weiter, fast die ganze Fahrt kommen wir aus dem Staunen nicht heraus. Da ist das »Alleehaus« an der Straße nach Gröbnig, ein Rest der Johanniter-Kommende, wie der Vater sagt (ein seltsames Wort). Hinter uns liegt die Stadt mit dem Rathausturm, den beiden Türmen der Pfarrkirche; wir werden das alles noch aus der Nähe sehen. Jetzt haben wir nur Augen für die Landschaft vor uns: weit ist das Land, und in sanften Wellen schwingt es zum Gebirge hin, große Felder, goldgelb, weißgelb, grün – das Korn ist reif zur Ernte, aber auch Weizen und Gerste werden bald so weit sein –, die Gerste gerät hier so gut, daß sie als »Braugerste« den Bauern sehr befriedigende Preise einbringt und ihrer Güte wegen auch zur Herstellung von »bayerischem Bier« dient. Wohin man auch blickt, nach Süden, Westen und Osten, Feld an Feld, kein Stückchen Wald! Der Vater aber spricht vom »Zigeunerwald« bei Mocker und Pilgersdorf nahe der Grenze im Südwesten und vom großen Stadtforst im Nordwesten, dem Buchwald, dem Geschenk des böhmischen Königs Ottokar an die Stadt vor vielen Jahrhunderten, 1265! Er darf nicht abgeholzt werden, über 3600 Morgen ist er heute noch groß. Man kann ihn von der Stadt auf einem schattigen Promenadenweg erreichen, eine Stunde zu gehen; wir sollen noch die Waldschenke, den Wolfsteich, die Münzerei kennenlernen, Ausflugsorte im Wald oder am Waldrand. Die Münzerei ist ein Gasthaus, eine Weinwirtschaft, schon in Österreich gelegen, man braucht nur die Straße zu überqueren, ja, die Grenze zwischen Deutschland und Österreich verläuft mitten auf der Straße, wie aufregend!

Man kann gleichzeitig in Deutschland und Österreich sein, wenn man die Mitte der Straße einhält! Dort tut sich eine andere Welt auf; in Jägerndorf, das hatten wir schon erlebt, hat man anderes Geld und andere Briefmarken, und mancher Kuchen heißt dort Gâteau, die Johannisbeeren Ribisel, der Blumenkohl Karfiol, die Bohnen Fisolen! Den Kaffee bekamen wir Kinder in Gläsern, und die Eltern hatten ihn für uns als »Kaffee verkehrt« bestellt, während sie einen »Kapuziner« oder einen »Schwarzen« tranken. Herrliches Land an der Grenze – früher haben, so hören wir, das Leobschützer und das Jägerndorfer Land zusammengehört, erst Friedrich der Große hat es mit ganz Schlesien der Kaiserin Maria Theresia im Kriege abgewonnen, die Oppa bildet die Grenze, sie zerteilt sogar Dörfer in einen preußischen und einen österreichischen Teil. Das Gebirge blieb bei Österreich, das

Vorland, die Ebene kam zu Preußen. »Den Garten hat er mir genommen, den Zaun hat er mir gelassen«, soll Maria Theresia geklagt haben. Grenzland, schicksalsreiches Land. Jetzt aber scheinen alle Dinge in einer ewig unveränderlichen Ordnung zu ruhen, wie wir so dahinfahren, auf der Straße von Leobschütz nach Troppau, mit dem Ziel Badewitz, vier Kilometer von der Stadt entfernt.

Von Badewitz aus kamen wir öfter in die Stadt – mit den Eltern, mit den Verwandten –, um Einkäufe zu machen, vielleicht einmal ins Café zu gehen auf dem Roßmarkt mit dem Floriansbrunnen oder in der Laubenstraße. Wir lernten einige große Geschäfte kennen, in denen die Bauern – vor dem Schweineschlachten – Graupen, Salz, Pfeffer, Tabak und einen guten Schnaps kauften (diesen am besten in der Destillation von Neugebauer oder Karmolinsky), die Bäuerinnen sich mit Waschmitteln, feinem Gewürz, Zucker, Kaffee, Leinenzeug, Tuchzeug und Haushaltswaren versorgten, die sie im Dorfkramladen nicht so gut bekommen konnten. In den Gasthöfen tranken die Bauern einen Korn oder ein Glas »Weberbauer«, Bier aus der großen Brauerei in der Stadt.

Natürlich gab es auch die großen Fachgeschäfte für Bekleidung, Haushaltswaren, Einrichtungsgegenstände, besonders am Ring, dessen Häuser einen weiten Kreis um das Rathaus in der Mitte zogen, und auf dem, zu Füßen der Mariensäule, der Wochenmarkt abgehalten wurde. Es gab die Lebensmittel- und Feinkostgeschäfte, in denen mehr die Stadtleute als die Dorfleute einkauften, etwa auf der Kreuzstraße. Für uns Kinder existierten sie nur schattenhaft. Sie rückten erst in unser Blickfeld, als die Eltern Bürger dieser Stadt geworden waren, und auch unsere Mutter hier einkaufte, oder wir selbst sie aufsuchten, auch die Buchhandlungen, den Uhrmacher und Juwelier, das Konfitürengeschäft, die Druckerei der Zeitung. Erst zwanzig und fünfundzwanzig Jahre später lernten wir die Restaurants und Hotels der Stadt kennen, als wir selber hier zu Gast waren und unsere Feste feierten, im stattlichen »Deutschen Haus« etwa oder im »bestrenommierten« »Weißen Roß« oder »Hotel zur Post« und wie sie sonst noch hießen. Oder wir suchten unsere Unterhaltung im beliebten Café Schreer auf dem Ring, das zum Treffpunkt der tanzbegeisterten Jugend geworden war.

Zwei Sommer hindurch (wohl 1913/1914) fuhr ich mit dem Lieferwagen des Badewitzer Bäckers Tschauder als Begleiter des Bäckerjungen mehrmals in der Woche in die Stadt. Das braune runde Landbrot war begehrt. Da lernte ich die Straßen des mittelalterlichen Stadtkerns kennen, die vom Ring ausgingen oder parallel zu ihm verliefen, die Boten- und die Baderstraße, die Laubenstraße, die Krumme Straße, die Kreuzstraße. Von der Kreuzstraße aus, bei der mächtigen, hoch aufstrebenden jahrhundertealten Pfarrkirche gewann man einen Blick auf das neuere Leobschütz: die breite König-Ottokar-Straße, vom Licht des Spätnachmittags durchflutet, schien bis ins Gebirge zu führen. Noch trat damals nichts von ihren ansehnlichen Gebäuden in unser Bewußtsein, nicht das Amtsgericht, nicht das Landratsamt, nicht die Beyer-Brauerei, auch nicht das Gymnasium. Neugierige Bewunderung erregten die im orientalischen Stil erbaute Synagoge und die neugotische evangelische Kirche am Beginn der König-Ottokar-Straße. Daß es im neuen Stadtteil eine Kaserne gab, blieb uns noch verborgen. In die Obervorstadt, in der das Krankenhaus, wohltätige Stiftungen und das anmutige Annakirchel (der Heiligen Dreifaltigkeit eigentlich geweiht), mit dem Alten Friedhof lagen, kamen wir selten; aber dort ging es über den Wilhelmsplatz zum Stadtwald hinaus, zur Straße nach Neustadt und Neisse.

Daß es auch Fabriken in der Stadt gab, die zum Beispiel Wollschals und Flekkerlteppiche herstellten, das wußten wir, weil eine »Inliegerin« im Auszugshaus der Großmutter solche Arbeit herstellte und uns Kindern manchmal ein paar Fäden schenkte, die in allen Regenbogenfarben schillerten. Das waren die Fabriken von Teichmann und Hollaender an der Fabrik- und Lindenstraße und einige andere kleinere, später kam dazu wohl noch die Fabrik von Muttke und Winkler an der Kunigundenstraße. Diese Straße trug ihren Namen zu Ehren der Gemahlin König Ottokars, die wie er selbst zu den großen Wohltätern der Stadt zu zählen war.

Wohltäter der Stadt waren, viel später freilich, im 19. Jahrhundert, der Arzt Dr. Lauffer und der Stadtrat Hollaender, denen die Einwohner die schattige Promenade an der Zinna verdankten; kurz vor dem Ersten Weltkrieg wurde hier ein Springbrunnen angelegt, der uns Kinder sehr anzog: Ein Nilpferd und ein Krokodil und noch anderes Getier zielten mit einem Wasserstrahl nach einem Eisbären, der, in der Mitte des Beckens auf einem Sockel stehend, auf seine dreisten Angreifer überlegen herabschaute. Ich konnte die Anlage einmal meinen Mitschülern voll Stolz zeigen, als wir, Quintaner oder Quartaner des Ratiborer Gymnasiums, den großen Schulausflug nach der Münzerei machten –.

So war das Bild, das der Schuljunge und der kleine Gymnasiast von der alten, geschichtereichen Stadt erhielt: Das Bild einer ruhigen, behäbigen und geschäftstüchtigen Landstadt, die den Atem zu verhalten schien unter der lastenden Hitze eines Sommertags oder auch mit grauem und mürrischem Gesicht unter einem Regenhimmel ausharrte.

1936 zogen die Eltern von Ratibor nach Leobschütz, sie wohnten auf der König-Ottokar-Straße. Ich kam oft von Beuthen über Heydebreck, Oberglogau, Deutsch-Rasselwitz mit der Bahn zu Besuch. Auch diese Fahrt am späten Nachmittag oder frühen Abend hatte ihre großen Reize: die Bahnlinie kommt von Nordwesten, überquert das Tal der Hotzenplotz – man sieht in das Land jenseits der Grenze (nun ist es die Tschechoslowakei) weit hinein –, hält in Steubendorf, dem Geburtsort des Kirchenmusikers Max Filke, dringt in den Stadtwald ein – man sieht die Wasserfläche des Wolfsteichs durch die hohen Bäume und das Gebüsch aufblinken. Der Zug hält an der Station Wolfsteich, wo vielleicht nur ein oder zwei Ausflügler zusteigen, wenn das Wetter nicht verlockend war, macht noch einmal halt bei der Station Stadtforst, hier geht es vielleicht etwas lebhafter zu; die schnurgeraden Geleise treten aus dem Wald heraus und nähern sich in einem eleganten Bogen der Stadt, deren neues Viertel mit den schmucken Wohnblöcken, dem Wasserturm, dem hochgelegenen Kloster Maria-Treu der Steyler Missionare, dem Kasernenviertel, der Badeanstalt an der Zinna in einer feingegliederten Silhouette sich präsentiert.

In diesen Jahren, zwischen 1936 und 1945, lernte ich Stadt und Land in ihrem geschichtlichen Werdegang und ihrer kulturellen Gestalt begreifen. Merkwürdig, wie früh das Leobschützer Land zu kultureller Blüte gelangt ist und wie reich es an Begabungen war! Der ganze Süden Oberschlesiens, das Vorland der Sudeten, ist von gleicher geistiger Fruchtbarkeit, von Hultschin und Troppau über Jägerndorf und Leobschütz bis Neustadt und Neisse. Es ist ein Teil des alten districtus Holasiciensis, den das Troppau-Jägerndorfer Land bildet. Es war schon in vorgeschichtlicher Zeit besiedelt. Im 9. Jahrhundert wurden seine Bewohner dem Christentum gewonnen, von Mähren aus, zu dem dieses Land lange Zeit politisch gehörte und das kirchenrechtlich bis heute ein Teil der Diözese Olmütz ist, seit 1063! Den entscheidenden Aufschwung erfuhr es durch die wirtschaftlichen Maßnahmen der Landesherren im 12., 13. und 14. Jahrhundert. Vom Ende des 12. bis zur Mitte des 14. Jahrhunderts entstanden vierundachtzig neue Orte oder Ortsteile (diese im Anschluß an schon bestehende Siedlungen); wohl am frühesten begannen in der Leobschützer Gegend, von Gröbnig aus, zwei Kilometer von der Stadt entfernt, die Johanniter (Malteser) ihr Siedlungswerk; andere Orden beteiligten sich an der Kultivierung des Landes: der deutsche Ritterorden, die Prämonstratenser, Zisterzienser aus Tischnowitz und Ziesterzienserinnen aus Oslawan, Dominikanerinnen von Ratibor, Klarissen von Troppau. Leobschütz, weiter ausgebaut, erhielt deutsches Stadtrecht – 1224 urkundlich bezeugt – wie auch Troppau und Jägerndorf. Seit 1246 brachte der Olmützer Bischof Bruno, aus dem Geschlecht der Grafen von Schaumburg stammend, die Entwicklung besonders kraftvoll voran. 1945 waren dreiundneunzig Dörfer und drei Städte im Kreis Leobschütz vorhanden; es war seit den Tagen der Kolonisation nicht mehr viel an neuen Orten hinzugekommen. Von den

Kämmerei und Rathausturm in Neisse
Stahlstich nach einer Zeichnung von Th. Blätterbauer

Leobschütz
Stahlstich nach einer Zeichnung von Th. Blätterbauer

Das Rathaus in Brieg
Stahlstich nach einer Zeichnung von C. Würbs

Strehlen, Ansicht von Südosten um 1850
Lithographie von E. W. Knippel

mittelalterlichen Dorfgründungen gehen fünfzig auf die Orden zurück, achtzehn auf den Olmützer Bischof und vierzehn auf die Städte.

Früh ist das Bildungsstreben der Leobschützer bezeugt, schon durch eine Urkunde König Ottokars vom Jahr 1270, die der Stadt ihre Rechte bestätigt. Die Stadtpfarrschule hatte den Ehrgeiz, den Kindern auch etwas Latein beizubringen. Als Friedrich der Große Schlesien eroberte und das alte Herzogtum Troppau-Jägerndorf durch die neue Grenze zerschnitten wurde, konnten die Leobschützer Kinder nicht mehr auf die Lateinschule der Jesuiten in Troppau geschickt werden, das verbot eine Verordnung der Regierung. Der Magistrat der Stadt bemühte sich beim König um die Errichtung eines Gymnasiums, und 1752 wurde es im Anschluß an das Franziskanerkloster eröffnet. Die Lehrer waren bis zum Beginn des 19. Jahrhunderts Franziskanerpatres und ehemalige Jesuiten (der Orden war damals vom Papst aufgehoben worden). Später wurden die geistlichen Lehrer durch weltliche ersetzt. Seit der Säkularisation diente auch das Kloster jahrzehntelang als Gymnasium, bis dieses im Jahre 1902 einen schönen Neubau an der König-Ottokar-Straße beziehen konnte. Die Franziskanerkirche blieb Gymnasialkirche bis zum Jahr 1938. Die Mädchen erhielten seit Mitte des 19. Jahrhunderts eine über die Volksschule hinausreichende Bildung in einer privaten höheren Töchterschule und in einem Lyzeum, das die Armen Schulschwestern 1867 errichtet hatten; es bestand bis 1945.

In der Zeit des Humanismus, im 16. Jahrhundert, tritt die Stadt im geistigen Leben Schlesiens zum ersten Male stark hervor. Es gibt so viele tüchtige Leobschützer, die sich als Gelehrte und lateinische Dichter einen Namen machten, daß ein damaliger Historiker von der Stadt sagte: »Parva quidem, sed tamen clara Silesiae in principatu Carnoviensi seu Jägerndorpfiensi urbs, patria multorum nobilissimorum virorum.« Also, Leobschütz wird als eine zwar kleine, aber dennoch berühmte Stadt Schlesiens im Fürstentum Jägerndorf gepriesen, weil sie die Vaterstadt vieler hervorragender (»berühmtester«) Männer ist. »Die eigentliche Ruhmeszeit der Stadt« (Heckel) aber kommt erst im 17. Jahrhundert mit dem Dichter Wenzel Scherffer von Scherffenstein (1603–1674), dem der Humanismus den Sinn für das eigene Volkstum geweckt hatte und der nun nicht mehr nur lateinische, sondern deutsche Verse schrieb und dabei selbst die antiken Götter wie schlesische Menschen sprechen und handeln ließ. Auch als Übersetzer von Dichtungen aus dem Lateinischen und dem Polnischen erlangte er Ruhm. Hauptberuflich war er Organist an der Schloßkirche zu Brieg. Hundert Jahre, etwa vom ersten Viertel des 16. Jahrhunderts bis zum ersten Viertel des 17. Jahrhunderts, gehörte die Bevölkerung dem evangelischen Bekenntnis an, als das Land in den Besitz der fränkischen

Markgrafen von Hohenzollern gelangt war. In dieser Zeit verließen die Johanniter, die an der Pfarrkirche als Seelsorger gewirkt hatten, die Stadt und zogen sich auf ihre Komturei in Gröbnig zurück.

Im 19. und 20. Jahrhundert erwiesen sich die Lehrer, wie anderwärts so auch hier, als Anreger und Förderer des Kulturlebens. Hugo Eichhof-Gnielczyk, der aus Ujest stammt, aber einen großen Teil seines Lebens in Leobschütz gewirkt hat, redigierte hier den »Lischwitzer Tischkerier-Kalender« und verlieh der Atmosphäre, der Seele des Landes, Ausdruck in Vers und Prosa. Mein Vater sammelte Märchen, die in seinem Heimatdorf beim Federnschleißen und Spinnen erzählt worden waren. Friedrich Deml, der Dichter aus Franken, wirkte als junger Lehrer am Leobschützer Gymnasium; er hat in Versen den Eindruck festgehalten, den die anmutige Vorgebirgslandschaft auf ihn ausgeübt hat. Bruno Krause, 1866 in Ratibor geboren, seit 1893 in Leobschütz als Lehrer und Konrektor tätig, machte in den ersten Jahrzehnten unseres Jahrhunderts Leobschütz geradezu zu einem Kulturzentrum. Er betätigte sich als Chormeister, Dirigent und Organisator großer Konzerte, bei denen berühmte Künstler seiner Zeit mitwirkten. Bruno Krause starb in erbarmungswürdigem Elend bei der Ausweisung durch die Polen im September/Oktober 1945.

Der Bildhauer Paul Ondrusch (geboren 1875) und der Maler Richard Karger (geboren 1887), deren Werke nicht nur in Leobschütz, sondern im ganzen Lande verbreitet waren, besonders in den Kirchen, gaben der Stadt als bildende Künstler ein Profil. Beide hatten in München an der Kunstakademie ihre Ausbildung erhalten; Ondrusch wurde schon mit zweiundzwanzig Jahren von der Akademie ausgezeichnet. Karger beteiligte sich an Ausstellungen in München, Breslau, Stuttgart, Posen, Chikago. Beide Künstler standen in den zwanziger und dreißiger Jahren auf dem Höhepunkt ihres Ansehens. Dem Stadtbaumeister Paul Klehr, geboren 1885 in Wanowitz, gelang es, die durch die Stadterweiterung nötigen Bauten und Anlagen in vorbildlicher Weise mit dem alten Stadtbild zu verschmelzen. Ihm oblag auch die Erneuerung des Rathauses im ursprünglichen Renaissancestil, dessen besonderer Schmuck der aus dem Jahre 1570 stammende Turm war. Einen großen Teil seiner Arbeitskraft widmete er dem Entwurf der Bauten für die Heil- und Pflegeanstalten in Branitz.

Mit diesem Ort ist der Name wohl des größten Sohnes des Leobschützer Landes verbunden: Joseph Martin Nathan. Er hat eines der bedeutendsten Werke caritativer Fürsorge geschaffen. Es ist aus seiner Initiative entstanden und bis zuletzt sein persönliches Eigentum geblieben. Josef Martin Nathan wurde am 11. November 1867 in Stolzmütz geboren, wuchs in Hultschin auf und kam 1892 als Kaplan nach Branitz. Er sah die Not geistig und körperlich leidender, kranker Menschen und begann für sie zu sorgen. Er errichtete Pflege- und Heilanstalten für sie. Von 1897 an entstand allmählich ein Gebäudekomplex auf einer Fläche von zehn Hektar, der eine kleine Stadt für sich bildete und für über 1500 Menschen Lebens- und Arbeitsraum bot. Um die Ernährung der vielen Menschen sicherzustellen, hatte der Priester einen landwirtschaftlichen Grundbesitz von tausend Morgen erworben. Der Bau eines eigenen Forschungsinstitutes für Gehirn- und Nervenkrankheiten war vor dem Zusammenbruch von 1945 noch ausgeführt worden. Was dieser Mann an Arbeit zu leisten vermochte, ist kaum vorstellbar. Von 1913 bis 1919 war er nebenbei auch Reichstagsabgeordneter, 1916 wurde er fürstbischöflicher Kommissar, 1924 Erzbischöflicher Generalvikar, blieb aber immer in Branitz. 1938 hatte er die Aufsicht über sechsundzwanzig Dekanate mit 750 000 Katholiken; 1943 erhielt er die Würde eines Weihbischofs. Die Anstalten, seit 1941 zum Teil als Lazarett verwendet, wurden 1945 in die Kampflinie einbezogen und erlitten schwere Beschädigungen. Im September 1945 übernahm Dr. Kominek, der jetzige Titularerzbischof in Breslau, die Verwaltung. Wenige Tage vor Weihnachten 1946 wurde Bischof Nathan, obwohl an Fieber leidend, von den Polen ausgewiesen. Schwerkrank kam der Neunundsiebzigjährige in Troppau an. Am 30. Januar 1947 starb er dort.

Das Land Leobschütz hat viele hohe Geistliche hervorgebracht, in den letzten hundert Jahren vier Bischöfe, von denen der bekannteste, Bischof Dr. Ferdinand Piontek, aus der Stadt selbst hervorging. Prälat Karl Ulitzka, der bekannte Zentrumsführer, stammte aus Jernau, der berühmte Katakombenforscher Dr. Josef Wilpert aus Eiglau, der Kirchenkomponist und Erneuerer der katholischen Kirchenmusik im 19. Jahrhundert Dr. Carl Proske aus Gröbnig (geboren 1794). Leobschütz und Gröbnig fallen durch die Häufung musikalischer Begabungen auf, denn aus Gröbnig, nur zwei Kilometer von Leobschütz entfernt, gingen auch die drei Brüder Bernhard, Aloys und Wilhelm Kothe hervor, die sich als Musiker und Pädagogen im Kulturleben Schlesiens im 19. Jahrhundert einen Namen gemacht haben. Die Stadt selbst war der Geburtsort der Brüder Gustav, Victor und Felix Hollaender, Söhne des Leobschützer Arztes Dr. Siegmund Hollaender. Gustav (geboren 1855) spielte als Violinvirtuose eine hervorragende Rolle im Berliner Musikleben, Victor (geboren 1866) wurde gefeierter Theaterkapellmeister und Komponist von Unterhaltungsmusik. (Sein Sohn Friedrich, geboren in England, wurde bekannt als Filmkomponist.) Felix (1867 geboren) schuf sich als Schriftsteller und Dramaturg (bei Max Reinhardt) eine einflußreiche Stellung im Berliner Literaturleben. Max Filke, der Breslauer Domkapellmeister und Schöpfer vieler kirchlicher Kompositionen, von denen manche heute noch aufgeführt werden, kam aus Steubendorf.

Das nahe Kreuzendorf, eine Gründung des deutschen Ritterordens, war das Heimatdorf des bekanntesten der Leobschützer Dichter, des Philo vom Walde, der eigentlich Johannes Reinelt hieß, sich aus ärmlichen Verhältnissen emporarbeitete und Lehrer wurde. Seine mundartlichen und hochdeutschen Dichtungen leben teilweise noch heute fort, zumindest in dem Lied, das von dem Habelschwerdter Paul Mittmann vertont wurde und das alle Schlesier gerne singen:

Wer die Welt am Stab durchmessen,
wenn der Weg in Blüten stand,
nimmer kann er doch vergessen,
glückberauscht sein Heimatland ...

Leobschütz war der Einwohnerzahl nach klein und nahm an der industriellen Entwicklung des 19. Jahrhunderts wenig Anteil. Erst in den letzten Jahren hatte es versucht, etwas mehr Anschluß an sie zu finden. 1939 hatte es 13 500 Einwohner. Bei der Volksabstimmung im Jahre 1921 stimmten 99,4 Prozent der Bevölkerung des Kreises Leobschütz für einen Verbleib beim Deutschen Reich. In den Jahren des Dritten Reiches war die konservative, kirchentreue Haltung der Bevölkerung stark zu spüren. Die Leobschützer fühlten sich immer mit ihren Priestern verbunden, die, ob sie nun Welt- oder Ordenspriester waren, immer Pater genannt wurden. Die große Politik berührte nur kleine Zirkel stärker, wie sich das auch schon im Revolutionsjahr 1848 gezeigt hatte; damals hatten die Leobschützer sogar ein politisch satirisches Blatt zustandegebracht, den »Leobschützer Krakehler«.

Die Kirche, die mit dem Lande verbundene Wirtschaft, die Pflege der Kunst, das Militär prägten das Gesicht der Stadt. Seit den Napoleonischen Freiheitskriegen, seit 1813, war Leobschütz Garnisonstadt geworden und beherbergte einen Teil des Husarenregiments Nr. 6, das den Namen seines Gründers, des Grafen Götzen trug, der sich bei der Organisierung des Widerstandes gegen Napoleon hervorgetan hatte. Seit 1889 lag die Truppe in einer am Westrande der Stadt errichteten Kaserne. Nach dem Ersten Weltkrieg führte die 2. Schwadron des 11. Reiterregiments die Tradition der Grünen Husaren weiter. 1934 wurden diese Einheiten aufgelöst, und das Ersatzbataillon des Infanterieregiments 84 zog in die Kaserne ein.

Am 17. März 1945 vormittags war ich, in Begleitung meines Vaters, das letzte Mal in der Kaserne, als schwerverwundeter Soldat, der seinen Genesungs- und Erholungsurlaub in der Stadt zubrachte und wissen wollte, was zu tun sei, da der russische Angriff schon bis in die benachbarten Dörfer im Norden und Osten vorgedrungen war. Einen Tag vorher waren die ersten Fliegerbomben auf die Stadt gefallen. Die Kaserne war leer – ein Schreiber noch in der Schreibstube des Kommandeurs, ein vollbepackter LKW im Kasernenhof, zur Abfahrt bereit, der Kommandeur mit dem Stab an der Front Richtung Sabschütz-Stadtforst –, russische Flieger surrten unbehelligt über der Stadt, manchmal krachte es, wir suchten Schutz in fremden Häusern. Mittags eilten die Leobschützer zur Bahn wie manchmal an schönen Sommertagen zur Fahrt in den Wald, in hellen Scharen mit Rucksack und leichtem Gepäck. Vor dem Haus der NSV (Nationalsozialistische Volkswohlfahrt) in der König-Ottokar-Straße hielt ein Omnibus: Kranke und Frauen mit kleinen Kindern sollte er aus der Stadt bringen, hieß es; mit diesem Omnibus verließ ich Leobschütz nachmittags zwischen zwei und drei Uhr – der Vater blieb, er wollte uns die Heimat erhalten; er stand in der Tür des Hauses an der König-Ottokar-Straße, in der er für sich und seine Frau eine helle, geräumige Wohnung gefunden hatte – damals, 1936 – er bewohnte sie jetzt allein. Wir fuhren auf die Straße nach Kreuzendorf-Roben – die Chaussee nach Jägerndorf war verstopft – am Bahndamm lagen tödlich getroffene Pferde, der Omnibus wollte in Richtung Pilgersdorf nach Jägerndorf gelangen. Auf der Höhe bei Dobersdorf fuhren wir an langen Trecks der Bauern vorbei; in Roben waren sie noch am Beladen der Wagen gewesen. Sie hielten, einige Kühe, die vor den Wagen gespannt waren, hatten sich niedergelegt. Wir kamen stockend vorwärts. Ich ließ von der Höhe den Blick noch einmal über das weite Land schweifen: die vielen Kirchtürme, die vielen Dörfer vom Gebirge nach der Ebene zu – »schönes Land, weites Land«, heute unter einem kalten Märzhimmel. Ich wußte, ich würde es nicht wiedersehen, nicht mehr so, wie ich es in vielen Jahren erlebt hatte: als Mann, als Kind, als das Land meiner väterlichen Vorfahren, die hier jahrhundertelang gelebt, gearbeitet, Gott verehrt hatten, in seinem Boden ruhten. Leobschütz war die geistige Mitte dieses Lebens gewesen.

O miserabilis regio – o unglückseliges Land – heißt es in einer Urkunde des Klosters Wischehrad aus dem Jahre 1134, weil der Schreiber an die Grenzkämpfe zwischen Polen und Mähren dachte, die jahrzehntelang dieses Land heimgesucht hatten; nun wird das blühende Land wieder eine miserabilis regio werden. Der Krieg wird es zerstampfen. Um Badewitz, unser Ferienland, werden die Kämpfe besonders hart toben; Gröbnig, Wernersdorf, die Straße Leobschütz-Troppau, Roben, Kreuzendorf, Sauerwitz und immer wieder Badewitz werden in die Wehrmachtsberichte des Generalobersten Schörner eingehen. Am 24. März meldete er: »Leobschütz wurde vom Feinde genommen.«

Die Stadt hat stärkste Zerstörungen erlitten, man würde sie heute kaum wiedererkennen; aber ihre geistige Gestalt ist lebendig geblieben, sie wirkt in die Zukunft.

NEISSE

Erwin Rosner

Stadt der Kirchen und des Glockengeläuts

In einem Bildband, den ich vor kurzem bekam und der in großen Buchstaben mit »Nysa« überschrieben ist, steht in fünf Sprachen ein Begleittext über die Geschichte von Neisse. Darin finden sich – ich folge der deutschen Übersetzung – die bemerkenswerten Sätze: »Um die Mitte des 18. Jahrhunderts wurde es (Neisse) zusammen mit dem übrigen Schlesien vom preußischen Heer besetzt. Die wohlhabende Stadt, die so oft aus Kriegselend, Feuer und verheerenden Seuchen zu neuer herrlicher Blüte erstand, wurde in eine Grenzfestung verwandelt. Militärische Verordnungen hemmten jegliche wirtschaftliche Entwicklung, und Nysa wurde eine stille und schläfrig dahinvegetierende Stadt ...«

Rückblickend frage ich mich: War Neisse wirklich eine so still und schläfrig dahinvegetierende Stadt? Ich unterstelle dem Verfasser dieser Sätze keine bewußte Fälschung, obwohl man sich angesichts der den ganzen Bericht durchziehenden einseitigen Geschichtsbetrachtung dazu versucht fühlen möchte. Doch unterliegt wohl mancher Chronist heute der Täuschung, Vergangenes mit den Augen der Gegenwart zu sehen: Neisse lag und liegt nicht im Mittelpunkt eines Industriegebietes; das Tempo der technischen Entwicklung war im allgemeinen noch bis zum Ende der Weimarer Republik nicht so atemberaubend wie heute.

Freilich war Neisse in den Tagen meiner Kindheit bis zum Ersten Weltkrieg und selbst in den »goldenen«, aber auch unruhevollen zwanziger Jahren eine friedliche Stadt, eingebettet in eine blühende und fruchtbare Landschaft. Im weiten Halbrund grüßten die Sudeten; der Blick erfaßte, wenn man auf der Charlottenhöhe stand, das Altvatergebirge von der Bischofskoppe an und einen Teil des Glatzer Berglandes. Wie oft sind wir an Feldrainen entlang in die umliegenden Wälder gewandert, über die Kohlsdorfer Wiesen der Neiße folgend, oder zum »Bilde«, einem kleinen Wallfahrtsort im Vororte Rochus. Festungswälle? Ja, die gab es noch; sie waren uns Kindern ein beliebter Tummelplatz für Spiele und Entdekkungsfahrten, Kasematten und unterirdische Gänge. Die Stadt selbst war längst darüber hinausgewachsen.

Der Wilhelmsplatz war in jener alten wilhelminischen Zeit ein Platz der Paraden und des Griffeklopfens; aber welcher Junge hat damals nicht gern das Bild der Kaiser-Geburtstagsfeier in sich aufgenommen, die bunten Uniformen aus der nahen Kriegsschule, ein Stück Zuckerguß einer entschwundenen Zeit. Als ein solcher Zuckerguß sind uns vielleicht auch die Häuser in Erinnerung, die um die Altstadt herum in den neunziger Jahren des vorigen Jahrhunderts gebaut, mit ihren Schnörkeln an den Fassaden Zeugen einer vergangenen Epoche waren.

Aber da war die Altstadt selbst, und das war doch das eigentliche Neisse, der Ring mit dem schlanken Ratsturm, das im Renaissancestil erbaute, einzigartige Kämmereigebäude, die »alte Waage« – leider ist es nach seiner jetzigen Wiederherstellung nur ein Schatten des früheren Gebäudes; die Patrizierhäuser an der anderen Ringseite und die alten Keller am Buttermarkt; die St.-Jakobus-Kirche, schön in ihrer gedrungenen gotischen Gestalt, mit dem ebenso hohen Schrägdach und mit der wieder in gleicher Höhe emporragenden Turmspitze; im Inneren nach der Überflutung Neisses im Jahre 1938 in kurzer Zeit schöner als je erneuert. Schade, daß bei der Beseitigung der Kriegsschäden jetzt nur die Andeutung einer Spitze übrigblieb. Mögen auch jetzt und in Zukunft vor dem Hochaltar oder an den barocken Seitenaltären immer neue Generationen von Betern das umfriedete Bild einer neuen, besseren, sich einenden Welt herbeisehnen! Und die barocken Geschwister: die Jesuiten- und die Kreuzkirche; mit ihren Turmpaaren sahen sie über diese Stadt hinaus; die Stadt mit ihren engen Gassen und Straßen der Mitte und den breiter gewordenen der neueren Teile, mit den vielen Anlagen, Gärten und Parks.

Und die Bewohner? Welche Verkennung, von einem schläfrigen Dahinvegetieren zu sprechen! Möglich, daß es dem Wilhelmsplatz nicht schadet, wenn auf ihm eine Karosseriefabrik entstanden ist, die jährlich 6000 Stück verschiedener Wagentypen herstellt. Unser Volkswagenwerk schafft das an einem Tage. Möglich, daß die Industriewerke ZUP im Vorort Neuland heute mehr herstellen als unsere Fabriken vor der Zerstörung. Aber war Neisse, in siebenhundert Jahren des Aufbaus aus einem polnischen Dorf zur blühenden deutschen Stadt mit über 37 000 Einwohnern gewachsen, an großen Verkehrsadern Nord-Süd und Ost-West gelegen, nicht stets eine Stadt fleißiger Bewohner, ob sie als Arbeiter in den Fabriken, als Handwerker in den zahlreichen Betrieben, einschließlich des Kunsthandwerks, oder als Beamte und Angestellte in den Verwaltungen schafften? Überhaupt das Kunsthandwerk! Nicht nur der schöne Brunnen an der Breslauer Straße war beredter Zeuge dieses blühenden Zweiges deutscher handwerklicher Schmiedekunst.

Neisse, das war eine eigenartige Vermählung von Nord und Süd, nachdem sich früher einmal Ost und West friedlich durchdrungen hatten. Polnische Fürsten oder ihre deutschen Frauen hatten die deutschen Siedler herbeigerufen, Bauern und Handwerker aus Franken, Sachsen oder den Niederlanden. Mit ihnen kamen die

Mönche aus dem Reich. Aus Dörfern und kleinen Marktflecken wurden Städte; aus dem Sumpfdorf Nysa wurde die Stadt Neisse und rundherum ein fruchtbares Land. Und später, als Friedrich II. Schlesien aus dem Reich herausbrach, da bereitete sich eine neue Vermählung vor, zwischen Nord und Süd, zwischen österreichischer Heiterkeit und preußischem Ernst, zwischen südlichem Temperament und nordischer Verhaltenheit, zwischen Ungezwungenheit und Ordnungssinn. Friedrich der Große war wohl gegen hundertfünfzigmal in seiner eroberten Stadt; er ließ den nach ihm benannten neuen Stadtteil anlegen, Festungswälle errichten, suchte auch das kulturelle Leben nach den Kriegen neu zu entfachen. Aber es war eine unglückliche Liebe. Die Neisser brachten ihm keine Gegenliebe entgegen; sie hielten es mit Maria Theresia. Die Neisser waren stets ein wenig konservativ, sie hielten es mit dem Alten; sie suchten vor allem den Frieden. Es war bis in unsere Tage so: Immer wenn die großen Herren auf Krieg und Eroberung aus waren, da waren sie nur widerwillig dabei. Jenem Geist, der wähnte, daß am deutschen Wesen die Welt genesen müsse, setzten sie Widerstand entgegen. 1933, als im März ein letztes Mal gewählt werden durfte, war die große Mehrzahl der Bewohner nicht für die NSDAP, sondern für das Zentrum. Nun, Diktatoren gehen über solche Ungereimtheiten zur Tagesordnung über. Das »schwarze Nest« blieb den Parteifunktionären und NS-Schergen bis in die letzten Tage des »Tausendjährigen Reiches« verhaßt.

Ein lebendiges Volk, diese Neisser; eine Stadt der Kirchen und des Glockengeläuts; die Fronleichnamsprozession, ein nicht endenwollender Zug mit den zahlreichen großen Fahnen der Innungen, mit Schützen und Kaufleuten, mit Soldaten und Honoratioren, mit Kindern, Jugendlichen und Erwachsenen, mit allem nach Tausenden zählenden Volk, geschart um das Allerheiligste unter dem Baldachin; der Oberbürgermeister mit der goldenen Amtskette unmittelbar dahinter; auch der neue, 1933 eingesetzte, hielt es nicht anders; erst Befehle von oben her zwangen ihn zum Verzicht. Das »Schlesische Rom« nannte man die vieltürmige Stadt. Es waren ja nicht nur die Kirchen der Innenstadt, die das Stadtbild bekrönten, es waren auch die der Vororte von Neuland und der Friedrichstadt; es waren vor allem die beiden Klöster, am Südrande Heiligkreuz mit den Steyler Missionaren und entgegengesetzt das Franziskanerkloster, beides Stätten religiöser und kultureller Vertiefung. Nicht, daß Neisse eine Stadt der Heiligen gewesen wäre. Max Herrmann, der einer Neisser Familie entstammte, hat in seinem »Cajetan Schaltermann« auch die Mängel, das Menschlich-Allzumenschliche seiner Bewohner beschrieben. Mancher unserer älteren Mitbürger hat sich grollend wiedererkannt. Max Herrmann-Neisse hat aber noch in der Emigration in England seiner Sehnsucht nach dieser Stadt, nach dieser Landschaft erschütternden Ausdruck verliehen. Anna

Bernardt überschrieb ihren Neisse-Roman »Töchter der Soldatenstadt«; auch hier war das Schlicht-Menschliche und nicht das Übermenschlich-Heldische niedergeschrieben. Eichendorff, der große Dichter der Romantik, hat in Neisse seine letzten Lebensjahre zugebracht. Wie oft haben wir seine Lieder gesungen, zu den Sudeten hin wandernd oder an seinem Grabe auf dem Jerusalemer Friedhof. Es ist guten polnischen Menschen zu danken, wenn sie heute noch sein Grab pflegen und sein Andenken in Ehren halten.

Vielfältig war das kulturelle Leben in Neisse: unvergessen die Kirchenchöre von St. Jakobus und der Kreuzkirche St. Peter und Paul unter ihren bedeutenden Dirigenten; unvergeßlich die Dichterlesungen und Vorträge im Carolinum oder im Eichendorff-Gymnasium; unvergeßlich das auf hoher Stufe stehende Stadttheater mit seinen Intendanten, Regisseuren und Schauspielern, die auch neben berühmten Gästen – ich erinnere mich an Albert Bassermann – nicht farblos wirkten!

Neisse, das war vor allem eine Stadt der Jugend. Etwa 1910 gründete Bernhard Strehler hier den »Quickborn«; Clemens Neumann, der Herausgeber des »Spielmanns«, trat hinzu. Ganze Generationen junger Menschen haben hier entscheidende Impulse für ihr Leben empfangen. Bald begann ein Singen und Klingen im ganzen Land. Wenn diese Jugend zu Hunderten durch die Straßen nach dem Heimgarten zog, so war das mehr als ein Protest gegen unnatürliche Verhärtungen in der älteren Generation; es wuchs und wurde eine neue Gemeinschaft. Freilich reiften nicht alle Blütenträume; freilich ging der Überschwang dahin, aber die Realität dieses vertieften Lebens war stärker als die Parteiungen und Nationalismen. Das »Erwachen der Kirche in den Seelen«, wie es Romano Guardini genannt hat, war mehr als eine Episode und hat Kriege und Not und Diktaturen überdauert. Die besten aus dieser Jugend machten 1923 aus dem alkoholfreien Speisehaus Heimgarten ein Haus der Volksbildung. Junge deutsche Lehrer Oberschlesiens lernten hier polnische Sprache und polnisches Wesen kennen; Walter Hensel gab hier seine Singwochen, junge Bauern vertieften nicht nur ihr berufliches Wissen, sie nahmen die Atmosphäre des Hauses auf. Alle Kurse, Arbeits- wie Singwochen aber wurden überragt von den alljährlich im Herbst stattfindenden Ostdeutschen Hochschulwochen, in denen sich jung und alt um bedeutende Referenten zu Aussage und Dialog vereinten.

Wenn schon Namen genannt werden: Clemens Neumann, der Priester, der sich für die Jugend buchstäblich aufopferte und den die Jugend liebte, weil er die besten Kräfte in ihr wachrief; Ernst Laslowski, der nüchterne Geschichtswissenschaftler, der die Konturen einer neuen Zeit erkannt hatte und der es verstand, die führenden Kräfte zu mobilisieren. Viel zu früh starb Clemens Neumann. Auch sein Grab wird heute noch betreut. Auf dem Grabstein steht sein geistiges Testament, ein Dank an Gott für zwei Dinge, die er ihm gab: daß er Priester sein durfte und daß er ihn unter der Jugend wirken ließ. Die in den Aufgaben des Heimgartens gewachsene Spielschar zog, einer verschworenen Gemeinschaft gleich, durch die Länder, tief in den Balkan hinein wie nach den Niederlanden, in ihrer Mitte Clemens Neumann, der tatkräftige, gütige Mensch, ein »Botschafter völkerverbindenden guten Willens, eine Synthese besten deutschen, übernationalen und religiösen Menschentums«, wie ein holländischer Reporter schrieb.

Die ganze Stadt war Zuschauer, als Alois Johannes Lippls Dombauspiel vor der Empore der Jesuitenkirche aufgeführt wurde, und schließlich zogen Abend für Abend Spieler und Volk, zu einer Gemeinde geeint, in das Gotteshaus.

Neisse war eine überwiegend katholische Stadt; aber es war eine evangelische Minderheit da, die das religiöse wie kulturelle Leben befruchtete. Gern denke ich an Konzerte in der evangelischen Garnisonkirche auf der Mühleninsel oder an Vorträge in St. Barbara am Töpfermarkt, der späteren Pfarrkirche der evangelischen Gemeinde, zurück. Ein Bild aus der Kindheit steht mir in Erinnerung: Der Pfarrer von St. Jakobus traf sich jede Woche einmal zur gleichen Zeit mit dem Superintendenten zu einem ausgedehnten Spaziergang. Sie mögen manches theologische Streitgespräch geführt haben und waren doch Freunde. Den Abschluß bildete eine kurze Rast im Weinlokal zu einem Glas Wein.

In all dem blühenden wirtschaftlichen, kulturellen, religiösen und politischen Leben der Stadt war von Schläfrigkeit nichts zu spüren.

Das Dritte Reich kam wie ein Rauhreif darüber, aber unter der Oberfläche glühte das Leben weiter. Es gab viele kleine Kreise, die wie Nester eines passiven Widerstandes dem anderen Deutschland dienten, ob sie die Hirtenbriefe von Bischof Graf Galen, die Briefe der sogenannten »Dunkelmänner unserer Zeit« oder den offenen Brief des »Michael Germanicus« an Goebbels besprachen.

Eines wird allen Neissern und nicht nur ihnen noch in Erinnerung stehen: die Überflutung durch das Hochwasser am 2. September 1938. Der oberhalb der Glatzer Neiße gelegene Stausee bei Ottmachau konnte die Wassermengen nicht mehr fassen; die Freiwaldauer Biele führte nach Wolkenbrüchen neue Fluten hinzu. Die Gewalt des Wassers durchbrach die Neißedämme an vielen Stellen, jagte durch Warmbrunn- und Stadtpark, füllte die Umflutungsmulden und ergoß sich in die Stadt. Zwei Meter hoch stand das Wasser am Töpfermarkt. Die Evakuierung der Bevölkerung war mit preußischer Gründlichkeit rechtzeitig vor sich gegangen. So gab es kaum Tote, zwei, die leichtsinnig waren, und einige Pioniere, die, völlig übermüdet, bei der Rettung anderer der allzugroßen Gefahr erlagen. »Neisse, eine verlorengegangene Stadt«, so schrieb damals die »Berliner Börsenzeitung«. Wochenlang gab es kein elektrisches Licht, auch kein Wasser. An den wenigen alten Brunnen standen Frauen und Kinder Schlange. Aber dann wurden die Keller ausgepumpt, die zerstörten Brücken erneuert, die Straßen wiederhergestellt. Und nicht lange danach war das Gesicht der Stadt das alte. Nur beim unterspülten Ratsturm und der ebenfalls unterspülten Jakobuskirche dauerte es länger. Aber der kluge Baumeister überwand mit seinen Leuten diese Schwierigkeiten, und bald standen beide Bauwerke erneuert und schöner denn je vor uns.

Neisse blieb von den Wirren des Krieges bis ins Jahr 1945 hinein verschont; erst im März 1945 wurde es zu einer schwer umkämpften Stadt; dieser März brachte das Ende, ein schreckliches Ende.

Der Bildband »Nysa« zeigt manches aus den Tagen der Zerstörung, aber auch Bilder neu aufgebauter Straßen. Menschen eines anderen europäischen Volkes gehen diese Straßen entlang, besuchen Kirchen, Veranstaltungen, Feste und Büchereien. Polnische Mütter warnen ihre Kinder vor Gefahren, wie es Mütter tun. Der alte Springbrunnen an der Brüderstraße versprüht wieder seinen Gischt. Am verengten Kirchplatz, da, wo wir nach der Maiandacht zu Ehren des Johannes von Nepomuk, des Brückenheiligen, sangen, spielen polnische Kinder vor neuen Reihenhäusern. Weite Flächen sind noch nicht bebaut. Besucher erzählen, wenn man vom Bahnhof komme, habe man den Eindruck einer fremden Stadt. Nach dem polnischen Bericht hat Neisse, das 1939 über 37 000 und Ende 1945 noch 8000 Einwohner hatte, nun wieder etwa 30 000 Bewohner. Es sind Schulen, Fachschulen und Gymnasien wiederhergestellt oder neu gebaut worden. Ein gewisses kulturelles Leben scheint vorhanden; dem, was diese Stadt früher bot, ist es nicht gleichzusetzen. Man mag darüber streiten, wer Neisse eigentlich zerstört hat. Der polnische Bericht schreibt es dem vernichtenden Artilleriefeuer deutscher Streitkräfte zu, die von außerhalb die Stadt in Schutt und Asche gelegt haben sollen. Fraglich bleibt, warum dann Kulturdenkmäler und Villen in neueren Straßen, die Sitz russischer Kommandostäbe wurden, verschont blieben. Neisser, die die Hölle jener Stunden überlebten, erzählen, daß die Russen die Häuser der Altstadt systematisch ausräucherten, so daß nur die Fassaden blieben. Man wollte angeblich versteckte SS-Truppen heraustreiben, sicher ohne Erfolg, weil keine darin waren.

Der Bericht sagt, daß aus Ruinen neues Leben aufgeblüht ist, polnisches Leben. Aus den Herzen reißen können wir das Bild dieser Stadt nicht mit ihrem völlig deutschen, durch und durch schlesischen Charakter, mit einer großen Vergangenheit, einer schönen erlebten Gegenwart und vielen nun verhinderten Möglichkeiten für die Zukunft.

BRIEG

Paul Hultsch

Gartenstadt an der Oder

Du triffst Menschen, viele Menschen; du schaust in ihre Gesichter und hast sie im Augenblick vergessen. Sie sind leer, nichtssagend. Wenige Menschen aber bleiben dir im Gedächtnis, weil sie ein Gesicht, ein eigenes Gesicht haben. Auch Städte können ein eigenes Gesicht haben, es durch die Jahrhunderte reifen lassen oder es wieder verlieren.

Brieg, seit 1250 eine deutsche Stadt an der Oder, hatte ein eigenes Gesicht. Wer sich der Stadt von Norden oder Nordosten näherte, sah sie, noch lange ehe er über das System der Dämme und Oderauen, den Umgehungskanal und die Oderbrücke schritt, erhöht wie einen Kronreif liegen. In der Mitte der schlanke Rathausturm, im Abstand rechts davon die barock geschwungenen Doppeltürme der ehemaligen Jesuitenkirche, etwa im gleichen Abstand links davon das mächtig-hohe Schiff der spätgotischen Backsteinkirche, alle drei verbunden durch die tiefer verlaufende Zackenlinie der Häusergiebel. Brieg, die Stadt am hohen Ufer, so bot sie sich dem Wanderer. Das hohe Oderufer, das schon in Vorzeiten Fischern und Händlern Schutz und Nahrung geboten hatte, denn jedes Hochwasser hinterließ ein weites, fischreiches Überschwemmungsgebiet. Später, besonders in der preußischen Zeit, wurde das Oderland, in ein System von Dämmen, Deichen, Auen, Kanälen gefaßt, zur schöneren Kulturlandschaft. Was hat die Oder den Brieger Bürgern nicht immer geboten! Nahrung zu allen Zeiten, Schutz der späteren Festung nach Norden und Nordosten, Wasser, Elektrizität und billigen Transport der Industrie. Wie hat die Oder die Stadt und ihre weitere Umgebung belebt: Schwimmen, Rudern, Kahnpartien, Dampferfahrten, Tummelplatz der Kinder auf den gelben Sandbänken im Sommer, Abenteuer beim Eisgang im Winter, fröhliche Wanderungen oder nachdenkliche Spaziergänge auf ihren Dämmen in die weite Ebene hinein, an deren Horizont sich dunkle Wälder abzeichneten.

Brieg und die Oder, das eine bedingte das andere.

Wer sodann die Oderbrücke überschritt, konnte gleich nach Westen in die Oderpromenade abbiegen und, wenn es ihm beliebte, immer weiter hügelauf und hügelab an schönen Baumgruppen, bunten Blumenrabatten und Ruhebänken vorbeiwandern. Da schimmerte zuerst die Oder durch das Blattwerk der alten hohen Bäume, dann wieder gaben Baumgruppen Durchblicke zu den Türmen und

Giebeln der Altstadt frei. Da warteten Teiche mit Wasserrosen oder Schwänen und Springbrunnen. So konnte man in Muße in einer halben oder ganzen Stunde Dreiviertel der Altstadt umwandern. Oderpromenade, Wolfsschlucht, Bergelpromenade – eine Parkkultur von anderthalb Jahrhunderten. 1807 war nach der Niederlage Preußens der Befehl Napoleons auf den Schreibtisch der Stadtverwaltung geflattert, welcher das Dasein der Festung Brieg beendete. Hatten die Wälle und Gräben die Brieger Bürger jahrhundertelang beschützt, so sollten sie nun zu ihrer Freude und Erholung dienen, regten zwei höhere städtische Beamte an. Viele Bürger folgten später diesem Beispiel und umgaben ihre Häuser oder Villen mit oft prächtigen Vor- und Hintergärten. Um die Jahrhundertwende kam schließlich der Ingenieur und große Gartenbaumeister Haupt, der, durch Studien in Frankreich und England angeregt, in seinen neuartigen Gewächshäusern mit künstlicher Beregnung und Düngung Blumen, Wein und Obstsorten zum Staunen der ganzen Welt züchtete und auch die Stadt wesentlich verschönern half. Brieg, die Gartenstadt und Stadt der Gärten erhielt den dreiundsechzig Hektar großen Stadtwald mit Laub- und Nadelwaldbeständen, gepflegten Spazierwegen und herrlichen Durchblicken über saftiggrüne Wiesenstücke, ein herrschaftlicher Park für alle Bürger.

Wer in einem Flugzeug über die Stadt flog oder den Rathausturm bestieg, sah den Stadtkern vom hellen Band der Oder und dem grünen Kranz der Promenaden fast ganz eingeschlossen. Der Stadtkern, das war die alte herzogliche Stadt, die Stadt der Piasten aus der Nebenlinie der Herzöge von Liegnitz, Brieg und Wohlau. Hatte sich das ursprünglich wohl polnische Herzogshaus der Piasten, das die deutschen Siedler und Mönche aus dem Westen in Scharen in das nahezu leere und unerschlossene Land rief, durch eine Folge von Heiraten mit deutschen Prinzessinnen in einem guten Jahrhundert fast ganz eingedeutscht, so war es doch dem polnischen Brauch der Erbteilungen treu geblieben und hatte Schlesien in eine Reihe von kleinen Teilfürstentümern aufgesplittert. So abträglich dies einer politischen Machtentfaltung war und das Kleinod Schlesien schließlich zum Streitobjekt der größeren Nachbarn werden ließ, so kamen die Erbteilungen doch manchen Städten zugute: sie wurden Residenzen mit Schloß, Hofhaltung, Kirchen, Schulen, Handwerken und Kaufmannschaft.

Die piastischen Herzöge, die in Brieg von 1311 bis 1675 residierten, bestimmten das Gesicht und Schicksal der Stadt auf Jahrhunderte. Zwei bedeutende Herzöge hat diese Linie hervorgebracht. Der eine war Ludwig I., 1352–1398, ein einflußreicher Gefolgsmann Kaiser Karls IV., der das Schwergewicht des Deutschen Reiches nach Prag verlegte und dort die erste deutsche Universität gründen ließ. Herzog Ludwigs bleibendes Denkmal in Brieg war die rotbraune Nikolaikirche.

Nicht unähnlich der Breslauer Elisabeth- und Magdalenenkirche, war sie eine Verbindung von Backstein- und Werksteinbau, das Mittelschiff ungewöhnlich hoch (28 m) und schmal (8 m), eine dreischiffige, achtjochige Pfeilerbasilika mit einem wuchtigen Turmpaar im Westen, das erst im 19. Jahrhundert seine zweifelhaften neugotischen Helme bis zu einer Höhe von 75 m erhielt und auch vertrug. Als das Herzogshaus und die Stadt in der Reformation evangelisch wurden, wurde die Nikolaikirche mit kostbarem Gestühl, Emporen und Logen ausgestattet und erhielt zwischen 1725 und 1730 im Westchor die schönste und mächtigste Barockorgel Schlesiens, gebaut von dem Breslauer Orgelbauer Engler, ein dem Erzgebirgler Silbermann kongenialer Meister.

Gottesdienst und Pflege der sakralen Musik bis in die Tage des Untergangs der Stadt waren ihre vornehmen Aufgaben. In ihrem letzten Kantor Drischner, der auch als Komponist kirchlicher Musik weithin bekannt geworden ist, hatte die Orgel ihren vielleicht größten Meister gefunden. Nach dem Gedanken Albert Schweitzers im Sinne ihres Schöpfers stilrein erneuert, erklangen auf ihr schon unmittelbar nach dem Ersten Weltkrieg in himmlischer Schönheit und schmetternder Gewalt die Kompositionen J. S. Bachs, Sweelincks, Cabezons, sang der Jugendchor Schütz, Palestrina, Gregorianische Choräle, als andere Organisten noch spätromantisch den Rollschweller gefühlvoll bedienten. Fast jeden Sonntagabend versammelte sich eine andächtige Hörergemeinde, arm und reich, gebildet und ungebildet, wenn die Nikolaikirche ihre Tore bei freiem Eintritt öffnete.

Die anderen die Stadt bestimmenden Bauten, immer nur wenige Straßenzüge voneinander entfernt, schenkte das für die Stadt segensreiche 16. Jahrhundert. Heitere Renaissancebauten wie Rathaus, Schloß und Gymnasium entstanden in ihrer schönsten Form unter der glücklichen Regierungszeit des bedeutenden Herzogs Georg II. (1547–1586). Nach italienischem Vorbild in deutscher Abwandlung wurden von dem aus Mailand kommenden Baumeister Jakob Pahr, seinem Schwiegersohn und seinen Söhnen die Schloß- und Stadtbefestigung erneuert, die verschiedenen Teile des Schlosses harmonisch miteinander verbunden und unter »ein Dach« gebracht, im Schloß ein herrlicher Innenhof ausgespart und die alte gotische Hedwigskirche und der Löwenturm in das Ganze einbezogen. Nach Kennerurteil war dieses Werk den Schlössern von Dresden und Torgau ebenbürtig an die Seite zu stellen und wurde von hochherrschaftlichen Zeitgenossen bewundert und nachgeahmt. Leider haben 1741 die preußischen Kanonen im Ersten Schlesischen Krieg den herrlichen Bau, der uns noch von einem alten Stich bekannt war, zerstört. Was blieb, waren die Hedwigskirche, der herrliche Torbau mit seiner vielfältigen Plastik, der Stadtflügel, einige Innenhofarkaden. Über dem Stadtportal sahen wir die vollplastischen Gestalten Georgs II. und seiner brandenburgischen Gemahlin Barbara Dorothea. Es war derselbe Herzog Georg, der schon damals die schlesischen und damit briegischen Geschicke mit denen des Hauses Brandenburg entsprechend dem berühmt gewordenen und später vom habsburgischen Kaiser im eigenen Interesse annullierten Erbvertrag seines Vorfahren, Friedrichs II., von 1537 verbinden wollte.

Unter Georgs Regierung erreichte das Brieger Schulwesen seine wohl höchste Blüte. Schon seit 1290 hatten in Brieg Schulen bestanden, aber 1569 wurde das »Gymnasium illustre« im Sinne des Humanismus als Lateinschule eingerichtet und ihm durch die zusätzliche Errichtung von Lehrstühlen für Theologie und Recht hochschulähnlicher Charakter gegeben. Das Fürstentum brauchte Juristen für die Rechtsprechung und Verwaltung und Prediger für die Kirchen! Der bedeutende protestantische Kirchenlieddichter Johann Heermann und der Dichter des geschliffenen geistvollen Epigramms Friedrich von Logau waren des Gymnasiums Schüler. Wann mag Logau, als Schüler des Gymnasiums oder als Page am Brieger Herzogshof oder als herzoglicher Rat in Liegnitz das folgende Epigramm geschrieben haben?

Wie willst du weiße Lilien zu roten Rosen machen?
Küß eine weiße Galathee: sie wird errötend lachen.

Wir dürfen wohl den Zweizeiler in unsern Zusammenhang einordnen.

Der großen Schultradition ist die Stadt auch in späterer Zeit treu geblieben. Im Jahre 1939 besaß sie sechzehn Schulen bei 30 000 Einwohnern.

Nun aber sei des herrlichen Rathauses gedacht, das der eben erwähnte herzogliche Baumeister Jakob Pahr mit seinen Gehilfen anstelle des mittelalterlichen, in einem Brand von 1569 zerstörten, aufführte. Wie das Schloß war es aus der heiteren und festlichen Renaissancegesinnung gestaltet, mit Außenschauseiten und Innenhof und einem feinkurvigen Umriß. Und dieses Rathaus stand inmitten eines überdimensionierten Ringes (Marktplatzes), einem Erbe aus der mittelalterlichen Kolonistenzeit: Man hatte Raum, Abstand, Überblick und das Gefühl der Freiheit. Wer die Geschicke der Stadt verfolgt und ihren Geist vor 1933 selbst erlebt hat, wird immer wieder dankbar der rechtlich-freiheitlichen Gesinnung gedenken, die als Kolonistenerbe in der langen preußisch-deutschen Zeit noch vertieft worden war. Eine Tatsache, deren sich manche vertriebene Schlesier nach 1945 in dem einen oder andern Teile Westdeutschlands wieder bewußt wurden.

Ein kurzer Gang vom Ring über die Burgstraße führte zum Schloßplatz. Dort konnte der Betrachter eine merkwürdige Wahrnehmung machen. Der Blick schweifte vom wuchtigen, doch schmucklosen Renaissancebau des vierhundertjährigen Gymnasiums über ein belangloses Bürgerhaus aus dem 19. Jahrhundert zur Schloßgruppe, die aus den schmucken kleinen Kavalierhäusern im Rokokostil, der gotischen Hedwigskirche und dem prächtig verzierten Renaissance-Torbau des Schlosses bestand, von dort über eine Baumgruppe zur katholischen Pfarrkirche im Jesuitenbarock. Wie verschieden die Baustile auch waren, das ästhetische Gefühl wurde nicht beleidigt, sondern gefällig angesprochen. In der ehemaligen Jesuitenkirche von 1735 und späteren katholischen Pfarrkirche verkörperte sich das Brieger Erbe der Habsburger Herrschaft. Das Vorbild steht in Rom: »Il Gesù«. Sie bestätigte den habsburgischen Willen aus Wien zur Gegenreformation. Wenn auch die Mehrheit der Brieger Bürger der gefällten Entscheidung für die Reformation und ihrem Gewissen treu blieben, so war die Stadt seit dieser Zeit gemischter Konfession; und zwar überwiegend evangelisch und zum geringeren Teile katholisch. Der katholische Bevölkerungsanteil wuchs durch zugezogene Geschäftsleute und Pensionäre aus Oberschlesien sowie durch die erste Deutschenvertreibung aus dem von Polen nach dem Ersten Weltkrieg besetzten Ostoberschlesien. Es waren 1927 rund zwei Drittel evangelisch, ein rundes Drittel katholisch, daneben Juden, Angehörige von Sekten und Gemeinschaften so wie Altlutheraner. Doch alle lebten seit langem in friedlicher Toleranz miteinander. Ganze sechsundsechzig Jahre hatte die Habsburger Oberherrschaft über Brieg gedauert, im Bewußtsein der Stadt hat sie jedoch nicht lange fortgelebt. Dagegen wurde der Mythus des großen Preußenkönigs bewahrt, der Brieg für zweihundert Jahre unter den preußisch-deutschen Adler brachte. Als Kinder betrachteten wir vor dem Rathaus auf dem Ring nachdenklich das Standbild Friedrichs des Großen, der mit ausgestreckter Hand auf das nahe Dorf Mollwitz zeigte, wo er seine erste Schlacht gegen die Österreicher gewann. Wir schauten auf den dreieckigen Stein im Pflaster der Oppelner Straße, über die der die Schlacht verloren glaubende junge König in Richtung Oppeln davongaloppierte und dabei seinen Dreispitz verlor. Wir sahen auf der westlichen Ringseite zum Balkon der Mohrenapotheke hinauf, wo Friedrich als belehrender Landesvater seinen Brieger Untertanen ein Gericht der eben eingeführten Kartoffeln vorgegessen haben soll. An Bauten hinterließ das friderizianische Preußen nur sparsam-strenge, aber nicht unschöne Kasernen, Proviant- und Siedlungsgebäude. Die große Zeit Briegs war jedoch vorüber. Die Stadt lebte fortan das gemächliche Leben einer freundlich-gediegenen Provinzstadt, die dann und wann in einen Dornröschenschlaf einnickte.

Erst das 19. Jahrhundert brachte eine wesentliche Veränderung, die jedoch das überlieferte Gesicht der Stadt unangetastet ließ. Am Stadtrand wuchsen Fabriken für Zucker, Leder, Geschäftsbücher, Dachpappe, Maschinen, Oderkähne. Den dazugehörigen Besitzern, Angestellten und Arbeitern wurden in den sich angliedernden kleinen Vorstädten schmucke oder gezierte Villen mit schönen Gärten oder aber langweilige Wohnblöcke und später hübsche Siedlungen errichtet. Der Wohlstand wuchs mit dieser Industrie. Großzügig wurde er von der Stadtverwaltung genutzt: ein Netz breiter, gepflasterter, baumbestandener Straßen entstand, die Wasserversorgung wurde für Kinder und Kindeskinder gesichert und schon 1902 eine vollständige Kanalisation angelegt – Aufgaben, die manche westdeutsche Gemeinde sechzig Jahre später noch nicht gelöst hat.

Als der letzte Piastenherzog starb, zählte Brieg 3600 Einwohner, um 1800 hatte sich diese Zahl verdreifacht und um 1900 verachtfacht. Natürlich hatte sich die Bürgerschaft in soziologischer und politischer Hinsicht wesentlich verändert. Vor dem Zweiten Weltkrieg waren bereits mehr als die Hälfte der Bewohner Arbeiter und nur vierzig Prozent Angestellte, Beamte und Selbständige. Es wurden starke liberale und sozialistische Tendenzen wirksam. Die Not der Inflation und die große Arbeitslosigkeit hatten in einer so zusammengesetzten Stadt erhebliche Auswirkungen. Doch wenig gehemmt davon war das außerordentlich rege kulturelle Leben. Da war das ständige Theater, das aus einer Schauspiel- und einer Operettenbühne bestand und Gastspiele mit Deutschlands größten Schauspielern veranstaltete. Da war die Musica Sacra in der Nikolaikirche. Da waren Konzerte auswärtiger Orchester und Streichquartette und Opernaufführungen. Da bestanden eine Singakademie, ein Beamtenorchester, mehrere Gesangvereine, Turn-, Sport- und Rudervereine, eine Volkshochschule, verschiedene kirchliche Organisationen, politische Vereine und Verbände aller Richtungen. Bis mit einigen Gewalt- und Untaten einerseits und vielen vergeblichen Hoffnungen andrerseits auch in Brieg die Hitlerherrschaft begann und ihre Einheitsgesinnung vorschrieb. Sie bescherte der Stadt einige weitere Kasernen und einen Fliegerhorst und – ein letztes sinnloses Festungsdasein mit schmerzlichen Zerstörungen.

Dann kamen die östlichen Sieger.

OHLAU

Paul Dziallas

Im Schatten der größeren Nachbarn

Ohlau ist ebenso wie seine beiden Nachbarn Breslau und Brieg eine Oderstadt. Die Oder teilt den Kreis in die linke, größere Herrenseite und die rechte, kleinere Lausigelseite. Die Spottnamen besagen, daß links die wohlhabenden Gutsbesitzer auf dem fruchtbaren Schwarzerdeboden, rechts dagegen die ärmeren Leute in den Dörfern des Oderwaldes wohnten. Die frühgeschichtlichen Ohlauer hatten die ersten Siedlungen an der Ohle, die hier das Odertal erreicht, angelegt; daher hat der Ort seinen Namen erhalten. Beide Flüsse nähern sich nördlich der Stadt bis auf hundertfünfzig Meter, fließen aber erst dicht bei Breslau zusammen. Für den Schutz, den die Lage zwischen den Flüssen in Kriegszeiten bot, mußte die alljährliche Hochwassergefahr in Kauf genommen werden. Der Stadtplan läßt erkennen, daß der Stadtkern den respektvollen Abstand von der Oder wahrt. Nur langsam wuchs die Stadt bis an den großen Fluß heran und griff mit dem Bau der ersten Oderbrücke im 16. Jahrhundert schließlich über die Oder hinaus.

In einer bischöflichen Urkunde aus dem Jahre 1218 ist schon von den »Deutschen in Ohlau« die Rede. 1234 wird das deutsche Recht erstmals für Ohlau beurkundet. Aus einer Rechtsakte der gleichen Zeit erfahren wir, daß damals Wallonen im Ohlauer Kreise ansässig waren.

Ohlau hatte kein leichtes Fortkommen neben der Landeshauptstadt Breslau und der alten Fürstentumsstadt Brieg. Es ist im Schatten seiner Nachbarn immer eine Kleinstadt geblieben und hat mehrere Gelegenheiten versäumt, sich selber Gewicht und Rang zu verschaffen. Im Jahre 1945 zählte die Stadt etwa 13000 Einwohner.

Gustav Freytags Roman »Aus einer kleinen Stadt« beginnt mit den Sätzen: »Es war eine ansehnliche Kreisstadt im Flachland der schlesischen Oder, in der Mitte ein weiter Marktplatz, der Ring, darauf das Rathaus. Von den Ecken des Marktes liefen vier Hauptstraßen zu den beiden Toren.« Dieser Aufriß gilt für viele schlesische Städte und paßt wortwörtlich auch auf Ohlau, allerdings bis auf die Tore; sie wurden samt den Stadtmauern schon zur Zeit Friedrichs des Großen abgerissen. Das Rathaus, nach Entwürfen von Schinkel erbaut, darf als ein gutes Beispiel nobler klassizistischer Architektur gelten.

Weitaus älter ist jedoch der Turm. Er stammt noch aus dem Barock, der Zeit der letzten Piastenherzöge, als das Rathaus nach den Zerstörungen des Dreißigjährigen Krieges neu erbaut werden mußte. Sein kunstvolles Uhrwerk gilt seit dreihundert Jahren als das eigentliche Schaustück Ohlaus, dessen Besichtigung kein Besucher versäumen durfte. »Wenn mich mein Schicksal in eine Handwerksherberge führte, so würde ich nicht sagen dürfen, daß ich in Ohlau gewesen bin, denn ich habe vergessen, das Wahrzeichen des Rathausturmes zu sehen«, schrieb 1782 der königlich-preußische Oberkonsistorialrat Johann Friedrich Zöllner in seinen »Briefen über Schlesien«. Das Kunstwerk mit seiner bekanntesten Figur, dem »Ohlauer Tod«, wurde von drei Brieger Kunstschmieden mit den kuriosen Namen Kraut, Sallat und Riebe geschaffen. Es war eine Stiftung der Herzogin Luise, der Mutter des letzten Piastenfürsten Georg Wilhelm.

Die Bürgerhäuser am Ring hatten meist noch schöne alte Barockgiebel, die dem Stadtzentrum das Ansehen gediegener Wohlhabenheit verliehen. Zweimal in der Woche brachten die Kleinbauern und Gärtner die Ernten des fruchtbaren Landes auf den Markt. Aber wenn Jirmert, Jahrmarkt, war, konnte der Ring trotz seiner ostischen Ausmaße die vielen Buden und Wagen, das Gewimmel der Kauflustigen und neugierigen Kinder nicht mehr fassen. Er quoll über bis auf den benachbarten Schloßplatz, wo die Schuhmacher aus Bernstadt ihren herkömmlichen Platz hatten.

An der Südwestecke öffnete sich der Ring gegen den Kirchplatz mit der evangelischen Pfarrkirche. Ihr wuchtiger Turm mit der neugotischen, spitzen Haube erhebt sich weithin sichtbar über die flache Kontur der Stadt. Die dreischiffige Hallenkirche ist ein Werk des Italieners Bernard Niuron, der auch beim Bau des Brieger Schlosses tätig war. Die protestantische Kargheit des Kircheninneren wird ein wenig belebt durch Grabmäler aus der Piasten- und Schwedenzeit. Nicht zu übersehen ist ein lebensgroßes Bild des friderizianischen Reitergenerals Friedrich Wilhelm von Seydlitz, das hier einen wohlverdienten Platz hat. Seydlitz residierte nach dem Siebenjährigen Kriege eine Reihe von Jahren in Ohlau als Inspekteur der schlesischen Kavallerie. Er wohnte gleich neben der Kirche im ehemaligen Ständehaus. Nicht weit von Ohlau, auf seinem Gut Minkowski, liegt der Sieger von Roßbach und Zorndorf begraben. Dem Ständehaus gegenüber steht die alte Münze, eines der mächtigsten Häuser am Ring, das seinen altertümlichen Charakter bis in unsere Zeit bewahren konnte. Eine Reihe von Geldstücken, vor allem die schönen Talerklippen der Schlesischen Stände, erinnern an die Kunstfertigkeit Ohlauer Münzmeister. Im Nachbarhause, dem Hotel »Zum Löwen«, wurde die delikate Gänseleberpastete hergestellt. Während der napoleonischen Zeit war der französische Koch Gaze in Ohlau eingewandert, der mit seinen Pasteten aus Gänselebern und französischen Trüffeln nach eignem, streng gehütetem Rezept hier sein Glück machte.

Vom Ring aus sind es nur wenige Schritte auf der Breslauer Straße zum Schloßplatz, der auf den eingeebneten Wällen und Gräben der ehemaligen Schloßbefestigungen als ausgedehnte Promenade angelegt wurde; das grüne Herz Ohlaus, bevorzugter Platz für Standkonzerte und Denkmäler. Das Piastenschloß konnte sich mit der italienischen Eleganz des Renaissanceschlosses in Brieg nicht messen, es war für kurze Zeit Residenz des Herzogs Christian von Wohlau. Sein Sohn Georg Wilhelm, der letzte Herzog der piastischen Fürstentümer, wurde 1660 hier geboren. Ihn darf man den bedeutendsten Ohlauer nennen. Auch des unglücklichen Hans Ulrich von Schaffgotsch muß an dieser Stelle gedacht werden, der 1635 als Kommandeur eines kaiserlichen Truppenteils im Ohlauer Schlosse lag. Er hatte mit anderen hohen Offizieren die Pilsener Treueerklärung für Wallenstein unterschrieben, wurde deswegen als Hochverräter in Ohlau verhaftet und nach qualvollem Prozeß in Regensburg hingerichtet. Auch Schlösser haben ihre Schicksale. Der Verwaltungsrationalismus des Preußenkönigs wandelte es zum Amtshaus um, wo nicht nur der königliche Pächter wohnte, sondern auch Seidenraupen gezüchtet und Seide gehaspelt wurden. Die erfolglosen Versuche Friedrichs, der Seidenindustrie in Ohlau zum Erfolg zu verhelfen, bedeuteten nicht mehr als ein Kuriosum in der Industriegeschichte der Stadt. Die alten Maulbeerplantagen auf dem Reitplatz sind die letzte Erinnerung an diese Bemühungen.

Später zog die Ohlauer Jugend in das Schloß, es wurde Volksschule. Wenn unsere Augen in den langen Schulstunden an den reichen Deckenornamenten der italienischen Stukkateure entlangwanderten, die durch eingezogene Wände unbarmherzig zerschnitten waren, träumten wir von dem unterirdischen Gang, der vom Schloß zum Goyer Berg führen, oder von dem alten Manne, der in einer Kammer sitzen sollte, eine Münze in der Hand. Als Schulkinder lümmelten wir in den großen Fenstern und wußten nicht, daß in der »Krone«, drüben auf der anderen Schloßplatzseite, Josef von Eichendorff Quartier zu nehmen pflegte, wenn er von Breslau nach Lubowitz in die Ferien reiste. Die Schloßkapelle diente seit der Gegenreformation dem kleineren, katholischen Bevölkerungsteil als Gotteshaus. Die Gemeinde erhielt 1836 neben dem Schloß eine eigne schlichte Kirche, der erst 1938 ein Turm vorgebaut wurde. Seit 1928 besitzt sie einen neuen Hochaltar, den der Maler Peter Ludwig Kowalski geschaffen hat.

Vom Schloßplatz aus ist man auf der Ausfallstraße nach Breslau, die über die Ohlebrücke führt, bald in dem Vorort Baumgarten. Schon der Name deutet auf den ländlichen Charakter dieses Ortsteils, der aus großen Domänen und Bauernhöfen hervorgegangen ist. Ein Versuchs- und Lehrgut mit Viehpflege- und Melkerschule machte auch später den Westen Ohlaus zum landwirtschaftlichen Schwerpunkt.

Im Süden der Stadt hatten sich die großen Industriewerke ausgebreitet. Zwei alteingesessene chemische Fabriken stellten die, in ganz Osteuropa begehrten, schlesischen Anstrichfarben Bleiweiß, Zinkweiß und Lithopone her. Der Baggersand der Oder wurde zu Zementwaren verarbeitet. Die Metallindustrie war durch ein Zinkwerk und eine Hütte des Konzerns Giesches Erben vertreten, wo aus oberschlesischen Erzen Zink gewonnen wurde. Mehrere Sägewerke, vor allem aber die Deutsche Holzbau-Werke Carl Tuchscherer AG, waren Mittelpunkt einer bedeutenden Holzindustrie.

Zwei ausgedehnte Industriekomplexe dienten der Eisenbahn, zu der Ohlau zwar eine stolz betonte historische, aber nicht immer glückliche Beziehung hatte. Die Firma Wollny, die am Südostrande der Stadt eine riesige Fläche einnahm, baute und reparierte Eisenbahnwagen. Die Rüttgers-Werke, in Ohlau sagte man Schwellentränke, imprägnierten Eisenbahnschwellen. Am 22. Mai 1842 fuhr der erste Eisenbahnzug in Schlesien von Breslau nach Ohlau. Das war die erste Teilstrecke der Oberschlesischen Eisenbahn, die später bis ins Industriegebiet weitergeführt wurde. Als die Landeshauptstadt Breslau zu ihrer Entlastung einen besonderen Rangierbahnhof benötigte, fiel die Wahl auf Ohlau, aber kleinbürgerliche Bedenken gegen das Anwachsen der Arbeiterschaft in der Stadt ließen diesen Plan scheitern. Der Bahnhof wurde dann in Brockau angelegt.

Die Lage Ohlaus an dem bedeutungsvollen Verkehrsstrang zwischen Oberschlesien und Breslau und an dem Schiffahrtswege machte die Stadt zu einem wichtigen Umschlags- und Verladeplatz. Oder und Schienenstrang waren durch die Hafenbahn verbunden. Verladen wurden vor allem Holz, einheimische Industrieprodukte und die Ernten der Landwirtschaft. Im Herbst türmten sich lange Dämme von Zuckerrüben die Laderampen entlang, die von hochbeladenen Bauernfuhren angefahren und dort aufgeschüttet wurden. Der deutschen Zuckerindustrie wurden allein aus dem Kreise Ohlau 1,5 Millionen Doppelzentner Zuckerrüben zugeführt. Die Tabakindustrie und Zigarrenfabrikation, die den beiden Städten Ohlau und Wansen früher eine fast legendäre Monopolstellung in Schlesien sicherten, spielten neben den modernen Industriebetrieben nur noch eine untergeordnete Rolle. Wie der Grünberger Wein, war auch der Ohlauer Tabak ein Gegenstand spöttischer Neckerei: »Ok frischen Mut, a roocht sich gut.« In der Blütezeit der Zigarrenindustrie wurden etwa fünfhundert Hektar Land mit Tabak bebaut, der in neunundzwanzig Fabriken verarbeitet wurde. Die vielfältige Industrie brachte eine spannungsreiche Verquickung konservativen, kleinstädtischen Bürgertums und aufgeweckten, kampfbereiten Proletariats mit sich. Der verlorene Erste Weltkrieg, die Verelendung während der Inflation und die drückende Not der Arbeitslosigkeit, die auf Schlesiens Städten schwerer lastete als anderswo, hatten Gegensätze geprägt, die das Ohlau der Vorkriegszeit nicht gekannt hatte.

Die Tradition alter Garnisonsstädte erzog ihre Einwohner zu Ordnungs- und Pflichtbewußtsein. Und Ohlau hielt etwas auf seine braunen Husaren, deren Renommee das spätere Reiterregiment 8 nicht erreicht hat. Als am 10. Juli 1932 die Ohlauer Arbeiter zu den Gewehren griffen, galt es, gefährdete Ordnungen zu verteidigen. Die arme kranke Republik war durch das Beispiel der Ohlauer Arbeiter nicht mehr zu retten. Nicht mehr aufzuhalten war, was danach kam.

Kaum jemand kannte die Stadt besser als ihr ärmster Sohn: Seine Verwandten und Freunde wohnen wie er in den Hinterhäusern, wo auf alten, zerschläterten Altanen die Armeleutewäsche im bläulichen Dunst der Kaffeerösterei schaukelt. Mittags, wenn er aus der Schule kommt, holt er in der Zigarrenfabrik bei der Mutter, die dort als Wickelmacherin arbeitet, den Stubenschlüssel. »Das Kastrull mit dem Essen steht unter der Zudecke im Bette, und vergiß nich, daß du heute noch Karnickelfutter holen mußt«, sagt die Mutter, während sie den Schlüssel aus der Rocktasche nestelt. Auch in der Fabrik des Vaters ist er zu Hause. An Gebirgen von Baumstämmen vorbei, findet er ihn bei dem riesigen Sägegatter, von Sägespänen überstäubt. Vater und Sohn müssen schreien, wenn sie sich verstehen wollen. Vaters Kollegen klopfen ihm kameradschaftlich auf die Schultern. Jeden Monat kommt er zu ihnen in die Wohnung. Es ist Sonntag, sie sitzen hemdsärmelig beim Frühstück oder lesen mit der Bartbinde unter der Nase die »Volkszeitung«. Sie sind Freidenker und gehen nicht in die Kirche. Der Junge kassiert den Beitrag für den Holzarbeiterverband. Der Vater macht sich's da etwas leicht: »Du hast junge Beene.« An den Nachmittagen, wenn die feinen Kinder in die Klavierstunde müssen, strolcht er herum, striegelt die Pferde des alten Fuhrmanns, kocht mit dem Onkel Seife oder plaudert mit der Dohle des alten Sattlers. Der Freund, den er abholen will, muß noch einen Sack Tabak entrippen. Er hilft, damit sie schneller an die Oder zum Baden kommen. In den Sommerferien arbeitet er auf dem großen Gut, draußen bei den Hühnersträuchern auf den Rübenfeldern, die erst am Horizont aufhören. Auf den Knien die endlosen Pflanzenreihen rauf und runter, Rübenvereinzeln »für ein paar Behmen« in der Woche. Eignes Geld muß er sich selber verdienen. Im Winter stakt er auf den Eisschollen die Ohle hinunter; ehe sie über das Wehr abstürzen, muß man schnell abspringen. Abends liest er Harry Domela und Upton Sinclair. Er ist der jüngste Kunde der Gewerkschaftsbücherei.

Die Oder, uralte Lebensader des Landes, hat durch den Bau der großen Staubecken Ottmachau und Turawa ihre Gefahren verloren. Träge und friedlich fließt sie zu Tale. Wehr und Buhnen, die weit in den Fluß hineingebaut sind, beschleunigen die Strömung der schmalen Fahrtrinne. Bei dem Vorort Thiergarten werden die Züge der Oderkähne durch die Anlagen des Umschlaghafens und die Schleuse geleitet. stromab von der Strömung der Oder getragen, stromaufwärts im Schlepp kleiner Dampfer.

Im Sommer wimmelte es von Badenden. Mit der ersten Flußüberquerung erbrachten wir den Beweis, daß wir das Schwimmen zünftig erlernt hatten. Man konnte sich auch an die Oderkähne anhängen und weit stromauf mitschleppen lassen. Auf den Buhnen saßen die Angler, es war zwar verboten, aber die Fische bissen dort besonders gut an. Von den beiden Rudervereinen hatte sich der Schülerverein des Gymnasiums um die Entwicklung des Rudersports in Deutschland sogar historische Verdienste erworben.

Auf der rechten Oderseite wurde der Fluß vom Oderwald begleitet. Sterz, Breschine und Walke waren die stillen, abgelegenen Reviere der Naturfreunde, wo die Fischreiher horsteten und Fischottern hausten. Im zeitigen Frühjahr fuhren die Ohlauer in die Schneeglöckel, im Sommer gab es Pilze, Blaubeeren und Preiselbeeren in Fülle. Nahe der Lindener Fähre lag der Ritscheberg, ein zerfallener Ringwall aus Schlesiens Frühzeit, ein Stück weiter nach Norden die romantische Waldidylle Smortawe mit dem Gasthaus »Zum Seeweibel«. Von Smortawe ist es nur ein kurzer Weg nach Peisterwitz. »Wissen Sie«, sagte der alte Amtsgerichtsrat einmal, »es gibt gute Menschen, es gibt schlechte Menschen, und es gibt Peisterwitzer. Die Peisterwitzer machen uns überhaupt keine Arbeit, die erledigen alles unter sich.« Auch mein Urgroßvater Daniel Rokitte, Inwohner und Husar, war ein Peisterwitzer. In den Dörfern Rodeland, Bischwitz, Ottag und Bergel auf der rechten Oderseite saßen die Vorfahren.

Etwa zehn Kilometer südlich von Ohlau liegt am Rande der stillen Niehmener Heide die alte Malteser-Kommende Klein Oels, Besitz der Grafen Yorck von Wartenburg. Peter Graf Yorck, der Urenkel des Generals von Tauroggen, gehörte zu der Gruppe von Gegnern Hitlers, die unter dem Namen des Dorfes Kreisau, dem schlesischen Besitz der Moltkes – im Kreise Schweidnitz gelegen –, in die Geschichte eingegangen ist. Er wurde wegen seiner Teilnahme am Aufstandsversuch des 20. Juli 1944 hingerichtet. Um Klein Oels gruppieren sich im Halbkreis die Dörfer Weigwitz, Gusten, Runzen und Wüstebriese, wo meine Vorfahren von Mutters Seite als Kleinbauern und Handwerker seit Jahrhunderten ansässig waren.

Das alte Ohlau, das in seiner langen Geschichte mehrmals zerstört wurde, trägt auch heute noch die Spuren des letzten Krieges.

BAUERNLAND ZWISCHEN OHLE UND ODER

Werner Klose

Kleine Welt um Tempelfeld

War es schön, das Land, in dem ich zu Hause war? Ich weiß es nicht. Ein Kind – und ich war damals ein kleiner Dorfjunge – erlebt anders als die Erwachsenen, und deshalb habe ich wohl Erinnerungen, doch ich traue ihnen nicht.

Also habe ich mir Bücher besorgt, deren Bilder und Texte mühevoll gesammelt wurden. Aber wo ich vereinzelt Bilder von Ohlau, Strehlen oder gar Wansen fand, waren die meisten plump gemacht. Diese altmodischen Bilder stellten eine seltsam starre Welt dar, die nicht die Welt meiner Kindheit war. Die guten Photographen hatten anderswo in Schlesien sehr schöne Motive gefunden. Meine Heimat haben sie nicht gekannt oder nicht beachtet.

Wissenschaftler, dachte ich dann, sind Menschen, denen nichts unwichtig ist, und ihrer gewissenhaften Denkarbeit bleibt nichts verborgen. Aber dann fand ich bei Geographen, Historikern und Volkskundlern wenig, und als ich nun, immer unruhiger, den Lebenswegen bedeutender Schlesier nachging, stellte ich fest, daß die meisten in Breslau oder anderswo gelebt hatten. Das Land, in dem ich zu Hause war, hat keine großen Menschen hervorgebracht.

Nur einen fand ich, spät, als ich schon nicht mehr suchen wollte: Nikolaus Tempelfeld hieß er, stammte aus Brieg und war 1433 Rektor der Universität Krakau – so weit reichte einst diese schlesische Welt! Da es üblich war, den Heimatort als Familiennamen zu wählen, kam die Familie des streitbaren Theologen, der gegen den Irrglauben der Hussiten anging, aus dem Dorf Tempelfeld im Kreise Ohlau, und eben in diesem Tempelfeld bin ich ein kleiner Junge gewesen.

Auf die Frage nach anderen Berühmtheiten meinte Vater, daß in Klosdorf, der Nachbargemeinde, der junge Paul Keller als Dorfschulmeister begonnen habe, bevor er ein unterhaltsamer Heimatdichter und ebenso leistungsfähiger Zecher geworden war. »In Klosdorf soff er noch nicht«, schloß Vater kurz, und das war auch keine erhebende Auskunft.

Und doch ist meine Heimat ein Teil uralter Kulturlandschaft. Die fruchtbare Ackerebene liegt links der Oder. Der große Strom ist als Schenkel eines Dreiecks zu denken, den zweiten Schenkel bildet die Ohle als Nebenfluß, und im Süden schließt das in den Strehlener Bergen und in den Höhen südostwärts Grottkau beginnende Vorgebirge die ebenen Fluren ab.

Sacht fließt die Ohle aus den Bergen bei Münsterberg und Strehlen durch den »Wansener Halt«, schlängelt sich zwischen Weigwitz und Klein Oels, zwischen Sitzmannsdorf und Niehmen weiter, vorbei an Jätzdorf und Rosenhain nach Ohlau. Wir Kinder erkannten die Ohle leicht, weil feuchte Wiesen das Gleichmaß der Felder grün unterbrachen. Weithin markierten kugelköpfige Weiden mit wunderlichen Rindengesichtern die Ufer. Regulierende Wehre stauten die kleine Ohle ebenso wie die große Oder, und uns war das tobende Wasser am Wehr stets ein Ort unheimlicher Anziehungskraft.

Überhaupt war die Ohle unser Familienfluß. Wo sie klein anfängt, war meine Mutter ein kleines Mädchen auf dem Gutshof ihres Vaters Eduard Merfert bei Münsterberg. Die Ohle fließt durch Wansen, und in Wansen hat die Mutter den Vater kennengelernt. Und Vater wiederum war Sohn eines »Stellenbesitzers« aus Spurwitz, das zum Kirchdorf Alt-Wansen gehört und ebenfalls an der Ohle liegt, die wir Kinder dort respektlos nur »Baache« nannten. Von Wansen aus ist man schnell in Brosewitz, wo der Urgroßvater Klose einen kleinen Hof besaß. Dorthin aber war er als Nachkömmling von vielen Kindern aus Thomaskirch gekommen, und in Thomaskirch, Kreis Ohlau, lag der große Bauernhof mit Gasthaus, von dem aus sich die Sippe kinderreich über das Land ostwärts des Zobten ausgebreitet hatte.

Denn sahen auch die Leute im fruchtbaren Land an der Ohle zuerst auf Ertrag und Nutzen: ringsum an den Grenzen meiner engeren Heimat war viel Schönheit. Blau-dunstig grenzten der Zobten im Westen, die Strehlener Berge im Süden die Ebene ab. Bei Ohlau und Brieg wuchsen mächtige Laubwälder bis an die Ufer des Stromes heran, der mit Wehren und Schleusen, mit Buchten und Buhnen eine eigene Binnenlandschaft war.

Ob die Leute in Tempelfeld, Spurwitz und Wansen gewußt haben, wie schön ihre Heimat war, weiß ich nicht. Bauern sind nicht sentimental. Aber alle wußten, daß sie einen Boden von erster Qualität bebauten. Die Gletscherwinde der großen Eiszeit hatten Lößboden und Schwarzerde in tiefen Schichten abgelagert, und so waren zwischen Geröll und Sand, die das Eis herangeschoben hatte, fruchtbare Zonen im Vorfeld der uralten Sudeten entstanden.

Der Frühling erreichte Ohlau, Brieg und Strehlen alljährlich in den letzten Märztagen. Die Temperatur lag im Tagesdurchschnitt bei fünf Grad Wärme. Bis in den launischen April hinein blieb es recht kühl, doch danach folgte der in ganz Schlesien beständige Sommer mit einer ungemein günstigen Vegetationsdauer von zweiunddreißig Wochen. Der Boden hatte Kraft genug, und so säten viele Bauern in ihre besten Getreideschläge noch Klee, der auf den abgeernteten Stoppelfeldern grünte, wo wir nun im Frühherbst als Schuljungen vergnügt das Vieh weiden ließen, das sonst ganzjährig in den Ställen stand.

Zogen sich Wolken von Norden und Nordwesten über der Oder zusammen, trieben sie meistens über unsere Dörfer hinweg, und es regnete frühestens am Zobten oder an den Strehlener und Münsterberger Höhen. Deshalb gab es im Sommer manchmal trocken-heiße Wochen, bis in die Dürre heftige Gewitter mit Hagelschlag und Regenguß einbrachen. Aber fünfhundert bis siebenhundert Millimeter jährlicher Niederschlag, einigermaßen günstig verteilt, schufen dem Landbau beste Voraussetzungen. Früh reifte die Gerste, Roggen und Weizen folgten bald, und schon stand der Hafer in gelben Rispen. Unerhört drängte sich die Erntezeit zusammen, und im Juli schufteten sich die Bauern mit ihren Leuten auf den Feldern halbtot. Nun war schon die kleine Kinderfaust eine nützliche Arbeitskraft, und als achtjähriger Knirps hielt ich die Zügel fest und lenkte die großen Erntewagen vom Feld in Nachbar Schölzels Scheune. Wer tüchtig war und viele Helfer anspannen konnte, hatte alles Getreide in den ersten Augusttagen eingefahren. Wenn dann der bunte Erntekranz hoch oben auf dem schwankenden Fuder unter drohendschwarzen Regenwolken im letzten Augenblick trocken unter Dach kam, war die Freude darüber ein jubelnder Auftakt zum »Weeßekranz«.

In allen Dörfern feierte man die gelungene Ernte kurz und kräftig; denn es blieb keine Zeit. Dem heißen, wilden Arbeitssommer folgte bald die Sorge um die Kartoffeln, die in diesem Boden nicht zu naß werden durften. Der regenreiche Herbst endete in harter Drecksarbeit, wenn Futter- und Zuckerrüben aus der lehmigschweren Erde geborgen werden mußten.

Der Winter kam rasch und gründlich. Am 19. November, zu Vaters Geburtstag, fiel meistens der erste Schnee. Aber erst nach Weihnachten fror bei sehr niedrigen Temperaturen der Boden tief ein. Hochauf türmten sich die Schneemassen für neun bis zehn Wochen, und bis in den März hinein tauten Teiche und Flüsse nicht auf. Für die Kinder an Oder und Ohle waren Rodelschlitten und Schlittschuhe verläßliche Weihnachtsgeschenke.

Die Schwarzerdeäcker ostwärts des Zobten gehören zu Europas alten Kulturlandschaften. Fast undurchdringlich sperrten ausgedehnte Wälder, Sümpfe und breitflutende Ströme die fruchtbare Mulde ab. Dennoch haben schon die Jäger der Steinzeit hier den Segen des Landbaus entdeckt. Aber so wenig wir von ihnen aus den Zufallsfunden der Gräber wissen: der Wohlstand der fruchtbaren Lichtungen muß sich jenseits der Sümpfe und Wälder auf geheimnisvolle Weise immer wieder herumgesprochen haben. Das Gerücht zog Kelten herbei und lockte landhungrige Germanen an. Um den heiligen Götterberg Zobten siedelten die Silinger, ein Teilstamm der Wandalen, die neue Unrast nach Südosten trieb, bis sich ihre Spur über Spaniens »Andalusien« im afrikanischen Wüstensand verlor. Reste des vitalen Volkes waren an Oder und Ohle geblieben. Von Ungarn und Böhmen zogen Awaren zu, während sich slawische Stämme vorsichtig durch die östlichen Sumpfwälder in die noch erkennbaren Lichtungen wagten. So entstand neue Bauernkultur. Zwar hatte der slawische Landmann erst die Anfangsgründe des Ackerbaus erlernt, doch das fruchtbare Land gab auch schwächeren Kräften guten Ertrag, zumal die kleinen Stämme im weiten Lande sehr viel Platz hatten.

Als die Piastenherzöge um 1200 den großen Strom deutscher Siedler ins Land riefen, rodeten sich die meisten aus unbesiedelten Wäldern im Vorgebirge ihre Fluren heraus. Anders in der fruchtbaren Ebene südlich Breslau. Sie war durch die Stämme der Frühzeit und durch die dort wohnenden polnischen Bauern besser erschlossen. Aber überall gab es große Lücken, in welche die Piasten nun die deutschen »Weichbilder« setzten. Zu größeren Dorfgruppen zog man bürgerliche Lokatoren zu, die eine die Dörfer verbindende Stadt gründeten.

So ergaben sich »gemischte« Verhältnisse. Da setzten zum Beispiel neben das slawische Wansen deutsche Bürger eine Planstadt, der sie den Namen des Dorfes gaben, und dieses Dorf wurde nun Alt-Wansen genannt. Indem hier und anderswo zwischen slawische Altsiedlungen deutsche Dörfer gesetzt wurden, entstand ein buntes Namengemisch. Da die deutschen Dörfer besser verwaltet wurden und ertragreicher arbeiteten, wandelten die Piasten oder die Kirchenherren die slawischen Siedlungen nach dem Vorbild der deutschen »Entwicklungshelfer« um. Zwar blieben die alten Namen neben den neuen, doch allmählich entwickelten sich in allen Dörfern ähnliche Lebensformen. Die jungen Leute heirateten hin und zurück, und in jahrhundertelanger Gemeinschaft entstand der schlesische Volksstamm, in dem viele Blutströme Europas zusammenflossen, so daß Herbert Schlenger das Oderland einen »Rassenknotenpunkt« genannt hat.

Der Strom nach Osten ließ sich auch durch Katastrophen nicht aufhalten. 30 000 bis 40 000 mongolische Reiter verheerten 1241 das Land zwischen Oppeln und Liegnitz, wo sie die deutsch-polnische Streitmacht Herzog Heinrichs II. vernichteten und danach wieder abzogen. Schlesien war leidlich davongekommen, aber seine fruchtbarste und volkreichste Landschaft hatte genau in der Einfallschneise der wilden Reiter gelegen. Unverzüglich setzten die Piasten in die heimgesuchten Orte neue Siedlertrecks. Um 1250 bestehen Brieg und Strehlen bereits nach deutschem Recht und muß auch Tempelfeld im Kreis Ohlau gegründet worden sein.

Das Dorf heißt nach den Templerrittern, die im Anschluß an die Kreuzzüge das Schwert mit dem Kontobuch vertauscht hatten und sich als geistliche »Kapitalisten« ein über ganz Europa verstreutes Wirtschaftsreich aufbauten. Ihr Kloster Klein Oels war so erfolgreich, daß ihm der Herzog von Münsterberg 1383 das ganze Weichbild Strehlen verpfänden mußte. Zum Kloster Klein Oels aber hat das Dorf meiner Kindheit lange gehört.

Im Sommer 1938 radelte ich von Breslau, wo wir inzwischen wohnten, noch einmal nach Tempelfeld zurück. Auf den asphaltierten Kreisstraßen rollte ich leicht, doch die einfachen Landstraßen hatten nur Stein und Kies als Unterbau, so daß ich mich an einen festen Randstreifen hielt. Kräftige Gespanne zogen auf dem unbefestigten Sommerweg die schweren Ackerwagen. Nur selten wirbelten Autos hohe Staubwolken auf, oder mußte ich die Augen hinter ratternden Motorrädern von Bauernsöhnen und Handwerkern zukneifen. Die Motorisierung begann erst, und auch die Trecker fuhren zunächst auf dem Gut der Grafen Yorck in Klein Oels, wo diese als Erben der Templer wirtschafteten.

Auch die Ackerebene war nicht langweilig. Mit Gebüsch umwachsene Bäche, Gräben mit Weidenreihen, an den Straßen Obstbaumzeilen, in die Fluren eingestreut kleine Waldstücke oder bei Klein Oels selbst ein ausgedehnter Forst ließen die Augen nicht ermüden. Nur ein Wildgatter trennte den Wald vom Schloßpark, und ganz allein stand ich damals vor der Familiengruft, in der Graf Yorck, General des Königs von Preußen, nach unruhigem Leben nun ruhte. Er war jener Yorck, der 1812 in Tauroggen das preußische Korps aus schwieriger Lage zwischen Russen und Franzosen gerettet und so für den Freiheitskampf aufgespart hatte. Der König verzieh dem querköpfigen Troupier diese Eigenmächtigkeit nie, erhob ihn aber in den Grafenstand und schenkte ihm die Herrschaft Klein Oels. Ähnlich sind andere verdiente Heerführer aus Staatsbesitz belohnt worden, und so kamen die Blüchers und Moltkes nach Wahlstatt und Kreisau zwischen die alteingesessenen Junkerfamilien, etwa die Grafen Strachwitz, die in meinem Geburtsort Hünern ein Gut besaßen, auf dem eine Urenkelin Eichendorffs bis 1945 Herrin war. Es gab also auch hier die Gutswirtschaft, doch das Bauernland überwog im Vergleich mit anderen Kreisen beträchtlich.

Als ich nach Tempelfeld hineinfuhr, war das holprige Kopfsteinpflaster der Hauptstraße mit Teer ganz gangbar ausgegossen. Ein unbefestigter Nebenweg zweigt ab, läuft parallel zur Dorfstraße und kehrt in diese am anderen Ende der Ortschaft zurück. Zwischen Straße und Seitenweg entsteht so eine langgestreckte Grüninsel, die einst von den Gründern Tempelfelds unbebaut gelassen wurde. An den beiden Löschteichen an den Ortsausgängen schnatterten wie immer scharenweise die Gänse und Enten, und in einem Schweinetrog spielten kleine Jungen »Kahnfahren«, wie ich es auch getan hatte.

Im freien Raum zwischen dem Tauch- und Freßparadies des Federviehs entstand später die Kirche, ein für die Landschaft typischer, innen reich ausgestatteter Barockbau mit markantem Turmhelm und einem leider ziemlich scheußlichen rosafarbenen Außenputz. Später kamen auf den »Anger« neben die Kirche noch Schule und Lehrerhaus, und auf kleineren Anwesen siedelten sich Kaufleute mit ihren Kramläden, ein Schmied, ein Tischler, ein Maler, der Besitzer einer kleinen Zementfabrik und einige weniger wichtige »Stellenbesitzer« an. Die Bauern selbst wohnten nicht am Anger, sondern an ihren Fluren entlang der äußeren Straßenseiten. – Ein Dorf wie Tempelfeld, rund vierhundertsechzig Einwohner groß, hatte seine eigene Gesellschaftsordnung. Männer wie mein Vater, der dort »zweiter Lehrer« war, standen nicht außerhalb, hatten aber ihre Sonderstellung wie der Hauptlehrer und Kantor Pusch, wie der Pfarrer, der Gendarm und in größeren Orten noch Arzt und Apotheker und die leitenden Angestellten der Güter. Tempelfeld aber blieb bestimmt von seinen kräftigen Bauernfamilien.

Schölzels Hof lag genau in der Mitte des Dorfes dem Lehrerhaus gegenüber. 1938, als ich auf meinem Rad in die Einfahrt bog, waren erst fünf Jahre seit meinem Weggang vergangen, und doch kamen mir die Maße nun, da ich selbst kein Kind mehr war, alle etwas kleiner als damals vor. Wie Schölzels Hof sahen auch die Anwesen der Nachbarn aus. Die Einfahrt sperrte ein in den Mauersockel eingelassenes Holztor. Rechts vorn lag ein Gesindehaus, wo in den Oberstuben immer die Schweizer wohnten, die muskelgewaltigen Herren über den Kuhstall. Die ganze Hofanlage war ein ringsum von Gebäuden dicht umschlossenes Rechteck, durchgehend mit Feldsteinen gepflastert, den sauber aufgeschichteten Misthaufen genau in der Mitte. Das Wohnhaus stand mit der Langseite zur Dorfstraße, doch sein Eingang lag innen im Hof und war dort durch einen Laubenvorbau aus grüngestrichenem Holz zu erreichen.

Alle Wirtschaftsgebäude standen sehr praktisch nebeneinander. Rechts der Kuhstall, danach der etwas kleinere Pferdestall und gleich neben diesem der Wagenschuppen mit Landauer, Kutschwagen, Schlitten und einem kleinen Einspänner für tägliche Arbeitsfahrten. Hinter dem Schuppen erreichten die Gespanne durch eine »Durchfahrt« die Äcker. Dem Wohnhaus gegenüber sperrte die gewaltige Doppelscheune die Hofanlage zu den Feldern hin ab. Auf den Tennen standen im Winter Maschinen und Ackerwagen. Die linke Seite des Rechtecks füllten Holzschuppen, Werkstatt, Schweinestall, Hühnerstall, Waschküche und Backhaus. Sehr rationell war hier auch die Arbeitswelt der Mägde organisiert.

Feldsteinmauern oder starke Zäune umgaben Gartenland und Auslaufwiesen für Hühnervolk oder Fohlen und Kälber. Da der Boden etwa gleichwertig war, hatte jeder Bauer seine Felder unmittelbar hinter dem Hof liegen. Ein Idealfall für sparsamste Arbeit ohne Verlust an Boden und Fahrzeit durch lange Wege! Hochzeit und Erbschaft, Schlamperei des einen und Erwerbssinn des anderen hatten die alte Flureinteilung der Gründerzeit nur wenig durcheinandergebracht.

Auf diesem besten Boden Schlesiens arbeiteten tüchtige Bauern. Ihre Viehzucht war gut, doch nicht überragend. Es gab kaum Weideland, und so verfütterten sie Klee, Luzerne, Schrot, Kartoffeln, Futterrüben und Zuckerrübenschnitzel. Auch das Rübenkraut wurde frisch vom Feld oder aus Silos in die Krippen gegabelt. Federvieh hielt man nebenher, es war Sache der Frauen und Mägde. Den Bauern selbst interessierten die Pferde, die er in großer Zahl für die Feldarbeit brauchte, aber auch aus Freude und schönem Überfluß zum Reiten und Kutschieren im eigenen Stall züchtete und in ländlichen Reitervereinen sportlich erprobte, fachmännisch in enger Verbindung zu den Reitergarnisonen von Ohlau und Brieg.

Aber zu Wohlstand kamen schon mittelgroße Anwesen durch Saatgut- und Getreideanbau. Im Gegensatz zur gemächlicher laufenden Weidewirtschaft, wie ich sie nun in meiner Wahlheimat, der holsteinischen Marsch, kennengelernt habe, war der Wohlstand der schlesischen Bauern durch die Mühsal des Ackerbaus schwer verdient. Das begann schon im März, wenn der Pflüger und seine Pferde die fette, feuchte Erde umbrachen, gipfelte dann in der hektischen Ernte zwischen Juni und November und ließ auch in den paar ruhigen Winterwochen den Bauern nie ohne Arbeit, mußte doch gedroschen, der Zustand der Kartoffel- und Rübenmieten geprüft, das Vieh gepflegt, sowie der Maschinen- und Wagenpark überholt werden.

Das Ergebnis war freilich beachtenswert. Die Bauern dieser Schwarzerde- und Lößbodenlandschaft Mittelschlesiens lieferten den besten Weizen des Ostens. Ein Fünftel der deutschen Zuckerrübenernte und zwei Drittel aller Ölfrüchte kamen aus Schlesien. Die Bauern ernährten alle Schlesier und gaben reichlichen Überschuß nach Berlin und in die westdeutschen Länder.

Die Breslauer Landwirtschaftsmesse bewies, daß in Bauernarbeit die Lebenskraft des ganzen Stammes investiert war. Maschinen, Geräte, Fahrzeuge und Geschirre wurden gebraucht. Zuckerfabriken, Brauereien, Brennereien, Mühlen, Nahrungsmittelfabriken und Transportunternehmen arbeiteten durch oder für den Bauern. Von der Peitsche zur Wagenlaterne, von der Lodenjoppe zum Stiefelschaft: unübersehbar viele Dinge des Alltags entstanden in einer Fülle von Kleinbetrieben.

Dorfgemeinden leben aus natürlichen Gründen konservativ in ihrer durch den Jahreslauf vorgezeichneten Arbeitswelt. Aber ich muß daran erinnern, daß ich eine bäuerliche Gesellschaft beschreibe, deren Entwicklung spätestens 1945 abgebrochen und zumindest seit 1918 erheblich gestört wurde.

Die größeren Bauern besaßen daheim vierzig bis fünfzig Hektar besten Boden. Sie waren selbstbewußte, aufgeschlossene Männer, die im Gottesdienst vorn am Altar saßen und in Gemeinderat, Kirchen- und Schulvorstand die entscheidenden Stimmen hatten.

Frauen, Kinder und Gesinde hörten zu Hause auf das Männerwort, das bei der angeborenen »Gemütlichkeit« des Schlesiers zwar klar, aber selten hart tönte. Familie und Gesinde aßen meistens in der großen Wohnküche gemeinsam, doch an getrennten Tischen, wie ich es bei Schölzels sah. Ein nur bescheiden mechanisierter Hof mit Ackerbau brauchte viel Personal. Es gab Melker, Pferdeknecht, Großmagd, dazu mehrere Jungknechte und Jungmägde. Wer kündigen wollte, mußte zum 1. April »wegmachen«. Größere Bauern als Schölzels hatten am Rande des Dorfes noch ein Arbeiterhaus mit mehreren kleinen Wohnungen. Die Frauen halfen ziemlich das ganze Jahr auf dem Hof, die Männer zumindest in der Erntezeit. Dafür erhielten die Arbeiter freie Miete, Wintervorrat an Kartoffeln, Mehl, Zukker oder Futter für Schwein, Ziege, Schaf und Hühner. Es gab auch Stundenlohn, doch bares Geld war rar. Dennoch sparten diese meistens kinderreichen Familien, um in der Not eine Reserve zu haben, um ein kleines »Häusel« zu bauen oder zu kaufen, einen Acker zu erwerben, von dem eine Kuh gehalten werden konnte. Außerhalb der Ernte waren die Tagelöhner in der Wansener Ziegelei, im kleinen Zementwerk oder in der Zuckerfabrik tätig.

Zwischen Bauern und Tagelöhnern stand nach »unten« die Gruppe der Stellenbesitzer oder »Häusler«. Sie bestand aus Arbeitern, die sich hochgeschuftet hatten, aber auch aus abgewirtschafteten oder unschuldig verarmten mittleren Bauern, etwa den nachgeborenen Söhnen, die man nur schlecht versorgen konnte. So war mein Großvater durch Einheirat in Spurwitz »Stellenbesitzer« geworden, und er fing ohne Pferd mit vier Hektar – allerdings besten Schwarzerdebodens – an, den er auf fünfzehn Hektar in härtester Arbeit vermehrte. Wer auf solchem Kleinstbesitz nicht eisern arbeitete, zockelte ein Leben lang mit einer Kuh, die alle Wagen ziehen und auch noch Milch geben sollte, durchs Dorf.

Zwischen den Großbauern und diesen kleineren, bisweilen aber recht angesehenen Stellenbesitzern – Großvater war lange »Gemeindevorsteher« – standen die Ladenbesitzer und Handwerker, die oft genug auch Land nebenher bewirtschafteten. Der Mangel an Grundbesitz, aber auch die vielseitiger geschärfte Intelligenz veranlaßten diese Gruppe, ihre Kinder besser ausbilden zu lassen. Aus dieser dörflichen Mittelklasse, aber auch aus den Bauernfamilien selbst kamen deshalb für damalige Verhältnisse überraschend viele Lehrer, Juristen, Apotheker, Ärzte und Theologen. Umgekehrt hielten die vom Lande stammenden Akademiker und Lehrer durch die Wahl ihrer Frauen enge Verbindung zum Dorf. Denn wer wen heiraten durfte, stand als ungeschriebenes Gesetz fest. Gleichwertige Höfe erkannten die Töchter als Bäuerinnen an. Wer mehrere Mädchen hatte, konnte also nie damit rechnen, sie alle mit Bauern zu verheiraten. Deshalb schickten die Bauern ihre Töchter »ins Pensionat« und ließen sie Mittelschulen oder Lyzeen besuchen. Manche wurden Lehrerinnen, andere aber, und das war das normale Ziel, galten nun als »gute Partie« für landverbundene Akademiker: eine gute Mitgift war vorhanden, tüchtige Hausfrauen und kräftige Mütter versprach der »gesunde Schlag« ohnehin, und ein wenig »repräsentieren« hatten sie durch die Zeit im Pensionat gelernt.

Die meisten Pfarrer stammten damals vom Lande, und das ist in der katholischen Kirche wohl heute noch so geblieben. Ihr Einfluß war groß und kollidierte dann leicht mit liberalen Auffassungen der Lehrer, so daß mein Vater in lange und ärgerliche Fehden verwickelt wurde. Auch Vater war als Bauernjunge erst nach der Volksschule über das Lehrerseminar in Frankenstein in sein Amt gekommen. Typischer als er war als Bauernlehrer des älteren Typs »der Pusch-Papa«, wie alle Tempelfelder ihren Hauptlehrer und Kantor nannten. Er besaß einen Schulacker, den er zur Ernährung seiner Großfamilie von vierzehn Kindern selbst bewirtschaftete. Bedrohte zur Erntezeit Regenwetter das Getreide draußen, ließ er die Schule ausfallen, damit die Bauernkinder zu Hause halfen, während wir anderen mit ihm auf seinen eigenen Acker als Erntehelfer zogen.

Schlesier sind stets in eigenwilliger Weise Preußen gewesen, ohne die ältere Verbindung mit Polen, Böhmen und Österreich ganz zu vergessen. Die Bauern waren staatstreu, aber nie unterwürfig, und als humorigen Naturen mit kauzigem Sinn für die Schwächen des Menschen lag ihnen übertriebene Zackigkeit nicht. Politisch wählten im katholischen Tempelfeld die sozial besser gestellten Familien die Zentrumspartei, zu der sich aber auch katholische Arbeiter bekannten. Die Stellenbesitzer und Tagelöhner hielten treu zur SPD. Es gab wenige Deutschnationale und keine Kommunisten und Nationalsozialisten im Dorf, bis die Krisenjahre ab 1929 auch die Landgemeinden radikalisierten, zumal jetzt die Redner der NSDAP den verschuldeten Bauern ein agrarisches Schlaraffenland versprachen, und national war man im Grenzland ohnehin.

In den Dörfern und Städten um Ohlau lebten keine Polen oder Tschechen. Man hatte keinen Grund, in ihnen Feinde zu sehen, aber wenn die polnischen Schnitter in die Gutsdörfer zogen, vertraten sie die unterste Schicht ihres Volkes, auch war an der Grenze das »Kulturgefälle« kraß sichtbar und saßen jahrhundertealte Vorurteile von »lausigen Pollacken« und der »polnischen Wirtschaft« fest. Hinzu kam, daß nach 1918 die polnischen Nationalisten mit der für junge Nationen unvermeidlichen Anmaßung auftraten. Man hatte die Grenzkämpfe in Oberschlesien noch in Erinnerung.

Die Jugend des Dorfes stand in Furcht vor östlichem Überfall in Grenzschutz und »Schwarzer Reichswehr«. Und mit den Garnisonen in Ohlau und Brieg war man gesellschaftlich und wirtschaftlich eng verbunden, da die Reiter nicht nur die Bauernjungen als Rekruten brauchten, sondern auch im Pferde- und Futterhandel gute Geschäftspartner waren. In Krieger- und Reitervereinen war auch manche Geselligkeit organisiert worden, doch das gehörte zum Stil der Zeit zwischen den Weltkriegen, und Hitlers Leute merkten später, daß die Dorfbewohner sich nur schwer »gleichschalten« ließen.

Kein Bauer mag den Krieg. In den schlesischen Dörfern waren sie auf das Kreisblatt mit dem Hakenkreuzadler im Kopf und auf den Reichssender Breslau als einzige Informationsquelle angewiesen. Propagandalügen und eingefressene Vorurteile, aber auch tatsächliche Fehler der Nachbarn ließen die Bauern schließlich in Furcht und Sorge in den 1938 gegen die Tschechoslowakei befürchteten und 1939 gegen Polen tatsächlich geführten Krieg ziehen. Wo immer schlesische Regimenter dann kämpften, galten sie als zuverlässige Truppen und hatten sehr hohe Verluste. Zuletzt schlug der verbrecherisch provozierte Angriff auf das Reich zurück, dessen östliche Grenzsiedler sie waren.

Es ist nicht meine Aufgabe, auch von den Städten zu berichten, die zu dem Land zwischen Oder und Ohle gehörten. Aber seit den Tagen der deutschen Siedlung sind in Schlesien Dorf und Stadt stets aufeinander bezogen gewesen. In Wansen gab es Krankenhaus, Amtsgericht, Erzpriester, Apotheke, Ärzte und Lehrerverein, gab es Kaufleute mit größerem Angebot als im »Kolonialwarenladen« zu Hause, gab es Handwerker mit mehr Ersatzteilen und moderneren Maschinen, gab es Kino und Kneipen, und war man nach vielen Besuchen fast so zu Hause wie im eigenen Dorf.

Die Kreisstädte Ohlau und Strehlen oder Brieg und Münsterberg waren im Grunde ein größeres Wansen. Ohlau kümmerte ein wenig dahin in der allzu großen Nähe Breslaus, und Strehlen fiel durch den Steinbruch und die mit ihm verbundene Industrie aus dem Rahmen. Breslau selbst aber war eindeutiger Mittelpunkt Schlesiens, weil die »Lergen« innerhalb der Stadt sich mit ihren Verwandten vom »Durfe« immer gut vertrugen. Im Advent fuhren scharenweise die Frauen aus Thomaskirch und Peisterwitz, aus Laugwitz und Hünern, aus

Frauenhain und Günthersdorf in die Hauptstadt und kauften zwischen Ring und Gartenstraße ein, um sich mit den Männern nachher im »Schweidnitzer« ein wenig zu verpusten.

Als in den Märztagen 1945 auf der Linie Oppeln, Grottkau und Strehlen noch einmal eine aus dem letzten Aufgebot gebildete »Front« leidlich zu halten schien, begannen dicht hinter der Hauptkampflinie, bedroht vom feindlichen Beschuß, schlesische Bauern mit der Frühjahrsbestellung. Als meine Großmutter Ottilie Klose den zerschossenen und halb verbrannten Hof in Spurwitz verlassen mußte und dann dorthin aus einem Lager bei Ohlau zurückkehrte, lief sie den weiten Weg gebückt und mit immer zitternden Händen, wie wir sie alle kannten, nach Spurwitz zurück. Da sie aber wußte, daß zu Hause viel verwüstet worden war, zog sie keuchend zwei schwere Handkarren hinter sich her, beladen mit Hausrat für den Wiederaufbau. Da ihr nun beide Karren zu schwer wurden, zog sie den einen vor, lief zurück, holte den anderen nach und kam nach unbeschreiblichen Mühen endlich in Spurwitz an.

Die pflügenden Bauern, die Mutter mit den Karren – sie sind Menschen meiner Heimat, die lange im Windschatten der Geschichte lag. Mongolen, Hussiten, Preußen und Österreicher haben dort gekämpft, aber die Bauern blieben. Deutsche und Slawen, sie hatten im Jahrhundert des Mongoleneinfalls gemeinsam diese Landschaft an Ohle und Oder erschlossen und waren dabei zu einem neuen Stamm in der vielgestaltigen Völkerfamilie Europas zusammengewachsen. Was damals beispielhaft gelang, haben später Hochmut, Starrsinn, Torheit und Neid zerstört. Aus den Feuern der Weltkriege blieb uns nur die Asche der Erinnerung zurück.

OELS

Reinhold Pilz

Eine schmucke Mittelstadt

Die zentrale Lage im mittelschlesischen Ostgrenzgebiet bestimmte die Gründung und Entwicklung der Stadt Oels, die 1939 etwa 20 000 Einwohner zählte.

Von jeher war Breslau im schlesischen Raum der Mittelpunkt für Handel und Verkehr. Von hier aus gingen wichtige Straßen in alle Richtungen. Nach Osten führte eine solche Straße durch das rechte Odergebiet nach Polen und in das heutige Rußland. Dort, wo die Möglichkeit bestand, das sumpfige Oelsbachgelände zu überqueren, entstand das Dorf Olesnitz (Dorf am Erlenbach). Aus Olesnitz wurde später Oels. Olesnitz-Oels gelangte bald zu besonderer Bedeutung, denn hier gabelte sich die Oststraße nach drei Richtungen: Bernstadt – Namslau, Kreuzburg – Groß Wartenberg und Militsch. Im 12. Jahrhundert wurde in Oels bereits die erste Pfarrkirche gebaut, um 1200 erhielt der Ort das Marktrecht.

Bald wurde das Oelser Gebiet zu einer besonderen Burggrafschaft oder Kastellanei erhoben. Dicht neben der Kirche entstand der Wohnsitz des Burggrafen, eine kleine Holzburg, die nach einigen Jahren durch einen geräumigen Steinbau ersetzt wurde, in dem der Herzog von Breslau, Heinrich III., des öfteren mit seinem Gefolge wohnte. Im Jahre 1255 wandelte Heinrich III. den polnischen Marktort in eine deutsche Stadt um. Die Lokatoren Albert und Richolf erhielten den Auftrag, die Stadt einzurichten. Sie siedelten Kolonisten an und bauten »nach deutschem Recht« die neue Stadt.

Den Mittelpunkt bildete der »Ring«, ein großer viereckiger Marktplatz. In der Mitte der vier Ringseiten wurden Hauptstraßen nach den vier Himmelsrichtungen angelegt. Diese Straßen erhielten Parallelwege, damit der Verkehr in und aus der Stadt reibungslos vonstatten gehen konnte. Es durfte nur immer die rechte Straße befahren werden (Einbahnverkehr!). Von Süden her fuhr man in die Stadt durch die spätere Ohlauer Straße, aus der Stadt heraus durch die Herrenstraße. Im Osten war die Einfahrt durch die Färberstraße, Ausfahrt durch die Luisenstraße; im Norden: Einfahrt Georgenstraße – Ausfahrt Marienstraße; im Westen: Einfahrt Breslauer Straße – Ausfahrt Ritterstraße. Die beiden Parallelstraßen trafen sich vor den später errichteten Stadttoren. Als die Stadt über ihre Mauern hinauswuchs, blieb nur das Breslauer Tor (früher Trebnitzer Tor) erhalten und wurde zu einem Wahrzeichen der Stadt Oels.

Es stammt aus dem 15. Jahrhundert und ist an und für sich ein unschöner, klotziger, wuchtiger Bau mit zinnengekröntem, flachem Dach, so recht geeignet, den Haupteingang zur Stadt gegen anstürmende Feinde zu schützen.

Noch ein typisches Merkmal für die Anlage der Stadt ist die Führung der Straßen. Diese laufen nicht gradlinig vom Marktplatz zu den Toren, sondern beschreiben einen Bogen. Dadurch wird erreicht, daß der Blick in die Straßen nicht an den Häuserfassaden und oft sehr schönen Giebeln vorbei ins Leere oder auf die Stadttore fällt, wodurch das Gefühl einer gewissen Geborgenheit entstehen sollte. Aus dem gleichen Grunde schloß man auch einige Straßen vor dem Tor durch ein vorspringendes Haus ab.

Nicht lange konnte sich die Stadt Oels der Ruhe und des Friedens erfreuen. Durch Feuersbrünste, Naturkatastrophen, die Pest, durch die allein im Jahre 1710 von 3600 Einwohnern 2263 starben, und vor allem durch verheerende Kriege wurde die Stadt immer wieder schwer heimgesucht.

Es ist darum verständlich, daß Oels verhältnismäßig wenig historische Bauten aufzuweisen hat. An erster Stelle ist die Propstkirche zu nennen. Sie entstand um das Jahr 1320 in der Nähe des Nordtores und war eine Kapelle, die zu dem St. Georgenhospital gehörte. Im Jahre 1410 wurde sie zur Georgenkirche umgebaut. Für die »slawischen Brüder« baute man ganz in der Nähe ein weiteres Hospital, dessen Marienkirche Seite an Seite mit der Georgenkirche stand. Nach diesen beiden Kirchen wurden die Marienstraße und die Georgenstraße benannt. Als im Jahre 1505 die Marienabtei aufgehoben wurde, verband man die beiden Kirchen durch Mauerdurchbrüche zu einem Gotteshaus, der Propstkirche. Das Innere wurde im gotischen Stil gestaltet. Um 1800 erhielt die Propstkirche einen schönen Turm nach Entwürfen von Langhans, dem Erbauer des Brandenburger Tores in Berlin.

Wir hatten bereits erwähnt, daß im 12. Jahrhundert in Oels die erste Pfarrkirche erbaut wurde. Dieses Fachwerkkirchlein wurde im 15. Jahrhundert durch einen Massivbau ersetzt. An ein erhöhtes Mittelschiff baute man rechts und links niedrigere Seitenschiffe. Fenster und Deckengewölbe gestaltete man im gotischen Stil. Im Jahre 1620 erhöhte man den Turm auf sechzig Meter und erweiterte die Kirche durch Anbauten im Barockstil. Bei Renovierungsarbeiten im Jahre 1905 stürzte ein großer Teil der Kirche ein. Die Oelser Bevölkerung war tief erschüttert, aber auch froh und dankbar, daß bei diesem Unglück Menschen nicht zu Schaden kamen. Unter großen Opfern der kronprinzlichen Verwaltung und der evangelischen Kirchengemeinde wurde der Wiederaufbau im Jahre 1910 vollendet. Besonders schöne Ausstattungsstücke sind die holzgeschnitzte Kanzel aus dem

Jahre 1605, getragen von einer Christophorusfigur und mit Bildern aus dem Leben Jesu geschmückt, der Altar mit prachtvollen Glasmalereifenstern, die Hofloge und die mächtige Orgel. Eine besondere Kostbarkeit ist das aus dem 15. Jahrhundert stammende Taufbecken.

Die Salvatorkirche in der Wendestraße ist vermutlich zuerst als Synagoge erbaut worden. Gleich nach Fertigstellung dieses Baues vernichtete ein schweres Unwetter einen großen Teil der Stadt. Man gab den Juden die Schuld an diesem Unglück und vertrieb sie aus Oels. Das Kirchlein diente daraufhin als Zeughaus, bis es im Jahre 1565 durch einen Brand vernichtet wurde. Die Herzogin von Oels ließ es wieder aufbauen. Das jüngste Gotteshaus in Oels war die katholische Kirche, sie wurde von einem Priester erbaut und ist ein Glanzstück des Barock.

Im Stil der Renaissance war das Schloß errichtet worden. Herzog Johann baute das Vorschloß, später Wittumsstock oder Witwenstock genannt, weil er den Herzogswitwen als Wohnsitz diente. Das Gebäude ist mit schönem zweistöckigem Erker und einem prächtigen Renaissancegiebel geziert. Neben dem Wittumsstock befindet sich das wappengeschmückte Portal mit dem Standbild des Herzogs Johann. Der Erbauer des Hauptschlosses ist Herzog Karl II. Das Glanzstück dieses Baues ist der Innenhof mit seinen kunstvollen Galerien und Giebelchen, die das lange Dach aufteilen. Auch von außen bietet das Schloß, von welcher Seite man es auch betrachtet, einen herrlichen Anblick. Auf dem Schloßplatz stand die Ehrensäule, die dem beliebten Herzog Christian Erdmann im Jahre 1791 anläßlich seiner Silberhochzeit von der Oelser Bevölkerung gestiftet worden war. Zweihundert Jahre, bis 1492, regierten die Glogauer Herzöge das Oderland. Ihnen folgten für hundertfünfzig Jahre die Herzöge von Münsterberg. Schließlich verlieh Kaiser Ferdinand III. 1648 Oels an Herzog Silvius Nimrod von Württemberg, Gemahl der Tochter des letzten Piastenherzogs. Nach dem Ersten Weltkrieg wurde das Schloß ständiger Wohnsitz des Kronprinzen und seiner Familie.

Gegenüber der Knabenschule stand das in den Jahren 1922/23 erbaute und modern ausgestattete Kreishaus. Im Sitzungssaal hing ein großes Bild, das die Begegnung Friedrich Wilhelms III. mit Zar Alexander I. von Rußland am 15. März 1813 darstellte. Diese Begegnung ereignete sich unmittelbar vor Beginn der Befreiungskriege, und zwar am Nordausgang von Oels, in dem Dorfe Spalitz. An der Stelle, an der sich die Monarchen begegneten, stand ein Gedenkstein.

Bis weit in das 19. Jahrhundert hinein war Oels eine bescheidene Kleinstadt. Haupterwerbszweige für die Bevölkerung waren die Landwirtschaft und das Handwerk. Noch 1853 gab es unter den 9000 Einwohnern siebenundneunzig Schuhmacher, fünf Gerber, Gastwirte mit eigenen Brauereien, Kammacher,

Riemer, Färber, Töpfer und Seifensieder. Auf dem »Flachsmarkt« waren Fleischbänke und Schuhbänke aufgestellt. Nach der Beseitigung der offenen Verkaufsstände wurde der Flachsmarkt ein Schmuckplatz, indem man an zwei Seiten entlang Bäume pflanzte. Langsam entwickelte sich eine regeres Leben, die Stadt begann aufzublühen und sich auszubreiten. Gewerbefreiheit, Zoll- und Handelsfreiheit lösten alle bisher noch gebundenen Kräfte.

Am 5. November 1868 wurde die »Rechte Oderufer Bahn« eröffnet, und Oels wurde Knotenpunkt für die Bahnstrecken, die von Breslau aus nach dem Osten führten. Der Anschluß an die Eisenbahn war natürlich für die weitere Entwicklung der Stadt von grundlegender Bedeutung, wenn sich auch die Nähe Breslaus nachteilig für die Oelser Geschäftswelt auswirkte.

Unter der Führung des allenthalben sehr geschätzten Bürgermeisters Kallmann wurde Oels eine schmucke Mittelstadt, in der es sich gut wohnen ließ. Eine Reihe von Behörden ließen sich hier nieder.

Die Ansiedlung von Industrie erhöhte wesentlich die Einnahmen der Stadt. Schon immer war die Schuhindustrie hier beheimatet. Aus kleinen Anfängen entstanden die »Oelser Schuhfabriken Gustav Klemm«, die mit ihren Erzeugnissen ganz Deutschland belieferten. Ebenso entwickelten sich die Handwerksbetriebe von Grollmus und Pohl durch den Fleiß und die persönliche Tüchtigkeit ihrer Besitzer zu beachtenswerten Möbeltischlereien. Weitere Industrieanlagen waren die große Mühle, eine Marmorbearbeitungswerkstätte, eine Weidenschälerei, Maschinenfabriken und vor allem das Reichsbahnausbesserungswerk mit 1600 Beschäftigten.

Seit 1919 bemühte sich Dr. Schlitzberger als Bürgermeister, Erholungsstätten für die Bürgerschaft zu schaffen. Aus dem Gasthaus »Elysium« entstanden die »Oelser Stadtsäle«, die mit modernen Bühnenanlagen ausgestattet waren. Hier konnten nun größere Veranstaltungen und Theateraufführungen stattfinden. Hinter den Stadtsälen wurde ein großer Stadtpark angelegt, mit Badeanstalt, Gondelteichen, einer Rodelbahn und einem Stadion. Vorher war die Bevölkerung nur auf Spazierwege durch die Fasanerie (ein Teil des kronprinzlichen Schloßparkes, der der Öffentlichkeit übergeben war) und über den Bäckerdamm angewiesen. Jetzt konnte man durch den Stadtpark den angrenzenden Wald erreichen.

Seit Mitte des 19. Jahrhunderts war Oels auch Garnisonstadt. Die 8. Dragoner und die 6. Jäger machten schon durch ihre Uniformen das Stadtbild farbiger.

Über die Stadt vor dem Ersten Weltkrieg schrieb später in seinen Erinnerungen der ehemalige badische Staatspräsident und demokratische Politiker Willy Hellpach, der hier 1877 geboren wurde: »Durch eine seltsame Zufälligkeit hat Gustav

Freytag in dem Hause – es liegt an der Ecke des Ringplatzes – gewohnt, in dem ich später zur Welt gekommen bin. Durch ihre Verbindung mit dem Hause Braunschweig hatte die Stadt einen fürstlichen und adligen Hauch empfangen, der ihr bürgerliches Wesen wie unter einen Schleier legte. Das Gymnasium verfügte über eine berühmte Studienstiftung und wurde in jener Zeit gern von den Söhnen des ostoderländischen Großgrundbesitzes aus dem Umlande besucht, wie denn das Städtchen – es erinnert mich darin rein eindrucksmäßig an Güstrow oder Insterburg – sehr deutlich das Gepräge einer Landmetropole voller agrarischer Bezüge und Belange darbot.«

Ein beliebter Ausflugsort für die Oelser Bürger war Sacrau. Es war die größte Landgemeinde des Kreises mit ungefähr 4000 Einwohnern und lag unmittelbar vor den Toren Breslaus. Hier befanden sich bedeutende Industriewerke: eine Papierfabrik mit 1000 Betriebsangehörigen, eine große Brauerei und Schnittblumenkulturen. Besonders bekannt wurde Sacrau durch vorgeschichtliche Funde. Man grub drei wertvolle wandalische Fürstengräber mit bedeutenden Beigaben hier aus, die im Breslauer Altertumsmuseum ausgestellt waren.

Bernstadt

Nach Oels war Bernstadt die größte Stadt im Kreisgebiet. An der von Breslau nach dem Osten führenden Verkehrs- und Handelsstraße waren die Orte Oels und Namslau entstanden. In der Mitte zwischen Oels und Namslau, dort, wo die alte Straße die Weideniederung erreichte, entstand Bernstadt, zunächst ein kleiner Ort mit Marktrecht. Herzog Heinrich III., der im Jahre 1255 die Stadt Oels gegründet hatte, erhob auch Bernstadt im Jahre 1266 zur deutschen Stadt.

Das Fürstentum Oels war zeitweise in eine Oelser und in eine Bernstädter Hälfte aufgeteilt. Jede Hälfte stand unter einem besonderen Herzog mit eigener Residenzstadt. Das letzte Herzogspaar, das in Bernstadt residierte, war Karl von Württemberg und seine Gemahlin Wilhelmine Luise von Sachsen-Meiningen (1707–1744). Danach diente das Schloß nur noch als Wohnung für die herzoglichen Oberförster.

Im Jahre 1860 wurde Bernstadt Garnisonstadt. Eine Schwadron der 8. Dragoner wurde nach hier verlegt und gab den Anstoß zu einem bescheidenen wirtschaftlichen Aufstieg. 1865 erfolgte der Anschluß an die Bahnlinie Breslau-Kreuzburg. Nun war es der Stadt möglich, auch höhere Schulen einzurichten.

An erster Stelle der Bernstädter Wirtschaft ist die Zuckerfabrik zu nennen. Sie gab der Landwirtschaft eine neue Erwerbsmöglichkeit durch den Anbau von

Zuckerrüben. Seit 1908 wurde die Fabrik durch den von allen Bernstädtern hochgeschätzten Direktor Tillessen geleitet. Seinem Fleiß und seiner Tüchtigkeit war es zu verdanken, daß die Zuckerfabrik Bernstadt zu den ersten Betrieben der Zuckerindustrie Deutschlands gehörte.

An der Weide entstanden zwei große Mühlenwerke, die Hoffmann-Mühle und die Hollaender-Mühle. 1899 wurde der Hollaender-Mühle ein Elektrizitätswerk angegliedert, das die ganze Stadt bis zum Jahre 1924 mit elektrischem Strom versorgte. Die beiden Sägewerke von Heinze und Schulz, gegründet 1886, wurden ständig erweitert und modernisiert und arbeiteten bis zur Vertreibung.

Der Fischreichtum der Weide, die die Stadt durchfließt, veranlaßte schon im 15. Jahrhundert die Herzöge, eine Fischerei zu begründen. Sie wurde bis 1945 weitergeführt, zuletzt von dem Fischereibesitzer Gottlieb Mahlich.

In Bernstadt ist Ludwig Meidner, der Dichter und Maler des Expressionismus, am 18. April 1884 geboren. Nach bitteren Jahren der Emigration lebte er in Darmstadt, wo er am 14. Mai 1966 gestorben ist. Über seine Heimat schrieb Meidner: »Die Herkunft aus einem Städtlein des Kreises Oels ist immer etwas Wesentliches gewesen für mich, ich nenne mich gern einen mittelschlesischen Patrioten und könnte nimmer das Bild der Heimat aus dem Herzen tilgen oder lau von ihr denken oder gar Schlechtes reden über sie. So grüße ich heute, da ich fern weile, mit sehnsüchtigem Gruß jene milden, leis verschleierten Ebenen rechts der Oder, die in großer Fruchtbarkeit daliegen, mit Kornfeldern, stillen Föhrenwäldern und spärlichen Wasserläufen, jene Gegend von Trebnitz, Oels, Namslau südwärts bis nach Ohlau und Brieg hin, die einen etwas anderen Charakter hat als das Land hinter der Oder, schon etwas norddeutsch anmutet, aber wiederum auch von einer leisen, schlesischen Verträumtheit überhaucht ist.«

NIEDERLAND ÜBER DER ODER

Gerhart Pohl

Ein Stück Urnatur

Eine Staubwolke quillt auf, rollt den menschenleeren Feldweg heran. Am Eingang des Dorfes bremst der »Jaguar« mit dem Zeichen GB (Großbritannien). Aus den Häusern, Ställen, Scheunen stürzen Menschen herbei. Sie umringen den Mann mit der rotblonden Bartfräse, der aus dem Sportwagen gestiegen ist und eben seine Brille vom Staub befreit.

»Welt-Zucker-Museum«, die Worte übersetzt der kleine drahtige Mitfahrer ins Polnische. Die rund vierzig Polen wissen nicht Bescheid. Einer weist auf das riesige Gebäude im Hintergrund. Die Tore sind verrostet, die Mauern zerbröckelt, die Schwemmkanäle mit Schmutz angefüllt. Die Zuckerfabrik liegt seit vielen Jahren still. Das bestätigt achselzuckend der Wojt (Ortsschulze), den man inzwischen herbeigeholt hat. Die Gründe kennt auch er nicht. Der Engländer steigt schweigend in seinen Wagen. Die Staubwolke rollt wieder an den Horizont. Die lähmend öde Armut bleibt zurück.

Der Vorgang hat sich um 1957 in »Konary Wolowski« abgespielt, jenem einst weltberühmten Dorfe Kunern im Kreis Wohlau, wo Franz Karl Achard auf seinem Gut Zucker aus Rüben herstellte und damit eine Entwicklung auslöste, die fünf Generationen später zu beschreiben jener Brite aus der rollenden Staubwolke sich vorgenommen hatte: Kontinentalsperre unter Napoleon für britische Waren, auch den Rohrzucker; wirtschaftlicher Aufstieg im Zeichen der »süßen Runkelrübe« für Schlesien, Mitteldeutschland, Nordfrankreich, Galizien, die Ukraine. Das Zentrum war lange Zeit Kunern geblieben. Und nun – dieses Ende in Konary Wolowski, das Absinken in die Geschichtslosigkeit ...

Auch sonst hatte dieser Kreis Wohlau einiges Unvergeßliche zu bieten – so das berühmte Barockkloster Leubus mit Gemälden und Fresken von Michael Willmann, der selbst dort gewohnt hat, den Steinauer Marienaltar, die unheimlich karge Rathaushalle von Köben und – den Scherz zum Schluß – die »Erdachse«, die zu Stroppen in einer Kneipe aus der Erde ragt und der gelegentlichen »Schmierung« bedarf: »Suste quietscht das Luder«. Die Umtrünke hat schon Karl von Holtei mitgemacht, wenn er von seinem geliebten »Heemtehäusel« in Obernigk hinüberwanderte – durch die gepriesenen alten Buchenwälder mit Fliedersäumen und die Bauernwäldchen, von Schlehdorn erhellt, längs der Birken- und Pappelalleen, durch Großleipe, Heinzendorf und Konradswaldau –, Entzücken über Entzücken schlichter ländlicher Schönheit.

Damit ist ein Panorama des Niederlandes über der Oder wandernd erschaut. Es gibt deren mehrere grundverschiedene. Wir werden sie aus der Erinnerung zu beschwören versuchen und als Bilder eines Lebensraumes bewahren. Es geht um das rechtsoderige Nordschlesien. Durch den Hochmut der »attraktiveren« Gebiete links der Oder mit einer beurkundeten »Haupt- und Residenzstadt«, bedeutenden reichen Industrien, weltbekannten Kurorten und Gebirgen kamen die rechts der Oder in einige Verrufenheit. Sie sollten zum Beispiel arm sein, was keine Schande ist. Dennoch wurde es ausgemünzt in Spottversen wie diesem auf Obernigk:

Wer sich dort will nähren,
der muß suchen Pilze und Beeren.
Wer sie nicht kann finden,
der muß Besen binden.

Die links der Oder mit der weiten offenen Flanke gen Sachsen, Berlin, das Deutsche Reich empfanden sich eben als die Herren. Darum wurde ihre Fluß-Seite die Herren-Seite genannt und die rechte die Lausigel-Seite, was schließlich »das Mäßel voll« machte. Lausigel – also Frechlinge, Tunichtgute, Strolche sollten der Philosoph Kuno Fischer, Fürst Hatzfeld, Präsident des Preußischen Herrenhauses, der Reinhardt-Schauspieler Ludwig Hartau und die übrigen Vieltausende des Niederlandes sein? Wartet nur, ihr Angeber von der »Herrenseite«!

Bei einem Landbundfest in Breslau, so ist es überliefert, paßte endlich der Flick. »Es leben die Herren von der Lausigelseite«, toastete ein Gutsbesitzer aus dem Kreise Strehlen, und der Kollege aus Militsch tat schlagfertig Bescheid: »Hoch die Lausigel von der Herrenseite!« Damit war die Hänselei beendet. Das »Neiderland« wurde als »gleichwertig« anerkannt.

Die Quelle dieses Spottes mag der industriellen Entwicklung entsprungen sein. Sie hatte links der Oder früher eingesetzt. Dadurch waren die Menschen dort zunächst ein wenig wohlhabender, heller, ja – auch »kommuner«. Sie waren aufeinander in höherem Maße angewiesen als die des einsamen, ja stellenweise annähernd menschenleeren Nordostschlesiens. Schwerfällig wie diese war die Mundart, die nirgendwo sonst in Schlesien verstanden wurde:

Geihste meite eiber de Auder?
Dreibm is Mausikk,
seibm Steikl an Beihm
doas geiht amo schein!

Die Worte wird man übersetzen müssen – auch für die übrigen Schlesier. Sie lauten: Gehst du mit über die Oder? Drüben ist Musik, sieben Stückel (kosten) einen Böhm (zehn Pfennige), das geht einmal schön. So umständlich, breit, ja auch einfältig sprach man in Militsch, Trachenberg, Trebnitz, Wohlau, Guhrau, Steinau bis in die Nähe von Glogau. Es ist das Neiderländisch mit den vielen Umlauten.

Sobald die Bartsch von Osten her Deutschland erreicht und sich in Brüche von unvorstellbarer Vielfalt ergießt, entwickelt sich im Dreieck Militsch–Herrnstadt–Trachenberg eine Landschaft von ergreifender Schönheit. Sie wird durch die drei großen W gekennzeichnet: Wald – Wiese – Wasser. Wo diese nahtlos ineinander übergehen, wird Wirklichkeit zum Traum.

Da stehen sie, die uralten gewaltigen Eichen, die mit Flugmoos bedeckten zottigen Kiefern, von fast undurchdringlichem Unterholz umschlossen und eingetaucht in das smaragden glitzernde, gebrochene und doch intensive Märchenlicht, das es nirgendwo gibt – ich schwöre es – nirgendwo . . .

Darin »schwimmen« Hirsche in Rudeln, weißes Damwild aus Genovevas Wald. Und der Vögel Fülle und Vielfalt konnten nur die Forscher bestimmen, die aus aller Welt anreisten und oft wochenlang zur Beobachtung blieben. Rote Milane, Wespenbussarde, Fischadler, schwarze Störche, Kraniche – ich vermag nur zu notieren, was ich als Kind selbst gesehen und auf dieser Wanderung des Wiederbegegnens in der Erinnerung entdeckt habe.

Längs der schmalen Knüppeldämme, die allein begehbar waren, öffneten sich die dunkelbraun glänzenden Augen der Moore mit den grünen Wimpern des Kalmus. Die Stahlbänder der Gräben blitzten opalen auf. Und mit einemmal lichtete sich der Wald zur blanken Weite eines Karpfenteiches mit den Tausenden von weißen Flecken, den Möwen, darüber.

Die östlichste Landschaft des Neiderlandes, die westlich und südlich der Posenschen Grenze liegt, wird Luge genannt. Das Wort ist slawischen Ursprungs. Es bedeutet Sumpf oder Moor – Bruchgebiet der einstmals ungezähmten Steppenflüsse, deren westlichster die Oder mit der Bartsch war. Slawische und germanische Fischer, die allmählich zum Ackerbau übergingen, haben sie in vereinzelten Siedlungen bewohnt.

Später ist daraus eine wohlorganisierte deutsche Kulturlandschaft mit gründlich durchdachter Forst-, Jagd- und Teichwirtschaft geworden. Natürlich war die einst wilde Bartsch längst »reguliert«.

Und seltsam genug: Was der Wirtschaft Nutzen schaffte, schadete in diesem besonderen Fall der Landschaft nicht. Die Luge ist das einmalige Traumgebilde der Ursprünglichkeit geblieben. Und haftend über fünfundzwanzig Jahre, da ich sie zum letzten Male mit dem Fahrrad durchstreift habe, ist ihre Einsamkeit. Ich habe an einem langen Nachmittag bei einer Fahrt von zwanzig Kilometern außerhalb der Dörfer gewiß kaum zehn Menschen gesehen. Wo in Deutschland und Mitteleuropa gibt es das heute noch? Ich vermute: in der Luge – wie einst.

Laßt uns weiter wandern – nunmehr mit dem Kahn. Im Neiderland längs der Bartsch gibt es jene äußerlich plumpen, im Gebrauch jedoch äußerst wendigen Flachkähne ohne Kiel und Ruder. Allein eine lange schwere Stange, deren Ende breitseits abgeplattet ist, dient als Stechruder und Steuer in einem. Die Kähne sind in allen Bruchlandschaften üblich. Der Spreewald und die holländischen Grachten haben sie bekannt gemacht.

Eine Bartsch-Fahrt nordwestwärts von Militsch über Trachenberg nach Herrnstadt – von der Luge in die Wirsebinger Brüche – ist bei »gutem Wasser«, also im Frühling oder Herbst, ein Erlebnis eigener Art. Der Kahn gleitet lautlos durch die saftig grünen oder spät-bunten Gewölbe der Uferbepflanzungen, die, gegen die Hochwasser angelegt, ein Stück Natur geworden sind. Hängende Weidenzweige schleifen über den Kahn hin, Holunder winkt über unseren Köpfen, und die knorrigen Pappeln scheinen die Meilensteine einer Urwaldfahrt zu sein. Dabei breiten sich zwei Meter hinter diesem Schutzgürtel aus Wurzelwerk die Gewende fruchtbaren Bodens mit Gerste, Korn, Hafer, mit Kartoffeln und Zuckerrüben.

Unter zahlreichen Holzbrücken hinweg gleitet der Kahn allmählich in die Wirsebinger Brüche hinein, die ihren besonderen Charakter haben. Sie sind Siedelland des 18. Jahrhunderts, da Friedrich der Große Schlesien erobert hatte. Den Soldaten und Invaliden seiner Heere hatte er Land versprochen. Nun hatten es seine Minister zu beschaffen. Der befähigte Ernst Wilhelm von Schlabrendorff erinnerte sich an einen Glogauer Domänenrat namens Caspary. Der hatte an Jagden in den schier undurchdringlichen Brüchen teilgenommen. »Dort könnten Hunderte siedeln«, hatte er erklärt.

An ihn ging der Auftrag der Meliorierung. Im Zusammenwirken mit dem Minister Hoym, Schlabrendorffs Nachfolger, schuf er auf dem rechten Ufer der Bartsch durch Trockenlegung der Moraste Lebensraum für über dreihundert Menschen, die sich auf die neu gegründeten Siedlungen Herrndorf, Königsdorf, Bartschdorf, Königsbruch und Wilhelmsbruch verteilten.

Die »Bruchdörfer« längs der Bartsch unterschieden sich bis 1945 von dem übrigen Neiderland. Die Landschaft war die typische der Bartsch wie südlich und nördlich davon. Doch die Dorfstraßen waren Reißbrettarbeit: schier endlose Zeilen längs des Flusses, alles ein wenig höher gelegen, um vom Hochwasser nicht erreicht zu werden. (Wie oft stieg das Wasser höher, und die Dörfer verschwanden tagelang im Schlamm!) Noch zu meiner Zeit waren sie ungepflastert, so daß jedes Gefährt in eine Staubwolke gehüllt war.

Die Wirtschaften von je zwanzig bis sechzig preußischen Morgen mit Wohnhaus, Scheune, Stall und Backofen, dieser auf der anderen Straßenseite, schienen »militärische Einrichtungen« zu sein, so haargenau aufeinander abgestimmt, bar jeder eigenen Erfindungsgabe waren sie gebaut. Die Menschen darin aber waren noch sechs Generationen nach der Niederlassung fromm-glückliche Patrioten. Sie stammten aus der Kurpfalz, der Rheinpfalz, aus Hessen, Braunschweig, Posen, Wien und Danzig. Ihre Vorfahren hatten ausnahmslos für den »großen Friedrich« gekämpft. Ihm dankten sie den Besitz – ihren bescheidenen Wohlstand.

Man konnte sie von den übrigen Neiderländern genau unterscheiden. Sie waren weder »tuse« (sanft) noch schwerfällig. Das Neiderländische sprachen sie zügiger. Charakteristisch ist die Anekdote von den beiden Badelustigen, die nicht schwimmen können, dennoch in die Bartsch mit ihren Strudeln steigen. Ruft der Zögernde dem Kecken zu: »Koarle, hoaste Grund?« – »Schiete«, soit dar und verschwund ... Auch einzelne pfälzische Worte haben sich über sechs Generationen erhalten: »Mordsch Sakrament«, »Schwar« (Schwager), »schurruck« (zurück) und andere.

Ein Zug der Wachheit und der Raschheit aus protestantischem wie aus militärischem Geiste kennzeichnete diese Siedler, mit denen sonntags im Gasthaus von Richard Vater in Bartschdorf zu plaudern ein unvergeßliches Erlebnis war.

Und nun löst den Kahn noch einmal vom Pflock! Wir gleiten weiter nordwestwärts über das Städtchen Herrnstadt an der Horle, über Sandewalde nach Rützen. Südwärts dieses Dorfes dehnen sich der Rützener und der Lübchener Wald in ihrer sommerlichen Pracht. Eine grüne Welle von unbeschreiblicher Vielfalt der Baumbestände und deren Gliederung zieht sich fünfzehn Kilometer bis in Odernähe hin. Versucht man den Mischwald im einzelnen zu beschreiben, dessen dichtes Unterholz die Stämme bis zur Viertelhöhe umschließt, so wird der mögliche Baumbestand Mitteleuropas aufzuzeichnen sein. Auch hier ist kaum ein Mensch zu treffen – es sei denn bei der Forstarbeit. Die Dörfer liegen randseits in schönen Heiden. Auf rund siebzig Quadratkilometern Wald gab es seinerzeit wohl allein den Eichkretscham, einige Forsthäuser und den Kellerberg mit seinen stolzen einundneunzig Metern.

Noch ein Gebiet von dieser Unberührtheit gibt es im Niederland über der Oder. Es ist die Zauche nordwestlich von Wohlau-Stadt. Das Naturschutzgebiet um die Heideteiche liegt abseits der Straßen und bleibt unentdecktes Paradies. Der Schöneicher Oberförster, zu dessen Revier die Heideteiche gehören, hat bis 1945 manchen Stoßseufzer gen Himmel gesandt, wenn in der Vorzeit der Touristik ferne Botaniker und Zoologen, vor allem Ornithologen, um ein »bescheidenes Quartier mit einem Süppchen« baten, so bedeutsam war das Stück Urland für die Naturwissenschaften.

Die Zauche lebt aus der Zeitlosigkeit. Selbst ein paar weiße Dünen aus der Eiszeit haben sich erhalten. Auf schmalen Pfaden geht es zunächst durch Kiefernwald bis zur blanken Fläche eines Heideteiches. Schlangen gleiten am Ufer entlang in der warmen Sonne. Darunter gibt es tatsächlich noch die giftige Höllennatter. Vor 1945 hat ein alter Mann aus dem Wohlauer »Spittel« sie weggefangen – für fünfzig Reichspfennige pro Vipernkopf.

Die Vogelkundigen behaupten, selbst die berühmte Luge habe weniger seltenes Getier als die Zauche. In jedem Fall hat der mythenbeladene »Vogel der Vergessenheit« Niststätten in den Heideteichen bei Wohlau gehabt. Der huschende bunte Eisvogel, Kraniche, Fischadler, Schwarzstörche – die Zauche ist für den Kundigen ein Zoo ohne Eintrittsgeld gewesen, ja weit mehr – ein Stück Urnatur ausgesprochen östlichen Gepräges.

Keinesfalls braucht die Lausigelseite der Oder vor deren Herrenseite »stramm zu stehen«. Im Gegenteil – je intensiver ich mich damit beschäftige, je länger ich darüber nachdenke, desto klarer wird mir: »Neiderland eibar dar Auder« ist nicht nur eine interessante Sprach-Erscheinung. Auch als eine Wirklichkeit von Land und Leuten ist es nicht fortzuwischen. Da sind die rund fünfzehn kleinen Städte mit ihren je sechshundert bis achttausend Einwohnern. Ihre Zuckerfabriken, Eisenhämmer, Sägewerke, Brauereien, Dampfmühlen haben das Land rechts der Oder leidlich versorgt. Zwanzig Kirchen, Klöster, Schlösser dokumentieren die Baukultur, zehn große Männer den deutschen Geist.

Entscheidend bleibt die Natur. Diese Stücke Urnatur zwischen den Äckern, Wiesen, Wäldern moderner Agrarkultur sind in Deutschland nirgendwo mehr zu finden. Vielleicht ist die Camargue, jene verzauberte Landschaft im Rhône-Delta, Frankreichs Luge oder Zauche.

GLOGAU

Artur Pusewey

Hier wurde Andreas Gryphius geboren

Daß man nach bresla, der werden stadt
kein besseren orth nicht im lande hat

Mit diesem Ort meint der Chronist Glogau, die Stadt am linken Ufer der Oder, einst auch Groß-Glogau genannt. Ihre Entstehung unterhalb der Mündung der Bartsch in die Oder ist nicht endgültig erforscht. Der Ursprung dürfte in der aus der Befestigung der Dominsel-Siedlung hervorgegangenen Gefolgschaftsburg liegen. Etwa um das Jahr 980 gegründet, erhält sie von Herzog Karl II. im Jahre 1253, in der Absicht, eine freie und sichere Stadt in Glogau zu schaffen, das Stadtrecht zugesprochen. Hierin Breslau gleich, war Glogau in Altstadt und Dominsel geteilt, gelegentlich wurde es ebenso liebevoll wie spöttisch »Klein Breslau« genannt.

Die Lage der Stadt an einer großen Wasserstraße gab ihr schon im Mittelalter eine Bedeutung als Handelsplatz. Zu diesem Verkehrsweg gesellte sich die an der Oder entlangführende alte Salzstraße nach Breslau, die allerdings nach der Schiffbarmachung der Oder an Bedeutung verlor. Sie war aber doch richtungweisend für die späteren Verkehrswege, Heeres- und Landstraßen wie Eisenbahnlinien. Freilich mußte die Stadt um ihre Handelsrechte ringen und kämpfen, besonders, wie aus alten Unterlagen zu entnehmen ist, gegen Breslau, das 1274 das Recht der alleinigen Niederlage für den Handelsverkehr zwischen Polen und den damaligen Handelsplätzen der Welt erhalten hatte. Glogau bekam erst vierzig Jahre später das Niederlagsrecht mit der Erlaubnis zum Bau eines Salzmagazins.

Erhöhte Bedeutung erlangte neben dem Warenumschlagsverkehr das Tuchmachergewerbe. Eine der Ursachen für den späteren Niedergang des einst so blühenden Gewerbes liegt in der Einzwängung der Stadt zur Festung. Glogau wurde dadurch wiederholt zu einem Brennpunkt kriegerischer Auseinandersetzungen, die für die weitere Entwicklung recht verhängnisvoll waren. Nach der jahrelangen Besetzung durch napoleonische Truppen ging es dann endlich im Wirtschaftsleben der Stadt wieder aufwärts.

Das Bild der Stadt und die Geschicke ihrer Menschen aber wurden bestimmt durch ihren Charakter als alte Garnisonstadt und Festung. In frühester Zeit lag die Befehlsgewalt beim Rat der Stadt. Die Bürgerschaft wurde lediglich in Kriegszeiten durch Söldner unterstützt. Mit der Befestigung Glogaus, etwa 1630, schaltete man den Rat aus, und die Garnison übernahm die Stadtverteidigung. Die Bürger waren zwar stolz auf ihre Soldaten, und es bestand ein gutes Verhältnis zwischen ihnen seit frühester Zeit, doch ohne diesen Festungscharakter hätte die Stadt sich ganz anders entfalten können. Durch den Dreißigjährigen Krieg wurde Glogau besonders in Mitleidenschaft gezogen; während andere Städte rasch wieder Anschluß an das normale Wirtschaftsleben fanden, war hier der Gürtel der Festungswälle für den gewerblichen und industriellen Fortschritt von großem Nachteil. 1806 fiel Glogau in französische Hand und konnte sich als französische Festung bis zum Fall von Paris 1814 behaupten. Seine Funktionen als Festung übte es über 250 Jahre aus. Erst 1903 wurden die Wälle eingeebnet.

Dem Fleiß und der Energie seiner Bürger ist es zu verdanken, daß nun Handel und Industrie aufblühten. Aus der Vielzahl der Betriebe, die Glogaus Ruf weit über Schlesiens und Deutschlands Grenzen hinaustrugen, soll die Firma Carl Flemming und C. T. Wiskott AG, einer der umfangreichsten und vielseitigsten graphischen Betriebe und die größte graphische Kunstanstalt im Osten des Deutschen Reiches, genannt werden. Ein tragisches Ereignis machte einen weiteren Betrieb, die Zierdruckanstalt Lindenruh GmbH, weltbekannt. Diese fertigte zur Krönung des Zaren Nikolaus II. zwei Millionen Erinnerungsbecher aus weißemailliertem Eisenblech, für deren Verzierung, wohl damals erstmalig, ein Abziehbild Verwendung fand. Als bei Verteilung der gefüllten Becher in Moskau, infolge Unachtsamkeit der Stadtverwaltung, sich die vor den Festungswällen aufgestellten Wagen durch die nachrückenden Menschen in Bewegung setzten und in die Wälle stürzten, fanden dabei viele den Tod. Da fast alle illustrierten Zeitschriften des In- und Auslandes über das Unglück berichteten und den Erinnerungsbecher beschrieben, setzte eine rege Nachfrage nach den Erzeugnissen von Lindenruh ein.

Die Oder, die zum Schicksalsstrom des deutschen Volkes geworden ist, war nicht nur für Schlesiens Wirtschaft die wichtigste Straße, sondern auch und vor allem für Glogau. Der ständig zunehmende Handel und der gesamte Umschlagverkehr machten die Anlage einer Schiffswerft in Zarkau erforderlich. Sie war ein Zweigunternehmen zunächst der Reederei Emanuel Friedlaender & Co. und später der Schlesischen Dampfer-Compagnie.

Drei Betriebe mögen noch erwähnt werden, die davon zeugen, daß mit der industriellen Entwicklung im Kreis Glogau auch eine blühende Landwirtschaft in enger Verbindung stand. Die Zuckerraffinerie auf der Dominsel, die im Jahre

1885 ein Zweigbetrieb der Zuckerfabrik Fraustadt als reine Raffinerie wurde, die Zuckerfabrik Glogau in Zarkau und die Stärkefabrik der Deutschen Brüderunität Glogau in der Rüster-Vorstadt, der noch eine Dextrinfabrik angegliedert war.

Die Bodengüte im nördlichen Teil des Kreises eignete sich besonders für den Getreidebau. Auf dem leichteren Boden im Norden und Süden wurden in der Hauptsache Roggen und Kartoffeln angebaut, während der Osten und Westen Hauptlieferanten von Weizen, Hafer, Gerste und Rüben waren. Einen anerkannt guten Stand hatte übrigens die Viehzucht des Kreises. Um Glogaus Altstadt, die einst von den engen Festungs- und Wallanlagen umgeben wurde, zog sich nach der Beseitigung dieser Wälle ein breiter Grüngürtel. Gepflegte Rasenflächen und wunderbare Parkanlagen gaben der Stadt ein anheimelndes und sauberes Bild.

Isoliert steht auf der Insel zwischen der neuen und alten Oder der Dom »Unserer Lieben Frau«. In dieser spätgotischen Backsteinkirche sehen wir zugleich das älteste und ehrwürdigste Gebäude der Stadt, das Herzog Konrad II. erbaute und im Jahre 1262 weihen ließ. Der kostbarste Schatz des Domes war die »Madonna mit dem Schleier« von Lucas Cranach aus dem Jahre 1518.

Im Glogauer Stadttheater, nach seinem Umbau ein Schmuckkästchen, stand die Büste von Andreas Gryphius, 1616 in Glogau als Sohn eines protestantischen Pfarrers geboren, 1664 hier gestorben. Nachdem er sich in der Welt umgesehen hatte, kehrte er in seine Heimatstadt zurück und lehnte Berufungen nach Uppsala, Heidelberg und Frankfurt an der Oder ab. Er wurde Syndikus bei den Ständen des Fürstentums Glogau. Seine Dichtungen, vor allem seine Sonette, machten ihn zum größten Barockdichter nicht nur Schlesiens, sondern ganz Deutschlands. Die unter der Leiderfahrung des Dreißigjährigen Krieges geschriebenen Gedichte haben heute, nach der Vertreibung, eine geradezu zeitgemäße Aussagekraft.

Tränen des Vaterlandes
Anno 1636

Wir sind doch nunmehr ganz, ja mehr denn ganz verheeret!
Der frechen Völker Schar, die rasende Posaun,
Das vom Blut fette Schwert, die donnernden Kartaun
Hat allen Schweiß und Fleiß und Vorrat aufgezehret.

Die Türme stehn in Glut. Die Kirch ist umgekehret.
Das Rathaus liegt im Graus. Die Starken sind zerhaun.
Die Jungfraun sind geschändet. Und wo wir hin nur schaun,
Ist Feuer, Pest und Tod, der Herz und Geist durchfähret.

Hier durch die Schanz und Stadt rinnt allzeit frisches Blut.
Dreimal sind schon sechs Jahr, als unser Ströme Flut,
Von Leichen fast verstopft, sich langsam fortgedrungen.

Doch schweig ich noch von dem, was ärger als der Tod,
Was grimmer denn die Pest, und Glut, und Hungersnot:
Daß auch der Seelen-Schatz so vielen abgezwungen.

Zur deutschen Literaturgeschichte zählt als Volksdichterin die Glogauer Schneidersfrau Anna Luise Karsch, die sich dann in Berlin durchgesetzt hat. Es soll auch verzeichnet werden, daß E. T. A. Hoffmann seine Referendarzeit in Glogau verbracht hat, um nach zweijährigem Aufenthalt 1798 nach Berlin überzusiedeln. Allerdings datiert weder eine Dichtung noch eine Komposition aus der Glogauer Zeit. Doch Aloys Molinari, der zu jener Zeit an der Renovierung der Glogauer Jesuitenkirche arbeitete, kehrte später in der Erzählung »Die Jesuitenkirche in Glogau« wieder: »Überall sind die Klöster, die Kollegien, die Kirchen der Jesuiten in jenem italienischen Stil gebaut, der auf antike Form und Manier gestützt, die Anmut und Pracht dem heiligen Ernst, der religiösen Würde vorzieht. So waren auch hier die hohen, luftigen, hellen Säle mit reicher Architektur geschmückt, und sonderbar genug stachen gegen Heiligenbilder, die hie und da an den Wänden zwischen ionischen Säulen hingen, die Superporten ab, welche durchgehends Genientänze, oder gar Früchte und Leckerbissen der Küche darstellten.«

Als Eichendorff im Herbst 1809 von Breslau die Oder abwärts fuhr, beschrieb er auch Glogau und die Oderlandschaft: »Als ich zum ersten Male wieder aufs Verdeck hinauskam, fuhren wir unter der Brücke von Großglogau weg. Glogau, das hart an der Oder liegt, übersieht man von hier mit seinen weitläufigen Festungswerken, Türmen und alten großen Gebäuden fast ganz. Zeitig am Abend endlich legten wir uns unter dem Städtchen Beuthen, das an der Oder auf ziemlich hohen, steilen und kahlen Hügeln voll Schluften sonderbar gelegen ist, in dem geräumigen Hafen vor Anker. ... Gleich bei Beuthen passierten wir ein furchtbares Wehr glücklich. Gen 9 Uhr segelten wir bei dem Marktflecken Carolath (dem Fürsten von Schoenaich gehörig) vorbei. Das große altritterliche Schloß des Fürsten mit dem Burgwege und der langen Front paradiert nebst den dazugehörigen Glashäusern und Gärten herrlich auf einem Berge über der Oder. Rechts liegt der Marktflecken alt und garstig auf den Hügeln zerstreut. Große Mengen besegelter Schiffe, die hier auf- und niedergehen ...«

Fritz Reuter, der große Mecklenburger Dichter, verbüßte in Glogau auf der

Hornburg einen Teil seiner Festungszeit. Der Reuterbrunnen mit den Figuren des »Onkel Bräsig«, mit Minning und Linning erinnerten an diese Zeit.

Die Oder, aber auch die Höhen des Katzengebirges schenkten der Bevölkerung herrliche Ausflugsziele. Die Fahrten mit dem Dampfer und auf den Ruderbooten waren starke und bis heute nachhaltende Erlebnisse. Besonders reizvoll waren die Ausflüge zur Zeit der Fliederblüte nach Schloß Carolath. Die Reichsgrafen, deren Vorfahren schon 1241 gegen die Mongolen gekämpft hatten, erhielten von Friedrich dem Großen das Prädikat Prinz und Prinzessin. Das Schloß mit einem prunkvollen Portal war ein herrlicher Renaissancebau. Hier war Emanuel Geibel, ein Sohn der Hansestadt Lübeck, oft zu Gast und schrieb seine Lieder, die auch heute noch gesungen werden. Gleich beliebt im Sommer und Winter waren als Wanderziele der Glogauer Stadtforst mit seinem Waldreichtum und die Dalkauer Berge. Ausflugsfahrten an den Schlawaer See, das größte Binnengewässer Schlesiens, wie an die kleineren Seen bei Tarnau, erschlossen die landschaftliche Schönheit des Kreises.

Die Stadt Glogau, die vor dem letzten Kriege 34000 Einwohner zählte, ist heute ein verkümmerter und vergessener Ort. Kaum einer anderen schlesischen Stadt hat die Furie des letzten Krieges so tiefe Wunden geschlagen wie der traditionsreichen Festung und alten Handelsstadt.

NEUSALZ

Heinrich Troeger

Industriestadt an der Oder

Die Industriestadt Neusalz an der Oder in ihrer äußeren Erscheinung und in ihrer wirtschaftlichen Bedeutung kann nur verstehen, wer etwas von der Geschichte des Kammergutes »Zum Neuen Saltze« weiß. Neusalz gehört zu den wenigen Städten in Schlesien ohne Stadtmauer und Burg, ohne Schloß und traditionsreiche städtische Bauten, wie sie sonst allenthalben, selbst in den kleinsten Landstädten anzutreffen sind. Das erklärt sich aus seiner Herkunft, über die der Stadtarchivar Wilhelm Gotthold Schulz in seiner dreibändigen Chronik »Zum Neuen Saltze« berichtet hat, die in der Hauptsache eine Geschichte der Salzversorgung von Schlesien und Böhmen ist. Meine Ausführungen lehnen sich eng an seine in den Schlesischen Monatsheften vom März 1932 veröffentlichte Schilderung der wirtschaftlichen Geschichte von Neusalz bis zur Stadtwerdung an.

Die Stadt Neusalz an der Oder verdankt ihre Entstehung keiner Siedlung im üblichen Sinne des Wortes. Sie ist aus einer Zweckanlage, dem Kammergut »Zum Neuen Saltze« bei Modritz im »Freystädtischen«, hervorgegangen. Dieses Salzkammergut ließ Kaiser Ferdinand I. im Jahre 1563 in der Absicht erbauen, die salzarme Provinz Schlesien durch ein großes Siedewerk mit geläutertem Meersalz zu versorgen. Das Salz wurde von der westfranzösischen Küste aus der Bai von Rochelle und aus den Salzgärten der iberischen Küste über See an die Mündungen der Elbe und der Oder herangeführt und über die Stapel zu Hamburg und Stettin auf den Binnenschiffahrtswegen nach der neuen Siederei verfrachtet.

Den Erbauern des Siedewerkes »Zum Neuen Saltze« war es darum zu tun, das Baisalz an dem ersten verkehrswirtschaftlich günstig gelegenen Platze auf schlesischem Grunde der Bearbeitung zuzuführen. Nachdem der Versuch fehlgeschlagen war, ein in Liquidation befindliches privates Siedewerk an der Milziger Fähre im Grünbergischen zu erwerben, wählten die kaiserlichen Kommissare für die Anlage der neuen Siederei einen der Krone gehörigen Ödlandstreifen an der später zum stillen Arm gewordenen »alten Oder«.

Das Siedewerk lag etwa eine Meile unterhalb des Beuthener Mühlwehrs, dem nördlichsten der dreizehn großen Stauwerke zwischen Breslau und der brandenburgischen Grenze, und bezeichnete somit das obere Ende der schiffbaren Oder, deren Lauf von hier aus dem Verkehr erschlossen werden sollte. Noch jetzt lassen sich die Spuren der alten Siedewerksanlage am Hofe des Rathauses – dem ehemaligen Salzamt – und in den Zügen der Amts-, Oder- und Schifferstraße so wie der Kleinen Gasse nachweisen.

Zacharias Ring, der erste Salzamtsverwalter, vermochte dem Siedewerk rasch eine gewisse Wirtschaftlichkeit zu sichern. Es vergrößerte sich bis zum Ende des 16. Jahrhunderts zu einem für damalige Begriffe ansehnlichen Betrieb mit zwölf Siedefeuern, der fünf Salzbeamte und etwa fünfzig Siedeknechte beschäftigte. Der große Holzbedarf der Salzöfen wurde in den kaiserlichen Waldungen an der Oder geschlagen. Um der Siederei die zum Holzschlag erforderlichen Kräfte zu sichern, wurden ihr die benachbarten Dörfer mit Handdiensten und Zinsen zugeteilt.

Um die Wende des 16. Jahrhunderts führte der Wettbewerb der nordischen Küstenländer zu Stockungen in der Rohsalzbelieferung der Neusalzer Siederei. Die dadurch hervorgerufene Wirtschaftskrise wurde durch Zollschwierigkeiten verschärft, mit denen die brandenburgischen Kurfürsten im Interesse des Absatzes ihrer eigenen Salinensalze die Durchfahrt von Seesalz zu verhindern suchten. Nur mühsam vermochte der umsichtige Obersalzamtmann Preuß den Neusalzer Betrieb wirtschaftlich zu erhalten. In seiner Amtszeit war die Zahl der Einwohner auf etwa zweihundertfünfzig angewachsen, denen er mit Erbauung der später katholisch gewordenen Pfarrkirche ein dem Augsburgischen Bekenntnis dienendes Gotteshaus gegeben hatte.

Mit seinem Rücktritt endete die Zeit des Gedeihens der Neusalzer Siederei. Sie erlebte nur noch einmal zu Beginn des Dreißigjährigen Krieges einen durch Handelsstockungen und Geldentwertung herbeigeführten Hochbetrieb. Der Krieg selbst machte das Siedewerk wiederholt zum Stützpunkt kaiserlicher und protestantischer Truppen und lieferte es Plünderungen und Zerstörungen aus, so daß es unter der schwedischen Herrschaft der letzten zehn Kriegsjahre und bei dem Mangel genügender Rohsalzzufuhr fast zum Erliegen kam. Nach dem Friedensschluß verstrich beinahe ein Menschenalter, bis der Betrieb mit der halben Zahl der ehemaligen Siedefeuer wieder in Gang kam. Inzwischen hatte sich das polnische Steinsalz zum Wettbewerb der brandenburgischen Salinensalze gestellt. Die Absatzschwierigkeiten für das in Neusalz versottene Meersalz häuften sich, bis schließlich das Verbot der Seesalzeinfuhr über Stettin dem Siedereibetrieb im Jahre 1710 ein Ende bereitete. Er konnte sich zwar noch einige Jahre durch gelegentliche Baisalzzufuhr halten; dann wurden die Siedefeuer gelöscht. Die umfangreiche Anlage des Siedewerkes wurde in eine Faktorei für Magdeburgisches Salinensalz umgewandelt; die Anlagen dienten seit 1713 in der Hauptsache dem Umschlag von Salz und anderer Handelsware.

Dem Salzumschlag verdankte Neusalz fast im ganzen 18. Jahrhundert seine Bedeutung als größter schiffahrttreibender Platz an der schlesischen Oder. Zu den hundertachtundachtzig selbständigen Oderschiffern stellte es um 1740 allein hundertfünf Schiffseigner mit einer Flotte von etwa zweihundert Lastfahrzeugen. Die Schiffer bildeten den Kern der Ortsbevölkerung, die im übrigen nach dem Erliegen des Siedereibetriebes auf Landwirtschaft angewiesen war. Erst die Übernahme Schlesiens durch Preußen verschaffte dem Ort die ihm zukommende Bedeutung als Umschlagplatz im Handel auf der Oder. Friedrich der Große erhob Neusalz im Jahre 1743 zur Stadt. Neben den Salzspeichern errichtete er eine Mühlsteinfaktorei, um die preußischen Ostprovinzen auf dem Wasserwege mit schlesischen Mühlsteinen zu versorgen. Auch eine Grünspan-, Stärke- und Haarpuderfabrik wurde bei Neusalz ins Leben gerufen. Ein Versuch, das zugrunde gegangene Siedereigewerbe durch Tuchweberei zu ersetzen, scheiterte an der Ungunst der Zeitverhältnisse. Es gelang jedoch, im Südosten der Stadt eine Kolonie mährischer Brüder anzusiedeln; sie führte der Stadt ein reges Gewerbeleben zu. Aus ihrer Mitte stammt Johann David Gruschwitz, der Begründer des größten Neusalzer Industrieunternehmens, der Gruschwitz Textilwerke AG.

Man kann nicht sagen, daß die Oderlandschaft und der Hafen der Industriestadt Neusalz das charakteristische Gepräge geben, wie es gewiß so lange der Fall war, als die Salzsiederei betrieben wurde. Die spätere Ansiedlung sowohl der Brüdergemeine wie der übrigen Bevölkerung folgte der großen Land- und Heerstraße von Frankfurt an der Oder nach Breslau. Neusalz war geraume Zeit wie ein Reihendorf angelegt, erst im 20. Jahrhundert dehnte es sich nach Westen aus, weil im Osten der Oderstrom eine natürliche Schranke bildete. Freilich war im Westen die Barriere der großen Eisenbahnlinien Breslau–Stettin ein beachtliches Hindernis.

Die Stadt wuchs seit ihrer Gründung ununterbrochen trotz der ungünstigen Verkehrslage und des Mangels an Mittelstand und Behörden. Textil-, Eisen- und Borstenindustrie ernähren seit den Gründerjahren die Neusalzer Bevölkerung in der Hauptsache. Auf den fremden Besucher wirkt die Stadt nüchtern und ärmlich. Nur im Brüdergemeineviertel ist seit der Mitte des 18. Jahrhunderts in einheitlichem Stil mit Liebe und getragen vom Gemeinschaftsgeist gebaut und das Geschaffene gepflegt worden. Hier war ein wahres Schmuckstück städtebaulicher Kultur entstanden.

Unter diesen Umständen war die Stadt nach dem Ersten Weltkriege bemüht, sich durch gute Werke neuzeitlichen Geistes auszuzeichnen. Der Kubushochbau des Kreiskrankenhauses, ein Musterbau für das Land Preußen aus dem Jahre 1930, das platzbildende neue Gymnasium als Hintergrund einer öffentlichen Parkanlage, die neuzeitliche Hafenanlage mit einer modernen Hubbrücke, eine neue Oderbrücke in Stahl und Beton anstelle der alten Brücke mit schwerer Holzkonstruktion, gaben der Stadt in der Weimarer Zeit einige erfreuliche Blickpunkte. Daneben trug die Anpflanzung von Tausenden von Bäumen auf allen Straßen, die es irgendwie vertragen konnten – oft zum Verdruß der Ladenbesitzer –, dazu bei, die meist unschönen Häuserfronten hinter grünen Kulissen zu verbergen. Es ist eine wahre Pracht, wenn die hochstämmigen Fliederbäume, die Ebereschen und japanischen Kirschen, wenn Rotdorn- und Weißdornbäumchen in Blüte stehen, nicht zu sprechen von den hohen Linden und Kastanien, den Ahorn- und Buchenbäumen. Auch sonst lohnt es sich schon, durch die Straßen von Neusalz zu wandern mit dem Blick auf den Barockturm der katholischen Kirche oder mit dem Ziele des Oderdeiches oder des weiten Röstfeldes von Gruschwitz oder des Kiefernwaldes im märkischen Sand westlich der Eisenbahn.

Kommt man vom Norden in die Stadt gefahren, also aus der Richtung Frankfurt an der Oder und Grünberg, dann begegnet einem zunächst »die Leime«, die Leimfabrik der mährischen Brüdergemeine; sie kündigt sich je nach der Windrichtung durch den Geruch der tierischen Abfälle, die zur Leimfabrikation benötigt werden, schon von weither an. Dann fährt man durch einen Straßenschlauch entlang den Anlagen der alten Hütte, einer Gießerei mit Emaillierwerk, bis der Anblick der evangelischen Backsteinkirche den Beginn des Stadtkerns anzeigt.

Wer von Süden nach Neusalz fährt, also aus der Richtung Breslau–Glogau kommt, muß zunächst den Straßenschlauch von Altschau passieren, bis die großen Gebäude der Gruschwitz Textilwerke den Eintritt in das städtische Weichbild deutlich machen. Es folgt die Siedlung der Brüdergemeine mit ihren charakteristischen Bauten. Alsdann mündet die Breslauer Straße auf den Marktplatz und setzt sich nördlich in der Berliner Straße fort.

Die Zufahrt vom Westen führt durch einen dürftigen Kiefernwald auf sandigem Boden an dem hohen Wasserturm vorbei in das neue Wohngebiet westlich der Eisenbahnstrecke. Hier hat der mächtige Baukörper des Kreiskrankenhauses seinen Platz gefunden.

Nur der Besucher vom Osten wird durch die Oderniederung mit dem großen Eichenwald geführt. Er überquert den Strom auf der modernen hochgebauten Straßenbrücke, die unter sich die Oderschiffe passieren läßt, und nähert sich der Stadt, die ihm zunächst in der Gestalt des Schützenhauses begegnet. Es folgen die Anlagen des Hafens und der dort gelegenen Schiffswerft. Am Rathaus, dem alten Salzamtsgebäude, vorbei gelangt der Besucher zum Marktplatz als dem Zentrum der Stadt, der einige anmutige Häuser aus der Wende des 18. Jahrhunderts zeigt.

Nur wer weiß, wo die Lichtpunkte von Neusalz liegen, findet sie und sucht sie als Spaziergänger gern auf; ich meine den Oderdeich, hinter dem sich die alten Schifferhäuschen wie hinter Mutters Schürze verstecken, von dem man einen weiten freien Blick über den Oderstrom und nach dem Oderwald hat. Besonders im Frühjahr, wenn das Treibeis den Strom hinabschwimmt – die ›Brieger Gänse‹ genannt –, ist es reizvoll, auf dem Oderdeich zu stehen und sich dem Gefühl der weiten Landschaft hinzugeben. Natürlich hat auch der Sommer seine Reize, wenn am Oderufer die Badenden sich tummeln. Gruselig schön ist der Anblick der Oder bei Hochwasser, das knapp unter der Krone des Deiches den Schutzwall der Stadt drohend beleckt.

Es lohnt sich ferner ein Gang durch die Siedlung der Brüdergemeine mit den gleichförmigen Häusern, dem bescheidenen Bethaus und dem stillen gepflegten Friedhof, der keine aufgestellten Grabsteine kennt.

Das schönste Bauwerk von Neusalz ist die katholische Kirche mit dem doppelten Turmhelm in einem stillen grünen Winkel. Wem die Weite der Landschaft in der Oderniederung ihre Reize erschließt, der sucht die nähere Umgebung der Stadt auf, zum Beispiel die Wiesen am Kusser Anger oder das Röstfeld für die Flachsaufbereitung oder die Sandflächen im Norden der Stadt, und atmet dort ganz frei im Anblick der flachen östlichen Landschaft, über die sich der Himmel spannt und die Wolken ziehen.

Gerade in einer kleinen Industriestadt lagen früher Wissenschaft, Kunst und Volksbildung im allgemeinen sehr im argen. Es fehlte der tragende, geistig interessierte Mittelstand, der nicht nur wirtschaftlich, sondern auch kulturell ausgleichend wirkt. Auf diesem Gebiet hatte Neusalz einiges aufzuweisen. Eine umsichtig geleitete und geschickt aufgebaute Volksbücherei gab einem großen Teil der Bevölkerung Anregung und Abwechslung. Die häufige Ausstellung von Kunstwerken wirkte immer anregend, zumal alle Schulklassen nach und nach mit originalen Kunstwerken oder Grafiken ausgestattet wurden, so daß schon die Schüler in lebendige Beziehung zur Kunst traten – oft schneller und inniger als mancher Lehrer.

Man konnte diese lieblos aufgewachsene Stadt schon gern haben und sich darin wohlfühlen, nachdem in den zwanziger Jahren das Wesentliche zu ihrem Ausbau und ihrer Ausstattung geschehen war – man mußte freilich etwas von der Liebe zu den kleinen Schönheiten und Freuden des Lebens besitzen und durfte nicht auf die Nachbarstädte blicken, die von Natur und Tradition reich ausgestattet waren.

MÜNSTERBERG UND FRANKENSTEIN

Gerhard Webersinn

Zwei rivalisierende Städte

Principatus Münsterbergensis, Fürstentum Münsterberg, so betitelt die im Jahre 1736 von dem Nürnberger Kartographen Hermann Homann herausgegebene Karte, die uns das Münsterberg-Frankensteiner Land zeigt. Es war damals schon im wesentlichen jenes in sich geschlossene Gebiet, das später die beiden Landkreise Münsterberg und Frankenstein umfaßte, nach der Neueinteilung der preußischen Landkreise vom Jahre 1932 den Großkreis Frankenstein-Münsterberg mit den kleinen Landstädten Silberberg, Wartha und Reichenstein, mit den beiden alten, 1810 säkularisierten Zisterzienserklöstern Heinrichau und Kamenz.

Münsterberg, ursprünglich die Hauptstadt dieses alten schlesischen Fürstentums, wenig älter als Frankenstein, im Urkundenbuch des Klosters Kamenz erstmals in einer Urkunde vom 1. Februar 1253 erwähnt, der geographische Mittelpunkt jener ehemals mächtigen Zisterzienserklöster Kamenz und Heinrichau, hat im Wettstreit der drei Kulturstätten untereinander wie auch mit dem ein wenig westwärts gelegenen Frankenstein in das Fürstentum und darüber hinaus ins schlesische Land politisch, kulturell und zivilisatorisch gewirkt.

»Von Münsterberg könnte man lange erzählen. Ich glaube, es ist einst sehr schön gewesen.« So schreibt Will-Erich Peuckert, und er hat gewiß recht damit, wenngleich auch die wertvollsten Baulichkeiten, von denen uns nur noch die Chroniken berichten, alle im Laufe der Jahrhunderte gefallen sind, mit Ausnahme jenes »Münsters auf dem Berge«, dessen ältester Bau mit dem bis in die Gegenwart erhalten gebliebenen, wuchtigen Kirchturm sicher der Stadt den Namen gegeben hat. Er lautete 1253 Munsterberck, 1282 Munsterberch, aber auch Munsterberc, 1385 Monstirberg, von 1428 ab in seiner heutigen Form Münsterberg. Zwar wurde in späteren Jahrhunderten der Name der Stadt als eine Zusammensetzung von Mond, Sterne und Berg erklärt, weil in einem Siegel vom Jahre 1309 der Halbmond und ein Stern zur Ausfüllung der oberen freien Kreisabschnitte über dem Münster erschienen, doch das »Münster auf dem Berge« war vom ersten Siegel an der Kern des Städtewappens durch die Jahrhunderte.

Wenn auch von der Gründung des Münsters weder urkundlich verbürgte Nachrichten auf uns gekommen sind, noch sich auf seinen ältesten Teilen eine Inschrift oder Jahreszahl auffinden läßt, die über seinen Bau Aufschluß geben könnte, steht doch fest, daß es 1253 schon bestand. Deshalb hat auch die katholische Pfarrgemeinde Münsterbergs, deren Mitglieder und Familien durch die Vertreibung weit über Mittel- und Westdeutschland verstreut sind, am Fest des Kirchenpatrons St. Georg, am 23. April 1950, des siebenhundertjährigen Bestehens des St. Georgsmünsters gedacht. Da die Kirchweihe vor mehr als siebenhundert Jahren sich urkundlich nicht mehr feststellen läßt, weiß man auch nicht genau, wie es zur Wahl des Drachentöters, des Ritters Georg, zum Schutzpatron der Kirche gekommen ist. Der ritterliche Drachenüberwinder St. Georg, so sagte man, der sich in der Zeit der ausklingenden Kreuzzüge besonderer Verehrung erfreut habe, sei zum Patron des Münsters erwählt worden zum Dank für die soeben erst und endgültig abgeschlagene asiatische Gefahr der »gelben Teufel«, der Mongolen, die unter dem Banner des Drachens Schlesien verheert hatten. Eine andere Sage ging in die Zeit der wiederaufgeflammten Hussitenkämpfe zurück. Als Viktorin, Georg Podiëbrads ältester Sohn, 1467 Münsterberg wieder einmal von den Bischöflichen eroberte und die Kirche seinen Landsknechten zum Plündern übergeben wollte, erblickte er in der Eingangshalle ein Standbild des Ritters Georg. Auf seine Frage, wen dieses Standbild darstelle, erhielt er die Antwort, das sei St. Georg, der Patron der Kirche. Das wirkte. Der Sieger zog sein Schwert, schlug dreimal zum Zeichen der Versicherung an das Gemäuer und rief: »Weil die Kirche so heißt wie mein Vater, so soll sie stehen!« Und durch St. Georg sei so das Münster vor Plünderung und Brand bewahrt geblieben.

Jahrhunderte haben gewetteifert, ihr St. Georgsmünster auszugestalten. Um die Wende vom 19. zum 20. Jahrhundert wurde in dreißigjähriger, überraschend glücklich gelungener Arbeit eine gründliche Restauration des Inneren und Äußeren vorgenommen. Nach dieser kam auch der weithin bekannte, von dem Lehrer an der Breslauer Kunstakademie, Professor Kämpffer, einem Gebhardt-Schüler, gemalte Kreuzweg – ein Geschenk des letzten Kaisers – in die Kirche.

Das St. Georgsmünster, das war ein Begriff für jeden Münsterberger, ob katholisch oder evangelisch. Denn dieses Münster, das mit seiner mächtigen Silhouette wie eine Krone die Stadt überragt, es war ein Stück steingewordene Chronik.

Und noch ein anderer Bau war dem Münsterberger lieb und teuer, das erst am Ausgang des vergangenen Jahrhunderts erbaute neue Rathaus, ein Sinnbild des Bürgerstolzes, der Mittelpunkt des städtischen Lebens. Im Jahre 1927 hatte es einen reichen künstlerischen Innenschmuck erhalten von Alfred Gottwald, einem aus Tarnau bei Frankenstein stammenden Breslauer Kämpffer-Schüler. Drei große Wandbilder im oberen Stockwerk, ein viertes die Stirnwand des Treppenhauses abschließend, zeigen Bilder aus der mit der Geschichte Schlesiens eng verwobenen

Ortsgeschichte. Schlesiens Herzog Heinrich III., wie er einer Gruppe der nach dem Mongoleneinfall von ihm zum Wiederaufbau herbeigerufenen deutschen Siedler ein Privileg überreicht, die Erbauung des Münsters, der Tod Herzog Johanns von Münsterberg, des letzten aus dem Blute der Herzöge Heinrich, im Kampfe gegen die Hussiten bei Alt-Wilmsdorf am 27. Dezember 1428, das sind die Themen, die sich Gottwald zur Ausmalung des oberen Stockwerks stellte. Der große Wohltäter Münsterbergs, Bürgermeister in der Zeit des größten Elends nach dem Dreißigjährigen Kriege, Albert Hellwig, Albertus Helbigius, wie er lateinisch in alten Urkunden genannt wird, gab Gottwald Stoff für die Ausmalung der Stirnwand des Treppenhauses. Schlesische Wappen zierten das Deckengewölbe, das Breslaus, der Landeshauptstadt, das Schlesiens und das des Fürstentums Münsterberg, die der vier Städte des Frankensteiner Weichbildes, Frankenstein, Wartha, Reichenstein und Silberberg. Schließlich die Wappen der anderen alten Piastenherzogsstädte, auch des benachbarten Neisser Bischofslandes und die Wappen der Zünfte.

Die Fenster des Rathauses sollten das Lob der Stadt Münsterberg verkünden. Heinrichauer Zisterzienser, Kreuzherren ihrer einstigen Münsterberger Kommende, der Erbvogt, Ratsherren, Gelehrte, Handelsherren und Handwerker. Johannes Otto von Münsterberg, Professor in Prag und erster Rektor der Universität Leipzig nach dem Auszug aus Prag, Friedrich den Großen im Gespräch mit seinen neuen Landeskindern, Frau Fanta, Münsterbergs energische und geschäftsgewandte Posthalterin im 19. Jahrhundert, und den in ganz Europa als Schafzüchter bekannten Johannes Gottfried Elsner, den »Schaf-Elsner«, zeigen die Wände des Erdgeschosses.

Kriegswirren, Raubzüge, Plünderungen und Brand haben Münsterberg in den Jahrhunderten immer wieder heimgesucht. Nicht immer konnte seine wehrhafte Stadtmauer mit ihren Tortürmen feindliche Eindringlinge abwehren. Von der Stärke der Stadtmauer zeugen heute noch weite Stücke, während von den Tortürmen nur der Patschkauer Torturm erhalten blieb, auf dessen Spitze der böhmische Löwe nach Südwesten, nach Prag, blickt zum Zeichen, daß die Münsterberger Herzöge ihr Land früh schon von Böhmen zu Lehen nahmen, daß sie sich abkehrten von Polen, indem sie sich für Böhmen entschieden und damit in vollem Bewußtsein für deutsche Kultur und Wissenschaft. Denn Böhmen war ja ein Teil dieses Deutschen Reiches, der Hof in Prag strahlte deutschen Geist aus. Zur Prager Universität, die Kaiser Karl IV. 1348 gestiftet hatte, gingen von da ab die Söhne der alten Herzogsstädte der Piasten, eben auch jener Johannes Otto, den uns Gottwald in einem Fenster des Münsterberger Rathauses vorgestellt hat.

Ein gutes Stück friedlichen Bürgerlebens zog behaglich durch Münsterberg, wie es uns Ruth Hoffmann in der Geschichte der »Pauline aus Kreuzburg« zeigt, jener Pauline, die mit ihrem Ehemann Wilhelm Hoffmann in der zweiten Hälfte des 19. Jahrhunderts in den »Deutschen Kaiser« in Münsterberg kommt, wo »die Lehrer vom Seminar, die Räte vom Amtsgericht, der Posthalter, die Ärzte gelegentlich ein- und ausgehen«. Es muß ein gemütliches Leben gewesen sein, das Münsterberg im 19. Jahrhundert erfüllte, das aber auch noch in diesem Jahrhundert die Bürger vor dem Ersten Weltkrieg erwärmte.

Münsterberg war trotz des in die neueste Zeit hineingeretteten Stückchens »guter alter Zeit« immerhin auch eine Stadt industrieller Unternehmungen, die man auf der Fahrt von Breslau nach der Grafschaft Glatz ganz in der Nähe der Bahnstrecke sehen konnte. Die bedeutenden Industriewerke Münsterbergs entstanden nach dem Kriege von 1870/71, so 1873 das Werk der Deutschen Ton- und Steinwerkzeuge, 1882 die Zuckerfabrik, 1886 aus kleinsten Anfängen von Kaufmann Carl Seidel gegründet die durch ihre Leistung weithin bekanntgewordene Gemüsekonservenfabrik Carl Seidel & Co; daneben Brauereien, Großdestillationen, Bürsten- und Handschuhfabriken.

Die Bürger vergaßen bei ihrem gewerblichen und industriellen Schaffen die Verschönerung der Stadt und die pflegliche Förderung der Kultur und Geschichte nicht. Das Heimatmuseum und die Künstlerferienateliers sind Zeugen hierfür. Ein Kleinod Münsterbergs war sein über achtzig Morgen großer Stadtpark mit seinem Wasserschloß aus Heuscheuersandstein, das im Inneren den Hochquellbehälter der städtischen Wasserleitung enthielt, mit dem künstlichen Wasserfall, dem Goldfischteich mit Springbrunnen und auf der höchsten Erhebung mit der Karl-Hartmann-Baude, benannt nach dem langjährigen Vorsitzenden des Münsterberger Verschönerungsvereins. Der weite Rundblick von dort oben reicht vom Altvater bis zur Hohen Eule, und im Tale liegt die Heimatstadt mit dem wuchtigen, alle Häuser und Kirchen und Türme überragenden Münster.

Frankenstein und Münsterberg, Schwesterstädte im Principatus Münsterbergensis, Schwestern gewiß, aber doch durch die Jahrhunderte stets rivalisierende Schwestern! Denn früh schon wurde auch Frankenstein zur Residenzstadt des Fürstentums. Früh schon besaß auch diese Stadt eine landesherrliche Burg, die freilich durch Kriegsstürme und Brand wieder in Trümmer sank. Karl I., Herzog von Münsterberg-Oels und Graf zu Glatz, ein außerordentlich tätiger, wohlwollender, gebildeter und hochangesehener Fürst, in der schlesischen Landesgeschichte als einer der besten Fürsten seiner Zeit geschildert, wurde der Erbauer der Frankensteiner Burg. So großartig und so mächtig sollten die Räume und Mauern dieses gewaltigsten aller Renaissancebollwerke in der schlesischen Ebene werden, daß die

Fertigstellung über die angespannten Kräfte dieses bedeutenden Piastenherzogs Podiëbradscher Blutmischung ging. Das als straßenbeherrschender fürstlicher Wohnsitz und als Rastort für den Kaiser geplante Schloß blieb darum für alle Zeiten ein Torso. Die letzten Jahrhunderte haben das Leitmotiv dieses Bauwerks, Bollwerk und Lustschloß zugleich zu sein, verkannt, indem sie durch Bodenaufschüttung die Größe dieser auch als Torso außerordentlichen Schöpfung um fast ein Drittel verminderten. So verstümmelt träumte das Frankensteiner Schloß nun von seiner einstigen Würde und Größe.

Karl I., der seine Residenz von Münsterberg nach Frankenstein verlegte, fand in der Frankensteiner Pfarrkirche seine letzte Ruhestätte, erst sechzig Jahre alt. Durch seine Schöpfung aber lief Frankenstein damals der in den Hintergrund gedrängten, ursprünglich alleinigen Hauptstadt Münsterberg den Vorrang ab, den es in allen Zeiten danach bei wichtigen Entwicklungen immer wieder hervorkehren konnte und schließlich auch nach der 1932 erfolgten Zusammenlegung der beiden Kreise als Kreisstadt des Großkreises Frankenstein-Münsterberg mit dem Sitz des Landratsamtes, der staatlichen und kommunalen Kreisverwaltung behauptet hat. Frankenstein-Münsterberg, so hieß bereits seit den Wahlen zum Reichstag des norddeutschen Bundes der gemeinsame Wahlbezirk beider Kreise.

Frankenstein, vor dem Hintergrund des Eulengebirges zur Rechten, des Warthapasses zur Linken aufgebaut, bot mit seinen Türmen über der alten Burg, mit seinem berühmten schiefen Turm ein anderes Bild als Münsterberg. Hier fehlten die Fabrikschornsteine, die Münsterberg von der Bahnstrecke Breslau–Mittelwalde aus das Bild einer Industriestadt verliehen. Seitwärts von Frankenstein lagen die Schornsteine der Nickelwerke, die einzige industrielle Note in dieser durch die Landwirtschaft beherrschten Landschaft. Ohne viel äußeres Aufheben fügte sich auch die Zadeler Zuckerfabrik in das Landschaftsbild rund um Frankenstein ein. Was dieser Landschaft ihr Gepräge gab, das waren die schier endlosen Äcker und Wiesen der wohlhabenden Bauerndörfer, durchzogen von schmalen Feldwegen und meilenweiten Kirschalleen. Man muß zur Zeit der Kirschblüte oder auch zur Zeit der Kirschenernte auf Frankenstein zugefahren sein über die von Kirschbäumen umrahmten Landstraßen, um dieses Bild ländlicher Stille und Fruchtbarkeit auf sich wirken zu lassen. Dann aber, wenn man diese Kirschalleen passiert hatte, fuhr man hinein in die gemütlich-wohlhabende alte Kreisstadt mit ihren schönen Lokalen, in denen es an den Markttagen, am sogenannten Bauernsonntag, ein fröhliches Hin und Her gab.

Aber Frankenstein war nicht nur eine Stadt frohen Lebens und bester Gastlichkeit, es besaß auch bedeutende Anstalten, die weit über die Kreisgrenzen Ansehen genossen, das Kloster der Barmherzigen Brüder mit seinem dem Fortschritt der Medizin ständig angepaßten Krankenhaus, das evangelische Diakonissenheim, Mittelpunkt der segensreich wirkenden Schwestern für ganz Schlesien. Frankenstein war auch der Sitz einer modern eingerichteten Polizeischule, in der viele junge Polizeibeamte ihre Ausbildung erhielten. So mancher von ihnen nahm aus Frankenstein seinen Lebenskameraden mit, durch die Wahl seiner Liebe mit Frankenstein für immer verbunden.

Ein Gang auf der Promenade rund um die Stadt, zur alten Burg mit den Ruhebänken davor, gab schließlich den Blick auf Silberberg frei, das »Schlesische Gibraltar«. Wie Silberberg zu seinem Namen kam, das sagt der einst hier betriebene Bergbau. Die Fundgrube samt dem Erbstollen auf dem geharnischten Manne, der goldene Adler auf dem roten Borten, der Hofrichter auf dem goldenen Knopf, der goldene Stern und das Eichhorn auf dem Gegendrum, der St. Anna-Stollen, diese alten Erzgruben der »Freien Bergstadt«, der Münsterbergs Herzog am 24. Juni 1536 die Bergfreiheit und das Stadtrecht verliehen hatte, waren lange Zeit Quelle von Reichtum und Wohlhabenheit. Kriege vernichteten dieses Bergstädtchen. Bürgerfleiß ließ es wieder erstehen. Diese Festung, die Friedrich II. erbauen ließ, fiel der heraufdämmernden Neuzeit im Jahre 1860 zum Opfer. Seit 1869 wurde in den alten Kasematten die Uhrenfabrik der Firma A. Eppner betrieben. Die Turmuhren mancher schlesischer Kirchen waren Silberberger Fabrikate.

Wer des alten Kreises Frankenstein gedenkt, kann nicht vorübergehen an den zwei anderen Bergstädten, an Reichenstein und Wartha, die bereits früher zum Altkreis Frankenstein gehörten. Reichenstein, wie Silberberg eine alte freie Bergstadt, die ihren Bergbau bis in die Zeit vor dem Mongoleneinfall zurückdatiert, hat immer Wissenschaftler gefunden, Geologen und Techniker ebenso wie Historiker, die sich mit dem Erzreichtum der Reichensteiner Gruben und mit der Geschichte des Bergbaues um Reichenstein beschäftigten. Carl Benjamin Heintze, »Doctor Medicinae et Chirurgiae, Arzt der Bergleute und Mitglied der schlesischen patriotischen Gesellschaft für Cultur«, hat in seiner »Sammlung von Nachrichten über die Königliche freie Bergstadt Reichenstein in Topographischer, Bergbaulicher, Historischer und Statistischer Beziehung« 1807 mit über 80 Seiten »Beläge«, mit Rissen und Kupfern, ein anschauliches Bild gegeben, bestrebt, »die Begebenheiten der Vorzeit für die Gegenwart und Zukunft fruchtbar zu machen«. Dissertationen und Habilitationsschriften waren Anlaß für ihre Verfasser, wegen der Arsen-Golderzlagerstätten von Reichenstein in der Geologie und Petrographie tief zu schürfen. Manche von ihnen machten zum Gegenstand ihrer Untersuchungen gleichzeitig auch die Nickelerzlagerstätten von Frankenstein.

Das beste Stimmungsbild von Reichenstein hat Arno Lubos in seinen »Kleinstadtgeschichten« gezeichnet. Wir erleben noch einmal, »wie's amal war«, lassen uns zurückführen in die »ganz alte Zeit«, die man in Reichenstein noch in jüngster Zeit erleben konnte, treffen all die »guten Leute«, die zu Reichenstein gehörten. Da werden dann auch die Erinnerungen wach an die Schlesische Forstschule Reichenstein, an ihren kernigen Direktor, den Forstmeister Rieger.

Wälder reichten von den Grafschafter Bergen herab bis an den Neiße-Lauf bei Wartha. Wälder umgaben einst das Kloster Kamenz. Sie zierten bis in unsere Tage die Gegend rund um Kloster Heinrichau. Die Wallfahrten der Stiftsdörfer beider Klöster, und von Frankenstein und Münsterberg nach Wartha, auch vieler Dörfer und Städte weit über das Frankenstein-Münsterberger Land hinaus nach Wartha gehen auf jene fromme Legende zurück, ein Marienbild sei dort einem Manne »erschienen«, der diesem zum Dank für erhörtes Gebet eine hölzerne Kapelle erbaut habe; da sie bald für die das Gnadenbild aufsuchenden Wallfahrer zu klein geworden, sei eine steinerne Kirche erbaut worden. Seit Beginn des 15. Jahrhunderts wurde so Wartha ein Anziehungspunkt für die Gläubigen weit und breit, einer der bedeutenden schlesischen Marien-Wallfahrtsorte. Tausende haben in ihrer Not an diesem Ort gebetet und Trost gefunden. Dazu kam später noch die Bergwallfahrt zur Kapelle auf dem Warthaberge. Wartha-Wallfahrt – wie zündete in Frankenstein und Münsterberg bis in die letzte Zeit dieser Gedanke! Der Warthasonntag mit seiner Gelöbniswallfahrt, noch heute ist er ein Tag des Erinnerns der zerstreuten Pfarrgemeinden. Wenn dann bei hereindämmernder Nacht die Pilger heimkehrten, wenn ihre Prozession in Münsterberg vom Bahnhof hinaufzog in die Stadt, über den Ring zum St. Georgsmünster, wenn sein großes Geläut zum Willkomm der Wallfahrer vom Glockenturm herniederdröhnte und alle die Menschen hineinströmten durch die weit geöffneten Portale, wenn aus seiner Tiefe in strahlendem Kerzenschein der Hochaltar emporwuchs ins Halbdunkel der Gewölbe, wenn brausend das »Te Deum« einsetzte, wie haben wir es da erlebt, das Glück, das das heimatliche Gotteshaus vermitteln konnte.

Zeugen tiefer Frömmigkeit und erlesener Kunst waren auch die alten Zisterzienserklöster Heinrichau und Kamenz. Wie stolz war Heinrichaus letzter deutscher Pfarrer Adalbert Roter auf all das, was seine Kirche an Kunstschätzen barg, eine Überfülle von Kunstwerken, Paramenten, Kelchen, Monstranzen; man denke allein an die Stammbaum-Christi-Monstranz von Christian Menzel d. Ä. aus dem Jahre 1661, wohlbekannt in der Kunstgeschichte, an das wunderbare Chorgestühl mit den acht Figuren über den Sitzreihen, nach Professor Grundmanns Meinung die schönsten im Schlesierland.

DIE GRAFSCHAFT GLATZ

Ruth Hoffmann

Kaleidoskop einer Landschaft

Leise! Ich muß sie behutsam wecken, nach und nach, die Landschaft, die im Erinnern schläft, weil sie, wach und deutlich sichtbar, Schmerz verursacht. Jetzt sollst du sie mit mir aufs neue erleben, die Herlossohn die »reiche« Landschaft nennt. Sollst die Augen heben zu den Höhenzügen, den fern verblauenden, den nahen waldgrünen. Sollst mit mir die feuchten Wiesenpfade zwischen den Glatzer Rosen entlanggehen, die nur mir bekannten »Schriemwege« durchs Gehölz. Sollst mit mir in die tiefen Gründe hineinblicken, in die Wildnis von Himbeergestrüpp, in die Dichte der Farne. Du sollst, wie ich, mit den kleinen bunten Städten spielen, die Bauerngehöfte, die Wohnstätten der Kleinhäusler, die Heuschuppen und Scheunen, auch dem Schlafe entrissen, wieder auf die gehörigen Plätze setzen. Sind sie frisch geweißt und rosa gekalkt zum Ostertag?

Ja, jetzt ist sie wach, die Grafschaft Glatz, mehr als Erinnerung. Leben und Gegenwart, für dich und für mich. Die Landschaft meiner Jugend, vielleicht auch deiner. Kennst du sie aber noch nicht, so will ich sie dir zeigen, Tal für Tal, Berg für Berg, jeden Waldzipfel, verschwiegen und geheimnisträchtig.

Wenn wir uns zusammen auf Wanderungen begeben, auf ungezählte, in jede Himmelsrichtung, gerecht nach vier Seiten hin das Geviert der Landschaft beschreiten, so werden wir fragen, wo ist sie am schönsten, diese Grafschaft? Nirgends und überall. Nirgends wird einem der Bilder der Vorzug gegeben. Heute ist es herrlich. Morgen, im jenseitigen Zipfel, wird es noch schöner sein, übermorgen der Wald noch tiefer, die Wiesen noch saftiger. Die Würzluft der Höhen, war sie gestern so stark und berauschend wie heute, wird sie es morgen sein?

Wir werden stundenweit wandern müssen, um Besonderheiten des Ausblicks und Anblicks zu erreichen. Die Seefelder! Sie verlangen uns einen ganzen Tag ab, der in der kühlen Morgenfrühe, im Taue noch, beginnt. Wir steigen zum Steinberg auf, eben auf einem meiner Schriemwege. Links ruht behäbig in ihrem Garten die alte Försterei Wesenheim. Die Straße ist sehr gut, hier ist Staatsforst. Hochwald empfängt uns. Die Stille ist nur dem Specht überlassen, dem gelegentlichen Schrei des Hähers, der Weihe. Die Seefelder sind mit Knüppeldämmen gangbar gemacht, sie stehen unter Naturschutz. Wir wagen nicht einmal Hundsveilchen zu pflücken, geschweige denn Katzenpfötchen, die zierliche gelbe Immortelle oder womöglich Türkenbund, die in dem zwei Kilometer langen Torfmoor blühen, das auf weißgrauem Ton ruht, und dieser wiederum auf Sandstein.

Die Knüppeldämme klappern unter den Bergschuhen. Die Lachen – daher Seefelder – spiegeln dunkles Himmelsblau.

Diese Lachen, diese Tümpel, sind eingezeichnet neben der Benennung »Seefelder« in einer alten Landkarte der Grafschaft, die mir 1952 in Plainfield, New Jersey, geschenkt wurde von einem geflüchteten Breslauer Arzt. Er hatte sie bei einem Antiquar in New York für mich gekauft. La Comté de Glatz, eine Karte des Tobias Meyer, von Homanns Erben im Jahre 1747 in Nürnberg herausgegeben. Da finden sich die bunten kleinen Städte, und ich entdecke alle wohlvertrauten Ortschaften, die Ziele für Spaziergang, Ausflug, Wanderung. Altwilmsdorf und Lomnitz, Kamnitz, Poldorf, Verlorenwasser, Brand, Heyde, Neuheyde. So steht es auf meiner Landkarte, mit Ypsilon. Ehe wir den weiten, fast ebenen Weg nach den Seefeldern beginnen, nach dem steilen Aufstieg zur Försterei Wesenheim, laß uns innehalten und, nach Norden gewendet, ins Tal blicken. Auf einem grünen Meer von Wiese, Weide, Saat, Garten und Baumschlag schwimmen da, die Segel der roten und silbrigen Dächer gesetzt, die Häuser und Häuslein, die breiten Gehöfte, die stattlichen Scheunen, und weit dahinten liegt eine ganze Flottille von Baulichkeiten, das Bad Altheide (jetzt ohne Ypsilon) mit der Fregatte, dem Kurhaus, alle Flaggen gehißt, von seinen beiden Kirchen behütet. Ja, Heyde steht auch schon auf der alten Karte. Könnte man weiter sehen, über die Begrenzungen verdunsteter Höhenzüge hinweg, würde man Albendorf wahrnehmen, die Wallfahrtsstätte, die sich hoch aufbaut mit ihrem vielstufigen Tempel.

Albendorf, zu dem die Nachbarin pilgert, wenn du krank bist, um eine Kerze für dich anzuzünden. Die Nachbarin sammelt Beeren in Deckelkannen aus blauer Emaille. Es wird Erdbeermilch geben. Sie trägt die Blaudruckschürze, die Blaudruckjacke fällt darüber, das Kopftuch ist rosenbunt. Ihr schmales Jungfernbett in der sauber aufgeräumten Stube, in der es nach Minze und nach Heu riecht und ein wenig nach Ziege und nach Holzrauch, deckt sie ein mit einer wunderschönen, sehr alten leinenen Blaudruckdecke, die ein Längsmuster von Ranken und Blumen aufweist. Sie ist sehr fromm und sehr gut, Hansch Anna heißt sie, und reibt für wehe Gliedmaßen die grüne Sanickelsalbe aus Ringelrosensamen und ungesalzener Ziegenbutter. Aber sie war noch nie auf den Seefeldern, dort wachsen keine Beeren. Hingegen sind die Bittgänge ihres Lebens nach Albendorf nicht zu zählen.

Die Legende weiß, daß 1218 ein blinder Mann, Janko, der oft unter einer Linde betete, plötzlich sein Gesicht wieder erhielt und am Baume ein Marienbild im Glorienschein sah. Da kamen dann die Wallfahrer, und Ludwig von Pannewitz ließ eine Kirche bauen, »deren Dach die Engel aufsetzten«. 1678 wurde der heilende Marienbrunnen entdeckt, der aber nie die Wichtigkeit berühmter Grafschafter Heilquellen erreicht hat. Die heutige Kirche wurde 1730 erbaut, es wurde der Calvarienberg angelegt. Der ganze Ort stellt, sagt Herlossohn, ein Jerusalem im Kleinen dar. Zwölf Tore gewähren Einlaß, der Bach Kidron durchströmt es, weder fehlen Teich Bethesda noch das Haus der heiligen Anna, des Pilatus, des Hohen Priesters. Die Kirche liegt auf einer Anhöhe, dreiunddreißig breite Stufen führen zum Portal, und als Hintergrund baut sich die Heuscheuer groß und sonderbar auf. Cosmus Flam, der im Graus des Jahres 1945 Verlorene, hat einen Roman geschrieben »Daniel Paschasius von Osterberg«, die Geschichte des Gründers des Wallfahrtsortes. Ludwig Richter aber hat die Heuscheuer und ihre wunderlichen Sandsteinformationen gezeichnet, und wenn wir uns jetzt zurück zu den Seefeldern begeben, um nach Reinerz hinabzusteigen, finden wir vor den Toren von Bad und Stadt die Einsiedelei, die Ludwig Richter auf seinen Grafschafter Wanderungen gleichfalls im Skizzenbuch verewigt hat.

Die Knüppeldämme klappern unter den Sohlen, die sich erst auf dem Waldwege besänftigen, wenn es an den Abstieg geht. Wir könnten Lewin erreichen, oder, im Böhmischen schon, die Schnappe und Tscherbeney. Lewin ist still und verschlafen, Reinerz lebendig und sehr betriebsam. Wir können in diesen Ort der Heilsamkeit wie der Nützlichkeit auf verschiedene Weise gelangen; mit dem Bähnchen an Rückers und seinen Glashütten vorbei, oder längs der Weistritz zu Fuß, stundenlang durchs Höllental wandernd, mit dem Murmeln des Flüßchens im Ohr, das über die Steine gurgelt. Oder wir gehen durch die Klinkei, dieses gehöftbestandene, liebliche Wiesengelände. In Reinerz predigt der Pfarrer von der Walfischkanzel, steht im aufgesperrten Rachen zwischen Ober- und Unterkiefer, ein Jonas auf halbem Wege. In Reinerz steht die köstliche ochsenblutbemalte Papiermühle Friedrichs des Großen. In Reinerz findest du in älteren Logierhäusern schönes Hausgerät aus dem Empire und dem Biedermeier. Die Glashütten im Umkreis sorgten für Brunnengläser. Es stehen in meinem Glasschrank zwei biedermeierliche mit den zierlich eingeschnittenen Bildern »Einsiedelei zu Reinerz«, »Eisenwerk zu Reinerz« und ein drittes Bild »Bad Reinerz« in der Gänze. Auf dem vierten Felde der schönen Gläser ist, schnörkelig verziert, »Andenken« eingeschliffen.

Hast du gemerkt, daß ich für unsere Wege, Ausblicke, Fernsichten einen festen Standort ausgesucht habe, zu dem wir immer wieder zurückkehren können, zu ruhen und neue Pläne zu machen? Um den Zirkel zu schlagen, um alle vier Himmelsrichtungen, wählte ich das Dorf Falkenhain, oberhalb von Bad Altheide. Dort steht mein kleines Bauernhaus in seinem großen Garten. Von dort aus beschreiten wir Berg und Wald, die Täler, die Dörfer. Wenn wir Reinerz voller Entzücken wahrgenommen haben, mit seiner Überlieferung und der Schönheit seiner Umgebung, wartet auf uns, zwischen unserem Bad und Lewin, der »Hummel«, ein Schiefer-Glimmerkegel. Die Burg, das Hummelschloß, ist zerstört, sein Erbauer soll ein Böhme namens Homele gewesen sein. Ein späterer Burgherr, der mit Raubrittern gemeinsame Sache machte, wurde gefangengenommen und enthauptet. So entstand die grausige Sage, daß am Hummelberge einer umgeht und den Kopf unter dem Arm trägt. Auf meiner alten Landkarte ist Hummel-Schloß und Hummel-Kretscham eingezeichnet. Vom Gipfel aus sieht man das Schloß Nachod, sieht, verblauend im Dunste, das Riesengebirge, sieht den Silberberger, Warthaer, Reichensteiner Kamm, den Schneeberg, die Mense. Immer wieder wird sichtbar das vierfach Eingefriedete der schönen Landschaft. Eingefriedet von einem Urgebirge, von Gneis, Basalt, Glimmerschiefer, Hornblende, Sand- und Kalkstein. Granit fehlt jedoch, der ist dem Riesengebirge vorbehalten.

Wie dieses geliebte Land sich uns in den Jahreszeiten darbietet, bedarf eines besonderen Lobgesanges. Längs der Weistritz beginnen die Schneeglöckchen zu erscheinen, die schmalen, scharfweißen und die breitglockigen, zartgelb getönten. Oben bei den Sieben Seligkeiten liegt noch Schnee, aber wer sich einen Mut faßt und hinaufsteigt, ins Kühle und Windige, bringt viele Handvoll von Himmelsschlüsseln nach Hause. Und dann beginnt der große Überschwang. Das Grün der Grafschaft ist besteckt mit weißen, vollen Sträußen. Die Kirschen blühen, die Birnen, der Apfel, und die einzigartigen Grafschafter Pflaumen. Im Tale ist es gelb von Glatzer Rosen, und die Vergißmeinnicht sind fettblätterig und vom dunkelsten Himmelsblau. Das Rapsfeld zieht einen üppigen Goldteppich von der Altwilmsdorfer Talsohle bis zum Hainwald hinauf, und kaum hast du dich besonnen und alle Schönheit gierig getrunken, ist der hohe Sommer da. Die Wiesen stehen voller Margeriten, der Mohn prahlt, die Kirschen sind reif, der frühe Klarapfel folgt ihnen, und der aromatische Sommercalville. Des Beerensegens ist kein Ende. Zum Abendzug strömen sie die Dorfstraße hinab, Weiber und Kinder, beladen mit Kannen und Körben, Himbeeren, Erdbeeren, Blaubeeren, und die Lippen sind schwarz und die Zähne sind blau.

Jetzt ziehen die schweren Gewitter auf, es brennt beim Dittertbauern, in den Stuben wird die Gewitterkerze angezündet, sie beten alle. Oben am Walde wohnt die Schneiderin Grieger; ach, wir fanden den verdunkelten Himmel, die Nachtschwärze hinter dem Ochsenberg, der unser »Wetterloch« ist (eim Waterlooche, sagen sie hierorts), romantisch und malerisch. Aber der Bruder der Schneiderin benutzte den Wasserhahn während des Gewitters und wurde erschlagen. Es brennt noch lichterloh beim Dittertbauern, wenn der Himmel schon wieder klar und lieblich ist.

September besänftigt die wilde Hitze. Oktober schüttelt die Ernte von den Bäumen. Die hellroten, blaubehauchten Grafschafter Pflaumen, wie Aprikosen im Fleische, »Quatschka« geheißen, werden kofferweise bei mir aus dem Gras gelesen. Man kommt bis aus Breslau, ißt sich satt und sorgt für Wintervorrat.

Ist schon Winter? Erst November! Er verblaut die Höhenzüge, tintig und kräftig stehen sie im Himmel und sind mit rostigem Rot und Bronzetönen bemalt, denn der Frost ist übers Laub gekommen. Straßenlang ziehen die Holzfuhren und schneiden tiefe Spuren ein. Neu und köstlich ist die Stille der Landschaft, denn die Sommer- und Badegäste sind längst davon, das sanfte Dorfleben hat begonnen. Und siehe da, das Jahr hat sich gerundet. Wieder sind bei den Sieben Seligkeiten, die die letzten aufwiesen, die ersten Schneeflecken sichtbar. Schnee! Es ist weiß rundherum am Morgen und lautlos. Advent ist nahe. Wir werden hinaufsteigen in den Nesselgrund, wo Anni Korn ihre Möpse züchtet. Von der Hermann-Stehr-Schule wird der Lehrer kommen mit dem Taktstock, Anni, die Hausfrau, wird ihre Grulicher Krippe aufbauen.

Es gibt nicht nur eine Hermann-Stehr-Schule in Pohldorf, es gibt auch eine Hermann-Stehr-Bank. Sie ist so lang, daß zehn Leute bequem nebeneinander sitzen können bei der ersten, der Frühstückspause droben auf der höchsten Höhe, auf dem Weg über Brand und Verlorenwasser nach Habelschwerdt. Oberhalb von Pohldorf steht diese Bank im Bannwalde. Pohldorf ist die Leidensstation seiner frühen Lehrerjahre, vielleicht auch die Geburtsstätte von Stehrs Dichtertum, Habelschwerdt, das bunte und barocke, die Stadt der heiligen Kümmernis, der Erdenfleck irdischer Geburt, wo sein Leib zu Ruhe und Frieden kam.

Nach der Bank, die Stehrs Namen trägt, beginnt bald die Spätenwalder Ewigkeit, jene Waldstraße auf der Höhe, die kein Ende zu nehmen scheint. Bei ihr, in der lautlosen Einsamkeit, wacht der Steinerne Mann über die selige Öde, der merkwürdige Steinzwerg, der ein Liebesbeschützer sein soll und ein Treffpunkt für Leute, die sich weitab von Nachbars Augen ein Stelldichein geben wollen. Hermann Stehr schrieb über ihn: »Scheinbar vollkommen gleichgültig gegen die Geschicke der Menschen, doch nie ganz tot, ohne Ohren alles hörend, mit einem schlaglosen Herzen, das aber immer wach war und ihn antrieb, allen beizuspringen, die entweder an der Not des Glückes litten oder von den Peinigungen des Lebens bis hart an einen Abgrund gedrängt waren.«

Auf Sandsteinblöcken längs der Straße findest du die Urzeit abgebildet, Abdrücke von Fisch und Muschel, von Farnblatt und Halm reden von der Ewigkeit.

Wir steigen durch die Gänsegurgel hinauf zum Schneeberg, der von einem Zipfel meines Gartens in zartem, fernem Blau sichtbar wird, gerade dort, wo nachts der volle Mond über den Hainwald kommt.

Wir gehen quer über Land, eine weite Wanderung, wir erreichen, sehr müde, Neurode. Und um den Ort türmt sich, überhöht von der Heuscheuer, die blutrote Erde, das »Rotliegende«; eine Ortschaft in der Nähe heißt Rothwaltersdorf.

Der Onkel aus Glatz kommt mit dem Wagen und zeigt uns Wilhelmstal, das aus dem Märchen aufgestiegen zu sein scheint oder aus einem solchen übriggeblieben. Er zeigt uns Wölfelsgrund und Bad Kudowa, er betet in Maria Schnee, denn er ist ein sehr frommer Mann und wird nie einen Tagesausflug ohne eine Messe planen. Kudowa – Herlossohn betont, daß es Chudoba geschrieben werde und böhmisch »Armut« heiße. Auf der alten Landkarte steht Kodoba. Es rühmt sich der stärksten Eisenquelle Deutschlands und nennt sich das älteste schlesische Herzbad.

Seinen großen dunkelroten Wagen hat der Onkel in Kamenz dem Prinzen von Preußen, dem die Farbe nicht gefiel, abgekauft. So fahren wir durch die Grafschaft mit dem Hohenzollernwappen auf dem Schlag. Der Onkel weist uns nicht nur kulinarische Reize, wie Backhendl auf der Schnappe. Er zeigt uns die Schönheit. Jene lieblichen, hochgelegenen Hänge zum Beispiel mit Felsformationen zwischen Berggrat und Baum, rechterhand, wenn man aus dem Höllental durch Rückers nach Reinerz und Kudowa fährt, die »Goldbacher Schweiz«. Dort liegt auch Friedrichsgrund in der Nähe, wo Friedrich der Große die älteste Grafschafter Glashütte gegründet haben soll. Denn wir sind hier im Bereich des Glases. Die Glashüttenherren lassen allerorten glühen, blasen und schleifen – Rohrbach und Böhme, Knie in Waldstein und, neueren Datums, die große moderne Wittwerglashütte in Altheide, die ein Wahrzeichen des Bades geworden ist. In Brühl bei Köln hat sie Zuflucht gefunden und wieder aufgebaut. Ihre Erzeugnisse schenke ich meinem Sohn in Amerika.

Wünschelburg, Habelschwerdt, Langenau, und dann gab es in Wölfelsgrund Forellen. Ich müßte ihn den Grafschafter Onkel nennen, Theo Thiel, Spediteur, in Firma Hoffmann & Melzer, Glatz und Frankenstein. Der Mann meiner Patin Lina Hoffmann, die ihn leidenschaftlich liebte, den zwölf Jahre Jüngeren, und im ersten Kindbett starb. Was ich ihm alles zu danken habe, dieses wundersame Kaleidoskop Grafschafter Bilder! Er schüttelte die zaubernde Guckmeste für mich – Reinerz, Wünschelburg, Wilhelmstal, Nachod, Landeck . . . Oben auf dem Reichensteiner Paß rastete er eines Tages mit uns, und angesichts der sich ineinanderschiebenden Hügel, Bergzüge, Formationen kam die Rede auf das, was sie bergen, auf die edlen Gesteine der Grafschaft. Daß zum Beispiel in den Nickelbergwerken in Frankenstein der Chrysopras wächst, rar und köstlich. Wer ihn heute noch besitzt, gerettet aus dem Umbruch der Zeiten, trägt ihn als ein anvertrautes Pfand des Heimatlandes, als teures Wahrzeichen. Und der Turmalin? Er findet sich im Gneis. Und der blaue Korund, zuweilen von der klaren Bläue des Saphirs, versteckt sich im Kaliglimmer, der Malachit aber in dolomitischen Mergeln. In den eleganten Läden der großen Badeorte findet man Schmuck aus den schönen Halbedelsteinen, Andenken, Andenken!

An Landeck zum Beispiel, das dort unten in der Weite irgendwo liegt, gerahmt von Hang und Wald. Ein buntes Bad, eine bunte Stadt, mit hochgiebligen alten Bürgerhäusern und Laubengängen. Goethe feierte hier den Morgen seines einundvierzigsten Geburtstages. Zum Konzertsaal des Kurhauses legte die Königin Luise den Grundstein. Herlossohn sagt: Landeck ist sehr frequent; meistens hält hier der ärmere schlesische Adel seine Sommersaison; der reichere geht nach Warmbrunn oder ins Ausland ...

Und Friedrich der Große schreibt seinem Freunde de la Motte-Fouqué, daß die Bäder in Landeck – der Zuber wird noch gezeigt – ihm den Gebrauch seiner Füße wiedergegeben hätten. Die Wälder Landecks sind heilsam, wie die Quellen es sind. Ein grünes Eiland ist die Grafschaft, eingehegt von den vielfältigen Höhenzügen und Kämmen. Flüsse und Flüßchen suchen den Weg durch Wiesen und Forst, Neiße, Weistritz, Erlitz, Biele, der Kressenbach.

Wenn wir die Grafschaft verlassen, dort, wo wir sie, von Breslau kommend, betreten haben, beim Warthaer Paß, bei der gottesfürchtigen Stadt mit ihrer schönen Brücke, den frommen Bauten und dem Calvarienberg, strömt neben uns, breit und tief, die Neiße. Es türmen sich über sie und spiegeln sich in ihr dichte hochstämmige Laubwälder, silbrige Buchen. Dieser Ausgang aus dem Land ist mit Flußtal und Waldhöhe eines der unvergeßlichsten Bilder. Einmal aber war die Neiße zum See geworden, hochwassergeschwollen, riß Haus und Scheune fort, ersäufte Mensch und Vieh. Sie tötete schlechthin, die Buchen ließen es geschehen, wie anderes Unheil auch, im Spätsommer 1938.

Ein Vorzeichen? Im siebenten Sommer danach wurde sie völlig weggeschwemmt, unsere Landschaft, unter unseren Füßen; keine Forststraße mehr, kein Knüppeldamm, kein Schriemweg. Fortgeschwemmt von unseren greifenden Händen, keine Beere zum Pflücken, keine Tannenzapfen zum Feuerzünden, keine Glatzer Rosen, die dicken, prächtigen Sträuße zu binden, die nach Kalmus riechen. Nur erreichbar für uns, wenn erweckt, wie ich es für dich und mich getan habe, aus dem Schlafe des Erinnerns. Für kurz, für lange, für die Ewigkeit? Es steht bei jedem, was er erhalten, was er überliefern will, denen, die nach ihm kommen.

GLATZ

Karl Schindler

Österreichisches Barock und preußische Festung

Am 28. August 1790 fährt um vier Uhr früh ein Reisewagen durch Glatz. Die geruhsam schlummernden Bürger können nicht ahnen, welch berühmter Mann in ihrer Stadt ist: kein Geringerer als Johann Wolfgang von Goethe. Der Dichter selbst wiederum ist, wie es jedem Sterblichen an einem solchen Tage geht, etwas bewegt; er feiert nämlich, da er durch Glatz kommt, um nach Wünschelburg an den Fuß der Heuscheuer zu gelangen, seinen einundvierzigsten Geburtstag. Auf der Fahrt durch die Hauptstadt der Grafschaft Glatz kann er freilich auch noch nicht ahnen, daß einmal ein gebürtiger Glatzer mit seinem persönlichen Leben in einer Weise verbunden sein soll wie nur noch Eckermann. Der Altphilologe Friedrich Wilhelm Riemer wird sein langjähriger Hausgenosse, Erzieher seines Sohnes und sein Trauzeuge, als er Christiane heiratet. Noch ein gebürtiger Glatzer, Karl Seydelmann, der größte Schauspieler seiner Zeit, tritt mit ihm in Verbindung; er spielt 1830 viermal vor Goethe.

Riemer hat die Wurzeln seiner seelischen Existenz in seiner Geburtsstadt gesehen. Wie er in seinen Äußerungen zwei gegensätzliche Wesensmerkmale von Glatz heraushebt, hat allgemeine Bedeutung. So sagt er einmal: »Ich bin in einer Festung geboren, aufgewachsen«, und er führt seine »Empfindungsweise« darauf zurück. Und das andere Glatz, das katholisch-österreichische, im Gegensatz zum preußisch-protestantischen, dem er selbst entstammt, wird wiederholt in seinen Erinnerungen lebendig; er liebt den katholischen Kultus, dem er immer wieder begegnete, als er in seinen Knabentagen von der Festung in die Stadt hinunterging – und fern von seiner Heimat hört er einmal an einem See, auf dem Rücken liegend, plötzlich das Glockenläuten der Franziskanerkirche, und wenn er das schöpferische Genie Goethes am Werke sieht, muß er an einen Glatzer Bildhauer denken, den er in seiner Kinderzeit beobachtete.

Der Dichter war im Vollmondschein früh von Landeck, südöstlich von Glatz, abgefahren. Die vielen Tausende, die es nach dem Gottesgarten der Grafschaft Glatz als Touristen, Skifahrer und Besucher der berühmten Kurorte zog, nahten sich der Metropole des Landes von Norden. Bei dem Wallfahrtsorte Wartha öffnet sich die Eingangspforte. Durch das heiter-idyllische Neißetal führt uns die Eisenbahn. Immer mehr verengt es sich, und wenn der Zug in den Hauptbahnhof einfährt, beherrscht uns fast das Gefühl der Beengung. Rechts liegen die über der Stadt thronenden Festungswerke des Schloßberges, links sind die des Schäferberges sichtbar. Diese Pforte, zugleich der Durchgang nach Böhmen und Mähren, wurde so nach den strategischen Vorstellungen der Vergangenheit geschützt und durch Jahrhunderte heiß umkämpft; drei Hauptzugänge treffen hier zusammen: die Pässe von Mittelwalde, Wartha und Nachod. Neben der Landstraße und der Neiße geht es dann zum Stadtbahnhof: Hier erweitert sich das Flußtal.

Wer jetzt aussteigt und über zwei Brücken in die Stadt hinaufgeht, vergißt, wenn der Blick zu den Festungswerken verstellt ist, ganz, daß er in einer trutzigen, bastionbewehrten Garnisonstadt weilt.

Der Abendschein habsburgischer Macht scheint ein mildes Licht auf Gassen und Giebel zu werfen. Die jahrhundertealte Verbundenheit mit Böhmen hat dem Stadtbild tiefe Spuren eingekerbt, und voll leuchtet barocker Glanz aus Lauben und Portalen, Statuen und Kirchen. Dieser Grundakkord erklang freilich erst in seiner wahren und ganzen Schönheit, wenn die Fronleichnamsprozession durch die Straßen der Stadt zog.

Dauernder Zeuge solcher böhmisch-österreichischen Vergangenheit ist die ebenso stattliche wie prunkvolle Mariensäule auf dem Oberring. Durch die Anrufung der Gottesmutter wurden gegen Ende des 17. Jahrhunderts erst eine Feuersbrunst, dann die Heimsuchung durch eine schreckliche Pest bezwungen. Kunstvoll ist der Aufbau des imposanten Werkes. Geländer, Unterbau und Stufen geleiten wie in einem einzigen Schwunge zur Unbefleckten Jungfrau im Strahlenglanze. Zwei Engel flankieren die Säule. Symmetrisch verteilt sind in individuell getöntem, lebendigem Ausdruck die Figuren der Heiligen Karl Borromäus, Franz Xaver, Josef, Florian und Rochus um ihre Königin geschart. Nach dem Vorbild der Mariensäule auf dem Prager Altstädter Ring schuf ein Glatzer die Säule.

Auf der anderen Seite des Ringes erinnert ein – in seinen Ausmaßen freilich bescheideneres – weltliches Gegenstück an die Zugehörigkeit der Stadt zur böhmischen Krone: ein Springbrunnen mit der Figur eines doppelt geschwänzten, gekrönten Löwen, der auch das Wappentier von Glatz ist.

Nahe den Eisenbahnschienen zwischen Haupt- und Stadtbahnhof wird an einem Tore inschriftlich noch an Maria Theresia erinnert, obwohl die Gräfin von Glatz sich nur verschwindend kurze Zeit des Besitzes von Glatz erfreuen konnte.

Noch inniger und tiefer erlebte jene versunkene Vergangenheit der Freund dieser Stadt, wenn er auf der zum Ring ansteigenden Brücktorbergbrücke stand und, sich zurückwendend, zur Minoritenkirche blickte. Es ist eines der schönsten Städtebilder Ostdeutschlands und wurde gern von Künstlern festgehalten, so von

Hugo Ulbrich und Friedrich Iwan. Dieser zeigte in einer besinnlichen Zeichnung das Gotteshaus – leider ohne die charakteristischen Zwiebeltürme – und seine nächste Umgebung, jener das volle Profil der Kirche und den größten Teil der Brücke mit vier der sechs Statuen in einer sorgsamen Radierung. Am schönsten freilich war der Gesamtblick, wenn pfingstlicher Blütenschmuck am Mühlgraben die alte Brücke von beiden Seiten grüßte. Noch heute aber bin ich meinem Deutschlehrer dankbar, daß er uns Untersekundanern als Thema eines Hausaufsatzes stellte: »Gedanken bei einem Gange über die Glatzer Brücktorbergbrücke«. Wir waren gezwungen, die Augen aufzureißen und genau hinzusehen. Daß die Brücke freilich der kleinere Bruder der Prager Karlsbrücke ist, wußten wir damals noch nicht.

Am stärksten waltet und wogt sinnenfroh jubilierendes und demütig-frommes Barock in den beiden großen katholischen Kirchen. Nicht so sehr die bereits genannte Minoritenkirche selbst als das Refektorium des ehemaligen Klosters mit dem Deckengemälde Anton Schefflers, vollendet 1744, ist dafür Beispiel; es stellt die drei Orden des heiligen Franziskus dar.

Die Dekanatskirche, auch früher Dom genannt, ist der besondere Stolz der Stadt. Im 14. Jahrhundert wurde der Bau als strenge siebenjochige Basilika begonnen und im 15. vollendet. Das 16. Jahrhundert bringt die Einwölbung des Mittelschiffes und der Seitenschiffe, das 17. in der Gegenreformation nach dem Übergange an den Jesuitenorden die Barockisierung der Gewölbe und Pfeiler in prunkvoller Stuckdekoration durch italienische Künstler, so daß schließlich aus dem mittelalterlichen Raume eine echt jesuitische Saalkirche wurde. Auch die Innenausstattung erhielt in Altären und Kapellen, in Kanzel und Beichtstuhl und vor allem durch jubilierende Engel gleiches, wohl aber noch gesteigertes Gepräge. Eine fast erdrückende Fülle barocker Pracht offenbart dieser Kircheninnenraum, der schon manchem Besucher den Atem verschlug.

Das über architektonische Bedeutung hinausgehende, für die Stadt Symbolhafte dieser schönsten Glatzer Gabe ist mit einer der wichtigsten Gestalten der Heimatgeschichte aufs engste verknüpft, mit dem ersten Erzbischof von Prag, Arnestus von Pardubitz, von dem gesagt wurde, keiner habe je Glatz mehr geliebt als er; er ließ anstelle der hölzernen Kirche eine steinerne bauen. Der Mitbegründer der Prager Universität, der auch den Grundstein zum St.-Veits-Dom 1344 legte, wollte an der Stätte, an der er als Knabe einst gebetet hatte, bestattet sein. Und so geschah es auch in der Glatzer Pfarrkirche. Ein Jugenderlebnis hatte ihn nach seinen eigenen Worten für immer hier mit der Madonna verbunden. Möge einmal keine dichterische Größe der Grafschaft, ein Stehr oder Wittig, zu Worte kommen, sondern ein Glatzer Lokaldichter, Viktor Teuber, jenes Erlebnis uns in schlichten Versen erzählen:

In Glatz im Pfarrgebäude,
Da hängt ein altes Bild.
Das zeigt die heilige Jungfrau,
Die den Arnestus schilt.
Als der hier in die Schule
Der Johanniter ging,
Da war des Knaben Tugend,
Wie billig, noch gering.
Er war wie andre Schüler
Zu üblem Streich geneigt –
Da hat die heil'ge Jungfrau
Ihm ihren Zorn gezeigt.

Zu Glatz war's in der Kirche –
Wie er die Augen hebt
Zum Muttergottesbilde –
Was zittert er und bebt?
Was streckt er seine Hände
Abwehrend aus vor Schreck?
Er sah: die Reine wandte
Ihr Antlitz von ihm weg. –
Arnest hat seit dem Tage
Von Grund aus sich bekehrt,
Wird jetzt als halber Heil'ger,
Als Seliger verehrt.

Am Prunkbau des Hochaltars bleibt der Blick an der Figur der gütig-innigen, mütterlichen Glatzer Gnadenmadonna haften. Es spricht für das tief verankerte Glatzertum Hermann Stehrs, daß er in dieser Kirche vor diesem Werke in einer seiner schönsten Erzählungen, im »Anton Gudnatz«, die innere Läuterung seines Helden beginnen läßt.

Mit Arnestus selbst sind zwei Gemälde von hohem Range verbunden. Die auf seinen Wunsch geschaffene »Madonna mit dem Spatz« hat nach abenteuerlichem Schicksal neben dem Sakristeieingange ihre Heimstatt gefunden. Ihrer noch berühmteren Schwester freilich, dem großen Tafelbilde »Die Glatzer Madonna«, das den Stifter Arnestus, der es in einer Prager bischöflichen Werkstatt malen ließ, kniend vor den Stufen des Thrones zeigt, war aus unbegreiflichen Gründen ein nicht so günstiges Los beschieden; es kam nach Berlin in den Besitz der Staatlichen Museen.

Nach der Aufhebung des Jesuitenordens wurde die Kirche katholische Pfarrkirche, das Jesuitenkolleg katholisches Gymnasium; dieser Bau und das gleichfalls ansehnliche, von einem Italiener geschaffene Konviktsgebäude fügen sich als weitere Zeugen der böhmisch-österreichischen Vergangenheit dem Gesamtbilde dieses Bereiches glücklich ein.

Auf den Platz vor der Kirche sind wir jetzt, noch benommen von dem sinnenhaften Jubelrausch, aber auch von der seelischen Inbrunst des Barock, hinausgetreten. Die schmucklos-strenge Bauart der Kirche und ihre breitwuchtigen Türme zwingen uns eine gegensätzliche Stimmung auf. Es ist später Nachmittag geworden. Welche dämmerige, keusch-verhaltene, innige Stille! Wir sind nicht mehr in der Kirche und doch noch tiefer in die besondere, Glatz eigene Atmosphäre hineingezogen. Einfach, karg und sparsam in den Formen ist der Kirchplatz, auf dem – wie auf jener alten Brücke – wie selbstverständlich die Figur St. Nepomuks steht; nur in dem Portal rauscht noch einmal grüßend das Jesuitenbarock auf. Je länger wir auf dem still-versonnenen Kirchplatz stehen, um so stärker wird die Gewißheit: hier, nur hier ist die Herzmitte des alten Glatz! In der Mitte des vorigen Jahrhunderts hat Karl Würbs diese kostbare Insel in einem Gemälde vor den Betrachter hingezaubert. Den Glatzer Kirchplatz hat er in einen schattenhaften, mit einigen starr schreitenden oder stehenden Gestalten fast gespenstisch bevölkerten, bannenden Innenraum umgewandelt, aus dem eine kleine Öffnung in die Welt hinausführt gleich einer Luke.

Maria-Glatz! Ja, Mariä Himmelfahrt ist der Name der Pfarrkirche, und Madonnenfiguren grüßen auch den Weiterschreitenden. Da begegnet er im Vorort Glatz-Pfaffenmühle, im Weichbild der Stadt, einer in kräftigen Linien wuchtig geformten »Frau im Strahlenglanze«, und irgendwo in einer Gasse erhascht der Blick plötzlich eine trauliche Marienfigur. Und draußen vor der Stadt, am Spittelberge, hielten wir in der Zeit nach dem Ersten Weltkrieg als echte Jugendbewegte unsere unvergleichlichen Maiandachten.

Wie schön und sinnvoll ordnet es sich dieser Stadt zu, daß sie einst der Hauptsitz der schlesischen Kerzengießer, der »Lichtelzieher«, war!

In welcher Blüte die Kirchenmusik in Glatz stand und wie liebevoll weltliche Musik in traditionsbewußten Familien und Vereinen von dem gesangsfreudigen Völkchen gepflegt wurde, davon weiß jede Chronik zu erzählen. Aus Böhmen und Mähren kamen Komponisten und Instrumentenbauer oder umgekehrt gingen Glatzer in die Kronländer. Die Wirkung der Klavierbaufirma Olbrich in weite Teile der Welt ist bekannt. Gewiß aber war ein besonderer Höhepunkt in der Glatzer Musikgeschichte die Zeit, da Jesuitenkolleg und Konvikt in edlem Wettstreit eiferten und zugleich das geistliche Barocktheater Triumphe feierte.

Der ureigenen Verbundenheit mit dem böhmischen Raume gibt von der anderen Seite ein Werk tschechischer Dichtung (1855) von Weltliteraturrang Ausdruck, die Erzählung »Die Großmutter« der Božena Němcová. Hier heißt es »Großmutter wies nach der Heuscheuer und sagte den Kindern: Dort kenne ich jeden Pfad, dort in den Bergen liegt Glatz, wo eure Mutter geboren wurde, in der Gegend dort habe ich einige glückliche Jahre verlebt.« Daß freilich auch in diesem dichterischen Wunderwerk üble nationalistische Lügen über die Sprachenverwendung in Glatz aufgetischt werden, ist ein Verhängnis.

Die Hetze ist gegen die andere Welt gerichtet, die Stadtbild und Atmosphäre bestimmt, gegen das strenge, soldatische Preußentum. Sie schlägt aber fehl; denn wesentlich deutsch war Glatz schon im 15. Jahrhundert, als gegen Stadt und Land gerade deswegen die Hussitenstürme brandeten, und unbestritten durch und durch deutsch war Glatz, als es 1526 in den Herrschaftsbereich der Habsburger trat, und es wurde in keiner Weise erst »eingedeutscht«, seit es 1741 die preußische Besitzergreifung erfahren hatte.

Am eindringlichsten wird der seelische Gegenpol in der Stadt selbst sichtbar in der Kommandantur. Sie steht am Oberring, unweit der Mariensäule und des Rathauses, dessen Turm einer der schönsten Ostdeutschlands ist. Der in strengen Linien gehaltene, breit hingestreckte Bau hatte eine wechselvolle Geschichte, schon bevor er Sitz des mächtigen preußischen Festungskommandanten wurde und der königliche Eroberer hier Quartier nahm. Die Gattin des letzten Kommandanten der monarchischen Zeit, Mathilde von Gregory, hat in ihrem oft aufgelegten Buche »Dreißig Jahre preußische Soldatenfrau« den Amtssitz ihres Mannes, Festung und Stadt, auf vielen Seiten anschaulich geschildert.

Die Geschichte der Festung ist noch nicht geschrieben. Sie wäre nicht nur ein Spiegelbild deutscher Historie, sondern ergäbe ein Panorama menschlicher Leidenschaften ohnegleichen. Die gewaltigen Anlagen ließ der siegreiche Friedrich, der die strategische Bedeutung der Stadt mit Falkenblick erspäht hatte, errichten, nachdem aber schon in früheren Jahrhunderten viel Blut um ihres Besitzes willen geflossen war. Die letzten Kämpfe um sie im Jahre 1807 hat Gustav Freytag im letzten Bande seiner »Ahnen« dichterisch verwertet und dabei dem Verteidiger, Graf von Götzen, ein Denkmal gesetzt. Eichendorff wartete 1813 hier oben viele Wochen sehnsüchtig auf die Einberufung ins Feld.

Welche persönlichen Schicksale aber sind in diese Mauern gebannt! Hier schmachteten der in den Tod getreue Gefolgsmann Wallensteins, General von Schaffgotsch, Friedrich von der Trenck, der Abenteurer, der Räuberhauptmann Exner, der französische Spion Lux, die Giftmischerin Ursinus, der Bürgermeister von Brüssel, Max, – und Kaplan Faulhaber, Opfer des Beichtgeheimnisses. Sein furchtbares Schicksal zeigt, daß sich die beiden gegensätzlichen Welten von Glatz – katholische und preußische – zuerst nicht finden konnten. Wie Arnestus hat er seine Ruhestätte in der Pfarrkirche. Nach seinem Martyrium aber versöhnten sich allmählich die unerbittlichen Gegner. Johannes von Nepomuk schaut vom Donjon auf seine Stadt, geprägt in seinem Geiste. Und ist die preußische Militärmacht wirklich nur feindlicher Gegensatz, ist sie nicht auch Schutzherr des Zarten und Verletzlicheren? Die Gestalt eines der edelsten Preußen, Moltkes, steht Glatz, dem er seit Leutnantstagen verbunden war, durch die Moltke-Füsiliere, die Achtunddreißiger, nahe! Diese Worte Will-Erich Peuckerts sind das zutreffende Urteil: »... es gibt kein zweites Bild, das diesem nur gleichkam: eine schöne schlesische Stadt, auf die die Festung sich wie ein Gebilde von Felsen lagerte. Stadt und Fels waren ganz zu einer Harmonie gediehen«.

In den siebziger Jahren des 19. Jahrhunderts wurden große Befestigungsteile beseitigt. Über zugeschütteten Wallgräben entstand ein neues Glatz, das sich dann bis weit hinter den Stadtbahnhof entwickelte. Durch die freigewordenen Glacisanlagen, »der Kranich« genannt, wandelten wir jungen Gymnasiasten, vom zukünftigen Leben redend und träumend. Es raubte uns gerade diese Stadt. Für uns alle bleiben die Worte gültig, mit denen Georg Langer seine kostbaren Glatzer Erinnerungen in seinem Buche »Auf östlicher Erde« (1933) abschließt – als einziger, letzter Trost: »Seliger Arnestus, du kennst mich, du warst hier Lateinschüler wie ich, hast dieses Himmels lautere Bläue nicht vergessen, daß sie noch im Tode über dir sein sollte.«

Als Goethe auf seiner Reise nach der Grafschaft am 27. August 1790 kurz vor der Paßhöhe von Jauernig zum erstenmal einen Blick in das liebliche Glatzer Land tun konnte, notierte er sich Stichworte, die er geographisch-topographisch verstand, die aber für uns nun den Charakter einer seelischen Chiffre gewinnen:

»... Glatz in der Tiefe.«

REICHENBACH UND DAS EULENGEBIRGE

Walter Reiprich

Die reizendste Landschaft von der Welt

Am Fuße des Eulengebirges, von den auslaufenden, tief in die Ebene greifenden Vorbergen nicht mehr berührt, liegt auf einem Hügel Reichenbach, das Tor zum Eulengebirge. Es ist die älteste Siedlung im Euleland mit Stadtrechten, die bereits für das Jahr 1268 beurkundet sind. Zwei Pergamente aus den Jahren 1258 und 1262 lassen jedoch darauf schließen, daß diese Rechte bereits früher gewährt wurden. Der Ort selbst dürfte bedeutend älter sein. Seine Gründung muß in die Zeit der Wiederbesiedlung durch Herzog Heinrich I. und seine Gemahlin, die heilige Hedwig, fallen. Die teilweise gut erhaltene Stadtmauer legt Zeugnis von der Wehrhaftigkeit der Stadt ab. Als Wappen führt sie den Ritter St. Georg mit dem Drachen und die Stadtmauer im Schild.

Schon aus der Ferne ist die Silhouette Reichenbachs unverkennbar: die hohen Türme der beiden Kirchen – das katholische Gotteshaus domartig, das evangelische eine Schöpfung von Langhans aus den Jahren 1795 bis 1798 – und der etwas niedere Turm des Rathauses, zu denen sich in den letzten Jahren der neuerbaute Wasserturm auf der Hohen Schanze gesellte. Von fruchtbaren Feldern umgeben, von saftigen Wiesen und duftenden Wäldern, reich an Teichen und Wasserläufen – von dieser Landschaft soll Friedrich der Große gesagt haben: »Wir haben hier die schönste Aussicht in Schlesien. Es ist die reizendste Landschaft von der Welt.« Und tatsächlich schenkt uns das Eulengebirge wohl die lieblichste Gebirgslandschaft Schlesiens. Es ist jener Gebirgszug der Sudeten, der sich als mächtiger Gneisrücken vom Tal der Schweidnitzer Weistritz bei Kynau bis zum Neißetal bei Wartha sechsunddreißig Kilometer lang hinstreckt und die Gebirge der Grafschaft Glatz mit dem Waldenburger Bergland verbindet.

Den Mittelpunkt von Reichenbach bildet – wie bei den meisten schlesischen Städten – der Ring mit dem Rathaus als Zentrum. Von ihm aus führen nach allen Richtungen schnurgerade die Hauptstraßen ins Land und parallel dazu mehrere Nebenstraßen durch das Häusermeer. Den Stadtkern schützte die dicke Stadtmauer. Die Stadtväter späterer Generationen haben davor einen breiten Gürtel mit Rasenflächen, Blumenbeeten, Ziersträuchern und Bäumen angelegt, der den Namen »Promenade« trägt; von ihrer Südseite – der Hohen Schanze – aus hat man einen herrlichen Blick weit in die Ebene hinein bis zu den Koppen des Eulengebirges.

Neben der Hilbertmühle, der größten Mühle Osteuropas, deren Gebäude und Silos hoch über die Dächer der Stadt ragten, war es hauptsächlich die Leinen- und Tuchweberei, die in hoher Blüte stand und der Stadt zu Ansehen und einem bescheidenen Reichtum verhalf. Der Kreis Reichenbach im Eulengebirge hatte sich zum Zentrum der schlesischen Baumwollindustrie entwickelt. Angesehene Industrielle – in Reichenbach Friedrich Sadebeck – sorgten für den Absatz. Sie hatten veranlaßt, daß 1793 die Produktion von der Flachsfaser und Schafwolle auf die Baumwolle umgestellt wurde. Als Dank und Anerkennung für Sadebecks Wirken zum Wohle der Bevölkerung wurde ein von ihm angelegter Friedhof nach ihm benannt. Der Kongreßsaal im Sadebeckschen Haus war übrigens ebenfalls ein Werk von Langhans, dem Erbauer des Brandenburger Tores, desgleichen die im klassizistischen Stil gehaltene Gruftkapelle.

An Sehenswürdigkeiten arm, dagegen reich an historischer Vergangenheit, zog hauptsächlich das nahe Gebirge einen regen Fremdenverkehr an, der nicht ohne Einfluß auf das Geschäftsleben in der Stadt und die Wanderlust seiner Einwohner blieb. Dabei erinnerten sich die Bürger ab und zu ihrer Geschichte: an den im Jahre 1790 im Sadebeckschen Hause tagenden »Reichenbacher Friedenskongreß«, auf dem die Diplomaten der europäischen Großmächte durch Entwirrung der orientalischen Verwicklung den Frieden erhielten; an das Jahr 1813, in dem König Friedrich Wilhelm III. mit Zar Alexander I. in den Mauern der Stadt zusammentraf; an die Anwesenheit einiger bedeutender Politiker und Dichter der Freiheitskriege: Freiherr vom und zum Stein, Theodor Körner, Ernst Moritz Arndt und Max von Schenkendorf; an die Jahre 1816 bis 1820, in denen Reichenbach Regierungshauptstadt war; schließlich auch an die letzte Schlacht, die Friedrich der Große auf schlesischem Boden schlug, die Schlacht am Fischerberge am 16. August 1762. Zudem soll in Reichenbach Baron von Trenck wegen vieler durch seine Soldaten verübter Greueltaten seine Festungshaft verbüßt haben.

Über den Ursprung des Namens Reichenbach gehen die Meinungen auseinander. Eine Sage berichtet: Die zurückflutenden Hunnen haben einst, als sie von ihren Verfolgern bedrängt wurden, ihre Schätze im Klinkenbach versenkt, wo sie später gefunden wurden. Eine andere Sage wiederum führt den Namen auf die ersten Ansiedler zurück, die ihre matten Glieder in den klaren Fluten der Peile erfrischen wollten und dabei auf Goldkörner stießen. Weniger unklar ist die Geschichte vom Reichenbacher Turmwächter, der während des Dreißigjährigen Krieges die gerade von waffenfähigen Männern leere Stadt vor der Einnahme durch feindliche Truppen dadurch bewahrte, daß er bei ihrem Nahen schnell die Tore schloß, in sein Horn blies und hinter der Stadtmauer lärmte und schrie, als wäre die Stadt voller Soldaten. Darüber sei der Feind erschrocken, habe nur eine Kugel hineingeschossen und sei wieder abgezogen. Sein in Stein gehauenes Bild mit jener Kugel zu Häupten ziert heute noch die Südseite des Rathausturmes.

Ziel aller Reisenden jedoch blieb und bleibt das Eulengebirge. In ruhiger Einförmigkeit ragt es hoch auf: vermutlich als das älteste Stück im Gebirgsbau Schlesiens. Wirkt das Gneisgebirge aus der Ebene auch wie ein starrer Klotz, so ändert sich der Eindruck beim Betreten schnell. Die Vorberge und die schattigen Waldungen des Zentralmassivs geben dem Wanderer Geborgenheit und verleihen der Landschaft jenen Liebreiz, dem wir andernorts nur selten begegnen.

Von seinem höchsten Berg, der Hohen Eule, 1014 m hoch, senkt sich der Hauptkamm in fast gerader Linie von Nordwest nach Südost über die Sonnenkoppe, 952 m, die Ascherkoppe, 856 m, den Hohen Stein, 815 m, die Strohhaube, 740 m, und den Donjon bei Silberberg, 686 m, allmählich bis zu den Hügeln von Wartha. In drei Abteilungen gliedert sich das Gebirge: in den nordwestlichen Flügel von der Weistritz bis zur Hohen Eule, in das Zentralmassiv von der Hohen Eule bis Silberberg und in den südöstlichen Flügel von Silberberg bis Wartha. Ein wenig Abwechslung bereiten dem Blick die Vorberge, zumeist Endkuppen der vom Hauptkamm ausgehenden Höhenzüge, durchschnittlich 600 bis 660 Meter hoch. Mehrere Straßen überqueren den Kamm, die am Scheitelpunkt zumeist den Namen Plänel führen: das Hausdorfer oder Bielauer, Weigelsdorfer und Volpersdorfer Plänel; und an der Kreisgrenze nach Waldenburg: die Sieben Kurfürsten.

Das Gebirge ist ein landschaftlich sehr schönes und abwechslungsreiches Wandergebiet. Zwar finden wir keine mächtigen Felslabyrinthe wie im Heuscheuergebirge, auch keine rauschenden Wasserfälle wie im Riesen- und Glatzer Schneegebirge. Dafür treffen wir prächtige Tannen- und Fichtenwaldungen, hier und da von Laubholz – zumeist Buchen – unterbrochen.

Den Kamm bewachsen fast nur Fichten. Überhaupt ist die Fichte derjenige Baum, der im Eulengebirge vorherrscht, einmal weil ihr Holz geschätzter ist als das der Tanne, sodann weil sich Tannen schwerer kultivieren lassen und durch Pflanzungen fast nicht fortzubringen sind. Von den spärlich auftretenden unbewachsenen Felsen ist der Otternstein, 841 m hoch, an der südlichen Abdachung des Turmberges, dem Zwillingsgipfel der Sonnenkoppe, gelegen, der bedeutendste. Von ihm aus hat man einen weiten Blick ins Glatzer Land. Ein anderes Felsmassiv nennt der Volksmund den Bärenstein, weil seine Spitze einen kleinen hervorspringenden Felskegel trägt, der einem sitzenden Bären nicht unähnlich sieht. Einen reizvollen Ausblick über das Steinkunzendorfer Tal und auf den Zobten bietet der Hohe Stein, in der Nähe der »Forelle« gelegen, dem beliebten Gasthaus.

Kloster Leubus
Stahlstich nach einer Zeichnung von Th. Blätterbauer

Oels von der städtischen Ziegelei aus gesehen
Lithographie von E.H. Herrmann

Glatz
Stahlstich nach einer Zeichnung von Th. Blätterbauer

Münsterberg um 1850
Stahlstich nach einer Zeichnung von Th. Blätterbauer

Frankenstein
Stahlstich nach einer Zeichnung von Th. Blätterbauer

Waldenburg vom Fuchsberge aus gesehen um 1865
Lithographie

Fürstenstein
Stahlstich nach einer Zeichnung von Th. Blätterbauer

Reichenbach (Eulengebirge) von der Bielauer Straße aus gesehen um 1835
Lithographie

In früher Zeit soll auf dem Otternstein eine feste Raubritterburg gestanden haben, deren letzte Besitzerin, eine wunderschöne, aber sehr stolze Jungfrau, der Sage nach durch einen nordischen Zauberer zu einer riesenhaften Otter verzaubert worden ist und tief unter dem Felsen immer noch ihrer dereinstigen Erlösung harrt. Sie trägt im Rachen ein Schlüsselbund, und derjenige, dem es beschieden sein wird, ihr dieses zu entreißen, soll ihr Erlöser und die Schätze der mit ihr verzauberten Burg sein Lohn sein. Eine weitere Sage spinnt diese Geschichte fort, indem sie von einem Erlösungsversuch berichtet. Andere Sagen erzählen von den Herrlein, die im Herrleinberg bei Langenbielau wohnten und sich großer Beliebtheit erfreuten. In einem Gedicht Ernst Schenkes heißt es:

Die soaßa schunt ewig durt uba,
Ardlöcher, doas woarn ihre Stuba
und Nuußschoaln, doas woarn ihre Schuhe,
und stäts woarn se siehr ferr die Ruhe.

Ein Zwergenvolk war es, das den guten Menschen von ihren Schätzen schenkte, die Geizhälse aber schädigte und bestrafte. Einst pflügte in Langenbielau ein reicher Bauer, der das Geld mehr liebte als alles andere in der Welt, seinen Acker. Plötzlich stieß er mit seinem Pflug auf einen harten Gegenstand. Zu seinen Füßen entdeckte er einen eisernen Topf voller Goldstücke, die glänzten und funkelten. Als er gierig den Schatz heben wollte, vernahm er hinter sich ein Geräusch. Er sah sich um und blieb vor Schreck wie angewurzelt stehen. Vor ihm war ein großer Galgen errichtet, um den sich eine Schar von Herrlein zu schaffen machte. »Wen hängen wir auf?« riefen sie; und das Herrlein auf dem Galgen schrie aus Leibeskräften: »Den mit der roten Mütze!« Der Bauer fiel ohnmächtig zu Boden. Erst nach Stunden wachte er wieder auf. Gold, Galgen und Männlein waren verschwunden. Da wußte er, daß er von den Herrlein genarrt worden war. Er nahm die Lehre an und wies keinen Notleidenden mehr von der Tür.

Woher nun hat das Eulengebirge seinen Namen bekommen? Von den lautlos segelnden Nachtvögeln, die man nicht nur in Scheunen und Ställen, sondern auch bei späten Wanderungen heimwärts im Wald flattern hörte? Oder von den vielen Schluchten, »Aulen« genannt, vom Volksmund dann zu »Eulen« abgewandelt? Aber nicht nur Eulen begegneten dem aufmerksamen Wanderer. Im Sommer strotzte der Wald von Früchten. Ergiebige Himbeer- und Brombeerhecken wucherten verstreut in den Waldungen, woanders wieder Blaubeer- und Preiselbeerbüsche. Dazwischen sproß kräftig das Heidekraut, und Harzgeruch würzte die Luft.

Die Bevölkerung lebte bis in die zweite Hälfte des 19. Jahrhunderts hinein meist von der Hausweberei, die sehr wenig einbrachte, so daß die meisten Weber mit ihren Familien ein karges und sorgenvolles Leben fristen mußten. Erst die in den neunziger Jahren einsetzende Industrialisierung linderte die Not nach und nach. Dazu bemühten sich später die Behörden erfolgreich, die Hausweber in andere Erwerbszweige überzuführen. Das Gros der Weber aber fand in den Fabriken, die in Langenbielau, Reichenbach und Peterswaldau gebaut wurden, Arbeit. Die neuen Baumwollwebereien verfügten über eigene Spinnereien, Färbereien und Appretur-Anstalten. Die Firma Christian Dierig zum Beispiel, deren Stammhaus 1805 gegründet wurde, beschäftigte zuletzt 8000 Arbeiter.

Aber nicht nur die Textilindustrie gewann auf dem Weltmarkt wieder Geltung. In Neurode, das bereits zum Kreise Glatz gehörte, folgte der Bergbau ebenfalls der neuen Entwicklung. Nach dem Siebenjährigen Kriege hatte schon Friedrich der Große durch Erlaß der Schlesischen Bergordnung, 1769, und durch sonstige wirtschaftliche und soziale Maßnahmen wesentlich zur Hebung des daniederliegenden niederschlesischen Bergbaues beigetragen. Ursprünglich war Neurode eine alte Tuchmacherstadt. Schon 1416 existierte eine Tuchmacherinnung. Aber andere Erzeugnisse machten die ehemalige Kreisstadt mit ihren etwa 10 000 Einwohnern zur blühenden Industriestadt: Kohlen- und Tonwerke und Webereien.

Genau wie die Mundart des Glatzer- und des Riesengebirges, so trägt auch das Gebirgsschlesisch des Eulengebirges eine eigene Klangfarbe. Sehr deutlich zeigen das die Gedichte Ernst Schenkes aus Nimptsch. Die Gebirgler mit ihrer Mundart und in ihrem Beruf zeichnete ebenso treffend wie großartig Gerhart Hauptmann in seinem Drama »De Waber«. Daß ihm die Not gerade der Weber so nahe ging, war kein Zufall. Sein Großvater hatte die Lage der Weber in den vierziger Jahren, als durch eine Absatzkrise in der Leinenindustrie im Jahre 1844 Unruhen in Peterswaldau und Langenbielau zum offenen Aufstand führten und 1847 durch Mißernte und Teuerung eine furchtbare Hungersnot ausbrach, am eigenen Leibe erfahren. Mit dem Lied eines Friedrichsgrunder Webers auf den Lippen waren 1844 die ausgemergelten Gestalten vor die Villen der Fabrikanten gezogen.

Mit dem Bau der Fabriken begann die Verschmutzung der Luft. Da nützten selbst die hohen Schornsteine nichts. Industrie zieht Menschen an. Die beiden Nachbarstädte Reichenbach und Langenbielau begannen zu wachsen. Immer mehr Häuser schoben sich in Ebene und Forst vor. Das brachte Unruhe und Gewühl mit sich, besonders morgens nach dem Aufheulen der Sirenen, die die Arbeiter in die Fabriken riefen, und nach Feierabend. Da quollen die Menschen aus Türen und Toren. Bei Ernst Schenke heißt es von den Herrlein im Herrleinberg:

Uff eemoll enstoand ei derr Biele
a färchterlich Menschagewühle.
Die Leute, die rannta und liefa,
wenn früh die Fabrika laut fiefa.
Die Herrla, die kunda doas Feifa,
dan ganza Radau nich begreifa
und sproacha: »Hier müß' merr verschwinda
und sahn, woas Gescheutersch zu finda!«

Gleichzeitig mit dem Aufschwung der Industrie setzte die verkehrstechnische und touristische Erschließung des Eulengebirges ein. Diese Aufgabe hatte der Eulengebirgsverein mit seinem Sitz in Reichenbach übernommen. Zu einem wichtigen Verkehrsmittel entwickelte sich neben der Kraftpost die um die Jahrhundertwende gebaute Eulengebirgsbahn, im Volksmund kurz »Eule« genannt. Ihr Schienenstrang führte vom Nebenbahnhof in Reichenbach über Peterswaldau, Ober- und Neubielau bis Silberberg. Von dort aus bestand Busverbindung nach Mittelsteine und Wünschelburg in der Grafschaft Glatz. Im Jahre 1905 wurde auf der Hohen Eule der vierundzwanzig Meter hohe Bismarckturm errichtet, von dem man eine einzigartige Aussicht über die Sudeten vom Altvater bis zum Isergebirge hatte. Bei klarem Wetter erspähte man in der Ferne zwischen Zobten und Geiersberg die Türme Breslaus. Eine Kammwanderung nach Silberberg, durch die geringen Höhenunterschiede auch älteren Leuten zumutbar, dauerte ohne Rast etwa sechseinhalb Stunden.

Silberberg wird als das »schlesische Gibraltar« bezeichnet. Der Ort, zum Kreis Frankenstein gehörig, liegt in einem engen Tal, auf der einen Seite vom Spitzberg, auf der anderen vom Schloßberg begrenzt, und zählt knapp 2000 Einwohner. Seine Höhe wechselt von 431 bis 617 Meter. Ihm fehlen Ring und Markt, die Wahrzeichen der schlesischen Städte. Nach dem Plan des Generals Regener baute Friedrich der Große nach dem Siebenjährigen Kriege von 1765 bis 1777 die Festung, deren einzelne Werke auf dem Spitzberg, Hohenstein, Schloßberg und der großen und kleinen Strohhaube in Felsen gehauen liegen und 4,5 Millionen Taler gekostet haben sollen. Vom Donjon aus bietet sich eine großartige Rundsicht, so nordöstlich bis zum Schloß Kamenz des Prinzen Albrecht von Preußen, rechts davon der hohe dunkle Turm ist der Kirchturm von Patschkau, dahinter – bei klarer Sicht – Ottmachau. Es wird berichtet, der sechsundfünfzig Meter tiefe, in den Felsen gesprengte Brunnen habe nur einen Taler weniger gekostet als die ganze Festung. Als Friedrich der Große das hörte, soll er den fehlenden Dukaten in den Brunnen geworfen haben. Silberberg war eine der wenigen Festungen, die sich in den Jahren 1806/07 den Franzosen nicht ergaben. Seit 1860 ist die Festung aufgegeben. Schießversuche in den Jahren 1869 und 1879 zerstörten sie teilweise. Fort »Hohenstein« auf dem Spitzberg (627 m) hatte man zu einer Jugendherberge ausgebaut.

Mit dem Namen Silberberg verbunden ist der Name des niederdeutschen Dichters Fritz Reuter, der als Jenaer Burschenschafter verurteilt und vom November 1834 bis Februar 1837 im Donjon gefangen gehalten wurde. Die Zeit seiner Gefangenschaft fand einen Niederschlag in seinem autobiographischen Roman »Ut mine Festungstid«.

Neben dem Riesengebirge bieten die Hänge und Wiesen des Eulengebirges das idealste Skigelände. Nicht nur viele Breslauer besuchten es übers Wochenende, selbst von weiterher kamen die Wintersportler. Als Stützpunkte dienten die zwar nicht sehr zahlreichen, dafür doch sehr sauberen und gemütlichen Bauden: die Eulenbaude, Müllermaxbaude, Kreuzbaude, Sieben-Kurfürsten-Baude und wie sie alle hießen. Ein besonders beliebter Wintersportplatz war Wüstewaltersdorf, fünfhundertvierzig Meter hoch gelegen, mit 2500 Einwohnern: ein Dorf mit Leinenindustrie, aber auch mit Sommerfrische, mit Skigelände und Rodelbahnen ähnlich wie Volpersdorf am anderen Ende des Kammes.

Abgesehen von Schweidnitz, das etwas abseits liegt, sind Reichenbach und Langenbielau die größten Städte im Eulengebirge. Dabei zählte das einstige Weberdorf Langenbielau – es galt lange Zeit als das größte Dorf in der preußischen Monarchie – mit seinen 20 000 Seelen tausend mehr als die Kreisstadt. Von seinen Einwohnern behauptet man: es gebe gute und böse Menschen und – Bielauer.

Mehrere bekannte Mundartdichter nennen das Eulengebirge ihre Heimat. In der ehemaligen Kreisstadt Nimptsch, der ältesten schlesischen Siedlung, von den Slawen »Niemcy« genannt, zu deutsch die Stumme, ist Ernst Schenke geboren. Heidersdorf schenkte uns Hermann Bauch, in Leutmannsdorf lehrte August Lichter aus Naselwitz, und der Kreis Schweidnitz ist die Heimat von Paul Keller.

Das Textilzentrum Reichenbach – Langenbielau – Peterswaldau, das fast unzerstört blieb, gehört heute zu den von den Polen am dichtesten besiedelten Gebieten Schlesiens. In Reichenbach leben jetzt 30 000 Einwohner. Im Jahre 1949 entstand in den Gebäuden der demontierten Hagenuck-Werke die größte Radiofabrik Polens, die Diora-Werke, die über 3500 Personen beschäftigten. 1964 brach ein Großfeuer aus, das das ganze Werk vernichtete.

Von den beiden Friedhöfen wird heute nur noch der katholische benutzt. Die meisten deutschen Grabsteine sind verschwunden. Die Tore zum evangelischen Friedhof sind mit starken Ketten versperrt . . .

DAS WALDENBURGER BERGLAND

Otto Nisch

Es war gut dort zu leben

Liebes altes Waldenburg! Du Burg im Walde! Ja, das warst und bleibst du, getreu deinem Namen, für alle, die dich kannten und lieben! Trägst du nicht in deinem Wappen den starken, vollbegrünten Baum zum Zeichen deiner Waldnatur! Und fanden sich nicht überall, in jeder Himmelsrichtung, die Burgen, wehrhafte Zeugen einer Zeit, wo Deutsche diese Einheit von Befestigung und Waldland zuerst erschlossen! Oft waren es nur noch die Fundamente einer Burg oder die Reste einer Mauer, von Brombeergebüsch und dem Anflug eines Fichtenwäldchens umhüllt und bedeckt.

Wie gut kannten wir unsere Burgen, die den Ein- und Ausgang, die Tore zu unserm Waldenburger Kessel, einst beschirmten und uns zur Freude schmückten! Da war der Fürstenstein, der Wächter an der Pforte von der nördlichen Ebene über Freiburg hinauf nach Nieder-Salzbrunn. Da war eine zweite, die Burg Neuhaus, der Beschützer im Südwesten, die von einer steilen, isolierten Bergkuppe in den Schwarzen Grund und zum Sattel zwischen Ochsenkopf und Schwarzem Berg hinüberspähte. In der gleichen Richtung, in das oft feindliche hussitisch-tschechische Land, wachte am Massiv des Heidelberges die Freudenburg, die mit der Neuhausfeste ein ähnlich geschwisterliches Paar bildete wie im Norden die Zeisburg zusammen mit dem Fürstenstein. Griffen wir etwas weiter aus diesem Kreise hinaus, dann erblickten wir im Osten die Kynsburg, im Westen den Rittersitz von Schwarzwaldau.

So war das Waldenburger Land schon im Mittelalter eine wehrhaft umgürtete große Waldburg. In ihr lag unsere liebe Stadt Waldenburg mit dem in späterer Zeit neu aufgerüsteten Schloß als Kernstück, gleich einem inneren Burghof genau in der Mitte.

Doch auch ohne seine Burgen glich dieser Waldenburger Kessel allein schon durch die Anordnung der ihn umschließenden Berge und Höhenzüge einer natürlichen Burg. Nehmen wir unsere Schillerhöhe, den umfassenden Aussichtsberg am Südrand der Altstadt, zum Ausgangspunkt unserer Orientierung. Wir schauen nach Nordwesten. Gleich jenseits der Stadt und ihrer Gruben erhebt sich der mächtige Burgwall, geformt vom Hochwald und der Bismarckhöhe, und wie eine nach Westen vorgeschobene Bastion der Sattelwald. Weiter nach links, in Richtung des großen Verschiebebahnhofs Dittersbach, wölben sich wie ein Netz von Schanzen, Wällen und Gräben waldige Berge und wiesengrüne Hänge: die Kaiser-Friedrich-Höhe, die Schwedenschanzen, die Kolbebaude, die Ulbrichshöhe, die Steinauer Berge und, in ihrer entfernteren, hinausgeschobenen Lage der Bastion des Sattelwaldes ähnlich, die Gruppe der Wildberge, der Storchberg und der Heidelberg.

Diesen umfassenden äußeren Wall können wir von der Schillerhöhe nur bis zur Ulbrichshöhe verfolgen. Denn hinter uns und über der hochgelegenen Fläche der Neustadt beginnt schon der eigentliche Südrand des Waldenburger Kessels, der mit der Vogelkoppe, dem Fuchsstein, den Butterbergen und den steilen Dittersbacher Bergen – dem Schwarzen Berg und dem Ochsenkopf – sich bei Steinau in den größeren Bogen vom Hochwald bis zum Heidelberg hineinschiebt. Fast überall empfängt den Wanderer nach kurzem Anstieg aus Stadt und Dorf ein geschlossener Wald – Laubwald in den Talungen und an den unteren Hängen, kraftvoller Fichtenwald auf den Höhen. So fand jeder Waldenburger zu Fuß und ohne viel zeitliche Mühe seinen Berg.

Diese Wälle wurden durch zahlreiche größere und kleinere Pässe abwechslungsreich modelliert, die wie Arme und Hände in die Berge hineingriffen und uns jenseits in eine neue Vielfalt von Gründen und Schluchten hinüberleiteten. Zu einem Teil bildeten diese Übergangswege nur die Stiegen für die Bergleute aus ihren Wohndörfern zum Schacht. Oft aber waren sie zu geschlossenen Siedlungsstraßen wie in Ober-Altwasser, im Bärengrund, in Althain und bei Neuhaus geworden. Da zudem noch ein Teil der Berge aus hartem vulkanischen Gestein eines früheren Erdzeitalters bestand, gab es unter den Mittelgebirgen Schlesiens kaum ein ähnliches Beispiel des Zusammendrängens von Tiefe und Höhe auf engem Raum wie etwa in den Dittersbacher Bergen. Nach Glatz war deshalb für die Eisenbahn nur der Weg durch den Tunnel des Ochsenkopfes möglich.

Hätten wir damals einen Hubschrauber benutzt, um von Bolkenhain nach Reichenbach über unser Bergland dahinzufliegen, dann wäre uns die Vielfalt und die fast wehrhafte Umwallung unseres Heimatlandes noch eindrucksvoller zum Bewußtsein gekommen mit dem Anheben und Absinken der Maschine bei jedem neuen Bergrücken und dem gleichmäßigen Fortgleiten über breite und schmale Mulden und die weiten Flächen im Zentrum des Kessels.

Wir würden dann nach der Landung von einem der erfahrenen Markscheider und Geologen belehrt worden sein, daß hier in Erdzeitaltern, als noch kein Mensch lebte, längst schon ein Senkungsfeld, ein Becken, bestand. In ihm wuchsen zur Steinkohlenzeit dichte Urwälder, bildeten sich zur Kreidezeit Meeresbuchten, dampften zuletzt, im Tertiär, Vulkane und breiteten sich Lavaströme zu Decken aus. Unsere bekanntesten Berge verdanken dieser bewegten Epoche ihre Entstehung. Im nahen Adersbach und Weckelsdorf und auch in Görtelsdorf bewunderten wir die bizarren Felsgebilde aus dem Material der Kreidezeit.

Die Steinkohle aber liegt in der Hauptsache im Herzen dieses Landes, in der Mitte dieser Naturfestung, im eigentlichen Waldenburger Kessel. Sie wurde im Maschinenzeitalter zum Lebensnerv des wirtschaftlichen Schaffens, das bisher nur den schweren Daseinskampf des Gebirgsbauern, die Armut des Hauswebers und das mühevolle Fahren der Lastwagen von Böhmen nach Breslau gekannt hatte. Lange Zeit lag so der Waldenburger Kessel abseits vom Hauptstrom der deutschen Siedler, die vom Westen kamen. Zwar hatten deutsche Bergleute schon früh in Gottesberg mit dem Abbau von Edelmetallen begonnen und ihre Stadt bei Kaiser und Fürsten berühmt gemacht. Erst die Kohle öffnete vollends, doch viel später, die Tore der Burg und verband sie innig mit der schlesischen Ebene.

Aber noch immer verspürte der Reisende die Abgeschlossenheit dieser Landschaft, ihre Besonderheit in all und jedem. Mühsam quälte sich der Dampfzug von Freiburg nach Nieder-Salzbrunn hinauf. Nur durch einen Tunnel, den Schönhuter-Tunnel in Richtung Hirschberg und den Tunnel durch den Ochsenkopf in Richtung Glatz konnte er die Waldenburger Mulde wieder verlassen. Der Einlaß und der Ausgang wurden keinem leicht gemacht, auch dem nicht, der die übrigen Paßstraßen benutzte, und besonders dann nicht, wenn der Schneewind die Engen verwehte und Wälle auftürmte.

Von dieser und mit dieser vielgliedrigen Umwelt lebte der Waldenburger. Ohne ihre Einbeziehung und Betrachtung wären er und seine Wesensart nicht voll zu verstehen. Doch im Vergleich zu dieser Umwelt muß der Boden in und um Waldenburg als fast ebenes Land gelten. Allerdings trifft diese Bezeichnung nur in Hinsicht auf die Gebirgsverhältnisse zu, denn die Fläche der Stadt und des Beckens wird ebenfalls von zwar niedrigen, aber kräftigen Wellen durchzogen. Die Rathaustreppe zwingt manchem den Atem ab. Eine kleine Bergwanderung ergibt sich für den, der von der Altstadt zur Neustadt emporsteigt, besonders dann, wenn er nicht den gewundenen Weg zur Schillerbaude benutzt, sondern die Kreuzstraße, und das etwa noch bei Glatteis. Selbst die Straßenbahn dreht sich dort vorsichtig in einer großen Kehre hinauf. Vom Vierhäuserplatz nach Weißstein gilt es, am Julius-Schacht ebenfalls eine beträchtliche Schwelle zu überwinden. Deshalb wartet der erfahrene Fahrgast stets an der Sarazenenbrücke auf den Hopser, mit dem die Bahn abwärts nach Weißstein lenkt. Noch steiler sind der Aufstieg vom Bahnhof Altwasser nach der Wohnsiedlung Hartebusch und der Abstieg jenseits nach Bad Salzbrunn, wiederum ins Weißsteiner Tal.

Auf der Sohle dieser Talungen hatten sich einst langgestreckte Straßendörfer, wie eben Weißstein und auch Dittersbach, entwickelt. Erst als der Bergbau die Bevölkerungszahl steil in die Höhe trieb, wurden aus Bauerndörfern Industriedörfer, die sich zuletzt in einem geschlossenen Verband mit der eigentlichen Stadt Waldenburg vereinigten. So gleicht das Siedlungsgebiet einem Polypen mit langen Fangarmen, und es ist eine lange Reise, wenn man mit der Straßenbahn vom Bahnhof Dittersbach nach Salzbrunn gelangen will. Bei dem Tempo der bundesdeutschen Verkehrsentwicklung würden sich heute, auf Waldenburg übertragen, Probleme und Schwierigkeiten nicht geringer Art einstellen.

Über dieses Siedlungs- und Verkehrsnetz verstreut, sozusagen zwischen oder nahe den Fangarmen, liegen die umfangreichen Grubenkomplexe. Zur Nacht hat der Besucher beim Blick von den Bergen oder der Neustadt den Eindruck, als sei das kilometerweite Becken festlich illuminiert. Phantastisch steigert sich das Erlebnis, wenn ein Hochofen sich öffnet und eine rote Flammenzunge flackernd zum Himmel leckt.

Sonst bietet das Stadtbild kaum Hervorragendes wie auch sonst überall, wo sich eine Agrarlandschaft unter dem rücksichtslosen Druck von Gründerjahren jäh zur Industrielandschaft umgewandelt hat. Da stehen Bauernhäuser neben nüchternen Mietskasernen, die mit ihren unverputzten Brandmauern wenig Anziehungskraft ausüben. Hier und da erinnern stuckverzierte Patrizierhäuser noch an die Vorkohlenzeit, als das Geschäft der Leinewandherren in Blüte stand. Ruß und schwarzer Qualm aus den Essen der Gruben und Porzellanfabriken verdunkeln plötzlich die Luft. Bei Schichtwechsel beherrschen die Kumpel die Straße. So hat der nur flüchtig Durchreisende rasch ein abfälliges Urteil bei der Hand. Vielleicht ist ihm, gerade als er, leiblich wohlversehen, aus dem »Waldenburger Hof« trat, ein Kohlestäubchen ins Auge geflogen, das den Schachttürmen und Essen des Juliusschachtes entstiegen war und jetzt am unpassenden Platz landete. Vielleicht hatte er noch einen Gang zur Post zu erledigen, als gerade die Kristersche Porzellanfabrik tief durchatmete und ihre blauschwarzen Schwaden aus den Schornsteinen stieß. Kohlestäubchen im Auge oder dunkle Schatten aus Kristerschen Öfen waren auch uns Waldenburgern ganz gewiß ein Begriff und nicht bloß ein Begriff, sondern ein alltägliches Erlebnis.

Die Hausfrauen interessierten sich schon morgens beim ersten Blick aus dem Fenster für die Windrichtung, und ob nicht an diesem Tage die Rauchpilze der nahen Gruben gerade auf ihre Hausfront zusteuerten. Im Winter zeigte es ihnen der grauschwarze gesprenkelte Schnee auf den Simsen an, im Sommer die blind gewordene Scheibe oder der Staub auf dem Fensterblech. Fensterputzen war deshalb im sorgsamen Haushalt die tägliche Beschäftigung. Doch gab es so viele herrliche Tage. Unvergeßlich sind mir die frostklaren Wintertage. Da eilte ich in der sonnedurchglitzerten Morgenluft von der Neustadt die Kreuzstraße hinab oder ging gemächlicher den Weg zur Auenschule, sah hinunter auf die Stadt und die Zechen, die in schneeweißen Ballen den gefürchteten Rauch kerzengerade in die Höhe bliesen. Fröhlich grüßte ich den blaudunkelnden, schneebehauchten Hochwald, den Sattelwald. Dann gab es für mich, für uns alle kein schöneres Land im weiten Umkreis, das uns in seinem geöffneten Kessel zwischen Hochwald und Butterbergen so mütterlich barg.

So verstand ich immer aus dem Arbeitsdunst das Besondere, das Erfrischende, das Schöne für mich herauszulesen. Ich wußte um köstliche Berg- und Waldwanderungen, die gepflegten Kurorte Salzbrunn und Charlottenbrunn. Ich wußte um die vielen anderen guten Eigenarten, die sich diese Waldburger gerade durch die Begrenzung ihrer Heimatlandschaft bewahrt hatten. Es war gut in Waldenburg zu leben, das trotz seines industriellen Charakters so wenig von der nivellierenden Art und Weise großstädtischer Industriebezirke erfahren hatte.

Kulturell hatte die Bergstadt dem gesamtdeutschen Raum wenig an künstlerischen Werten zu bieten. Ihr Kapital war neben den Bodenschätzen und der wirtschaftlichen Kraft in dem Bestand eines fleißigen, anspruchslosen und herzlichen Volkes investiert. Es schloß sich untereinander und in dem ihm gebotenen engen Kreise in den Gaststätten bei Bier und Korn, in den zahlreichen Vereinen zu Sport, Gesang, zur Geselligkeit zusammen.

Es wäre ein großer Irrtum, diese Zellen eines gesunden Volkslebens gering einzuschätzen. Sie bilden den Nährboden für einen künftigen Aufstieg. Das hat uns Gerhart Hauptmann, der in Salzbrunn im Gasthaus »Zur Krone« geboren wurde und in dieser Landschaft und unter diesem Volk die eindrucksfähigsten Jahre, die Jugendjahre, verlebte, in seinen Stücken nachdrücklich bewiesen. Hermann Stehr, der Schweigsame und Zurückhaltende, der über zehn Jahre in Dittersbach lebte, hat gleichfalls die Augen gerade für diese Menschen und ihre Landschaft bei seinen täglichen Wanderungen offen gehalten und die Eindrücke in seinen reifsten Werken verarbeitet. Eduard Becher, der über dreißig Jahre beruflich in Waldenburg wirkte und dort sein Bekenntnis zu Schlesien in dem Liede »O du Heimat, lieb und traut« niederschrieb, hat in vielen literarischen und musikalischen Zeugnissen seine Liebe zur Bergheimat bekannt.

Als musikalisches Instrument trug die Waldenburger Bergkapelle unter Max Kaden den Namen der Stadt durch ganz Deutschland und über seine Grenzen hinaus. Neben Eduard Becher bleibt vielen Schlesiern die Persönlichkeit des Komponisten Franz Herzig in Erinnerung ebenso wie der Name Otto Franz Heinrich, dem allerdings erst Holland zu einem Durchbruch mit seinen Märchenbüchern verhalf. Unvergessen ist den Freunden der Heimatpflege und Forschung Max Kleinwächter, der jahrelang unter persönlichen Opfern das Heimatmuseum einrichtete und äußerst fruchtbare wissenschaftliche und literarische Arbeit leistete. Seine Aufgabe hat jetzt der Archivar Bartsch übernommen.

Der Kunstfreund findet kein Grüssau, kein Albendorf, keine Magdalenenkirche, kein klassizistisches Schloß. Nur der Fürstenstein bildet wie eine einsame Insel eine Ausnahme. Aber was aus dem Volk erwuchs, besonders aus der dörflichen Gemeinschaft: stilvolle Fachwerkhäuser, ein schlichtes Kirchlein, eine gastliche, freundliche Baude am rechten Platz – das alles ist hier zu finden. Ich denke dabei an das denkmalgeschützte Bauernhaus in Neuhaus und an die alte Dorfkirche in Reimswaldau, die wie eine Wehrkirche auf einem bachumflossenen Vorsprung steht.

Verließen wir das Stadtgebiet und den eigentlichen Waldenburger Kessel, dann begegnete uns eine Vielfalt von Berggruppen und Tälern. Wir kannten sie gut, schätzten und liebten sie. Die Fremden aber eilten oft achtlos daran vorüber, weil sie abseits lagen und von ihnen überhaupt nicht bemerkt wurden. Es war so: das nahe Riesengebirge überschattete uns, hatte uns im Fremdenverkehr überrundet. Die Reisewelle vom Westen und von Berlin her rollte im Hirschberger Tale aus, übersprang uns und erreichte mit ihren letzten Spritzern nur noch die Bäder von Kudowa, Reinerz, Altheide und Landeck. Allein die kundigen Breslauer wußten um die Schönheit und den Frieden unserer Berge.

Das Wachstum und die Kräftigung der Waldenburger Industrie hatten zu dieser Entwicklung ein Übriges beigetragen. Die Rauchwolken der Schächte schreckten ab. Sie verschleierten dem Durchreisenden Berge und Wälder. Das galt aber nicht für frühere Zeiten. Da war sogar das düstere Altwasser ein Weltbad, in dem um das Jahr 1800 russische Großfürsten, polnische Adlige und reiche Handelsleute aus dem Osten Erholung, Heilung und Abwechslung suchten. Ein ertrunkener Stollen, die sogenannte Schiffahrt, bildete mit romantischen Gondelpartien eine Sensation. Die Gelegenheit, ihn zu besuchen, ließen sich auch Königin Luise und ihr Gemahl nicht entgehen. Der Löwenhof, eines der wenigen Reststücke, erinnerte uns an jene Glanzzeit Altwassers. Damals, eben um die Wende des 18. zum 19. Jahrhundert, hatte der Kohleabbau nur geringe Bedeutung. Die Herstellung der Leinwand, oft nur in dem bescheidenen Berghäuschen eines Handwebers betrieben, und der Handel mit ihr in den Stadthäusern der wohlhabenden Kaufherren bestimmten das Wirtschaftsbild. Mit der dann zunehmenden Kohleförderung schwand der naturwüchsige, äußerlich so freundliche Charakter, versiegten die Quellen und Bäche in Altwasser, ja, auf der ganzen, dem Waldenburger Kessel zugekehrten Bergfront.

Bad Salzbrunn trat in die Nachfolge und nahm mehr und mehr das Wesen eines Weltbades an mit dem Pleßschen Hof, den gepflegten Kurpromenaden, mit Golfplatz und Sprungschanze. Von Altwasser war es durch die hohe Schwelle der Wilhelmshöhe getrennt und zugleich vor dem Steinkohlengebiet geschützt, das ihm aber im Weißsteiner Tal, in dem es lag, bedrohlich näher und näher rückte. So ist es verständlich, daß die beiden anderen Kurorte, Görbersdorf und Bad Charlottenbrunn, die außerhalb der Begrenzung des Steinkohlengebietes lagen, immer stärkeren Zuspruch fanden. Sie waren eingebettet in die Berge und doch so nahe und zugänglich, daß sie von den Waldenburgern bequem bei einem Nachmittagsbesuch erreicht werden konnten. Nach Görbersdorf, dem Sitz der Bremerschen Heilstätten, kam der Waldenburger meist zu Fuß über die Ulbrichshöhe, Reimswaldau und die Andreasbaude am Heidelberg, oder er benutzte auf der gleichen Strecke den Postbus, besonders dann, wenn er mit seinen Skiern noch den letzten Schnee am hohen Heidelberg ausnutzen wollte.

Idyllisch und heiter lag in einer waldumkränzten, lichtgeöffneten, breiten Talmulde das Bad Charlottenbrunn. Auch dorthin wanderte der Waldenburger zum Nachmittagskaffee. Er konnte seine Kräfte schonen, wenn er die Straßenbahn in Richtung Reussendorf benutzte, an der letzten Kehre zum Ort ausstieg und über den bewaldeten Bergrücken zum Bad hinunterspazierte.

Eine der schönsten Routen führte vom Bahnhof Dittersbach über Neuhaus, das Milchhäusel am Sattelfuß des steilen Schwarzen Berges und die Vogelhecke – immer längs der Berge, immer in einer beträchtlichen Höhe, fast immer durch Fichtenwald und immer wieder mit dem Ausblick in die Gründe: den Drechslergrund, das Dreiwassertal und in die Ferne der blauaufdämmernden Euleberge. Wer von den rüstigen Waldenburgern umwanderte nicht das Hochwald-Massiv, vielleicht in Weißstein beginnend und in Gottesberg endend! Oder er erklomm auf dem übersteilen Zickzackweg von Konradstal die Kuppe dieses markanten Heimatberges, um sich dann in der Gaststätte der nachgeahmten Burgruine zu stärken.

So wirkte dieses Land – mochte auch der Fremde lässig an ihm vorübergehen und nur die Entstellungen durch die Industrie bemerken – ganz stark für sich aus seiner Volkskraft, seiner landschaftlichen Einheit, kurz, aus seiner ihm verliehenen Geschlossenheit.

DAS RIESEN- UND ISERGEBIRGE

Wilhelm Menzel

Wenn ich hoch oben geh

Das Riesengebirge

»Unsers Herrgotts Lustgarten« – so hat Hermann Stehr die Landschaft des Riesengebirges genannt. Und wer hätte nicht im Angesichte dieser majestätischen Bergwelt ähnliche Bewunderung empfunden.

Das Riesengebirge ist das »klassische« deutsche Mittelgebirge. Kein anderes zeigt eine so großartige Verbindung von Hochgebirge alpinen Charakters mit den Merkmalen der Mittelgebirge, keines ragt so unmittelbar und daher so eindrucksvoll nahe dem Rande des weiten Flachlandes auf. Wer sich von der schlesischen Seite her den »Riesenbergen« nähert, muß allerdings erst eines der kleinen Gebirge übersteigen, die in einem weiten Bogen vorgelagert sind: von Osten her den querlaufenden Landeshuter Kamm, von Nordosten (Liegnitz) das Bober-Katzbach-Gebirge, von Norden (Görlitz-Lauban) und Nordosten (Bad Flinsberg) die Zungen des Isergebirges. Hat man die Höhe an einer dieser Stellen erreicht, so bietet sich ein Bild unbeschreiblicher Schönheit: Vor dem Beschauer liegt wie ein riesiger Vorhof das weitgespannte Hirschberger Tal mit der Stadt Hirschberg – ein Bekken, das durch bewaldete Granitkuppen in einzelne dichtbesiedelte Teillandschaften gegliedert ist. Da liegt das breite Warmbrunner Tal im Westen, das Erdmannsdorfer-Schmiedeberger Tal im Süden, das kleine Fischbacher Tal im Osten und das Maiwaldauer und Hirschberger Tal im Norden – alles zusammen ein buntes Gemisch von Wäldern, Feldern, Auen und Dörfern, von hellglänzenden Teichen, jenen letzten Spuren der Eiszeit-Gletscher. Dahinter aber steigt in erhabener Größe wie eine riesige blaue Mauer das mächtige Bergpanorama des Riesengebirges auf. Von seiner höchsten Erhebung, der Schneekoppe (1605 m), im Osten bis zu seinem westlichen Gipfel, dem Reifträger (1352 m), spannen sich die schwingenden Linien eines herrlichen Kammgebirges – eine Vielstimmigkeit der Landschaft, das Entzücken jedes Wanderers. Alexander von Humboldt, der Gelehrte und Weltreisende, nannte, tief beeindruckt, den Blick auf die Riesengebirgslandschaft einen der »hundert schönsten Blicke der Welt«. Nicht anders erging es zwanzig Jahre später dem »schlesischen Wanderer« und »Erzpoeten« Karl von Holtei. Er berichtet über seine Reise von Landeshut nach Hirschberg (1861): »Die Fahrt glich einer Lustpartie. Ich fuhr über Jannowitz, Seifersdorf, Hartau wie durch einen Riesenpark, dessen Mauer der Kamm des Riesengebirges bildet . . . Es geht nichts über das Hirschberger Tal! Es ist ein Garten! Sanfter, anmutiger schlingt sich nirgends eine große Bergkette um blühende Fluren. Wem hier das Herz nicht aufgeht, wenn er nicht sagt: Schlesier, das ist deine Heimat, wem hier Seele und Gemüt nicht in die feuchten Augen treten, der hat keine Augen oder keine Seele . . .«

Natürlich zieht es jeden Wanderer hinauf zu den Gipfeln jener Riesenwoge aus Granit, deren jüngste Formen die Gletscher der Eiszeit schufen. Ihre kleinen Firnbecken arbeiteten die Mulden am Rande des Kammes zu steilwandigen Karen aus, weiteten enge Flußkerben zu Trogtälern.

Das Tor zu diesen Tälern und Bergen ist Hirschberg, die Stadt »hinter Mauern und Türmen«. Von hier lockt es, mit der Talbahn nach Bad Warmbrunn zu reisen und von da bis zur Endstation Giersdorf-Hain, die im Volksmunde »Himmelreich« heißt. In guten drei Wegstunden erreicht man von hier den Spindlerpaß (1208 m), die Mitte des Riesengebirges.

Andere wechselten lieber in Hirschberg den Zug, um südwärts nach Zillertal-Erdmannsdorf und von da entweder nach Krummhübel oder nach Schmiedeberg zu fahren. Von Krummhübel geht es durch den Melzergrund auf die Koppe, von Schmiedeberg kann man das östliche Ende des Kammes, die »Grenzbauden« (1050 m) erreichen.

Nicht wenige wählten von Hirschberg aus die moderne Gebirgsbahn, um sich von ihr westwärts in vielen Windungen – mit immer schöneren Aussichten auf Berg und Tal – nach Schreiberhau (500–900 m) bringen zu lassen. Ob nun dort oder in Krummhübel oder in Hain – es bieten sich immer die gleichen Bilder: Schmucke Fachwerkhäuser mit Blumengärten davor, weite Parkanlagen mit vielen Bänken, den Wanderer zu geruhsamer Aussicht einladend, große Hotels, Verkaufsstände mit allerlei Andenken, holzgeschnitzte Wegweiser mit lustigen Versen und Figuren:

Hie gieht's ei de Zackelklomm
und kommode uff a Komm!

Wir folgen diesem freundlichen Hinweis und steigen von Oberschreiberhau zur Kammwanderung empor. Kaum sind wir quer durch den Ort gewandert, so nimmt uns dunkler Hochwald auf. Hochstämmige Fichten sind es, selten Weißtannen und Kiefern, dann und wann auch ein Laubbaum – sonst aber nur Fichten und wieder Fichten. Ihr Kleid ist dunkel, ihr Geäst ist dicht, und so webt ein feierliches Dämmern am Rande des Waldes. Unser Wanderweg, vorbei an tiefen Wasserlöchern, bringt uns langsam steigend immer höher. Nach einer Stunde biegen wir ab und steigen in die enge Felsenschlucht der Zackelklamm, die in einem kleinen Kessel endet. Dünne Wasserfäden rieseln die Felswände herab. Da öffnet sich oben die Schleuse, und brausend stürzt die gestaute Wassermasse herunter, an Felsklippen zu Gischt und Sprühregen zerstäubend. Der Zackelfall ist's – einer der vielen Wasserfälle, der »Jungbrünnlein«, die wild und schäumend zu Tale eilen.

Nach diesem Naturschauspiel umfängt uns wiederum der Bergwald. Auf steilen Wegen geht es dem Kamme zu. Allmählich wandelt der Wald sein Aussehen. Wir sind in gut tausend Meter Höhe. Da stehen Wetterfichten mit ihrem grauen Moosbehang, mit ihren weitausladenden verknorrten Ästen; da steht der Bergahorn mit seinem Silberstamm und die Eberesche mit ihrer bizarr verästelten Krone. Es ist der Bannwald, der uns umgibt. Seine Bäume sind Schutz für den Hochwald und das Tal mit seinen Menschen. Der Bannwald fängt die schweren Stürme und die Lawinen auf, deren Sturz Verderben ins Tal tragen würde; in den endlosen Moosteppichen des Waldbodens ist der große Wasserspeicher, der Ernährer des weiten Hochwaldes. – Bald treten wir aus dem Bannwald heraus, er ist zu Ende. Nur Knieholz bedeckt den freien Hang. Dort steht wie ein mächtiges Bauernhaus die »Neue Schlesische Baude« (1195) m). Wir erfreuen uns der weiten Sicht ins Land: über ein Wipfelmeer hinab ins Schreiberhauer Tal bis nach Petersdorf; dahinter der Hochstein (1058 m), der letzte Berg des Hohen Iserkammes.

In etwa 1400 Meter Höhe erreichen wir den Hochkamm des Gebirges. Weit breiten sich große Knieholz- oder – etwas höher – Rasenflächen vor uns aus, vielfach von Hochmooren unterbrochen. Und nun beginnt das stundenlange Wandern auf dem Kammwege, der zugleich die Grenze zwischen Deutschland und Böhmen bildet. Den Weg begleiten hohe Markierungsstangen, die im Winter, wenn meterhoher Schnee die Kämme deckt, dem Skiläufer den Weg zeigen.

Wir sind in der freien Welt des Hochgebirges. Keiner hat das Erlebnis schöner in Worte gefaßt als Carl Hauptmann, der schlesischste aller schlesischen Dichter.

Wenn ich hoch oben geh,
Schwinden die Qualen,
Fängt mir die Sonne an,
Schlösser zu malen.
Und rings die weite Welt
Ist für mich hingestellt.
Wenn ich hoch oben geh
Wird mir so frei.

Wenn ich hoch oben geh
Unter den Sternen,
Längst unter Wolken ruhn
Täler und Fernen,
Und rings nur Felsen stehn
Und starke Lüfte wehn.
Wenn ich in Höhen geh,
Wird mir so frei . . .

Seltsam geformte Wolken ziehen über den Himmel, senken sich brodelnd als Nebel in die Gründe, beginnen zu steigen, zerreißen, zerflattern in ein Nichts. Wir stehen vor dem Mittagsstein, einem Felskoloß, an dem unsere Altvordern ihre Opfer darbrachten, sehen die Risse, Schnitte und Narben, von denen der Granit durchfurcht ist. Die mächtigen Felsbrocken sind, wie die Gebilde ähnlicher Art – die Mädel- und Mannsteine, die Sau- und Quarksteine oder die gewaltigen Pferdeköpfe – auf dem Reifträger (1362 m), noch Zeugen der Eisperiode, in der wohl das ganze Massiv niedergedrückt wurde, diese Felsen aber gleichsam wie eine Bergwacht stehenblieben. Mit leuchtenden Farben sind im Frühling weite Kammflächen geschmückt. Da wiegen viele tausend Alpenanemonen ihre weißen, mit zartem Blau angehauchten Blütensterne; da bildet am Felsrand das »Habmichlieb« dichte purpurrote Polster; ihnen folgen Trollblumen und die Bergnelkenwurz. Doch die Pracht ist von kurzer Dauer. Die großen Anemonen setzen bald ihre »Teufelsbärte« auf, die Nelkenwurz eine zottige Perücke. Erst im Sommer kommen dann die unzähligen Mengen der gelbleuchtenden Habichtskräuter und das Fingerkraut mit dem satten Goldgelb seiner Blüten. Den Reigen der Blumenpracht beschließt im Spätsommer der Enzian mit den herrlichen blauen Glocken.

Unser Weg führt über den Reifträger an den steilen Rändern der Schneegruben vorbei, die sich mit ihren zweihundert Meter tief abstürzenden Wänden schauerlich auftun. Von hier steigt der Weg allmählich zum Hohen Rad (1506 m) und senkt sich über die Große Sturmhaube (1424 m) zur breiten Einsattelung der Mädelwiese (eigentlich Mähdewiese, Heuwiese) bis zum Spindlerpaß hinab (1208 m). Die alte geräumige Spindlerbaude auf der deutsch-böhmischen Seite oder das neue Jugendkammhaus, 1929 erbaut, auf dem schlesischen Hang laden zur Einkehr. Doch wir wollen weiter. Der Weg nach dem schönen Granitkegel der Kleinen Sturmhaube (1436 m) ist mühsam, aber die herrliche Aussicht läßt die Anstrengungen vergessen. Schon grüßt – alle Berge ringsum an Größe und Mächtigkeit überbietend – der Kegel der Schneekoppe herüber. Sie scheint zum Greifen nahe – aber wir brauchen noch eine volle Stunde, ehe wir den Silberkamm durchmessen und an den hohen Rändern des Großen und Kleinen Teiches vorbei den Koppenplan erreichen.

Noch über zweihundert Meter sind von hier an Höhe zu überwinden. Man kann dafür den langsam ansteigenden »Jubiläumsweg« wählen (1905 vom Riesengebirgsverein angelegt), der sich in weitem Bogen durch mächtige Geröllhalden um den Berg herumschwingt und den Gipfel von Süden erreicht – oder man kann auf dem kürzeren, aber steinigen und steilen »Zickzackweg« aufsteigen. Was sich nun oben bei klarem Wetter bietet, das ist eine unbeschreiblich schöne Sicht in das

Land wie von keinem andern Punkte der deutschen Mittelgebirge. Man muß freilich ein Sonntagskind sein und beim Wettergott in besonderer Gunst stehen, wenn man bis Breslau (St. Elisabeth) oder bis Prag (Weißer Berg) sehen will. Meist verliert sich die Ferne in Dunst.

Gegen Westen zu liegen tief unter uns die breiten Rücken des Kammes mit den weißen Wegen; links zeigen sich Brunn- und Hochwiesenberg, dahinter legen sich Ziegenrücken und Krkonosch (der tschechische Name für Riesengebirge) wie eine mächtige Spange um die Quellgründe der jungen Elbe. Nach Norden zu erblickt man den Melzergrund mit seinen steilen Hängen, dahinter Krummhübel und Brückenberg und weiter bis ins Fischbacher Tal mit den Falkenbergen, dem »bösen Gewissen« des Riesengebirges (man sieht sie überall). Neu für den Wanderer tritt der Ostflügel des Gebirges in den Gesichtskreis. Tiefe Waldtäler tun sich auf. Dahinter spannt sich in unendlicher Abstufung der weite Hintergrund des Schlesierlandes. Nach Südosten trifft der Blick die ganze Kette der Sudeten über den Sandstein-Tafelberg, die Heuscheuer, zum Gneismassiv des Glatzer Schneeberges und weiter zu den Hochkämmen des Altvaters. Nach Süden zu fesselt für lange Zeit der steile Absturz der Bergwände zum Riesengrund den Blick des Beschauers. Wer will einem solchen Erleben mit Worten Ausdruck verleihen! Nur ein Dichter kann das. So schrieb der achtzehnjährige Theodor Körner 1809:

Hoch auf dem Gipfel
Deiner Gebirge
Steh ich und staun ich,
Glühend begeistert,
Heilige Koppe,
Himmelanstürmerin.
Weit in die Ferne
Schweifen die trunknen,
Freudigen Blicke;

Überall Leben,
Überall Streben,
Überall Sonnenschein.
Blühende Fluren,
Schimmernde Städte,
Dreier Könige glückliche Länder
Schau ich begeistert,
Schau ich mit hoher,
Inniger Lust.

Wie trunken von all der Herrlichkeit steigt der Wanderer zu Tal. Viele können sich nur schwer trennen, wollen sie an den nächsten Tagen wieder genießen und bleiben deshalb in einem der zahlreichen Berggasthäuser, in einer Baude, über Nacht. Man braucht nur einen Namen zu nennen wie Hampelbaude oder Peter- oder Hofbaude – schon steigt das Bild einer geräumigen Gaststube auf, holzgetäfelte Wände, eine Balkendecke, eine Säule in der Mitte und in der Ecke ein »breitplatschiger« Kachelofen mit der weitläufigen »Uwabanke«! Zitherklänge und Lieder werden wach. Im Tanze drehen sich Einheimische und Gäste.

Hirschberg
Stahlstich nach einer Zeichnung von Th. Blätterbauer

Erdmannsdorf
Stahlstich nach einer Zeichnung von Th. Blätterbauer

Grüssau
Stahlstich nach einer Zeichnung von Th. Blätterbauer

Die Schneegruben
Stahlstich nach einer Zeichnung von Th. Blätterbauer

Tausende und aber Tausende ziehen alljährlich ins Riesengebirge. Im Sommer als Wanderer und Erholungsuchende, als »Sommlerfrischler«, im Winter, um dem Schneeschuhlauf oder dem Rodeln zu huldigen. Viele der Bergbewohner leben vom Fremdenverkehr. Es haben sich im Laufe der letzten Jahrzehnte eine Reihe beliebter Sommerfrischen entwickelt: vom heilklimatischen Schreiberhau über das Bergdörfchen Kiesewald, weiter Agnetendorf mit dem »Wiesenstein«, dem burgähnlichen Hause Gerhart Hauptmanns, dann Hain mit den Baberhäusern, Brükkenberg und Krummhübel, Erdmannsdorf-Zillertal bis Buchwald und Fischbach. Wer es in Oberschreiberhau gerade gut traf, konnte den Trachtenzug der berühmten »Preußler-Huxt« erleben, die Hermann Stehr in seinem Buch »Das Stundenglas« ausführlich geschildert hat. In Kiesewald bot sich allwöchentlich Gelegenheit, einem Abend der »Spinnstube« mit Liedern, Tänzen, Gedichten und Geschichten zu lauschen, lebendiges urwüchsiges Volkstum. Ähnlich ging es bei den Heimatabenden der Krummhübler Trachtengruppe in ihrem »Heemtehäusel« oder im alten Kretscham bei Exner zu.

Der Wald war und ist für viele Menschen der Ernährer: Die Männer gehen als Holzarbeiter, als »Puschleute«, fällen die hohen Fichten, Tannen oder Buchen, schichten das Holz zu großen Haufen an Wegen und befördern es im Winter auf Hörnerschlitten zu Tal. Auf der deutsch-böhmischen Seite geschah das auf den »Rutschen« im hohen Schnee. Diese Rutschen wurden von den Tiroler Holzknechten »Riesen« genannt. Von diesen »Riesen« soll das Gebirge seinen Namen haben. Andere Gebirgler kommen zu Lohn und Brot in den Sägewerken, »ei derr Bratmiehle« oder in den Zellulosewerken und Papierfabriken. Nicht gering ist die Zahl derer, die durch Schachtelmachen und Holzschnitzerei ihren Lebensunterhalt schaffen. Es hatte sich eine beachtliche Heimkunst entwickelt, die auf der Holzschnitzschule in Bad Warmbrunn liebevoll gepflegt wurde.

Ältere Frauen und Männer holen Pilze und Beeren oder die heilkräftigen Kräuter und Wurzeln aus dem Walde. In Krummhübel hatte sich bereits in der Mitte des 17. Jahrhunderts die Zunft der »wilden Apotheker«, der »Laboranten«, gebildet, die aus den Arzneipflanzen Tee und Tropfen bereiteten. Und in Stonsdorf bei Hirschberg braute man seit 1810 in der Brauerei einen bekannten Kräuterbitterlikör, den »Stonsdorfer« – ähnlich wie in Wigandstal den »Iserbitter«.

Kranke suchten die warmen Quellen von Warmbrunn auf, um von Rheuma und Gicht, von Nerven- und Hautleiden geheilt zu werden. Im neuerbauten »Quellenhof« (1931) gab es große Thermal-Bäder. Dort sprudeln acht schwefelhaltige, radioaktive Thermalquellen von 25–44°. Warmbrunn war bis 1914 der Treffpunkt der vornehmen Welt aus Ostdeutschland und Polen.

Der Holz- und Quarzreichtum des Gebirges liefert die Voraussetzungen für einen anderen Erwerbszweig: für die Glasindustrie. Der berühmteste Ort der Glashüttenwelt des Riesengebirges ist die »Josephinenhütte«. Sie wurde 1842 von Graf Leopold Schaffgotsch gegründet und durch die geniale Schaffenskraft ihres ersten Direktors Franz Pohl die bedeutendste Kunstglashütte Schlesiens, die bald Weltruf erlangte. Pohl gelang es, alte Herstellungsverfahren ausfindig zu machen und die alten venezianischen Filigran- und Überfanggläser neu herzustellen.

Die Land- und Viehwirtschaft des Riesengebirges wurde durch die Ansiedlung von vierhundert Tirolern bereichert, die 1837 ihr Land wegen ihres evangelischen Glaubens verlassen mußten. Sie blieben ihrem angestammten Volkstum treu, bewahrten ihre Mundart, ihre Trachten, Lieder und Bräuche. Selbst der Name der alten Siedlung daheim wurde beibehalten: Zillertal. Die Tiroler Bauweise ihrer Häuser läßt weithin ihre alpenländische Herkunft erkennen: flache Dächer, weißgetünchte Wände, in der Höhe des ersten Stockwerks umlaufende Balkone.

Wie in allen Tälern der Waldgebirge Schlesiens war in den Häusern und Hütten des Riesengebirges die Handweberei daheim. Es war freilich ein saures Brot.

Derrzicker, derrzacker, derrzicker, derrzacker,
do sitz ich bormherzig – Goot derrhält mich knopp, knopp.

So hörte es der Weber aus dem Geklapper des Webstuhls. Die Not ums liebe Brot war dauernd zu Gast. Deshalb wanderten viele im Jahre 1828 aus dem Riesengebirge nach Lodz in Polen, wo ihnen gutes Ackerland für ein besseres Dasein winkte. Karl von Holtei hat das in seinem Gedicht »De Leinewäber« festgehalten:

Ich kam a Wäg vum Riesenkamm
Und ging uf's Warmbad zu;
Do traf ich anne lange Schar,
Wu Man und Weib beisammen war,
Und Kinder ohne Schuh . . .
Ber kummen vohn a Bergen här,
Ber ziehn ei's Polen nei;
Ber sein urnär schund matt vur Nut
's is gor a hüngrich Stückel Brut
De schlaes'sche Wäberei! . . .

Was Goethe von Breslau aus im August 1790 an Herder über Schlesien schrieb, daß es ein »zehnfach interessantes Land« sei, das gilt im besonderen für die Landschaft des Riesengebirges. Besiedelt und erschlossen wurde das ehedem »weltberuffene« Gebirge seit alters von deutschen Bauern und Handwerkern. Ihre Söhne und Töchter hatten die »Eroberung« des Hochgebirges gewagt, jenes wilden, sturmumtosten Reiches, das der schöpferische, dem Namen nach nicht bekannte Volksdichter dem Geist der Waldberge untertan glaubte. Nur in einem Dichterland wie Schlesien konnten die Sagen von Rübezahl, von seiner Gunst und seinen Launen, diese Fülle und dieses phantastische Ausmaß erhalten. Vielleicht lag das besonders an der einzigartigen Schönheit der Landschaft wie auch an den unheimlichen Gewalten, die in den Stürmen oder plötzlichen Regengüssen mit Donner und Blitz auftreten.

Wie dem auch sei – immer hat das Riesengebirge auf jeden empfänglichen Menschen eine zauberhafte Anziehungskraft ausgeübt, besonders auf die Künstler, vor allem die Maler und Dichter. Wer nur die Bilder von Caspar David Friedrich betrachtet, »Das Kreuz im Gebirge« oder eine seiner »Riesengebirgslandschaften«, der ahnt, was »Seele der Landschaft« bedeutet.

Und die Dichter haben dieses Land besucht oder es zur Wahlheimat erhoben. Schreiberhau hatte einst seine Dichterkolonie. Bereits 1891 siedelten sich Gerhart und Carl Hauptmann in dem damals noch unbekannten Mittelschreiberhau an. In ihrem Bergbauernhause entfalteten sie ihr fruchtbares dichterisches Schaffen. Unter dem niedrigen Dach des Hauses war in den zwanziger Jahren eine holzgeschnitzte Tafel Meister Bennas angebracht worden, auf der zu lesen stand, daß Gerhart Hauptmann hier »Die Weber«, den »Biberpelz«, »Hanneles Himmelfahrt«, »Die versunkene Glocke« und »Fuhrmann Henschel« geschrieben hat. Es stand eigentümlicherweise nicht darauf, daß dies Haus auch die Entstehung einer langen Reihe von Carl Hauptmanns Werken erlebte, seiner Dramen »Waldleute«, »Ephraims Breite«, »Die lange Jule«, »Die armseligen Besenbinder«, seiner Romane »Judas« und »Mathilde«, seiner schönen lyrischen Dichtungen und nicht zuletzt des »Rübezahlbuches«.

Als sich der Hauptmannsche Kreis bereits aufgelöst hatte, sammelte sich eine neue Künstlerkolonie in Schreiberhau, die von Persönlichkeiten wie Wilhelm Bölsche, Hermann Stehr, Hans von Hülsen und Bruno Wille gebildet wurde. Allwöchentlich trafen sie mit Freunden in der »Lukasmühle« oder auch in der »Bachstelze« in Oberschreiberhau zu ernst-heiterem geistigen Austausch zusammen. In der gleichen Zeit hatten sich am anderen Ende des Riesengebirges, in Wolfshau bei Krummhübel, Mitglieder der jüngeren Dichtergeneration niedergelassen, so Gerhart Pohl und Walter Stanietz.

Im Tale drunten saßen schon seit längerem Meister der Formen und Farbe: Friedrich Iwan, der in vielen großen und kleinen Radierungen die Herrlichkeit der Landschaft festhielt, Erich Fuchs, der in Hain ein künstlerisches Bilderbuch vom Leben der Gebirgler geschaffen hatte. Sie alle sind Zeugen deutschen Geisteslebens und werden die verworrenen Zeiten – von Haß und Torheit geblendet – überdauern, wie die Jungbrünnlein, die heute noch von den Bergen rinnen und das Lied, das von ihnen singt:

Und in dem Schneegebirge,
da fließt ein Brünnlein kalt;
und wer des Brünnleins trinket,
wird jung und nimmer alt.

Das Isergebirge

Das Isergebirge, das westlichste Glied in der langen Gebirgskette der Sudeten, schließt sich ohne merkbare Grenzen nordwestlich an das Riesengebirge an, von dem es sich aber in seinen Formen deutlich unterscheidet. Vier breite, sanftgewölbte Rücken ziehen – die beiden nördlichen aus Gneis und Glimmerschiefer, die beiden südlichen aus Granit – in ungleicher Ausdehnung, der längste ist vierzig Kilometer lang, parallel von Südost nach Nordwest: im Norden, gleich einer Vorstufe, der Kemnitzkamm vom Hirschberger Kessel bis zum Queistal; der südlich davon aufragende Hohe Iserkamm, der von Schreiberhau bis Neustadt a. d. Tafelfichte das Rückgrat des Gebirges bildet, trägt die Hauptgipfel, im Osten die schöne Aussichtswarte des Hochsteins (1058 m), dann den Hinterberg (1127 m) und im Westen die vielbesuchten Aussichtspunkte Heufuder (1107 m) und Tafelfichte (1122 m); der kurze mittlere Iserkamm bildet die Fortsetzung des Riesengebirgs-Hochkammes; in sanfter Abdachung senkt sich schließlich der Welsche Kamm mit dem Siechhübel (1120 m) südwestlich zur Senke von Gablonz und Reichenberg hinab. Von den vier Kämmen fällt nur der Hohe Iserkamm steil in das Tal des Queis und des Kleinen Zacken, während südlich zwischen ihm und den andern Gebirgszügen keine tiefen Täler eingeschnitten, vielmehr hochliegende Mulden mit schwankenden Hochmooren eingesenkt sind, aus denen die Bäche langsam zu Tale rinnen (Große und Kleine Iser, Schwarze und Weiße Desse, Wittig).

Zugang zum Isergebirge ist von allen Himmelsrichtungen ohne große Anstrengungen möglich. Von Osten her steigt man am besten von Oberschreiberhau (Weißbachtal) die Alte Zollstraße hinauf, auf der einst von Böhmen die Händler und Reisenden herüberkamen. Vom Hinterwinkel (oberes Weißbachtal) – mit seiner schönen Sicht auf das Schreiberhauer Tal und auf den Reifträger darüber – taucht der steinige Weg in Kurven in den hohen Iserwald ein, der uns nur noch an Kahlschlägen oder Waldsiedlungen auf kurze Zeit verläßt. Das ganze Gebirge ist ein einzigartiges, einsames Bergwaldrevier. Rotwild und Auerhahn sind hier daheim. Unser Weg, die Alte Zollstraße, führt langsam steigend unter der Abendburg (1041 m) und der weißen Steinrücke (1088 m) vorbei und senkt sich allmählich über die Michelsbaude (832 m) rechts zu den Kobelhäusern und links nach Karlstal hinab. Wir sind hier auf der großen Hochfläche des Isergebirges und auf der breiten Nord-Süd-Straße, die von Schlesien quer über das Gebirge nach Böhmen führt. Die Straße wird auch für den Einstieg von Süden her benutzt. Auf ihr ziehen die Wanderer von Neuwelt und Harrachsdorf, von Rochlitz und Polaun. Auch jene Reisenden, die mit der Bahn von Schreiberhau kommen und in Jakobstal (888 m) aussteigen, erreichen auf einsamen Waldpfaden die Iserstraße.

Von Norden her ist Friedeberg am Queis das Eingangstor. In dem Vorfeld, einem fruchtbaren Hügelland, ragt am Wege von Greiffenberg nach Friedeberg ein steiler, bewaldeter Basaltkegel auf, der Greiffenstein (424 m), bekrönt von der Ruine des festen Hauses der Schaffgotsch, jenes Reichsgrafengeschlechts, dem bis zum Jahre 1945 das gesamte Riesen- und Isergebirge auf seinen Nordostabhängen gehörte. Unser Weg geht auf der linken Queisseite genau nach Süden. Uns grüßen die edel geschwungenen Linien des Hohen Iserkammes mit Heufuder und Tafelfichte. Nach zwei Wegstunden gelangen wir nach Bad Flinsberg (500–920 m). Die Brunnenstraße führt uns zu dem großen Kurhaus und Kurpark, der im herbstlichen Purpurmantel besonders reizvoll ist. Zwei Trink- und fünf Badequellen, radioaktive Stahlquellen, die auch Kohlensäure und Arsen enthalten, machten Flinsberg schon seit der Mitte des 16. Jahrhunderts zu einem berühmten Kurort bei Herz-, Blut- und Aufbrauchkrankheiten, auch bei Frauenleiden und Rheuma.

Um von hier aus den Kamm zu erreichen, benutzen wir einen der steilen Aufstiegswege zur »Germania«, einem freundlichen Gasthaus mit großer Aussichtsveranda. Wir genießen den herrlichen Blick ins Flinsberger Tal, sehen, wie das Bad von drei Seiten von hohen Bergen umgeben in die Tiefe gebettet ist und vor allen Stürmen geborgen liegt. Eine breite gepflegte Straße – mitunter ziemlich steil ansteigend – bringt uns auf die Kammhöhe. Fünf Gebirgsbauden, die Kammhäuser stehen hier am Anfang der Kammstraße. Sie gehören wie die weiter südlich liegenden Ansiedlungen Schindlers Plan und Groß Iser zur Gemeinde Flinsberg. Von dem ersten Haus, der gemütlichen Iserkammbaude, wandern wir auf einem schmalen, nach Osten ziehenden Kammpfade fort. Durch den Hochwald, über Blaubeergestrüpp und zuweilen über Felserhöhungen nähern wir uns mehreren burgmauerartigen Felsgruppen, der Abendburg. Ein poetischer Name. Wieviele Märchen gehen von der Abendburg um! Alle erzählen von einem verwunschenen Schlosse. Schätze an Silber, Gold und Diamanten sollen noch heute, von einem Zauberer bewacht, in unterirdischen Räumen verborgen liegen. Von dem Zauberer heißt es, daß er die schöne Tochter des Schloßherrn zur Frau begehrte und, als er abgewiesen wurde, das Schloß mit den Bewohnern aus Rache verzauberte. Aus Flinsberg berichtet die Sage dazu: »In der Johannisnacht kann man zwischen elf und zwölf Uhr vom Haumich, das ist der Haumberg auf dem Kemnitzkamm, die Abendburg in ihrer einstigen stolzen Schönheit erblicken. Man sieht einen Zwerg das Burgtor öffnen. Wenn man gerade in der Nähe ist, so darf man in drei Schatzkammern hineingehen und so viel von dem aufgespeicherten Reichtum nehmen, wie man vermag. Doch man soll sich hüten, in unersättliche Gier zu verfallen und länger als bis zwölf Uhr in der Burg zu verweilen. Wer sie nicht zur rechten Zeit verläßt, wird eingeschlossen und bleibt ein ganzes Jahr darin gefangen ...«

Den östlichsten Punkt des Kammpfades bildet der Hochstein. Seinen Namen erhielt er nach zwei auf der Berghöhe thronenden granitenen Felsgruppen. Nicht zu Unrecht gilt die Fernsicht vom Hochstein als eine der herrlichsten des Isergebirges. Von einem Aussichtsturm bietet sich ein malerisches Panorama: Außer den gewaltigen Bergzügen des Riesengebirges erblicken wir als letzte Höhen das Glatzer Gebirge und den Zobten, im Nordosten den Gröditzberg und Probsthainer Spitzberg, im Norden die Landeskrone bei Görlitz, im Nordwesten das Heufuder und im Südwesten den Jeschken bei Reichenberg.

Auch von dieser Richtung, vom Westen, steigen viele Wanderer in die Waldberge des Iserlandes. Manche wählen den steilen Aufstieg von Bad Schwarzbach über den Dreßlerberg zur Tafelfichte. Wer von Görlitz oder Dresden kommt, reist bis Friedland in Böhmen, bekannt durch sein Wallensteinschloß, wandert das Tal der Wittig aufwärts, zunächst bis Haindorf. Hier lockt es zu einem Abstecher nach Bad Liebwerda, wo Carl Maria von Weber 1814 die Musik zu Theodor Körners »Leier und Schwert« und den »Freischütz« komponierte. Von Haindorf geht es über Weißbach durch die schöne bewaldete Stolpichschlucht aufwärts zwischen Granitfelsen hindurch zum Wittighaus (841 m). Diese behagliche Gaststätte liegt romantisch im Herzen des Iserwaldes.

Von hier erreicht man in einer Stunde den Siechhübel und in der doppelten Zeit den Käuligen Buchberg (999 m) bei Klein Iser, eine geologische Merkwürdigkeit: Er ist der höchste Basaltberg Europas. Wir wählen vom Wittighaus den Weg zur Tafelfichte. Er führt durch das morastige Quellgebiet der Weißen Wittig und der Großen Iser und steigt dann steil zum Gipfel des Berges empor. Die Aussicht vom zwanzig Meter hohen Turme ist großartig und steht der Sicht von der Schneekoppe wenig nach. Hinter uns liegen in dunklem Waldesschatten die Kämme des Isergebirges, vor uns breiten sich in der Tiefe wie ein reichbestickter Teppich die im Sonnenlicht glänzenden Fluren Schlesiens, der Lausitz und Böhmens. Der Berg bezeichnet von alters her die Grenze dieser drei Länder, und einer Tafel, auf der diese Tatsache festgehalten wurde, verdankt er seinen Namen.

Aber es ist nicht nur die Fernsicht, die entzückt, es ist immer wieder die unmittelbare Nähe, die Herrlichkeit des Iserwaldes, die den Wanderer begeistert. Keiner hat den Wald der Iserberge dichterisch so gepriesen wie Gustav Leutelt aus Josefsthal bei Gablonz (1860–1945). In seinem »Buch vom Walde« spricht ein Stück Ewigkeit in unser zeitliches Dasein:

»... Der Mantel des Waldes, den die Berge um ihre Schultern schlagen, gibt ihnen Ernst und Hoheit. Ein dunkles Band reiht sich ans andere, gleichmäßig die Höhen deckend und doch unterschieden, wie Kinder aus ein und derselben Familie. Dunkle Töne des Hochwaldes und hellere des Jungholzes im Nahen, Schwarzblau und lichte Tönungen der Ferne reihen sich aneinander. Ein Höhenzug ragt hinter dem anderen, immer undeutlicher in der Gliederung ... Hauch der Höhen umweht uns dort oben, über Waldwogen her und aus fernblauen Weiten. Sonnenlichtbeglänzt, wolkenüberschattet schwankt es von Grat zu Grat und braust mit immer derselben ehernen Gelassenheit, aus Urzeiten kommend und in Jahrtausende hinübertönend. Und ein Zwiegesang hebt an, vom Hochwalde gegen die Niederungen und von den Bächen nach den Höhen empor. Hoch und hehr ist die Bläue des Himmels, strahlend und frei gleiten an ihm die Wolken; aber machtvoller dünkt uns dieser sturmtönige, festverankerte ewigkeitheischende Wald ...«

Er ist – wie im Riesengebirge – zum guten Teil der Ernährer der Bewohner. Auch hier gibt es die »Puschleute«, Schachtelmacher, Drechsler, Stellmacher, die sich heute als Handwerker mehr auf die Herstellung von Sportgeräten verlegt haben. Die blühende Holzindustrie geht auf die »Exulanten« zurück, die um 1650 aus Friedland und Neustadt um ihres evangelischen Glaubens willen von Böhmen nach der Lausitz flüchteten. In jüngster Zeit hat auch der Fremdenverkehr neue Erwerbsquellen erschlossen. Die Land- und Viehwirtschaft bleibt mühselig.

Was ein Spruch in einem Bauernhaus im Riesengebirge sagt, das gilt in gleicher Weise auch hier:

Drei Monden Sommer, neun Monden Schnee,
Ein Gott, ein Dach, zwei Geißen –
Die Menschen sterben vor Heimatweh,
Wenn in die Fremde sie reisen.

HIRSCHBERG

Günther Grundmann

Die Stadt der Träume

Als in der Zeit der Landschafts- und Naturschwärmerei der ehemalige Galgenberg, vor den Toren der Stadt nach Schmiedeberg gelegen, durch den späteren Stadtdirektor Schönau bepflanzt wurde, begann Hirschberg zum erstenmal seine Chance zu nutzen und die ursprüngliche Enge der Altstadt zu sprengen, um sich nach allen Seiten hin auszudehnen.

Daß dieser Berg den merkwürdigen Namen Kavalierberg bekam, ist darauf zurückzuführen, daß seinerzeit der General Favart an Stelle des Galgens eine Verschanzung hatte anlegen lassen, die den Namen »Kavalier« erhielt. Ein Spaziergang um diesen Berg bot nach allen Seiten hin die prachtvollste Aussicht auf die unvergleichlich schöne Landschaft, in die die alte Stadt mit ihren Mauern und Türmen, ihrem rotbedachten Häusergewimmel und ihren hübschen Villen eingebettet war. In dem stillen Waldesfrieden der längst hochgewachsenen Anlage befanden sich allerlei biedermeierliche Relikte, eine Mooshütte, ein Schalltempel und Ruhebänke. Dabei mischte sich humanistische Klassizität, die das Denkmal der Frau des Stadtdirektors, Friederike Helene Schönau, inmitten des sogenannten Paradieses auszeichnete sowie das Denkmal des Bürgermeisters selbst, mit patriotischer Begeisterung, bedenkt man, daß der große Turnplatz, der allen Hirschberger Schulen diente, zur Zeit des Turnvaters Jahn angelegt worden war. Aber auch für das leibliche Wohl war gesorgt worden: Auf der Nord- und Westseite boten sich vor Jahren noch zwei Kaffeehäuser, der »Felsenkeller« und der »Tengler-Hof«, mit ihren Veranden dem Publikum zum Niedersitzen an, ehe man sich auf der Südseite des Berges der langen Lärchenallee zuwandte, von der aus sich der Blick auf den Kamm des Riesengebirges in voller Schönheit öffnete.

Der Genuß war im Frühling, wenn das erste frische Grün der Landschaft zu den schimmernden Schneefeldern des Gebirges in reizvollem Gegensatz stand, ebenso groß, wie wenn der gleiche Weg im winterlichen Rauhreif wie verzaubert wirkte. Im hohen Sommer strömte am Johannisabend halb Hirschberg auf den Kavalierberg, um überall auf den Höhen des Gebirges die Feuer aufflammen zu sehen, und im Winter tummelte sich die Jugend der Stadt an der Sedanwiese mit Schlitten und Schneeschuhen.

Als nach 1900 auch der Fischerberg im Südosten der Stadt durch Spazierwege erschlossen wurde, lag zwischen beiden Bergen das neuerbaute Schwimmbad, und hatten neue Straßenzüge die ehemaligen Felder und Äcker um den Samuel-Opitz-Berg, die Drachenburg und den Postberg mit Neubauten längst überzogen. Diese Ausdehnung der Stadt nach Süden, der durch das Zusammenwachsen mit Kunnersdorf auch eine solche nach Westen gefolgt war, hatte der alten Gebirgshandelsstadt im 20. Jahrhundert ein ganz neues Gesicht gegeben. Es war ein sehr freundliches und für den modernen Menschen auch anziehendes Gesicht, denn die Villenstadt beherbergte immer mehr Naturfreunde und Pensionäre, denen durch die Schulbauten des Gymnasiums am Kramstawege, der Oberrealschule am Fischerberg, des Lyzeums in der Ziegelstraße und vor allen Dingen durch den im üppigen Jugendstil errichteten Neubau des Kunst- und Vereinshauses das Leben in der Stadt immer angenehmer gemacht worden war.

Für den Fremdenverkehr aber war es die Altstadt mit ihrer geschichtlichen Vergangenheit, die den natürlichen Ausgangspunkt für die Wanderer und Sporttreibenden aus nah und fern bildete. Ihrem Zauber konnte man beim Durchschreiten der engen Straßen auf Schritt und Tritt begegnen. Wer in ihr aber seine Kindheit und Schulzeit verbracht hat, um sie erst als angehender Studiosus zu verlassen, der wird noch nach Jahrzehnten den Marktplatz mit seinen Lauben, die Kirchen und den Gnadenfriedhof so deutlich vor Augen haben, als hätte er sie erst gestern verlassen.

Vielleicht, daß mancher, wenn er irgend einmal in Hirschberg gewesen war, die Altstadt nur als altmodisch und eng und die durch die Schildauer Straße und Langgasse sich durchzwängende Hirschberger Talbahn – bei uns hieß sie nur »Die Elektrische« – als Rarität bezeichnete. Für den in Hirschberg Aufgewachsenen aber war diese Stadt voller Erinnerung, daher gemütlicher und gemütvoller. Für den aber, der sich seit seiner Jugendzeit an ihre baulichen Schönheiten und ihre malerischen Motive mit historischer Begeisterung und daneben noch mit Zeichenstift und Wasserfarben herangewagt hat, für den war Hirschberg eine ebenso bemerkenswert interessante wie städtebaulich schöne Stadt. Der begeisterte Adept wurde von seinen Mentoren, wie dem Zeichenlehrer Heinz, dem großartigen Prorektor Rosenberg und dem Geheimen Justizrat Seydel, der damals durch den Breslauer Architekten Großer das Museum des Riesengebirgsvereins erbauen ließ, im Begreifen des Wesentlichen seiner Geburtsstadt angeregt und unterstützt. Daher widmete er während seiner späteren Wirksamkeit als Provinzialkonservator der Stadt seines Ursprungs besondere Aufmerksamkeit und legt heute, wo sie für ihn unzugänglich geworden und damit seiner Wirkungsmöglichkeit entzogen ist, immer wieder durch Wort und Bild für sie Zeugnis ab.

Es war in der Tat auch etwas ganz Besonderes, schon als Kind die Mutter bei ihren Einkäufen in die Stadt zu begleiten, wenn der Weg unter den Lauben von einem Laden zum anderen führte, vom Wildbrethändler Berndt zum Fleischer Artelt, zur Drogerie Bettauer, zur Kolonialwarenhandlung von Hahn und zur Weinhandlung von Wendenburg oder Schultz-Völker. Solche Lauben rings um einen Platz gaben diesem eine unvergeßliche Geschlossenheit, erzeugten ein Gefühl des Geborgen- und Geschütztseins, ganz besonders natürlich bei Regen oder im Winter, das so stark war, daß, wo sich immer auf späteren Reisen solche Lauben in Italien oder den Alpenländern wiederfanden, sofort die Erinnerung an Hirschberg wach wurde.

Im Urteil des 19. Jahrhunderts galten sie zwar als altmodisch, dunkel und als unpraktisch für die Zugänglichkeit der Häuser und der Läden – für die Geschichte der Stadt bedeuteten sie dagegen das vielleicht aufschlußreichste und erhaltenswerteste Charakteristikum. Schon ihre Namen: Tuchlaube, Kornlaube, Kürschner- und Strickerlaube, Garnlaube und Butterlaube zeigten an, welchen Zwecken im wirtschaftlichen Leben sie im Zeitalter der Zunftgebundenheit dienten. Zudem wurden sie für die üppigen barocken Fassaden der Markthäuser mit ihrem sehr individuellen Dekor sozusagen zum einigenden Band, das die einstige Zusammengehörigkeit der Kaufherrenfamilien des Gebirgshandelsstandes und der Leinen- und »Schleierfürsten» noch nachträglich erleben ließ.

Natürlich hatten sich inzwischen die Zeiten und der Lebensstil geändert. Jetzt wohnten keine Kaufherren und Patrizier in diesen ehemaligen Handelshäusern, sondern Ladeninhaber, kleine Gewerbetreibende und Handwerker. Unter den Lauben freilich wurden noch immer die Gemüse- und Obststände aufgebaut, Tische und Gestelle mit Bunzlauer Tonwaren, Küchenartikeln und Antiquitäten. Auch die Gasthäuser waren jetzt mehr Ausspann für die Landbevölkerung während der Markttage. Dann war der ganze Platz, in dessen Mitte sich das Rathaus mit dem viel zu großen preußischen Adler auf seinem Turm und die sogenannten Siebenhäuser befanden, und an dessen einer Ecke der Neptunsbrunnen plätscherte, voller Verkaufsstände und Bauernwagen. Solange die Stadt ihre Garnison hatte und Deutschland ein Kaiserreich war, paradierte vor dem Rathaus an jedem 27. Januar das fünfte Jägerbataillon und in den letzten Jahren vor der Katastrophe wurde hier das große Marktfest mit seinem Festzuge und mit dem Festspiel von Fedor Sommer gefeiert, um damit an die alte österreichische Glanzzeit der Stadt, zugleich aber auch an den Alten Fritz zu erinnern, der auf seinem Schimmel im Festzuge jedesmal höchstpersönlich zu sehen war!

Eben dieser Marktplatz, der sogenannte Ring, war es auch, dessen Instandsetzung und farbiger Fassung die Sorgen des Provinzialkonservators galten, als gemeinsam mit dem Breslauer Maler Johann Drobeck das Farbprogramm entwikkelt und unter Oberbürgermeister Blasius und Stadtbaurat Latzke allen baulichen Maßnahmen zugrunde gelegt wurde. Doch diese Zeiten sind längst vorüber, und heute müssen sich die polnischen Denkmalpfleger darum bemühen, den Verfall der verödeten und in den schlimmsten Jahren ausgeplünderten Innenstadt mit den zu Ruinen gewordenen Markthäusern aufzuhalten, was ihnen hoffentlich gelingen möge.

Um diesen Marktplatz gab es manchen malerischen Altstadtwinkel mit geringen Resten der ehemaligen Stadtmauer. Am reizvollsten war es, bei der Konditorei von Mertin durch den Torbogen der alten Lateinschule zur katholischen Stadtpfarrkirche zu St. Erasmus und Pancratius zu gehen, die, hoch über dem Bobertal gelegen, die ganze Stadt beherrschte. Ein klarer Werksteinbau, dessen hoher Chor mit den lichten, in letzter Zeit von Richard Süßmuths verglasten Fenstern dem Innenraum besonderen Glanz verlieh und der durch den kostbaren Barockaltar des Thomas Weißfeld noch bedeutsam gesteigert wurde. Die Renovierung und Vergoldung dieses Altars in den letzten Jahren des Krieges gehörte zu den aufopferungsvollsten Taten der katholischen Kirchengemeinde und ihres Parochus loci, des verehrten Geistlichen Rates Schinke.

Wenn man die Kirche umschritt, verhielt man einen Augenblick an der schlanken Mariensäule mit der anmutigen Figur der Muttergottes, die ein wenig rechts abseits vom Haupteingang stand und wohl auch auf den großen Barockbildhauer Weißfeld zurückzuführen ist; dann aber benutzte man die Treppen zum sogenannten Hirschgraben unterhalb der Stadtmauerreste, der einst zur Stadtbefestigung gehört hatte, aber in friedlicheren und beschaulicheren Zeiten von seinem Besitzer, dem Senator Hübener, im Zuge romantischer Passion als Aufenthalt für zahme Hirsche und Rehe genutzt worden war.

Von hier blickte man über den steilen Boberberg hinüber zum Hausberg, sah den in der Barockzeit viel besungenen Zusammenfluß von Bober und Zacken, und jenseits des Eisenbahnviaduktes der Hirschberg–Görlitzer Eisenbahn tat sich der Welt Ende auf; Weltende hieß nämlich der Durchbruch des Bober durch das Vorgebirge in einem schönen, wildromantischen Flußtal, dessen waldige Abhänge in den Zeitläuften sentimentaler Schwärmerei von den Hirschberger Kaufmannsfamilien im 18. Jahrhundert als Ausflugsziel zum Kaffeekochen aufgesucht und mit allerhand Namen aus der Antike und der Geschichte – dem Helikon, dem Mirakelbrunnen, dem Trafalgarfelsen – versehen worden waren. Als Glanzstück hatte sich ein Tempel zur Erinnerung an »Friedrich den Einzigen« auf dem

Helikon erhalten. Jenseits des Bober erblickte man über dem Dorf Straupitz den Grunauer Spitzberg und konnte wohl auch an schönen Sommertagen die silbernen, lautlos gleitenden Segelflugzeuge erspähen, die der dortigen Segelflugschule zum Ruhm verholfen haben.

Vom Hirschgraben aus konnte man sich noch am ehesten eine Vorstellung von der bis ins 18. Jahrhundert hinein fest ummauerten Stadt machen. Drei Tore öffneten sich einst in die Umgebung. Durch das Burgtor verließen die Wagen mit der kostbaren Leinwand die Stadt in Richtung nach Görlitz und weiter zu den Nordseehäfen und den Niederlanden; das Langgassentor führte in das Gebirge zu den Weberdörfern, in denen jahrhundertelang die Webstühle klapperten; das Schildauertor, beschützt von der St. Anna geweihten ehemaligen Torkapelle, gab den Weg frei nach Schlesiens Hauptstadt und von dort weiter nach Polen und Rußland. Sowohl der Schildauer- wie der Burgtorturm hatten die schweren Kriegszeiten des Dreißigjährigen Krieges und der friderizianischen Kriege überdauert, aber die Tore und große Teile der Mauer waren längst verschwunden. Dafür hatte die Entfestigung der Stadt die ringsum laufenden, schattigen Promenaden geschenkt.

Die nächst der Mauer liegenden Wiesen und Felder waren schon im 18. Jahrhundert in prächtige und große Gärten umgewandelt worden, in denen sich nicht nur reich ausgestattete Gartenhäuser mit Bosketten, Blumenrabatten und Orangensträuchern befanden, sondern deren Wiesenpläne auch zum Bleichen der Leinwand benutzt wurden. In der Weinholdschen Gärtnerei am Warmbrunner Platz hatte sich eines der schönsten Gartenhäuser mit einem reich ausgestatteten und ausgemalten Treppenhaus, ehemals im Besitz der Familie von Buchs, erhalten. Hier konnte man noch nacherleben, wieviel den Hirschberger Leinenkaufherren daran gelegen war, die engen Fesseln der von Mauern umzogenen Stadt zu sprengen, wenn man das Tor der Gärtnerei durchschritten hatte, um an den Buchsbaumrabatten, Blumen- und Gemüsebeeten entlangzugehen.

Immer wieder begegneten sich alte und neue Zeit, Vergangenheit wurde wach im lebendigen Strom des Lebens. Wir sprachen von den Türmen der Stadt. Zu ihnen gehörte als einer der wichtigsten Akzente die Fünfturmgruppe der evangelischen Gnadenkirche »zum Creutze Christi«, deren Gründungsgeschichte in die Zeit des Nordischen Krieges zurückreichte und die mit der schlesischen Gebirgsstadt die abenteuerlich großartige Gestalt des schwedischen Königs Karl XII. verbunden hat. Um zu diesem geschichtlichen Ort zu gelangen, bedurfte es eines größeren Wegstückes aus der Innenstadt in die östliche Vorstadt. Dieser Weg führte am bekannten Hotel der Stadt, den »Drei Bergen«, vorbei und berührte einen der wichtigsten Punkte im Stadtgefüge, ehe Hirschberg an die Görlitz–Breslauer Eisenbahn angeschlossen war, nämlich das alte Hirschberger Posthaus. Es war mehr als ein Jahrhundert im Besitz meiner mütterlichen Familie Günther, einer ausgesprochenen Postbeamtenfamilie, deren verwandtschaftliche Beziehungen bis zum Generalpostmeister Heinrich von Stephan reichten. Das alte Haus, ehemals ein Handelshaus der Familie Baumgarthen, war nach dem siebziger Krieg aufgestockt worden. Nach 1900 wurde auch die vor ihm gelegene sogenannte »Umdrehe« – einstens zum Wenden für die Postwagen angelegt – durch das Kaufhaus Schüller überbaut, und nach 1910 mußte der große Postgarten dem Neubau eines modernen Postgebäudes weichen. Die Erinnerungen an dieses Paradies meiner Kindheit sind schwer zu beschreiben.

Wenige Schritte weiter zeigte sich die kleine Marienkirche als liebenswürdiger Straßenabschluß, ehe man zu der einheitlich geschlossenen Gruppe von Kirche, Friedhof, Kantorhaus, Gymnasium und Pfarrhaus gelangte. Wer seine schönsten Jugendjahre in den alten Mauern dieses Gymnasiums verbracht hat, wer in dieser Kirche getauft, konfirmiert und getraut worden war, der darf mit einem gewissen Recht diesem Ort entscheidende Anregungen evangelischer Tradition, ja bestimmende Richtung für sein ganzes Leben zubilligen. Die geistige und geistliche Erziehung in diesem ausgeprägt humanistischen Gymnasium erfuhr zudem hier eine zum künstlerischen Erleben und Begreifen verhelfende Ergänzung. Das Bauwerk der Kirche selbst, der als Vorbild die Katharinenkirche in Stockholm gedient hatte, und der Friedhof mit seinen barocken Grufthäusern und Denkmälern waren ebenso ausschlaggebend für die späteren kunsthistorischen Studien, wie die malerischen Motive des Friedhofes die künstlerische Phantasie anregten. Und Jahrzehnte später wirkte sich bei der Umgestaltung des Hauptturmes der Kirche die Summe der in der Jugend empfangenen und in der Studienzeit vertieften historischen Kenntnisse aus, um dem denkmalpflegerischen Unternehmen Nachdruck und Gewicht bei den Behörden und der Kirchengemeinde der Geburtsstadt zu verleihen.

Wenn auch bei diesen Bauten das Urteil der Zeit nicht immer schonend gewesen ist – Friedrich der Große fand die Grufthäuser zu aufwendig und prahlerisch, und die Kirche wurde im 19. Jahrhundert gern mit einer kleinbürgerlichen Tante in einer Krinoline verglichen –, entscheidend war doch der Rang, den gerade diese ganze Baugruppe in der Geschichte des evangelischen Kirchenbaues keineswegs nur in Schlesien, sondern in ganz Ostdeutschland einnimmt. Sie ist als Werk des aus Reval stammenden und später in Liegnitz beheimateten Baumeisters Martin Frantz ein wichtiger Beitrag zur Raumform der Predigtkirche, zugleich mit ihrer kostbaren und für eine evangelische Kirche ungewöhnlich reichen Ausstattung ein

Ehrentitel für den evangelischen Teil der Hirschberger Kaufmannssozietät, vor allem deren bedeutendster Persönlichkeit, Christian Menzel, Stifter der Orgel, und sie ist ein Bekenntnisbau in Zeiten schwerer Glaubensnöte.

Das ist durchaus im Sinne konfessioneller Toleranz gesagt, wenn auch gerade das Wissen um die geschichtlichen Voraussetzungen der Gründungsumstände dieser Kirche es besonders schmerzlich empfinden läßt, daß sie heute als polnische katholische Garnisonkirche benutzt wird und damit ihrem Ursprung völlig entfremdet worden ist.

Es gab wohl nichts Friedlicheres und Schöneres, als wenn nach zwei Latein- und einer Griechisch-Stunde zwei Stunden Zeichnen angesetzt waren und zu diesem Zweck die Klasse auf den Gnadenfriedhof ausschwärmte. Mochten auch die Resultate bei den meisten unzulänglich genug gewesen sein, in solcher Begegnung mit den von herbstbunten Laubbäumen und dunklen Zypressen umrahmten Kunstwerken kam es schon in früher Jugendzeit zu einem Erlebnis ganz besonderer Art: Es war die Erfahrung, daß alles, was der Mensch geschaffen, ebenso vergänglich sei wie der Mensch selbst. In den naiven Sprüchen über den Portalen der Grufthäuser war nur vom verweslichen Leib und vom Tode die Rede. In den Ornamenten und Reliefs wimmelte es von Gerippen und abgelaufenen Sanduhren, aber auf den Giebeln siegte immer wieder der Auferstandene mit seiner Fahne über all den Staub und Moder, der den dunklen Grüften und den kalten und kahlen Grufthäusern entströmte. Da senkten Marmorgenien ihre Fackel, lehnten schlafende Knaben an zerbrochenen Säulen, klagten edle Frauengestalten um ihr Liebstes.

All das wäre bedrückend genug gewesen, wenn es sich nicht in künstlerischer Form dargeboten hätte und von einer üppigen Natur herrlichen alten Baumbestandes versöhnlich abgemildert worden wäre. Und wenn zufällig an einem solchen Vormittag auch noch eine Lyzeumsklasse zum Zeichnen auf dem alten Friedhof erschien, dann hatten Gräber und Grüfte ihren dunklen Ernst verloren, und es war das junge, fröhliche Leben, das die Stunde mancher heimlichen Verabredung regierte.

Damals zog die Stadt den Studenten und in den späteren Jahren den in der Ferne Wohnenden immer wieder an, und im Gegensatz zu heute war es ja in den freien Willen des einzelnen gestellt, den Wagen nach Hirschberg zu lenken oder mit der Eisenbahn nach der Heimatstadt zu fahren. Kam man von Görlitz, also weitergesehen von Berlin oder Dresden, dann kannte man hinter den letzten Städtchen Lauban und Greiffenberg jeden kleinen dörflichen Bahnhof. Man wartete auf die Ruine des Greiffensteins bei Mühlseiffen, auf die zarte Kammlinie des Isergebirges bei Rabishau, auf die achteckige Bethauskirche in Altkemnitz, auf das Gemäuer des Lausepelz bei Reibnitz. Jeder Name, jeder Ort und jedes Gebäude weckten Erinnerungen.

Dann aber kam jener Augenblick, heute wie einst ersehnt, da sich das ganze Panorama des Hirschberger Tages öffnete und dem Auge darbot, wenn der Zug oberhalb Gotschdorf in die große Kurve am Hang des Ottilienberges einfuhr. Da lagen tief unten Warmbrunn und Hermsdorf, dahinter erhoben sich der Scholzenberg und der Kynast; dann folgten Herischdorf und Kunnersdorf mit den Abbruzzen, und hinter all diesen Dörfern und Städtchen, Hügeln und Bergen stieg die Kammlinie des Riesengebirges von der Schneekoppe bis zum Reifträger empor. Für einen Augenblick verstellte der Hausberg den Blick auf die Landschaft, dann aber donnerte der Zug über den Bober-Viadukt, und jenseits des Flusses breitete sich die unverwechselbare Silhouette der Stadt selbst aus: im Vordergrund die alte Waldersee-Kaserne, die ehemalige Zuckerraffinerie, und der rote Bau des Städtischen Krankenhauses; dahinter die Altstadt mit ihren Türmen, dem kurzen, stumpfen Burgturm, dem Rathausturm, dem hohen Dach der katholischen Kirche und ihrem Turm mit der durchbrochenen Laterne, dicht daneben der Schildauer Torturm mit der Annenkirche und schließlich ganz links die fünf Türme über der Kuppel der Gnadenkirche.

Es gibt eine alte Lithographie, zart koloriert von der Hand Wilhelm Knippels, dem Biedermeierkünstler aus Schmiedeberg, die dieses Stadtbild, wie es sich um 1850 darbot, festgehalten hat. In neuerer Zeit hatten sich die Häuser weit auf die rückwärtig aufsteigenden Höhenzüge am Kavalierberg und am Fischerberg hinaufgezogen; die Stadt war größer geworden, ihre Einwohnerzahl war erheblich gewachsen. Aber sie war dennoch das geblieben, was man mit Stolz als die Stadt der Vorfahren bezeichnet, die Stadt der Kindheit und der jungen Ehe – heut ist sie nur noch die Stadt der Träume.

DIE SCHLESISCHE VORGEBIRGSLANDSCHAFT

Jochen Hoffbauer

Melancholische Heiterkeit

Um die geographischen Positionen gleich zu markieren: Zwischen den quirllebendigen Gebirgsflüssen Queis und Wütende Neiße liegt das fruchtbare und heiterliebliche Land, dem wir uns zuwenden wollen. Dazwischen tummeln sich Bober und Katzbach. Und wenn es nicht mit Wellen und Wasser gesagt sein soll, dann mit den Namen der Städte: Lauban, Löwenberg, Goldberg, Jauer und Bolkenhain. Aus den Hügeln und Höhen erhebt sich, Vorahnung der größeren Berge am Horizont, das verträumte Bober-Katzbach-Gebirge. Gewiß, es handelt sich nicht um eine aufregende oder attraktive Landschaft. Der Strom einer geschäftigen Welt zog an ihren Rändern vorbei; ergoß sich in das Riesengebirge oder in die Landeshauptstadt Breslau. Aber es blieb für den Besucher und Betrachter jene unerklärliche Mischung von Traurigkeit und Frohsinn. Es wuchs mit den Jahren und Generationen eine melancholische Heiterkeit, die das Land auf seine Bewohner übertrug und die von den Menschen der Landschaft aufgeprägt wurde.

Das Land steilt sich an den Rändern im Süden zu alpiner Größe. In die Wellen der Vorberge, Hügel und Höhen klammern sich Häuser und Bäume, Straßen und Windmühlen, Kirschenalleen und Wälder, Burgruinen und Freiherrliche Schlösser. Der Wind wogt über dieses grüne, gelbe und braune Meer. Die Tiefen sind ausgelotet. Zerfetzten Segeln gleich stehen die Wetterfichten und Raunzen vor den mondbeleuchteten Schneisen. Der Bannwald hat seine Aufgabe durch die Jahrhunderte getreulich erfüllt. Unter seinem Schirm und Schutz ordnet sich Schonung an Schonung. Die Brombeere zückt den scharfen Stachel.

Über den buckeligen Plan der schachbrettartigen Felder zieht der »Braune« und bekümmert sich nicht um Nähe und Ferne. Ihm sind die schwarzen Ackerkloben vertraut. Fliegen und Bremsen quälen ihn mit lästigen, aufreizenden Stichen. Angeschirrt strebt er seinem verdienten Feierabend zu. Hü und Hott ruft der Bauer hinter seinem eisernen Pflug. Manchmal sitzt der Stein im Acker wie glühende Kohle. Dann stöhnt das blinkende Eisen. Die Felder, Weizen und Gerste, Hafer und Klee, Flachs und Raps, drängen ungestüm zur Höhe und verlieren dabei Saft und Kraft. Beides wird ihnen weggesogen von geheimnisvollen Kräften. Die magischen Bergketten des Iser- und Riesengebirges werfen ihre Netze aus bis in die weite Ebene des Vorgebirges.

Im Verschnaufen des Augenblicks irrt der Blick des Pflügenden, das Auge der »Hofefrau« zu dem blauen Glast, der sich da auftut, fast verschwimmend mit der Glut des Sommerhimmels. Unter dieser unerbittlichen Glut ducken sich Tier und Knecht.

Schwerbehangene Kirschenalleen schmücken Straßen und Wege. Noch sind sie verschont vom Lärm des Motors. Nur der gelb-weiße Staub der Fuhrwerke und Kutschen pudert die grünen Zweige und die roten Früchte. In der verfallenen Bude saßen früher die Feldwächter mit Klappern und Stangen, um gegen Stare und Sperlinge anzukämpfen. Schwarz und dunkelrot, zitronengelb und schokoladenbraun bricht das pralle, süße Fleisch aus dem dichten Blättermantel. Wenn dazwischen ein zerrissenes Hosenbein oder eine kleine, schmutzige Jungenhand auftauchten, wußten die Wächter Bescheid und zwinkerten sich vielsagend zu. Es gibt nicht nur räuberische Vögel in dieser arglosen Welt. Und es ist noch nicht allzu lange her, daß die strengen, finsteren Wächter selbst kleine, unvernünftige und hungrige Buben waren.

Der Bienen Gesumm schwirrt um gelbe Sonnenblumenräder an den Zäunen der sorgsam gehüteten Gärten. Vor jedem, auch dem kleinsten Haus sind sie ausgebreitet. Schmuckstücke und Ernährungshilfe. Wer die Dorfstraße entlanggeht, erfreut sich an Klematis und Seidelbast. Auf den breiten Fensterbrettern stehen die Blumentöpfe in munterer Reihe.

Hinter den Dörfern, lange, schmucke Reihendörfer mit der Dorfstraße als Hauptader, beginnt der unendlich dünkende, geheimnisvolle Wald. Traumparadies der Kinder. Eben noch schien ihnen die Sonne in das Gesicht, als sie im Hof »nippern« spielten. Das Spiel mit den bunten Tonkugeln, die es gilt, in das Loch zu bekommen.

Jetzt schüttelt der Regen den Wald. Das Tropfen und Klopfen verliert sich nicht in Schluchten und Tälern. Es bleibt diese monotone Melodie für Stunden über den weitausladenden Kiefern, über den schlanken Tannen. Längst scheint gegen Abend zu die Sonne wieder. Aber die hurtigen Pilzweiblein und armen Waldgänger lauschen noch immer dem labenden Trost. Die Fichtennadeln knistern im Gehölz, durch das die Kätner und Häusler zum Feierabend ihre Holzlast ziehen. Ernte des letzten Sturmes. Ein Vogelschwingen, Eule oder Habicht, bleibt beständig in den Lüften.

Geistige Strahlungskräfte und wirtschaftliche Impulse gehen von den kleinen, aber geschäftigen Städten aus, die wie Klammern das Zusammenhanglose und Organische verbinden.

Lauban putzt der ganzen Welt die Nase – so hieß ein fröhlicher Werbespruch, der sicher übertrieben war. Aber die Laubaner Taschentuch-Industrie begründete und erhielt Laubans Weltruf. Das äußere Bild der Stadt, die schon 1188 das Stadtrecht erhielt, wird geprägt vom alten Rathaus aus dem 16. Jahrhundert, vom ehemaligen Franziskanerkloster aus dem Jahre 1273, vom Steinberg mit dem modernen Freibad und von den vielen Türmen, allen voran der Brüderturm, rund und ungefüge, vom Efeu der Zeit umwuchert. Wer auf dem alten Friedhof stand und auf die »Sechs-Städte-Bund-Stadt« sah, der hatte sie alle vor sich, die Türme und Kuppeln: Neues Rathaus, Altes Rathaus mit dem Krämerturm, Neue katholische Pfarrkirche, Glockenturm der evangelischen Gemeinde, Brüderturm und Kreuzkirche.

Im letzten Feuersturm des Krieges versank Lauban in Schutt und Asche. Hier am Queis biß sich die Front noch einmal fest in jenen Frühjahrstagen 1945. Was strahlend bleibt an Lauban, auch heute noch, da die Stadt ein kärgliches Dasein führt, ist das Bild der Türme und Gassen, der kunstvollen Portale und weiten Felder, die bis zu den Stadträndern reichten.

Zwischen Lauban und Greiffenberg liegen zwei Talsperren mitten in Feldern, Wiesen und Hügeln; perlendes Silber im sommerlichen Grün: Talsperre Marklissa und Talsperre Goldentraum. Rundlicher, aber größer, war die Talsperre von Marklissa mit fünfzehn Millionen Kubikmeter Inhalt. Sie wurde in den Jahren 1901 bis 1907 erbaut – als erste schlesische Talsperre. Nahe dem Leinenweberstädtchen Marklissa und der Talsperre erhob sich die imposante Fassade der Burg Tzschocha, die als Grenzfeste gegen Osten bereits im 12. Jahrhundert erbaut wurde.

Wer das flinke Motorboot verlassen hatte und den Hügel hinan weiterwanderte, an der Jugendherberge Neidburg vorbei – ein trutziges Felsennest am Scheitelpunkt der Höhe –, der konnte bald an der Seeschänke wieder ein Motorboot besteigen, das ihn auf dem idyllischen, acht Kilometer langen Stausee Goldentraum bis vor die Tore Greiffenbergs brachte. Vorüber glitten das Jugendseehaus – in den zwanziger Jahren eine Stätte der Begegnung für die Jugend aus allen Lagern –, die behäbige Finkenmühle der Familie Enderwitz, der Ramsen, Greiffenbergs Wetterecke.

Der Queis umschlingt die Stadt mit den ungestümen Armen eines unberechenbaren echten Gebirgskindes. Hundertzwanzig Kilometer lang, überwindet er, der einstmals treffend »der Zischende« hieß, 790 Meter Gefälle; von der tannenumsäumten Quelle in den nahen Iserbergen bis nach Silber, wo ihn der größere Bruder, der Bober, aufnimmt und mit dem er dann gemeinsam den Strom des schlesischen Landes, die Oder, speist, bis auch deren Wasser in die Ostsee fließt.

Über den Waldspitzen jenseits des Sees grüßte ein verwunschenes, stilles Fleckchen: das Dorf Goldentraum. In grauer Vorzeit soll der Marklissaer Perlfischer Treublut kostbare Perlen in den unansehnlichen Queismuscheln gefunden haben. Doch die daraus erwachsene Suche nach Gold zerrann wie ein Traum, und es blieb nur dieses unbekannte Dorf übrig, dessen Name als Symbol stehen bleiben möge: Goldentraum – Goldener Traum!

Den wenigsten wurde bewußt, daß Greiffenberg, in der zweiten Hälfte des 13. Jahrhunderts gegründet, im Besitz der Stadtrechte, eigentlich eine Bergstadt war, denn der älteste, ursprüngliche Stadtteil steht fest und gedrängt auf einem Felsblock, der scharf gegen den Queis vorspringt und dann allmählich zum Wiesental des Ölsebaches hin abfällt. Die reich verzierten Patrizierhäuser am Ring zeugen von zwei bedeutsamen wirtschaftlichen Blütezeiten der Leinenindustrie. Die Stadt besaß sechsundzwanzig große Handelshäuser, die in europäische Länder und nach Übersee lieferten.

Wie ein erhalten gebliebener zeitgenössischer Stahlstich aus dem Jahre 1720 deutlich zeigt, war in jenen Jahrhunderten Greiffenberg eine wehrhafte Stadt. Befestigte Mauern, Türme und Tore wie das Zittauer Tor sind notwendige Folgerungen des gängigen Spruches: »Sachsen verderbt, die Schläsing verscherbt«. Der unselige Dreißigjährige Krieg hatte auch im kleinen Städtchen am Queis seine Spuren hinterlassen.

Doch solche schrecklichen Zeiten waren in den Tagen unserer Kindheit längst vergessen. Sie tauchten nur im Geschichtsunterricht gelegentlich einmal auf. Wer an warmen Tagen durch die Straßen ging oder im Winter das trauliche Schneekleid der Dächer und Giebel sah, fühlte sich geborgen in der Stadt. Der Bergwind fuhr durch die Nacht. Was vermochten alle Träume, wirre und zauberische, da der Wind einen Morgen brachte, der über dem Stadtwald heraufstieg, taufrisch und jung. Tausend Morgen – und immer noch zu wenig.

Zur Kreisstadt Löwenberg, vorbei an den blühenden Kirschenalleen des langen Reihendorfes Schmottseiffen – mit drei Bahnhöfen! –, war es nicht weit. Auf der Welkersdorfer Höhe, etwa fünfhundert Meter abseits der Straße Greiffenberg–Löwenberg, grüßt die Ruine der Burg Talkenstein. Sie ist wesentlich kleiner als die Burg Greiffenstein bei Greiffenberg und die Lehnhausburg bei Lähn. Aber sie erwarb sich traurigen Ruhm durch den wüsten Raubritter von Talkenberg, der plündernd, mordend und marodierend durch die Wälder streifte, Kaufmannszüge und Reisende überfiel, bis er das Opfer einer gemeinsamen Aktion der Städte und Landesherren wurde. 1479 wurden die Burg erstürmt und die Räuber vernichtet.

Die Kreishauptstadt Löwenberg liegt in einem weitflächigen, lieblichen Wiesental, durch das der Bober gemächlich dahinfließt. Die Löwenberger hatten keine Schwierigkeiten, Ausflugsziele für den Sonntag zu finden. Sie gingen zum Jordanteich in der Promenade, in den Stadtpark Buchholz, wo alljährlich das »Blücherfest« gefeiert wurde – zur Erinnerung an Blüchers Sieg über die Franzosen an der Katzbach –; in das Waldgebiet des städtischen Vorwerkbusches, stiegen auf den dreihundert Meter hohen Hospitalberg oder liefen in die »Löwenberger Schweiz«, auf Mois zu gelegen. Die zerklüfteten Sandsteingebilde erinnerten an die Adersbach-Weckelsdorfer Felsen. Hier findet sich auch das romantische »Jungfernstübchen«, in dessen Spalten und Höhlen die Löwenberger Frauen während der Hussitenzeit Schutz suchten.

Typisch für diese Vorgebirgslandschaft um Löwenberg sind die vielen Berge und Hügel, die sich wie ein Kegelspiel um den Bober stellen: Steinberg, Luftenberg, Weinberg, Popelberg, Schießhausberg, Harteberg.

Löwenberg wirkte auf den Wanderer beschaulich und geruhsam. Die Stadt war eine der ältesten deutschen Städte-Gründungen in Schlesien, 1217 an der »Hohen Straße« angelegt, auf der die fränkischen Siedler nach Osten zogen. Im Mittelalter blühte das Handwerk der Tuchmacherei.

Stadtmauern, Wighäuser, Tortürme, Gassen, Schwibbögen, Giebelhäuser, Kirchen und Rathaus wirkten bis in die neueste Zeit wie aus dem Mittelalter konserviert. Das Löwenberger Rathaus, 1369 bereits urkundlich erwähnt, eine Mischung aus später Gotik und Renaissance, wurde von dem berühmten Görlitzer Stadtbaumeister Wendel Roskopf errichtet und in den Jahren 1903–05 durch den Direktor der Breslauer Kunstakademie, Professor Hans Poelzig, vollständig umgestaltet. Ihm gelang es, die Verbindungen zwischen alten und neuen Bauteilen herzustellen. Ein Glücksfall vollkommenen architektonischen Gelingens. Theodor Heuss hat in seiner Biographie über Poelzig hierzu bemerkt: »Was den Bau von Löwenberg so liebenswert macht, ist die Begegnung von schöpferischer Unbefangenheit und geschichtlichem Takt.« Wer in das weite Land hinauswandert, der wird reich belohnt. Ob er sich als frommer Pilger dem 1278 gegründeten Benediktinerinnen-Kloster Liebenthal zuwendet, im Volksmund »Klein-Rom« genannt – einer katholischen Enklave im protestantischen Land –, oder den Bober nicht aus den Augen läßt, bis er das Ackerstädtchen Lähn erreicht – die über dem Städtchen thronende Lehnhausburg gehörte Herzog Heinrich I., der mit seiner Gemahlin Hedwig oft und gern hier weilte –, es ist eine Landschaft der Stille und Freundlichkeit. Die Zeit hat keine Gewalt mehr über den, der über Felder, Wiesen und Höhen streift, der eintritt in die dichten Wälder voller Beeren, Pilze und Geheimnisse. Hainwald, Hartepusch, die Wälder entlang des Bober – dieser Geruch bleibt gegenwärtig und unverwechselbar. Er steigt einem in die Nase, sommertags, wenn die Erinnerung aufglüht.

Wie in Löwenberg, wurde in der Nachbarkreisstadt Goldberg schon im frühen Mittelalter Goldbergbau betrieben. Der Stadtname zeugt davon. Und die fromme Sage behauptet, daß in der Schlacht bei Wahlstatt die Goldberger Bergknappen eine entscheidende Rolle im erfolgreichen Abwehrkampf gegen die anreitenden Mongolen spielten. Alte Schächte aus den geldbringenden Zeiten der Goldgewinnung gab es noch zu sehen in dieser deutschen Stadt, der im Jahre 1210 das Magdeburger Recht verliehen wurde.

Auch Goldberg liegt – wie so manche schlesische Stadt – auf einer Erhebung, durchschnittlich 224 Meter hoch, am rechten Ufer der Katzbach. Das ist nun nach Queis und Bober der dritte Gebirgsfluß, der das Vorgebirgsland durchschneidet. Die Dörfer vor den Toren der Stadt, reiche Bauerndörfer mit fruchtbaren Böden wie Pilgramsdorf, Harpersdorf, Langneundorf (»die lange Gasse« genannt!) bargen in Kirchen, Schlössern, Dominien, Schulen und Gasthäusern eine Fülle von Kostbarkeiten, Dokumenten und Ereignissen.

Aber nicht das Gold allein war es, das den Stolz der Goldberger ausmachte. Neben der Goldgewinnung trat Goldberg auch als Tuchhandelsplatz die Nachfolge Löwenbergs an. Und als bedeutsame Schulstadt wurde es im Mittelalter in Europa bekannt. Valentin Trotzendorf (1490 als Sohn eines Bauern in Troitschendorf bei Görlitz geboren) begründete in Goldberg den Glanz der schon bestehenden Lateinschule durch seine modernen Unterrichtsmethoden und pädagogischen Fähigkeiten. Eltern aus Sachsen und Franken, Ungarn und Siebenbürgen, Polen und Litauen schickten ihre Kinder in die Goldberger Schule, deren Ruf Trotzendorf 1531 endgültig annahm.

Wer auf dem Goldberger Ring stand, der gedachte jenes Weihnachtsabends 1553, da die Pest in der Stadt wütete und sich die letzen sieben Goldberger Bürger der Überlieferung nach auf dem Ring versammelten, um singend Gott zu loben und ihm zu danken. Zur Erinnerung daran fand an jedem Weihnachtsabend das »Goldberger Ringsingen« statt, bis in die jüngste Zeit hinein.

Westlich der Stadt stehen zwei Bergkegel in der Ebene, die nicht zu übersehen sind: die Anfang des Jahrhunderts restaurierte Gröditzburg (389 m) und der bewaldete Propsthainer Spitzberg (501 m). Im Süden erstreckt sich das Reihendorf Hermsdorf-Bad mit seinem Genesungsheim, dem Katzbachwehr, den zum Klettern einladenden felsigen Rabendocken hinter dem Bahnhof, mit dem Obergut und der trutzigen Kirche, die vorreformatorischen Ursprunges ist. Wenden wir uns weiter nach Süden, die Katzbach als Richtschnur benützend, gelangen wir über Neukirch mit dem Rittergut, Schönau und Kauffung in das Bober-Katzbach-Gebirge. Es ist verständlich, daß dieses schlesische Mittelgebirge mit seiner höchsten Erhebung, der Hogulje (720 Meter hoch), im Schatten des Riesen- und Isergebirges blieb. Beide waren zu nahe, als daß es dem Bober-Katzbach-Gebirge ernstlich hätte gelingen können, größere Besuchermassen anzulocken. So blieb es dem Charakter des Landes zwischen Queis und Katzbach entsprechend ein stilles, verträumtes Gebirge, das sich dem willig erschloß, der sich bereit und zufrieden in seine Wälder, Täler und Dörfer begab. Selbst dem Kundigen blieben allerdings die Seitentäler des Bober-Katzbach-Gebirges meist unbekannt: der Prausnitzer Wald (über Haasel–Konradswaldau–Wilsbach–Taschenhof), das Steinbachtal (Reichwaldau–Mochenwald–Herrmannswaldau), den Rothebach entlang, das Gebiet um Schafberg–Kitzelberg, Kammerswaldau, Ketschdorf–Rosenbaude und schließlich das Ludwigsdorfer Gebirge mit den Gebirgsdörfern Ludwigsdorf und Johnsdorf. Alexander von Humboldt bezeichnete den Rundblick von der Rosenbaude bei Ketschdorf als einen seiner schönsten Landschaftseindrücke.

Im Westen des Bober-Katzbach-Gebirges, an der Wütenden Neiße gelegen, kündet die Burgenstadt Bolkenhain von einer bewegten Vergangenheit. Seinen Namen verdankt das mittelalterlich anmutende Städtchen dem Erbauer der Bolkoburg, Herzog Bolko I. (Ende des 13. Jahrhunderts). Eng schmiegen sich die Häuser der Stadt unter die Fittiche der Burg. Der 8000 Quadratmeter große Ring ziert sich mit den Laubenhäusern, mit Brunnen und alten Bäumen. Daß die Bolkenhainer einen Spaß verstanden, beweist die anekdotenumwitterte Gestalt des Ritters Hans von Schweinichen, der in seinem »Memorialbuch« nicht nur seine vielen Streiche und Abenteuer, sondern auch die Lebensweise seiner Zeit amüsant und offen beschrieb. Unweit von Bolkenhain befand sich das »Sauhäusel«, die Ruine der Burg Schweinhaus der Ritter von Schweinichen, die schon 1108 erwähnt und im Laufe der Jahrhunderte mehrfach umgebaut wurde, bis sie vom Ende des 18. Jahrhunderts ab immer mehr verfiel.

Folgen wir wiederum dem Fluß, der Wütenden Neiße, nach Norden, gelangen wir über Rohnstock nach Jauer, jener Stadt, die manchem wegen der »Jauerschen Würstel« bekannt gewesen sein dürfte. Das allein zu wissen, wäre allerdings zu wenig. Denn diese Kreisstadt, um 1241 durch Magdeburger Rechtsspruch begründet, konnte mehr aufweisen als nur einen lukullischen Genuß – alle zwei Jahre im Spätsommer das Würstelfest! Ihre Blütezeit hatte die Stadt im 16. Jahrhundert als Mittelpunkt der Tuchmacherei und des Leinenhandels. Eine Zeitlang war sie Hauptstadt eines selbständigen Fürstentums. Das Piastenschloß, ein strenger, kühler Bau, war ehemals Sitz der Jauerschen Herzöge. Als eine der drei Kirchen, die der Westfälische Friede den schlesischen Protestanten gewährte, wurde die Friedenskirche zu Jauer 1654/55 in dem vorgeschriebenen ärmlichen

Fachwerk vor dem Goldberger Tor erbaut und erst 1709 mit einem schlichten Glockenturm geschmückt. Aus der damaligen Not machten die Kirchenbauer eine sich späterhin auswirkende Tugend: Die vier großen Emporen und die beiden mächtigen Seitenschiffe boten für 6000 Gläubige Platz.

Aber das Mark des niederschlesischen Vorgebirgslandes bilden Dörfer und Streusiedlungen, Kolonien und Feldhäuser. Eine Legion von Namen, vor der die nüchternen Zahlen zerrinnen. Langgestreckt oder igelförmig gebaut, deuten sie dem Fremden ihre Herkunft.

Wer auf den Bergen und Hügeln stand, schaute in die Ebenen und Täler des Vorgebirges wie in eine Verheißung. Die Farben zergliederten sich und die breiten Straßen wurden zu hauchdünnen Strichen. Nähte eines festen Gewandes. Wer in den Ebenen und Dörfern ging, fühlte die Berge und Kuppen wie einen Magnet. Alle Schritte führten zu den Höhen.

Jede Enge ist diesem Vorgebirgslande fremd. Es gefällt sich in schlichter Großzügigkeit und melancholischer Heiterkeit. Die Widersprüche sind nur äußerlich. Der Formenreichtum führt zur Synthese. Der scharfe Kamm der nahen Sudetenkette blieb die Grenze zwischen Diesseits und Jenseits.

GÖRLITZ

Herbert Roch

Geteilte Stadt an der Neiße

Nordöstlich von Görlitz liegen bei Hennersdorf die Teufelssteine, ein paar gewaltige Granitblöcke, der Sage nach vom Satan in seinem ohnmächtigen Grimm über die Errichtung der Peter-und-Pauls-Kirche am steilen Westufer der Neiße als Wurfgeschosse benützt, um den sakralen Bau, der die Bürger zu Andacht und Frömmigkeit aufrief, zu zerstören; aber das Urgestein flog, schlecht gezielt und vielleicht auch durch eine höhere Macht abgelenkt, über die Kirche hinweg, ohne sie zu beschädigen, und bohrte sich mitten im Gelände tief ins Erdreich, wo es noch heute zerklüftet und verwittert aufragt, stummer Zeuge einer verruchten Tat.

Von dort blickten wir an leuchtenden Frühlingstagen, Wanderer durch das grünende Neißtal, oft nach Görlitz hinüber, dem Ziel unserer Ausflüge, wo man in alten Gasthöfen unter dunklen Bogengängen an weißgescheuerten Tischen sitzen, einheimisches Bier trinken und Rast halten konnte, während Fuhrwerke die steilen Straßen zur Neiße hinunterrollten und Handwerker ihrem Gewerbe nachgingen. Meistens näherten wir uns der Stadt über die Bleichen; dort waren zahlreiche Wäscherinnen am Werk und breiteten das Linnen wohlhabender Bürger auf den Wiesen am Flußufer aus, daß es weithin schimmerte in strahlendem Weiß und ein Gefühl moralischer Sauberkeit hervorrief. Ich kann an Görlitz nicht denken, ohne diese Bleichwiesen mit ihren Wäschepfählen, aufgespannten Leinen und griffbereiten Gießkannen vor mir zu sehen, von ganzen Kinderscharen bevölkert, die an den Rainen Gänseblümchen und Butterblumen pflückten und sie zu Kränzen wanden, während hinter Weidenbüschen stumme alte Männer geduldig angelten, eingedenk, wie es schien, des Jakob-Böhme-Spruches:

Wem Zeit wie Ewigkeit
Und Ewigkeit wie Zeit,
Der ist befreit
Von allem Streit.

Von diesen besinnlichen Männern und geschäftigen Frauen ahnte niemand, daß hier, wo einst neben der Neißkirche das Haus des theosophischen Schusters Böhme stand, erworben für dreihundertfünfundsiebzig Mark, darin er die »Morgenröthe im Aufgang« schrieb, vom Pastor primarius der Stadt scharf angefeindet und angegriffen deswegen und vom Rat als »verwirrter Enthusiast oder Phantast« bezeichnet – ahnte niemand, daß das ganze schöne Neißtal von Zittau bis Guben einmal Grenzgebiet sein würde mit Stacheldrähten und Wachttürmen, die Neiße, von Süden her aus dem Böhmischen kommend, nicht mehr mit fröhlichen Kähnen befahrbar, die Mühlen an ihrem Ufer stillgelegt, die Neißinseln verödet, die Häuser auf der jetzt polnischen Seite geräumt, verlassen von Mensch und Kreatur, langsam zerfallend und zerbröckelnd, als hätte es dort nie Kirmesgelächter und -gelage gegeben. Das war in den ersten Jahren nach der Teilung der deutschen Neißstädte in eine deutsche und eine polnische Hälfte. Die Teilung besteht noch, manches jedoch ist wohl wieder etwas heller und freundlicher geworden.

In Görlitz selbst waren die unmittelbaren Kriegsschäden ohnehin gering im Vergleich zu anderen Städten; die Teufelssteine der Vernichtung flogen auch in jenen düsteren Tagen über die Peters-Kirche hinweg, und die Altstadt blieb vom Schicksal Breslaus und Dresdens verschont. Der Stadtbaumeister Wendel Roskopf d. Ä., dem sie ihre schönsten Bauten verdankt, würde sie wiedererkennen. Was im Stadtkern durch den Krieg an Schäden entstand, ist längst sorgfältig restauriert worden, und wenn man von unvermeidlichen Veränderungen durch Zeit und Umstände absieht, bietet sich das alte Görlitz noch heute so geschlossen dar wie auf dem Kupferstich von Matthäus Merian aus dem Jahre 1650.

Unverkennbar die aus frühester Zeit stammende, von handelspolitischen Gesichtspunkten diktierte Anlage des ganzen Komplexes, im Mittelalter von Tuchmachern bewohnt, für eine Weile das Zentrum der Waidstapel (Waid ist eine Färberpflanze für Blaufärbung), nach allen vier Himmelsrichtungen von Mauern umgeben, die strategischen Punkte durch Befestigungen gesichert und geschützt, im Westen durch Kaisertrutz und Reichenbacher Turm, gegen Osten durch Bastionen an der Neiße selber und ihren steilen Uferrändern, die untere Zufahrt durch einen weiteren mächtigen Rundturm bewacht. Zwar sind die alten Stadtmauern längst gefallen, aber was sie einst schirmten, besonders die lebenswichtige Ost-West-Achse mit Neißstraße, Untermarkt, Brüderstraße und Obermarkt, das ganze alte Stadtzentrum ließe sich noch jetzt abriegeln wie zu Zeiten eines der berühmtesten Görlitzer Gelehrten, des Mathematikers, Astronomen und Geographen Bartholomäus Scultetus, geboren 1540, fünfunddreißig Jahre älter als Jakob Böhme. Noch in meiner Kindheit wurde ein Pavillon in den Stadtmauerresten hinter der Peterskirche als seine Sternwarte gezeigt. Er stand mit Kepler und Tycho Brahe in Verbindung und Gedankenaustausch, und Rudolf II. besuchte ihn 1577 während seines Aufenthalts in Görlitz – einer kaiserlichen Visite, die den Rat 2478 Schock 14 gr. kostete.

Görlitz hat sich seine Gäste und seine Bauten schon immer etwas kosten lassen. Der Sinn seiner Patrizier, im Handel erfahren, auf Gewinn bedacht, durch die verkehrsgeographische Lage der Stadt begünstigt, war auf Repräsentation nach außen gerichtet, doch weder geschmacklos noch protzig, sondern solide und dauerhaft, sowohl von künstlerischen wie von zweckmäßigen Erwägungen geleitet – ihr oberstes Gebot, wie es scheint, das Stadtbild nicht zu verunstalten. Und das ist ihnen auf bewunderungswürdige und dankenswerte Weise gelungen, indem sie sich mit ihren Wohnhäusern und Kommunalbauten dem Gelände anpaßten, so daß die ganze Stadt wie ein organisch gewachsener Körper wirkt, wohl proportioniert und von schöner gesunder Gliederung. Die einzelnen Gewerbe hatten ihre bestimmten Gassen – Webergasse, Bäckergasse, Apothekergasse, Plattnergasse, Fleischerstraße und Büttnerstraße. Der Platz war knapp, und so mußte jeder Quadratmeter Gelände wohlüberlegt ausgenützt werden, was zur Überbauung der Gasseneinmündungen in die Hauptstraßen führte. Großräumig, dem Handel und dem Verkehr dienend, Volksfesten und Versammlungen blieb nur der Obermarkt, auf dessen Westseite sich der Reichenbacher Turm wie ein gewaltiger Wächter erhebt, bürgerliche Ordnung und Sicherheit gleichsam garantierend, unerwünschten Elementen den Zutritt verwehrend.

Um den ringförmigen Untermarkt mit seinen Arkadengängen, den »Hirschlauben« und dem »Flüsterbogen«, liegen dicht beieinander die schönsten Profanbauten des alten Görlitz: Rathaus, Schönhof, die ehemalige Stadtwaage, die frühere Ratsapotheke und der »Braune Hirsch«; dazwischen rauscht auf freiem Platz der barocke Neptunbrunnen, der »Gabeljürgen«, wie ihn die Stadtjugend getauft hat, und in der Dämmerung fließen die verschiedenen Stilarten, Gotik, Renaissance, Barock, zu einer Einheit zusammen, die etwas unendlich Beruhigendes hat und Dauer und Kontinuierlichkeit verheißt.

Und dann steht man voller Ehrfurcht vor der Verkündkanzel des Rathauses, zu der, sich nach oben verjüngend, um eine Reliefsäule mit dem Standbild der Justitia in einem Halbbogen eine Treppe von solcher Vollkommenheit hinaufführt, daß man meint, sie müsse anfangen zu klingen – Stein gewordene Musik –, ein Werk Wendel Roskopfs, des Schönhof-Meisters, der auch den unnachahmlichen und einmaligen Archivflügel des Rathauses schuf, ein Kleinod ostdeutscher Renaissance-Architektur.

Aber auch an baulichen Merkwürdigkeiten fehlt es in Görlitz nicht, und schon als Kinder wurden wir von unseren Lehrern weit hinaus in das nordwestliche Vorstadtviertel zum Heiligen Grab geführt und standen ein wenig verständnislos vor dieser Nachahmung der Jerusalemer Grabeskirche mit ihren Erinnerungen an den

Görlitzer Bürgermeister Georg Emmerich, der sie nach seiner legendenumwobenen Rückkehr von einer Pilgerfahrt nach Palästina aus privaten Mitteln errichten ließ – später zur Kreuzkapelle erweitert.

Viel interessanter und lustiger war es dagegen, wenn unsere Eltern oder auswärtige Besucher uns mitnahmen auf die Landeskrone, diesen mächtigen, mit schönen Bäumen bestandenen Basaltkegel im Südwesten der Stadt, von dessen einsamer Höhe man einen unvergleichlichen Rundblick in das Oberlausitzer Land hatte, hinüber zu den Löbauer und Königshainer Bergen, an klaren Tagen bis ins Iser- und Riesengebirge und tief hinein ins obere Neißtal nach Kloster Marienthal. Die anmutig beschwingte Landschaft lag nach allen Richtungen ausgebreitet, immer wieder von sanften Höhenzügen unterbrochen. Ich entsinne mich herrlicher Spaziergänge in den prächtigen Anlagen längs der Neiße, am schönsten im Spätherbst, wenn das Laub sich färbte und die Wege an den Hängen bedeckte und die Kuppel der Oberlausitzer Ruhmeshalle am jenseitigen Ufer über die bunten Baumwipfel hinausragte und der ganze Neißgrund etwas Elegisches hatte.

In den städtischen Sammlungen finden sich eine ganze Reihe bedeutender Leistungen alter Handwerkskunst: Tuchmachergeräte, der historische Apothekenmörser aus Bronze in Glockenform gegossen, prunkvolle Silberschmiedearbeiten des Barock, der aus Eisenblech geschnittene und teilweise getriebene Schrein der Görlitzer Tuchmacher-Zunft und ihre große »Schleifkanne«, ein Schankgefäß, das man nur über den Boden schleifen konnte, von der Trinkfreudigkeit der Bürger zeugend, die sich im 14. Jahrhundert das wichtige Privileg sicherten, daß »jeder Kretscham und jeder andere innerhalb des Görlitzer Weichbildes Gesessene kein anderes als Görlitzer Bier zu den Dörfern oder sonstigen Orten des Weichbildes zum Ausschank fahren solle«. Darüber kam es später mit den Zittauern zu einer erbitterten Bierfehde. In einem Spottlied aus jener Zeit werden die Görlitzer »Wendehüte« genannt. Für diesen Schimpf rächten sie sich, indem sie jeden, der diese herabsetzende Bezeichnung auf sie anwendete, einsperren und stäupen ließen. Sie waren voller Bürgerstolz, besaßen aber anscheinend wenig Humor. Und so hat Görlitz bei all seinen sonstigen Berühmtheiten, unter denen sich sogar ein Meistersinger befindet, der Bäckerssohn Adam Zacharias Puschmann, erst in unserem Jahrhundert einen Humoristen von Rang hervorgebracht: Werner Finck, diesen verlegen lächelnden Oberlausitzer Stammler, bei dessen tiefsinnig-hintergründigen Bemerkungen zu Weltlauf und Zeit selbst die dicken Türme seiner Heimatstadt leicht ins Beben geraten und ihre ernsten Mienen, innerlich schmunzelnd, ein wenig verziehen.

Mit der wirtschaftlichen Entwicklung des modernen Görlitz auf das engste verbunden ist der große Neißviadukt, eine hervorragende technische Leistung aus den Anfängen des Eisenbahnwesens, eine gewaltige Granitbrücke, vierhundertfünfundsiebzig Meter lang, deren zweiunddreißig Bögen das breite Neißtal überspannen, von einem Görlitzer Baumeister ausgeführt, bei Kriegsende gesprengt, seit einigen Jahren wieder hergerichtet, ihrer Funktion als Verbindungsweg jedoch entfremdet, heute ins Ausland führend und für den normalen Reiseverkehr gesperrt. Jahrelang endeten dort die Schienen überhaupt. Uns aber kann diese Brücke nie ein Ende bedeuten; in der Erinnerung führt sie noch immer über den Fluß der Kindheit zurück in Jugend und Heimat.

DIE SCHLESISCHE OBERLAUSITZ

Heinz Kulke

Kleinstädtische Gemütlichkeit gestern und heute

Die Oberlausitz ist ein altes Markgrafentum, seit eh und je Bindeglied zwischen Sachsen und Schlesien. Die Sprache der Oberlausitzer gleicht sehr viel mehr dem Gebirgsdialekt Schlesiens als etwa dem Sächsischen. Die Landschaft selbst mit ihren Hügeln im Süden und der Heide im Norden bildet nahezu unmerklich einen Übergang zwischen dem sächsischen Heideland und der niederschlesischen Heide, zwischen dem sächsischen Bergland an der Elbe und der hügelweiten und bergigen schlesischen Landschaft.

Die Oberlausitzer der schlesischen Kreise Görlitz, Rothenburg, Hoyerswerda waren zwar bis 1815 Sachsen. In jenem Jahre erst wurde dieser Teil der Lausitz – zusammen mit dem östlich der Neiße gelegenen Kreise Lauban – durch Beschluß des Wiener Kongresses vom Königreich Sachsen an das Königreich Preußen abgetreten, diese oberlausitzischen Kreise wurden also preußisch und damit schlesisch, was keineswegs geschichtswidrig war, denn beide – die Oberlausitz wie Schlesien – hatten ja lange Zeit gemeinsam zu den österreichischen Landen gezählt, waren also durch gemeinsame kulturelle Entwicklung miteinander aufs engste verbunden.

Gewiß gibt es schönere und reizvollere schlesische Landschaften als die Hügel der Kreise Görlitz und Rothenburg, als die kargen Wälder der Kreise Rothenburg und Hoyerswerda. Wer jedoch hier daheim war, wer sich dem Lande durch viele Generationen bäuerlicher Vorfahren verbunden fühlte, dem fiel es keineswegs schwer, die verborgenen Schönheiten der Landschaft zu entdecken. Wer etwa an einem Frühlingsmorgen auf den Höhen der Königshainer Berge, hart an der Grenze der Kreise Görlitz und Rothenburg gelegen, gestanden und über das leuchtende Land bis zu den fernen Bergen des Iser- und Riesengebirges geblickt hat, der spürte, welche Fülle der Schönheit das Land seinen Menschen, die es liebten und die ihm zugetan waren, offenbarte. Wer zur Sommerszeit auf einem der Feuertürme der Heide gestanden hat – etwa unweit von Weißwasser oder zwischen dem alten Dorf Tränke und der Neiße – und wer dann über die Wipfel der Kiefernwälder schaute, dem wurde es klar, daß dieses karge Heideland wert war, geliebt zu werden.

Zwei schlesische Dichter, Paul Keller und Hans-Christoph Kaergel, haben die

Seele dieser Landschaft zu ergründen versucht. Paul Keller schrieb den Roman »Die alte Krone«, mit ihm hat er den Traum der Wenden von einem eigenen König, dem »Kral«, in die schlesische Literatur eingebracht. Hans Christoph Kaergel, da er noch ein schlichter schlesischer Schulmeister in Weißwasser war und sich noch nicht dem Nationalsozialismus verschrieben hatte – er bezahlte es teuer mit einem grausamen Tod im Zuchthaus zu Kletschkau als Häftling der Polen –, spürte dem Wesen der Lausitz in seinen Romanen »Heinrich Budschigk« und »Des Heilandes zweites Gesicht« und in der Novellensammlung »Der Hellseher« nach und hat damit Landschaft und Menschen der Oberlausitz, die bisher vergessen schienen, liebevoll ins Licht gerückt.

Alte Städte – darunter Görlitz als reichste und schönste, doch auch Muskau und Rothenburg, Hoyerswerda, Ruhland und Wittichenau und die weitaus jüngere Stadtsiedlung Niesky sowie auch Weißwasser, das sich aus einem Heidebauerndorf zur Glasmetropole entwickelte – bestimmen das Gesicht der Landschaft. Von Görlitz wird an anderer Stelle erzählt, aber die reizvollen Kleinstädte wie Muskau und Rothenburg, Hoyerswerda und Ruhland zu schildern, lohnt sich. Es lohnte sich auch, diese Städte aufzusuchen, in ihnen Einkehr zu halten. Und wie oft – ach, wie oft – haben wir nach 1945 eines dieser Städtel besucht, wenn unsere Sehnsucht nach Schlesien gar zu groß wurde und wir uns mit dem letzten Stücklein schlesischer Erde, das uns verblieben war, trösten wollten, wenn wir schlesische kleinstädtische Gemütlichkeit finden wollten, der man eben in diesen Orten begegnen konnte.

Rothenburg, unmittelbar an der Neiße gelegen, besitzt einen weiträumigen Marktplatz mit dem Rathaus in der Mitte, mit der evangelischen Kirche an der Peripherie des Marktes, mit einem alten Schloß und einem wunderschönen Park. Das Schloß allerdings, Heimstatt der Familie von Martin, wurde bereits 1947/48 von den kommunistischen Machthabern abgerissen.

1924 zählte Rothenburg nicht mehr als 1427 Einwohner, damals galt es als die kleinste Kreisstadt Schlesiens. Bis zum Jahre 1941 hatte die Stadt um 400 Einwohner zugenommen, eine große Stadt war es also immer noch nicht. An den Straßen, die zum Marktplatz führen, stehen kleine, niedrige Häusel, die hier und dort mit Weinlaub bewachsen sind. Die Rothenburger wissen es heute kaum noch, daß hier einst im 15. Jahrhundert sehr gute Messer verfertigt wurden, welche die Görlitzer als Geschenke für hochwohlgeborene Herren bezogen. Das Töpferhandwerk, dem hier 1844 sechs Meister angehörten, die ihren Ton aus dem nahen Biehain bezogen, ist nach den beiden Kriegen unseres Jahrhunderts zum Erliegen gekommen.

Bekannt war das »Schlesische Krüppelheim«, eine Anstalt der inneren Mission, das im Jahre 1903 hier in Rothenburg ins Leben gerufen wurde. Hier fanden hundertvierzig, zeitweilig zweihundert Pfleglinge Aufnahme, die durch operative und orthopädische Behandlung teilweise oder gänzlich von ihren körperlichen Gebrechen geheilt wurden, die in den Werkstätten der Anstalt auch als Buchbinder, Korbflechter, Schuhmacher oder Schneider ausgebildet wurden, um – selbst wenn die körperlichen Mängel nicht gänzlich behoben werden konnten – für ihren Lebensunterhalt sorgen zu können.

Weiter nördlich – auch an der Neiße gelegen – ist das Städtlein Muskau zu finden, einst berühmt durch seinen großen, von dem Fürsten Pückler diesseits und jenseits der Neiße angelegten Park. Ach, was war dieses Muskau einmal – ehe die Furie des letzten Krieges darüber hinwegtobte – für ein Schmuckkästlein, für eine schöne Stadt mit einem sauberen Marktplatz und einem schmucken Rathaus, mit Gasthöfen und Bürgerhäusern, mit Straßen und Gassen. Grausam hat der Krieg hier gewütet, und noch nach dem 8. Mai 1945 – als die Waffen bereits schwiegen – kamen Polen über die Neiße und steckten das standesherrschaftliche Schloß in Brand, das gänzlich niederbrannte, ohne daß etwas von den Schätzen der großen Bibliothek, der alten Möbel, der Gemälde, der vielen Kunstwerke gerettet worden wäre.

Viele Male standen wir nach 1945 an der Kapellenruine von Berg, um auf das vom Kriege gezeichnete Muskau hinunterzublicken. Von der einstigen Schönheit des Stadtbildes war kaum noch etwas wahrzunehmen. Da war es ein Trost zu sehen, wie die alten Baumrecken, die Eichen und Buchen, die herrlichen Koniferen in der Nähe des Schlosses noch standen und grünten. Und allmählich wurden ja hier und dort auch die Schäden – die kleinsten und unbedeutendsten zuerst – geheilt: Häuser wurden ausgebessert, Straßenlücken geschlossen. Aber die Zerstörung war doch eben so stark, daß bei dem ständigen Mangel an Baumaterialien die niedergebrannten Straßenzüge nicht aufgebaut werden konnten. Sie mögen auch heute noch nicht wieder erstanden sein.

Im Schatten des evangelischen Kirchleins finden wir die Gräber der jungen Äthiopierin Machbuba, die Fürst Pückler einst von einer Reise durch den dunklen Erdteil nach Muskau brachte und die hier, wohl von der Sehnsucht nach der Heimat verzehrt, ein frühes Ende fand. Sie starb am 24. Oktober 1840.

In Muskau hat sich die Töpferei bis in die Gegenwart erhalten. Sie ist seit dem 16. Jahrhundert hier zu finden. In alter Zeit brachten die schweren Frachtwagen die Muskauer Tonwaren nach Böhmen und Mähren, ja sogar bis nach Wien, wo das »Muskauer Steingefäß« gern gekauft wurde. Die reichen Tonlager in der

Nähe der Stadt lieferten ein vortreffliches Material. Die waldreiche Umgebung gab das Holz zum Brennen der Tonwaren. Neben Flaschen, Schüsseln, Töpfen, Krügen wurden auch tönerne Röhren produziert. 1785 schrieb der Leipziger Professor Gottfried Nathanael Leske, da er die Oberlausitz bereiste, über die Muskauer Tonindustrie: »Das zweite beträchtliche Gewerbe treiben die Töpfer, wovon einundzwanzig Meister hier befindlich sind. Sie wohnen in der nach Görlitz gelegenen Vorstadt, die ›Schmelze‹ genannt. Ihre Arbeit ist in hiesiger Gegend weit und breit bekannt und verdient viel Beifall. Die Güte ihrer Arbeit gründet sich größtenteils auf die Tüchtigkeit des Tons, den sie verarbeiten. Das Geschirr ist mancherlei, zum Beispiel Öfen von besonderer Festigkeit, Reibenäpfe, Schmelztiegel, Flaschen, Krüge, große Weinkruken, welche häufig nach Prag und Wien verfahren werden. Besonders bereiten sie sehr feste töpferne Röhren, welche zu Wasserleitungen gebraucht werden können.« – Einige wenige dieser Töpfereien sind bis in die Gegenwart erhalten geblieben und produzieren noch immer Krüge, Vasen, Schüsseln, Teller, die gerade von den Schlesiern gerne gekauft oder auch als Geschenk entgegengenommen werden.

An den Kreis Rothenburg schließt sich nach Westen der Kreis Hoyerswerda an, der westlichste Kreis Schlesiens mit der Kreisstadt Hoyerswerda, der kleinen, reizvollen Stadt Ruhland und dem verträumten Wittichenau. Hoyerswerda ist eine vom Kriege gezeichnete Stadt, doch hat man hier mehr als andernorts in der Oberlausitz versucht, neue Wohnviertel erstehen zu lassen. Die Nähe des Kraftwerkes »Schwarze Pumpe« erforderte es, viele Arbeitskräfte in und um Hoyerswerda seßhaft zu machen. Daher entstanden gänzlich neue Straßenzüge und Siedlungen auch außerhalb des einstigen Stadtgebietes.

Erhalten blieb das Schloß zu Hoyerswerda, erhalten blieb auch das Rathaus aus der Zeit um 1680. Die Freitreppe, die noch heute das Rathaus ziert, stammt aus dem Jahre 1838. Über dem Portal befinden sich die Wappen der Familien von Promnitz, von Schaffgotsch und von Lobkowitz, die einst als Grundherren von Hoyerswerda für die Stadt von Bedeutung waren.

Im Schatten des Schlosses steht – von wildem Wein bewachsen – das Lessing-Haus, in dem der Schloßamtmann Theophilus Lessing von 1748 bis 1798 mit seiner Familie lebte und wirkte. Dieser Theophilus Lessing war ein Onkel Gotthold Ephraim Lessings. Der Dichter, der in Kamenz, das auch in der Oberlausitz liegt, aber in dem 1815 bei Sachsen verbliebenen Teile geboren ist und heranwuchs, hat seinen Onkel, den Herrn Schloßamtmann, mehrmals hier aufgesucht, und die Hoyerswerdaer waren und sind sich dieser Ehre bewußt, denn sie haben der Oberschule den Namen Lessings gegeben.

Greiffenstein
Stahlstich nach einer Zeichnung von Th. Blätterbauer

Katholische Kirche zu Schweidnitz um 1850
Stahlstich nach einer Zeichnung von Th. Blätterbauer

Der Zobten
Stahlstich nach einer Zeichnung von Th. Blätterbauer

Görlitz
Stahlstich nach einer Zeichnung von Th. Blätterbauer

Hier in Hoyerswerda ist noch eine Postmeilensäule zu finden; sie stammt aus dem 18. Jahrhundert und nennt die Entfernungen, die eine Postkutsche nach Dresden und Leipzig, nach Prag, Breslau und Berlin zurückzulegen hatte.

Hatte Hoyerswerda durch den Krieg sehr gelitten, so ist das nur wenige Kilometer südlich und an der Straße nach Bautzen gelegene Städtlein Wittichenau – es befindet sich noch innerhalb der Kreisgrenzen von Hoyerswerda und zählt zu Schlesien – in seiner verträumten Schönheit mit dem weiten Marktplatz, der katholischen Kirche, den niedrigen, meistens einstöckigen Häusern erhalten geblieben. Seit dem Dreißigjährigen Kriege führt die Stadt das Bildnis der Muttergottes im Stadtwappen, weil die Sage berichtet, daß diese sie vor den beutegierigen Schweden bewahrt habe, indem sie sie in gnädiger Weise in einen Nebel einhüllte, so daß die Schweden den Weg in die Stadt nicht fanden und fluchend wieder abzogen.

Kam man aber nach Ruhland, dann hatte man unweigerlich das Gefühl, an der Peripherie Schlesiens zu stehen. Diese Stadt – 1317 als Rulant zum ersten Male genannt – ward 1729 von dem Steuereinnehmer Georg Bürger so beschrieben: »Ruhland ist ein kleines, größtenteils von Holz erbautes, armseliges dorfartiges Städtchen, dessen Häuser an der Vorderfront meist mit Schindeln, die Seiten- und Stallgebäude aber alle mit Stroh bedeckt sind. Die Wohnhäuser sind meist mit dem Giebel nach der Straße oder Gasse gerichtet, meist einstöckige, dicht zusammengebaute Häuser, vor den Fenstern mit Staketenzaun, wo nicht selten Holz- und Streuhaufen vor den Gehöften auf der Gasse sich befinden.« Solch eine kleine Landstadt war Ruhland also einmal! Heute hat es natürlich Häuser mit Ziegeldächern, es hat gepflasterte Straßen, ein kleines, doch recht stattliches Rathaus und eine sehr schöne Kirche mit barockem Turm und barockem Altar. Es läßt sich nicht leugnen, daß Ruhland ein »Grenzstädtchen« ist, eine Grenzstadt zwischen Schlesien und Sachsen.

In der schlesischen Oberlausitz gibt es zwei Städte, deren Stadtrechte sehr jung sind, Niesky und Weißwasser, beide im Kreise Rothenburg gelegen. Die Glasindustrie Weißwassers gab fünfundsiebzig Prozent der Bewohner Beschäftigung, es dürfte heute nicht viel anders sein als es vor dem letzten Kriege war. Denn die Schlote der Glashütten, die inzwischen »volkseigen« wurden, rauchen alle wieder. Der Glasbläserbrunnen, der seit 1922 den Bahnhofsvorplatz ziert, ist mit seinen vier Glasbläsern ein sinnvoller Hinweis auf diese Industrie, die Weißwasser, eine vergessene Heidesiedlung, weithin bekannt gemacht hat.

Niesky im südlichen Teile des Kreises Rothenburg verdankt sein Entstehen und sein Wachstum der Herrnhuter Brüdergemeine. Im Jahre 1742 wurde das erste

Haus dieser Kolonie erbaut, zu dem der Grundherr des nahen Dorfes Trebus, August von Gersdorff, das Land hergab. Hier wurden also – ganz im herrnhutischen Stil – ein Bethaus errichtet und Brüderhäuser, an die sich Handwerker- und Bürgerhäuser anschlossen. Die Besucher von Niesky spüren etwas von dem Frieden, wie er allen herrnhutischen Siedlungen zu eigen ist. Berühmtheit erlangte Niesky durch seine herrnhutischen Schulen. Im Pädagogium zu Niesky wurde von 1783 bis 1785 der aus Breslau stammende Theologe Friedrich Schleiermacher unterrichtet, hier ging auch der Dichter Hermann Anders Krüger zur Schule, der seine Kindheitserlebnisse in dem reizvollen Entwicklungsroman »Gottfried Kämpfer« niedergeschrieben und mit diesem Roman ein Stück des besinnlich-schönen Lebens, wie man es im vorigen Jahrhundert in Niesky finden konnte, festgehalten hat.

Niesky lag 1945 im Kampfgebiet des Krieges, es hat unsäglich gelitten, und die Nachkriegszeit tat ein übriges, das Gesicht der Stadt zu verändern. In der Mitte des einstigen Zinzendorf-Platzes wurde ein Friedhof der gefallenen Rotarmisten angelegt.

Unser Bild von der Oberlausitz wäre recht unvollkommen, wollten wir die Wenden und deren Dörfer vergessen. Wendinnen mit ihren kleidsamen Trachten kann man in Hoyerswerda und Wittichenau, in dem großen Kirchdorf Schleife, in Uhyst an der Spree, in Dörgenhausen bei Hoyerswerda und in manchem anderen Ort begegnen. Sie sprechen auch noch die Sprache der Väter, sie reden »wendisch«, aber diese Sprache, der tschechischen sehr ähnlich, wäre hier in diesem wendischen Siedlungsgebiet nahezu vergessen, wenn man nicht nach 1945 durch die »Domowina«, die von der SED gelenkte Organisation der Wenden, ihre Neubelebung erzwungen hätte. Man richtete nicht nur wendische Schulen ein, sondern unterrichtete auch ältere Männer und Frauen, die längst dieser Sprache entwöhnt waren.

Durch diese Dörfer zu wandern, im Sommer vielleicht, wenn die alten, schwarzbalkigen wendischen Häuser vom leuchtenden Gelb der Sonnenblumen in den Gärten davor geschmückt sind, ist schön. Solche jahrhundertealten Häuser kann man noch heute am Rande von Weißwasser oder in Nochten, Krauschwitz, Tschelln, Schleife, Mühlrose, Berg bei Muskau und in vielen Dörfern rings um Hoyerswerda finden. Und gehen die Wendinnen in ihren Trachten am Sonntag zur Kirche, so bietet ein solches oberlausitzer Heidedorf das farbenprächtigste Bild.

Im südlichen Teil der schlesischen Oberlausitz – vornehmlich im Kreise Rothenburg – gab und gibt es viele Dörfer rein deutscher Herkunft. Sie heißen Markersdorf und Holtendorf, Gersdorf, Dittmannsdorf, Ludwigsdorf, Rengersdorf, Girbigsdorf, Deutsch-Paulsdorf, Arnsdorf, Seifersdorf. Allein die Namen dieser Dörfer erklären dem Kundigen, daß sie von deutschen Landnehmern angelegt wurden, als deutsche Reihen- oder Straßendörfer, nicht als wendische Rundlinge. Die Gehöfte dieser Dörfer wirken großzügig, oftmals ähneln sie kleinen Burgen, da sie mit dem Wohnhaus, der Scheune, dem Stallgebäude und der Toreinfahrt ein geschlossenes Geviert bilden. Es fehlt in diesen Dörfern nicht an Kirchen, manche von ihnen sind als »Wehrkirchen« bekannt – wie etwa die Kirchen in Jauernick, Königshain, Seifersdorf –, weil sie mit ihren Mauern den Bauern in kriegerischen Zeiten Schutz gewährten. Es fehlt in diesen Dörfern auch nicht an stattlichen Schlössern, die von fürstlichen, gräflichen und adeligen Familien bewohnt wurden. In Jänkendorf bei Niesky lebten die Prinzen Reuß, und Eleonore Prinzessin Reuß ist als Dichterin bekannt geworden. Eines ihrer geistlichen Lieder wird noch heute allenthalben am Silvesterabend gesungen:

Das Jahr geht still zu Ende,
nun sei auch still mein Herz,
in Gottes treue Hände
leg' ich nun Freud' und Schmerz.

Dieses Lied ist in Jänkendorf entstanden, die Prinzessin schrieb es, als sie selbst von großem Leide heimgesucht wurde und um eine ihrer liebsten Freundinnen trauerte.

In Krobnitz bei Görlitz lebten die Grafen von Roon, und der preußische Kriegsminister Albrecht Graf von Roon hat im Mausoleum des nahen Friedenstales seine letzte Ruhestätte gefunden. Wir wollen nicht die Prinzen zur Lippe auf See bei Niesky vergessen, die Grafen von Einsiedeln in Creba, die Prinzen von Schönburg-Waldenburg auf Guteborn bei Ruhland, die Freiherren von Heynitz in Königshain, die von Wiedebach-Nostitz in Arnsdorf. Diese alten Adels- und Fürstengeschlechter haben dazu beigetragen, des Landes kulturelles Antlitz zu prägen. Natürlich haben die Bauern und Handwerker dabei keinen geringen Anteil gehabt.

Diese Grundherren haben aus christlichem Verantwortungsgefühl auch für das Wohlergehen ihrer Bauern gesorgt, wie etwa jener zur Herrnhuter Brüdergemeine gehörende Carl Adolph Gottlob von Schachmann auf Königshain bei Görlitz, der 1788 starb, zuvor aber allen seinen Bauern die Freiheit gab und statt der Hand- und Spanndienste nur ein mäßiges Dienstgeld von ihnen forderte. Als er bei strömenden Regen in Herrnhut begraben wurde, stiegen die Bauern hinab in die Grube, um mit ihren Hüten das Wasser, das sich angesammelt hatte, auszuschöpfen, auf daß ihr geliebter Herr ein trockenes Erdbett haben sollte.

Diese Dörfer der Oberlausitz sind nach 1945 von ihren deutschen Bewohnern nicht entvölkert worden. Die Bauern durften vorerst auf ihren Höfen bleiben, wenngleich durch die »Bodenreform« alle Rittergutsbesitzer enteignet und damit heimatlos wurden. Ihr Grund und Boden wurde an landarme Bauern oder Vertriebene aus dem deutschen Osten aufgeteilt. Erhalten blieben aber die Bauernhöfe, die Dorfkirchen, die Friedhöfe. Das Antlitz des Landes wurde nicht so entstellt, wie es jenseits der Neiße der Fall ist. Man spricht in den Dörfern der Oberlausitz noch die deutsche Sprache, man spricht zwar in den wendischen Siedlungen wendisch, aber ein Wandel des Volkstums, ein Wandel der Bevölkerungsstruktur hat nicht stattgefunden.

Gewiß zeitigt die zwanzigjährige Herrschaft des Kommunismus auch ihre Folgen, aber wir dürfen darauf hoffen und vertrauen, daß dieses Landes Wunden schneller zu heilen sein werden als die des schlesischen Landes jenseits der Neiße, wo die Veränderungen durch die Vertreibung der Deutschen viel einschneidender, viel schmerzlicher sind.

LAND UNTER DEM ZOBTEN

Ernst Schenke

Ein Berg, ein Städtchen und eine Handvoll Dörfer

Schlesierberg – Heimatberg

Der Zobten! Welcher Schlesier hat ihn nicht gekannt, ihn nicht wenigstens von fern gesehen oder seinen Namen gehört? Weit im Lande ist er sichtbar, und viel ist er besungen worden. »O Zutabärg, du schinner blooer Hübel« schrieb Karl von Holtei, und Paul Keller sagte in einem launigen Gedicht, daß alle Schlesier irgendwie und irgendwo den Zobten sahen oder von ihm gesehen wurden. »Zota, Zuta, Zotabärg, Zutabärg«, das waren seine volkstümlichen Namen, bei den Gelehrten aber hieß er auch »Siling«. Das klang feierlich und geheimnisvoll und deutete auf seine Vergangenheit hin.

Siebenhundertachtzehn Meter hoch ragt er aus der Ebene empor, und auf vieles sieht er herab, Lebendiges und Gegenwärtiges, aber auch Vergangenes, von dem sich immer wieder Spuren fanden und finden auf den weiten, fruchtbaren Fluren um ihn her, wo Illyrier und Vandalen siedelten und weiterzogen, Slawen zu vorübergehendem Besitz sich niederließen, bis deutsche Bauern, Handwerker, Priester, Heerführer, Gutsherren und Soldaten das Land prägten für Jahrhunderte.

Felder, Wiesen, Landstraßen, Hügel, Täler, Teiche, Steinbrüche, Industriewerke, Eisenbahnen, Bauden, Gaststätten, Kirchtürme, uralte, geheimnisvolle Kunstwerke aus Granit, verfallene Rundwälle und Verteidigungsmauern, Dörfer und Städte, Mensch und Tier und darüber – der Zobten.

Tonwidder und Nephrit

Nicht alle Schlesier haben den Rundblick vom Schiefersteiner »Weinberg« auf die Felder und Dörfer der Jordansmühler Seite gekannt. Hier war der Boden, aus dem immer wieder Beweisstücke uralter Siedlungen quollen in Gestalt von Tonvasen, Schmuck, Waffen und Ackergeräten. Hier wurde der Jordansmühler Tonwidder gefunden, jene staunenswerte Plastik aus der Jungsteinzeit, deren Alter die Gelehrten auf 5000 Jahre schätzen. Sie wurde nach Breslau gebracht und mag dort noch heute in einem der Museen zu finden sein. Ehrfurcht mußte jeden anrühren, dem es vergönnt war, vom Weinberg aus, auf dem sich ein Verteidigungsgraben aus fernen Jahrhunderten befand, hinabzuschauen oder über die Fluren dieses Landstriches zu schreiten.

Feldwege waren da, mit grünlichem Gestein bestreut. Wer es aufhob und genau betrachtete, sah, daß es der seltene Halbedelstein Nephrit war, den die Bauern einst von Jordansmühl herauf als Schotter hierher gebracht hatten. Sie wußten nicht, welchen Reichtum der Steinbruch unweit ihres wohlhabenden Dorfes barg. Der schöne, durchscheinende Stein, hellgrün, dunkelgrün oder auch bläulich getönt, erregte ihre Aufmerksamkeit erst spät. Dann freilich fand sich eine Gesellschaft, die das kostbare Gut planmäßig barg. Die Steine wurden auf einen weiten Weg gebracht, und zwar nach Idar-Oberstein im deutschen Westen, wo sie in den Achatschleifereien von allen Schlacken befreit und zum Edelmaterial für Künstler und Kunsthandwerker wurden, die aus ihnen jenen Schmuck formten, der viel begehrt war und noch heute zu haben ist. War es doch gelungen, noch rechtzeitig vor der Vertreibungskatastrophe bedeutende Mengen des Jordansmühler Nephrit auszulagern. Man sagt, dieser seltene Stein soll außer bei Jordansmühl nur noch in China vorkommen. In kleinen Mengen aber fand er sich auch in den alten Steinbrüchen von Schieferstein.

Woher aber hatte der Weinberg seinen Namen? Niemand wußte es. Vielleicht war hier einmal versucht worden, Wein zu bauen, vielleicht waren auf dieser immer wieder von Kämpfen heimgesuchten Höhe so viele Tränen vergossen worden, daß der Name davon herrührte? Das Dorf unmittelbar an seinem Hang führte den gleichen Namen wie der Berg. Es war ein echt schlesisches Bauerndorf mit stattlichen Höfen und freundlichen Häusleranwesen, um die es lustig blühte. Herden schneeweißer Gänse gingen auf der Straße spazieren, und in den Gärten wimmelte es von Hühnern. Mit dem großen, stolzen Jordansmühl, an dem die Lohe vorbeifließt, konnte sich dieser Ort freilich nicht vergleichen. Da war das Rößlersche Gutshaus, der massige Straßenkretscham, da waren feste Kirchen, eine breite, gepflegte Verkehrsstraße, die bis nach Glatz hinaufführte und in alter Zeit wohl ein Teil der berühmten Bernsteinstraße war. Auf ihr sind die Truppen Napoleons einst marschiert. Und da war auch ein Bahnhof, wo sich im Spätherbst die Fuhren mit Zuckerrüben stauten, die hier zum Versand in die Zuckerfabriken von Heidersdorf oder andere auf Eisenbahnwaggons umgeladen wurden. Ladengeschäfte gab es in diesem Dorf, gute Schulen, und wer im Sommer, zur Erntezeit, durch den Ort ging, konnte immer wieder die mit Garben hochbeladenen Leiterwagen von den Feldern hereinrollen sehen, staubaufwirbelnd, rumpelnd. Und es roch nach Brot auf allen Wegen.

Das Tal der Mühlen

Wir sind auf dem Geiersberg gewesen, haben die alte Verteidigungsmauer betrachtet, die sich rings um seinen Gipfel zieht, rührend in ihrem Verfall, aber dennoch respektheischend. Wer hat sie gebaut, wem diente sie? Ritter sollen es gewesen sein, doch niemand weiß es genau. Auf den Zobten haben wir geblickt, auf die Költschenberge, die Hügel von Langenöls mit der Reißnerkoppe. Rotkehlchengebirge hießen diese mit lichtem Mischwald bestandenen, an Blaubeeren schier unermeßlich reichen Kuppen, und die Rotkehlchen schienen sich hier in der Tat recht heimisch zu fühlen.

Von der Höhe des Geiersberges aus erkannten wir, daß der Zobten nicht als einzelner Berg aus dem Flachland aufragt, sondern Teil eines Gebirgszuges ist – des Zobtengebirges. Von Grunau her zog ein Segelflugzeug über die weiten Flächen der Ebene hin. Wir blickten ihm lange nach, dann stiegen wir über steile Pfade zwischen undurchdringlichen Fichtenbeständen abwärts. Weltverlorenheit war überall. Nirgends trafen wir einen Menschen, nicht einmal einen Forstmann. Das Rauschen der Wipfel begleitete uns bis hinab auf die lichten Geiersbergwiesen, wo im Sommer der blaue Enzian blüht und wo sich die Jugend trifft in einem für sie geschaffenen Heim nahe an einem Flüßchen, dem wir nun folgen, von Silsterwitz abwärts in das Tal der Mühlen hinein. Bis hinab nach Schwentnig zieht es sich – ein schönes, stilles Tal, baumbestanden und voller Fruchtbarkeit. Die Mühlen, die wir antreffen, stehen in weitem Abstand voneinander, feste Steinbauten mit allem, was zum Betrieb einer Wassermühle gehört, und wir sehen, wie das Wasser über alte Mühlenräder stürzt, und hören den polternden Takt der Arbeit.

Es ist gut, diesen Weg im zeitigen Frühjahr zu gehen, wenn die Schneeglöckchen sich durch das Erdreich drängen. Hier unten scheinen sie ihre Heimat zu haben. Zunächst treffen wir sie nur vereinzelt an, je tiefer wir aber in das Tal eindringen, um so zahlreicher werden sie. Bei der Krusche-Mühle stehen sie schon in kleinen Gruppen, bei der Seidelmühle haben sie die Ufer erobert, weiter hinab aber, auf Schwentnig zu, ist ihr eigentliches Revier. Das ganze Tal ist weiß wie von frischem Schnee, mit lichtblauen Inseln von Leberblümchen dazwischen, ein Frühlingsbild von seltenem Liebreiz. Darüber erhebt sich mit seinen Kiefernwäldern der Weinberg, ernst und still, während das Tal vom Jubel der Stare und Finkenmännchen widerhallt und Kinder Riesensträuße von Schneeglöckchen lachend heimtragen.

Auf unserem Wege haben wir das Dorf Kleinkniegnitz gestreift und eines der ältesten Häuser dieses Landstriches gesehen, ein kleines Bauernhaus mit Altan und Strohdach – es steht heute nicht mehr. Die schöne, von Langhans erbaute Dorfkirche ist uns aufgefallen, das Dominium mit seinen wuchtigen Wirtschaftsbauten, der Teich mit Geschwadern schneeweißer Gänse und bunter Enten darauf und die uralten Linden an seinen Ufern und vor der Kirche. Nun wandern wir über Schwentnig, dessen Wasserschloß wir uns noch ansehen, in Richtung Jordansmühl ins weite offene Land hinaus.

Stätten der Frühlingslust

Zwei Dörfer gab es unter dem Zobten, die weit und breit im Lande als Stätten der Frühlingslust bekannt waren, nämlich Gorkau-Rosalienthal und Krozel. Wer an einem Himmelfahrtstage den Menschenstrom sah, der sich nach Gorkau-Rosalienthal ergoß, der bekam einen Begriff von der überschäumenden Frühlingslust der Schlesier. Die Schlange von Autos, Pferdefuhrwerken, Radfahrern und Fußgängern riß nicht ab. Alles strebte nach der Gorkauer Brauerei mit ihrem großen Garten zu einer frohen Begegnung bei Tanz und Konzert, die allgemein »Heiratsmarkt« genannt wurde, obwohl niemand dort schlesische Mädchen feilbot oder sich auf improvisierten Standesämtern für mehrere Stunden trauen ließ. Es war ein solides Treffen der Bauernfamilien mit ihren Töchtern und Söhnen, zwanglos, absichtslos. Wenn aus der zufälligen Begegnung unter schattigen, alten Eichen bei Kuckucksruf und schäumendem Gorkauer Bier eine Verlobung oder gar eine Heirat wurde, freuten sich die Alten. Wenn nicht, fuhr man dennoch vergnügt nach Hause, beherrscht von all der Lust, die der schöne Tag gegeben hatte. Ein Gewitter am Nachmittag, das sich fast alljährlich einzustellen pflegte, schmälerte die Freude nicht. Zu den ländlichen Familien fanden sich viele Breslauer, besonders die unternehmungslustigen Studenten unserer Alma mater.

Gorkau konnte sich rühmen, Sitz des ältesten deutschen Klosters in Schlesien gewesen zu sein. Augustiner-Chorherren aus dem flandrischen Arrovaise ließen sich um 1134 hier nieder, wurden aber nach nicht allzulanger Zeit von Bamberger Mönchen abgelöst, die auf dem Zobten eine Cella errichteten und tüchtige Steinmetzen mitbrachten, von deren Wirken noch manches granitene Bildwerk zeugt.

Die Zeit der Baumblüte lockte die Schlesier aber auch nach einem anderen Ort, nämlich in das Obstbauerndorf Krozel. Ein wahres Kirschblütenparadies erwartete hier den Besucher. Das ganze kleine Dorf war wie in eine weiße Wolke gehüllt, aus der heraus immer wieder der Ruf des Kuckucks und das Flöten des Pirols ertönten. Freilich war der Ort an besonders schönen Frühlingssonntagen kaum imstande, die vielen Ausflügler aufzunehmen. Es ging dann immer sehr »gedrange« zu. Wem es aber vergönnt war, an stillen Wochentagen hierher zu kommen, der konnte sich ganz ungestört dem Blütenparadies hingeben. Von Krozel aus war es nicht weit zu den »Weißen Kühen«, einem stillgelegten Quarzbruch, und zu den großen, tiefen Steinbruchteichen bei Qualkau, in denen gern gebadet wurde, obwohl es nicht ganz ungefährlich war.

Ein Dorf im Wandel der Zeit

Es ist eigentlich kein Dorf, sondern nur der obere Teil von Kleinkniegnitz, der ursprünglich Kieferstein hieß und später Schieferstein genannt wurde. Als ich zum ersten Male hier einkehrte, fand ich ein Paradies der Stille und Weltabgeschiedenheit. Paul Barsch, der Dichter und Journalist aus Breslau, hatte sich in einem kleinen Häusleranwesen sommersüber eingemietet, und ich mußte ihn in einer Redaktionsangelegenheit besuchen. Pfeifeschmauchend saß er hinter dem winzigen Fenster seines Stübchens und ging mit gebeugtem Rücken und listig fältchenreichem Gesicht, aus dem weise Erfahrung eines langen Lebens sprach, seiner Arbeit nach.

Aus den Wäldern des Weinberges, der den Ort überragt, rief der Kuckuck. Die Kirschbäume an den Straßenrändern blühten, und die Stare pfiffen um die Wette. Altersmüde Häuschen duckten sich in lichtes Grün, aber es waren auch ein paar festgebaute da mit roten Ziegeldächern und weißen Mauern und Giebeln. Rein war die Luft, tief der Friede. Breit hingelagert sah ich den Zobten mit dem Geiersberg zur Seite. In einem alten, längst aufgegebenen Steinbruch träumte ein Weiher zwischen Schilf und Ufergesträuch. Feuersalamander huschten über schiefriges Gestein, das da und dort mit Nephritsplittern durchsetzt war. Hoch im Blau kreiste ein Bussard, ein zweiter kam dazu, und ihre kurzen, schrillen Schreie stachen messerscharf in den Frieden der Landschaft, ohne ihn zerstören zu können. Eine feste, helle Landstraße stieg in weiten Kurven aus dem Tal herauf und verlor sich auf der Höhe des Ortes, dort, wo ein altes Gasthaus stand, in den Wäldern. Vom Sturm schiefgedrückte Kirschbäume und Ebereschen säumten sie. Das Gasthaus hieß »Eichhörndelkretscham«, und oft genug kamen die Eichhörnchen aus dem nahen Kiefernforst gesprungen und hüpften in der stillen Gaststube über die Tische.

Schieferstein ist einmal ein sehr armer Ort gewesen. Seine Bewohner waren kleine Weber, die sich ihr Brennholz aus dem Walde holten, winzige Pachtäcker bestellten und nie genug zum Leben hatten. Kein Wunder, daß mancher auf den Gedanken kam, sich nächtlicherweile einen Hasen, ein Kaninchen, manchmal vielleicht auch ein Reh zu »schnappen«. Es knallte in stillen Mondnächten immer wieder einmal in den weiten Revieren, damals, als die Dörfler noch Trachten trugen.

Wer in die Welt hinaus wollte, mußte durch den Wolfsgraben wandern, der seinen Namen gewiß nicht umsonst bekommen hatte. Das alles aber war ferne Vergangenheit, als ich den Ort zum ersten Male sah.

Nicht lange danach wurde er von den Breslauern »entdeckt«. Paul Barsch hatte sich am sturmgepeitschten Hang bereits ein kleines Haus gebaut. Andere folgten seinem Beispiel, und schließlich interessierte sich ein Siedlungsunternehmen für das landschaftlich reizende Stück Erde. Häuser für Wochenendler wurden gebaut, samt Wasserleitung und Kanalisation. Mit der ländlichen Unberührtheit von einst war es vorbei. Der stille »Eichhörndelkretscham« wurde zur vielbesuchten Baude, wo sonntags die Wagen der Großstädter parkten. Den Dörflern gefiel es. Nun war doch endlich etwas los.

Auch ich hatte mir ein Haus an den Hang gebaut, hoffend, das stille Dorf werde bleiben, was es war. Es hatte sich freilich gewandelt. Dennoch kamen immer wieder Stunden der Ruhe, wo das Rauschen der Wälder rein und ungestört zu hören war wie einst.

Uralte, winzige Auszüglerhäuschen standen noch da und dort. Ein betagtes Fräulein hütete in seinem strohgedeckten Anwesen einen Trachtenschatz von hohem Wert. Eine herrliche Goldhaube war dabei, die sie an festlichen Tagen trug. Es war ein malerisches Bild, wenn sie an einem strahlenden Pfingstmorgen in diesem Schmuck unter blühenden Apfelbäumen saß. Sie hatte auch ein Spinnrad, auf dem sie manchmal noch spann, im Winter, wenn draußen der Zobten im Rauhreif funkelte und das flammende Rot der Ebereschen an der Straße längst erloschen war.

Im Karlsdorfer Grund

Kiefern, Fichten, Birken, ein paar Eichen dazwischen, das war die Kulisse, die den Zobten in westlicher Richtung abschirmte, wenn man von Kleinkniegnitz über den Schiefersteiner Burghügel heraufgekommen war und auf der sogenannten Webskybank saß, die, aus einfachen Baumästen zusammengezimmert, mehreren Menschen Platz bot. Sie hatte ihren Namen nach dem Besitzer dieser Ländereien erhalten, einem Landwirt von hohem Ruf, dem in der hohenzollerischen Ära der Titel kaiserlicher Kammerherr verliehen worden war. Mit geschulterter Jagdflinte, bedächtig und schwer, ging er oft durch sein Revier und rastete auf der Bank, über die sich schattenspendende Kiefernwipfel breiteten.

Wer hier saß, konnte bis zu den Hügeln von Nimptsch und den Strehlener Rummelsbergen hinüberschauen, über den Johnsberg hinweg, auf dem ein längst verlassener Bismarckturm stand, unter dem sich einst Hunderte von Ausflüglern zu fröhlichen Festen versammelt hatten. In diesem Landstrich sprachen die Menschen die vokalreiche mittelschlesische Mundart, und hier lag auch Heidersdorf, der Geburtsort von Hermann Bauch, dem Dichter des »Sträselkucha« und Verfasser vieler mundartlicher Dorfgeschichten, die ihren Wert immer behalten werden. Dem Zobten näher lag Naselwitz, aus dem die beiden Dialektdichter August Lichter und Hans Rössler stammten.

Es war schön, auf der Webskybank zu sitzen. Rechts zog sich der Saum des Karlsdorfer Waldes talwärts, wo äsende Rehe standen. Eine Dreschmaschine summte irgendwo, eine Schafherde streifte staubaufwirbelnd über gelbe Stoppelfelder. Doch den Wanderer zog es hinein in den Karlsdorfer Forst, und bald war er von jenem unwägbaren Duft umgeben, der von Kiefern- und Tannennadeln, den verschiedensten Kräutern, moderndem Laub und versteckten Pilzen ausgeht. Der Wanderweg war mit verblichenen Nadeln gepolstert, die den Schritt unhörbar machten. Sonnenkringel spielten darauf, blaue Waldglocken neigten sich vom Rande herüber, Brombeergestrüpp breitete sich unter den Kiefern hin, Schmetterlinge zogen ihre lautlose Bahn durch das Helldunkel, und Eichhörnchen huschten hin und her. Bald aber tat sich, hinabführend in den Grund, ein wahrer Märchenpfad auf. Riesige Lärchen von prächtigem Wuchs säumten ihn. Wie Tempelsäulen standen sie da, und ihre Wipfel schlossen sich zum Dach, leuchtend grün im Frühling, golden im Herbst, kristallblitzend im Winter. Tiefe Stille umfing den einsam Schreitenden. Hier war es, wo ihm im Mai aus den Büschen links und rechts der betörende Duft von abertausend Maiglöckchen entgegenströmte. Tiefer hinab ging es, wo uralte Fichten mit langen Bärten standen. Steinpilze fand der Wanderer, im Sommer Rotkappen und goldene Pfifferlinge, halb verborgen, dennoch sich verratend durch ihren würzigen Duft. Ein Fuchs schnürte über die Lichtung, ein Reh äugte aus dem Haselgebüsch. Und drüben führte ein schmaler, steiniger Weg hinab zum Forsthaus. Der Förster hieß Fuchs, aber das wußten weder die Füchse noch die Hasen. Ein Bach rauschte leise durch üppiges Gras. Kleine Bauernwirtschaften reihten sich aneinander bis hinab zum breiten Dorfteich mit dem Gasthaus »Zur Forelle« und den Häusern der Gutsarbeiter. Zur Linken aber stand, von alten Bäumen umringt, das Schloß derer von Websky mit einer Gärtnerei voller Rosen, Dahlien, edlen Früchten und vielerlei Küchenkräutern.

Was glänzt dort vom Walde im Sonnenschein?

Wir lernten es in der Schule, das Lied der Lützowschen Freischaren: »Was glänzt dort vom Walde im Sonnenschein« mit dem Refrain: »Das ist Lützows wilde verwegene Jagd.« Der Zobten hat sie gesehen, die schwarzen Gesellen. Sie kamen von

Breslau und ließen sich in der schlichten evangelischen Dorfkirche von Rogau-Rosenau einsegnen, ehe sie ins Feld rückten. Das war 1813. Hundert Jahre später konnte der alte Berg wieder Lützower reiten sehen. Die Stadt Zobten hatte ein Denkmal zu Ehren der ehemaligen Freischärler errichten lassen und weihte es im Beisein des deutschen Kronprinzen ein. Dazu waren Soldaten, die bei Rogau im Manöver lagen, in Uniformen der Freischaren aufgeboten worden, Reiter, Fußvolk und Artillerie. Es war ein bewegtes Hin und Her, und die alte historische Kirche füllte sich wieder mit schwarzen »Gesellen«, ein Jahr vor Ausbruch des Ersten Weltkrieges. Die Manövertruppen trugen schon feldgraue Uniformen.

Das Denkmal der Lützower wurde zur Sehenswürdigkeit der kleinen freundlichen Stadt Zobten am Berge, die das sonntägliche Ziel zahlloser Breslauer war und in der frohbeschwingte Studenten ihre Kommerse feierten. Der Berg mit seinen Trabanten sah ernst und schweigend auf sie herab, am Bismarckdenkmal auf einem dieser Vorberge aber loderten Feuer des Gedenkens an die Zeiten der großen nationalen Ereignisse, die auch Schlesiens Schicksal bestimmt hatten. In der kleinen Stadt einzukehren, war schön und erholsam. Drei Kirchen waren da, eine evangelische und zwei katholische; Hotels und Gaststätten wie »Der blaue Hirsch«, ein besonders volkstümliches Lokal, warteten auf Gäste, es gab freundliche Cafés, eine alte, von Grün und Blumen umrankte Stadtmauer, wo sich auf bequemen Bänken angenehm sitzen und träumen ließ, alte Bürgerhäuser und gut ausgestattete Geschäfte, und man konnte auch das Denkmal eines schlesischen Heimatdichters besichtigen, dessen Name Robert Rößler einen guten Klang hatte. Seine Dialektgedichte werden noch heute gelesen und vorgetragen. Er stammte nicht aus Zobten aber er hatte dort Verwandte. Im Hauptberuf war er Gymnasiallehrer. Auf festgepflasterten, gebuckelten Straßen und Gäßchen ging man durch die Stadt, die sich auch ein kleines Heimatmuseum geschaffen hatte und in der einige der seltsamen steinernen Löwen zu sehen waren, über deren Ursprung niemand etwas Genaues zu sagen wußte. In einem parkartigen Garten am oberen Stadtausgang stand die Villa des Zobtenmalers und Amtsgerichtsrats Albert Bayer, den es immer wieder drängte, die Schönheiten dieses schlesischen Kernlandes in Ölgemälden, Aquarellen und Zeichnungen festzuhalten.

Von Breslau her kam der Zug über Albrechtsdorf und Rogau und dampfte weiter in die Fluren der Schweidnitzer Seite hinein, wo prächtige Bauerndörfer das fruchtbare Land schmückten: Marxdorf, Floriansdorf, Qualkau, Kaltenbrunn, Käntchen, Stephanshain, Groß-Merzdorf, Seiferdau, Wernersdorf, Groß- und Klein-Mohnau. Da wogte das Korn im Winde, da stand der Weizen mit prallen Ähren, da breiteten sich die Kartoffel- und Rübenäcker bis schier an den Horizont.

Wir dürfen aber nicht vergessen, daß es bei Zobten auch eine Industrie gab, die viele Menschen ernährte. Da war vor allem das Magnesitwerk nahe der Stadt, dann im benachbarten Ströbel das Feldspatwerk, das seine Erzeugnisse hauptsächlich an die Waldenburger Porzellan- und Steingutindustrie lieferte. An der Villa Bayer vorüber ging die Straße bergauf nach Striegelmühle. Ein Feldkreuz stand dort, und wenn man zum Berg hinüberblickte, sah man das Exerzitienheim liegen, eine vielbesuchte Einkehr- und Andachtsstätte katholischer Schlesier aus allen Teilen des Landes. Noch weiter hinauf gelangte der Wanderer zur Blücherbaude mit ihrem gepflegten Garten und dem Freilichttheater im nahen Steinbruch.

Schön war der Blick vom Striegelmühler Gasthausgarten. Unter blühenden Kastanien konnten die Gäste hier im Frühling sitzen und in die weite, leuchtende Ebene hinabsehen. Schön war auch die Apfelallee nach Bankwitz und Kleinkniegnitz oder die alte Poststraße quer durch die Wiesen und Felder der Niederung. Von Bankwitz aus zweigte ein Straßenarm ab, über Groß- und Kleinsilsterwitz hinauf zur Tampadeler Försterei und zur neuen gastlichen Jägerbaude. Frei und frisch wehte der Wind über den Höhenplan, und die Menschen gingen glücklich einher und dachten im Sommer schon an die winterlichen Sportfreuden, die ihnen hier winkten.

Für dieses gesegnete Land hatten die schwarzen Scharen, unter ihnen der Dichter Theodor Körner, einst gestritten, und so mancher hatte seinen mutigen Einsatz wie Theodor Körner mit dem Tode besiegelt. Die kleine Stadt lehnt sich noch immer an den Berg. Rätselhafte Steinbilder und eingestürzte Befestigungsmauern trifft der Wanderer auf dem Wege zum Gipfel, auf dem ihn eine Baude und eine Bergkirche erwarten. Einst stand hier eine Burg, die von den Breslauern gestürmt wurde, als die Ritter, ihre Würde vergessend, zu Räubern wurden. Vorübergerauscht sind die Jahrhunderte, der alte »Sobottenberg«, unser Zobten, aber steht noch. Er hat die »Schwarzen Scharen« überlebt und er wird auch uns und jene überdauern, die dort jetzt wohnen und das Denkmal der Lützower schon lange aus dem Stadtbilde entfernt haben.

SCHWEIDNITZ

Wolfgang Tschechne

Pfingstliche Stadt

Tal der Weistritz. Durch eine Landschaft von gartengrüner Fröhlichkeit führt der Weg von der Landeshauptstadt, von Breslau her in die Kreisstadt zwischen Zobten und Eulengebirge. In magisches Blau gehüllt, hält der Zobtenberg dort, wo Schweidnitz ins offene, breite Land, in die Oderebene hinübergrüßt, seine behäbige Wacht.

Ein Tag in der Pfingstwoche; zur pfingstlichen Zeit ist die Stadt am schönsten – und sicher nicht ohne Grund feiert Schweidnitz alljährlich zu Pfingsten sein Fest. Wenn unten an der Weistritz die Buschwindröschen blühn, wenn der Goldregen im wunderhübsch gepflegten »Rentnergarten« hinter der Reichsbank sein Gold auf den grünen Hintergrund malt, wenn auf der Promenade gleich hinter dem Wasserturm Fliederduft die Wege einhüllt, dann ist für Schweidnitz die hohe, die festliche Zeit da, und am zweiten Pfingstfeiertag ist die ganze Stadt auf den Beinen, um den Festzug durch die geschmückten Straßen zu erleben.

Schweidnitz ist eine Stadt im Grünen, eine Stadt voller Blumen und Blüten. Bäume sind an vielen Straßen entlang gepflanzt. Herrlich der starke, süße Duft der Lindenblüten auf dem Wege hinunter zur Badeanstalt. Und die blumenbunten Anlagen vor dem Schweidnitzer Hauptbahnhof, die Fülle der Tulpen und Narzissen. Und die üppig blühenden Stiefmütterchen, gelb und blau und weiß, in den Blumenkästen am Rathausbalkon.

Daß Schweidnitz eine blühende Stadt war, konnte man allenthalben wörtlich nehmen. Eine blühende Mittelstadt. Damit sind nicht nur die Industrieanlagen gemeint, nicht nur Heliowatt, Främbs und Freudenberg, nicht nur das große Reichsbahnausbesserungswerk in der Niederstadt.

Damit sind auch die vielen Plätze und Plätzchen gemeint, an denen Blumen und Blüten von der Liebe der Schweidnitzer zu ihrer Stadt kündeten: der Burgplan etwa hinter dem Moltkedenkmal, die Blumen vor dem Denkmal des großen Friedrich am Ring auf der Heegeseite (freilich sprach man in Schweidnitz nicht von Friedrich dem Großen, sondern nur vom Alten Fritz), die grünen Straßenböschungen vor den Bürgerhäusern linker Hand auf der Hochstraße, wenn man zum »Grünen Baum« hinunterging, der altvertrauten Gaststätte am Schnittpunkt von Schweidnitz Oberstadt und Schweidnitz Niederstadt.

Aber bummeln wir noch einmal um den Ring herum. Auf der Heegeseite haben wir also eben den Alten Fritz gesehen. Auf die Frage von Fremden, wen denn das Denkmal vorstelle, antworteten die Schweidnitzer, daß man das doch genau sehen könne – den rechten Fuß nämlich stelle der alte Herr da oben vor.

Das tat er wirklich, der Alte Fritz. Die Rechte hielt seinen königlichen Krückstock, die Linke ruhte hinten im Rücken, und mit dem rechten Fuß zuerst schien der Preußenkönig auf die Verlagsbuchhandlung von L. Heege zuzugehen, die ihm gegenüberlag und in der alltäglich zur Mittagsstunde druckfrisch die »Tägliche Rundschau« in die Schaukästen gehängt wurde.

Spaß gemacht haben dem gußeisernen Herrn auf seinem mannshohen Marmorsockel gewiß die Konzerte der Schweidnitzer Stadtkapelle unter Musikdirektor Benno Altmann. Schließlich verstand er etwas von Musik, der Alte Fritz, und er wird auch den Schweidnitzer Musikern zugestanden haben, daß auch sie sich auskannten – und nicht nur in der Marschmusik, sondern auch in schwungvollen Operettenklängen, in den beliebten Stücken der Promenadenmusik, sogar in mancher Opern-Ouvertüre.

Weiter beim Ringbummel. Am Hohenzollern-Café geht es vorbei, die Pannwitzseite herunter – vorbei an den vielen schönen und großen Geschäften, die den Rang von Schweidnitz als Einkaufszentrum einer breiten Umgebung bewiesen. Um eine Handvoll nur zu nennen: Oskar Goldmann mit seiner leckeren Auswahl von Delikatessen, Zigarren-Martin, das erstklassige Konfektionshaus von Hilbert, Sembritzki – jeder Schweidnitzer kann die Reihe beliebig verlängern.

Die vier Seiten des Schweidnitzer Ringes, die um das Rathaus ein wohltuend genaues Rechteck legten, hatten ihre Namen; sogar einzelne Stückchen der Ringseiten durften sich ihre Bezeichnungen zulegen. Die Heegeseite und die Pannwitzseite stützten ihre Herkunft auf das Verlagshaus Heege und auf das Süßwarengeschäft, das ganz Schlesien mit den schokoladenüberzogenen Bolkobissen versorgte. Da gab es ferner die Seite, die man Getreidemarkt nannte. Der Atlasbrunnen stand an der Ecke, 1716 von Bildhauer Weber geschaffen. Dann kam der Buttermarkt, wo an den Markttagen neben der Landbutter auch kühler Quark aus den Tüchern geschlagen wurde, und wo es den goldbraunen, dicken Rübensaft gab – und manche Schweidnitzer Hausfrau kostete sich von Butterstand zu Butterstand durch, bis sie endlich die ihrem Geschmack entsprechende Ware gefunden hatte. Der Kräutermarkt schloß sich an, wo natürlich zur Pilzzeit immer besonders viel Betrieb an den Markttagen war.

Das war ein Bummel. Das war nicht »der« Bummel. »Der« Bummel fand zur Feierabendzeit auf der Heegeseite statt: die Jugend flanierte lachend und erzählend auf und ab, die jungen Männer blickten den jungen Mädchen nach, und die jungen Mädchen wußten die Blicke auf sich zu ziehen, und einer schaute still auf das uralte Spiel herab und hat gewiß auch daran seine Freude gehabt. Richtig: wieder der Alte Fritz. Und er stellt immer noch den rechten Fuß vor.

Das Rathaus mittendrin. Im Erdgeschoß die vergitterten Fenster der Stadtkasse, die ehrwürdige Hof- und Stadtapotheke von Bando in ihren dunklen Gewölben – und dann vor allem das Schweidnitzer Stadttheater, das mit dem Rathaus zusammen eine bauliche Einheit bildete. Zwei kleine Säulen markierten den Eingang, und die Preistafel für die Eintrittskarten war von außen zu erkennen: 1. Rang Mitte 2,60 RM, Sperrsitz 2,20 RM, 1. Platz 1,60 RM, Stehplätze 0,60 und 0,40 RM.

Was für Erinnerungen werden da wach! Schauspiel, von der leicht daherhüpfenden Komödie bis zum großen Klassiker, Operette und Singspiel; sogar die Spieloper wurde hier gepflegt und begeisterte in würdigen Aufführungen das Schweidnitzer Publikum.

Wo – nebenbei gesagt – findet sich das heute noch, daß eine Stadt von 40 000 Einwohnern ein so bewegliches, künstlerisch qualitätvolles, ein so von allen geliebtes Theater im Mittelpunkt ihres Kulturlebens hat?

Wer im verräucherten Künstlerlokal der Schweidnitzer Boheme, bei »Muttchen« am Ring, einmal die unzähligen Fotografien an den Wänden betrachtete, konnte hinter den Glasrahmen ein paar später weithin bekanntgewordene Namen unter noch jungen Gesichtern entdecken. Das Schweidnitzer Theater mit seiner anheimelnden Atmosphäre diente so manchem jungen Mimen als Sprungbrett in die Welt der großen Kunst. Wir entziffern die Unterschriften: Emil Jannings, Otto Gebühr, Rudolf Forster ...

Im Ratskeller sind wir nun angekommen. Wir sitzen bei einem Schweidnitzer Schöps, dem süffigen Starkbier, und lassen die alten Zeiten wieder lebendig werden.

Bolkofest in Schweidnitz. So nannte sich das frühlingsgrüne Fest, das die Stadt alljährlich zur Pfingstzeit sich selbst zur Ehre und zum Lobe gab. Der Festzug mit den farbenfreudig geputzten Wagen, mit den Rittern hoch zu Roß und mit den Scharen liebreizender Burgfräulein durchquerte stets am zweiten Pfingstfeiertag die Stadt. Herzog Bolko I. hat das Fest im Jahre 1286 ins Leben gerufen: vier Jahrzehnte zuvor hatte Schweidnitz das Stadtrecht erhalten, um genau zu sein: 1242.

Der Name Schweidnitz ist aus dem Slawischen übernommen worden – damals, vor über siebenhundert Jahren, als die Deutschen ins Land geholt worden waren, als sie aus Niedersachsen kamen und aus dem Fränkischen, aus Westfalen und aus

Thüringen, um mit den Ureinwohnern zusammen aufzubauen. Schweidnitz, so haben wir es jetzt bei Damroth in dem 1896 erschienenen Buch »Die älteren Ortsnamen Schlesiens« nachgelesen, ist aus »swidnica« entstanden, was so viel heißt wie Rainweide. Schweidnitz war also ursprünglich der Rainweidenplatz, die Ansiedlung am Fluß, an den Weiden entlang der Weistritz.

Niedersächsische und fränkische Baumeister haben die Stadt angelegt, ein paar Kilometer hügelaufwärts entfernt von der Flußniederung und den im Frühjahr häufig überschwemmten Wiesen. Und was vor Jahrhunderten aus gestalterischem Willen heraus entstanden ist, wird auch in Jahrhunderten noch von seiner Herkunft berichten: die planvolle Quadratur des Ringes, die geradlinige Genauigkeit der Hauptstraßen, die Herzkammer der Stadt, das Rathaus.

Altehrwürdig auch das Rathaus. Hervorgegangen ist es aus dem Kaufhof, der bereits 1291 erwähnt wird. In seinen gewölbten Kellern lagerten Handelswaren, Gewürze und Weine, die aus Ungarn, aus Polen, aus den böhmischen Wäldern herangefahren worden waren. Im Kaufhof wurden anfangs auch die Rats- und Verwaltungsgeschäfte der Stadt geführt; hier waren auch Waagehaus und Eichamt untergebracht. Die junge Stadt entwickelte sich sehr gut: 1391 bereits wird das steinerne Geviert in der Mitte des Ringes urkundlich erwähnt, gekrönt vom Schweidnitzer Rathaus und vom Rathausturm. Dieser wirkt, achteckig und mit kunstvollen Spitzaufbauten, wie ein Modell für einen größeren Turm, der nur wenig später entstanden sein muß.

Dieser zweite, größere Turm gehört, achteckig auch er, zur alten Schweidnitzer Pfarrkirche. Er ist 103 Meter hoch und darf immer noch stolz von sich behaupten, der höchste Kirchturm ganz Schlesiens zu sein.

Generationen von Glöcknern haben aus der Turmstube aber auch auf vielerlei Not, auf Bitternis und böse Zeiten herabblicken müssen. Im Jahre 1330 ist mit dem Bau der Kirche begonnen worden; es dauerte viele Jahrzehnte, ja, es dauerte Jahrhunderte, bis sie vollendet werden konnte. Furchtbare Pestzeiten erschütterten zwischendurch die Stadt, es kamen die Kämpfe und Zerstörungen im Dreißigjährigen Krieg, es kamen vier Belagerungen im Siebenjährigen Krieg, es kam schließlich die Einnahme durch die Franzosen. Und es ist zu berichten von Feuersnot, von verheerenden Bränden und Brandschatzungen, von Kriegsvolk und Kriegsgeschrei. Aber es ist auch zu berichten von dem Wunderwerk einer anderen Kirche zu Schweidnitz, die den Namen des ersehnten Friedens in die Stadt trug, von der nach dem Dreißigjährigen Krieg erbauten schönen Friedenskirche.

Als zu Münster und Osnabrück der Frieden geschlossen wurde, mußte Kaiser Ferdinand III. den Protestanten in seinen Erbfürstentümern Schweidnitz, Jauer und Glogau gestatten, sich eigene Kirchen zu schaffen. Am 20. Dezember 1651 überreichte eine Schweidnitzer Abordnung dem Kaiser in Wien die Bittschrift um Erlaubnis zur Errichtung einer eigenen evangelischen Kirche; am 13. August 1652 genehmigte Ferdinand den Bau, ließ aber in das Dekret drei heimtückische Paragraphen einfügen, wonach die Kirche erstens nur außerhalb der Stadtmauern, zweitens nicht aus Stein, sondern nur aus Lehm und Holz, und drittens nur ohne Glockenturm erstellt werden durfte.

Die Schweidnitzer antworteten mit der Tat. Sie bauten in fünfjähriger ununterbrochener Arbeit eine der schönsten und sicher wohl die größte europäische Holzkirche. Allein tausend starke Eichenstämme aus dem Stadtwald ließ der Rat herankarren; weitere zweitausend Stämme schenkte Hans Heinrich von Hochberg, Herr auf dem nahen Schloß Fürstenstein. Ein Meisterwerk des Fachwerkbaues wurde im östlichen Vorfeld der Stadt errichtet: herrlich strebt das dunkle Balkenwerk in die Höhe, umschließt die helleren Mörtelfelder der Wände, umfängt die vielen bleigefaßten Kirchenfenster, stützt im Inneren die nahezu überquellende Fülle der Chöre und Zwischenchöre, der Emporen und Brüstungen.

Eine Holzkirche nur. Nur? Die Friedenskirche in Schweidnitz hat über 3500 Sitzplätze und dazu 4500 Stehplätze. Der Raum mußte so geschickt genutzt werden, weil die Besucher der Kirche von weither kamen; es gab keine andere evangelische Kirche im weiten Umkreis.

Wer hier einmal einem Gottesdienst beigewohnt hat, wer vielleicht sogar das Glück hatte, eine mitternächtliche Christgeburtsfeier in der überfüllten Weite des Gotteshauses mitzuerleben, der hat die innige Verbindung von gläubiger Andacht und kirchlichem Raum erfahren dürfen.

Selbst der Kaiser in Wien muß von den Berichten über die Schweidnitzer Friedenskirche angerührt gewesen sein: er hat nachträglich gestattet, auch einen Glokkenturm zu bauen. Ebenfalls nur aus Holz und Lehm. Gerade dieses Baumaterial aber hatten die Schweidnitzer schätzen gelernt: sie hätten ihren Turm auch ohne diesen Befehl nicht aus Stein gebaut.

Ein Tag in der Pfingstwoche immer noch. Nicht ohne Grund feiert Schweidnitz alljährlich zu Pfingsten sein Fest. Wir sind zur Friedenskirche gegangen und wollen nun weiter um die Stadt herumwandern. Mit hinausgezogen in die grüne Herrlichkeit sind die Bürger der Stadt Schweidnitz. Durch die alten Stadttore führen die Wege ins Freie: durch das Köppentor, das Bögentor, das Peterstor, das Niedertor, das Kroischtor und das Striegauer Tor. Als die Stadtmauern geschleift werden mußten zur Franzosenzeit, wurden üppige Grünanlagen an ihre Stelle gesetzt – Indianerwald der Jugendjahre, Rodelwald, Räuberwald der Knabenspiele.

Am Gondelteich entlang läuft unser Spazierweg, wo an den Pfingsttagen, in den Sommernächten die Fröhlichkeit dabei war und die junge Liebe, Musik und die bunten Lichter der Lampions über dem Wasser.

Und wenn man nur ein paar Kilometer aus der Stadt hinauswanderte oder hinausfuhr – mit der Dampfeisenbahn, mit dem Fahrrad oder mit dem Auto –, ein paar Kilometer nur an der Weistritz entlang in die Berge hinein, dann war man schon in der Sommerfrische, wie das damals hieß: in den Euledörfeln, in den romantischen Orten des Waldenburger Berglandes, an der Schlesiertalsperre zwischen Breitenhain und Kynau.

Sommerland. Berg und Wald und die gelbe Pracht der Felder. Rote Dächer der Dörfer, Bauerngärten, an den Straßenrändern überall die Obstbäume, schwer behangen mit Birnen, Pflaumen, Äpfeln, wenn der Herbst kam. Und alles in Sichtweite der Stadt, alles nicht mehr als eine Ausflugslänge von Schweidnitz entfernt.

Unvergessenes Tal der Weistritz.

STRIEGAU

Albert Schettler

Die Dreibergestadt

Wer mit der Eisenbahn von Liegnitz nach Königszelt oder umgekehrt fuhr, der erkannte Striegau an zwei Merkmalen. Einmal waren es die Striegauer Berge, von denen der Volksmund sagte: »Ee Striezel und zwee Quärge, doas sein de Striegauer Bärge«, zum anderen überragte das hohe Dach der Kirche zu St. Peter und Paul die anderen Dächer der Stadt ganz gewaltig.

Die beiden Chroniken der Stadt berichten uns, daß der Name Striegau sich im Laufe der Jahrhunderte aus dem Namen eines unbedeutenden slawischen Dorfes Stregon entwickelt hat. Auf dem Breiten Berge fanden wir als Jungen beim Graben in den Resten des Ringwalles mitunter noch Scherben von Tongefäßen und auch von Pfeilspitzen, die auf eine frühe Besiedlung ebenso hinwiesen wie auch auf die Mongolenschlacht bei Wahlstatt im Jahre 1241, deren Reiter wahrscheinlich alles verwüsteten, was sich ihnen in den Weg stellte.

Im Jahre 1942 konnte Striegau in bescheidenem Rahmen, wie es sich für Kriegszeiten gehört, seine Siebenhundertjahrfeier begehen, und Hans Christoph Kaergel, in Striegau als Sohn eines Gymnasiallehrers geboren, schrieb damals über seine Vaterstadt: »Es ist nicht eine kindliche Liebe, wenn ich immer wieder behaupte, daß von allen schlesischen Städten Striegau mir am tiefsten die schlesische Seele offenbart hat. Ich will es auch versuchen zu begründen. Keine andere Stadt liegt so zwischen beiden großen Welten des schlesischen Landes wie Striegau: an der Schwelle der Berge auf der einen Seite, auf der anderen auf der unermeßlichen Weite der großen schlesischen Ebene. Stieg ich auf den Kreuzberg, überwältigte mich schon als Kind die Sehnsucht nach dem immer in Stufen aufsteigenden, bis zum Himmel ragenden Kranz der schlesischen Berge. Wandte ich mich um, dann sah ich, wie das Meer der Ewigkeit, unter mir die Weite der Erde, und ich wußte nicht, wo Himmel und Erde zusammenstießen. Das Gefühl, in einem großen, unermeßlichen Lande beheimatet zu sein, war hier das stärkste.«

Striegau hat im Laufe der Jahrhunderte viel erlebt. Das Schicksal hat oft ausgeholt, um die alte schlesische Stadt für immer vom Erdboden zu vertilgen; doch immer wieder stand sie auf, und der Fleiß der Bewohner zeugte von einem zähen, unbeugsamen Lebenswillen. Martin Bojanowski und Erich Bosdorf haben uns in dem Buche »Striegau – Schicksale einer schlesischen Stadt« die Tragödie von 1945 eindringlich geschildert. Wie in anderen schlesischen Städten, so war der Bau einer Burg in den Anfängen der Stadt von großer Bedeutung. Die erste sichere Nachricht über das Vorhandensein der Burg stammt aus dem 12. Jahrhundert. Am 23. April 1155 nimmt Papst Hadrian IV. auf Bitten des Bischofs Walther das Bistum Breslau in den Schutz des hl. Petrus und bestätigt demselben seine Besitzungen. Unter den Kastellaneien wird auch Ztrigoni (Striegau) genannt, und am 9. August 1245 wird die Bestätigung durch Papst Innozenz IV. zu Lyon erneuert und Striegau abermals aufgezählt. Der alte Chronist Naso erzählt: »1112 wird die Kirche zu Striegau, schon seit langem als Wallfahrtsort gerühmt, neu aus Steinen gebaut und der Heiligen Jungfrau gewidmet.« Urkundlich ist das zwar nicht nachzuweisen, hingegen das Vorhandensein einer anderen Kirche, der St.-Peters-Kirche, die um 1163 gebaut und vom schon erwähnten Bischof geweiht worden ist.

Für die kulturelle Entwicklung Striegaus war das Erscheinen der Johanniter bestimmend. Wer sie nach Striegau gerufen hat, ist unbekannt geblieben, auch der Zeitpunkt, wohl um 1175 wird es gewesen sein. Die rührigen Johanniter hatten nach dem Mongolensturm einen großartigen Plan ersonnen: nicht auf den Trümmern der verwüsteten Stadt in der Niederung sollte die neue Stadt erstehen, sondern auf erhöhtem, freierem Terrain, das den Überschwemmungen nicht ausgesetzt war, nach deutscher Art und mit deutschem Recht ausgestattet. Handel und Wandel sollten zu ihrer Entfaltung einen geräumigen, quadratischen Markt und breite Straßen finden. Das deutsche Recht, auch das sächsische oder Magdeburger Recht genannt, trug wesentlich dazu bei, weitere Siedlungswillige – Bauern und Handwerker – herbeizurufen. Diese Neuanlage der Stadt blieb in ihren Grundzügen bis in die Gegenwart erhalten.

Die ersten deutschen Siedlungsdörfer in unmittelbarer Nähe von Striegau wuchsen etwa gleichzeitig mit der Stadt heran. Bis zum Ende des 13. Jahrhunderts war der größte Teil des Weichbildes – schließlich etwa siebzig Dörfer – fertig. Diesem Wachstum entsprach eine günstige Entwicklung der jungen Stadt selbst. Welche Bedeutung Striegaus Zünfte schon damals erlangten, geht aus der Tatsache hervor, daß die erste schlesische Stadt, von der sich eine Nachricht über die unmittelbare Verbindung mit Venedig erhalten hat, Striegau gewesen ist, 1380. Striegauer Tuch ging zum Beispiel auch über Ungarn nach Siebenbürgen oder über Galizien nach den venezianischen Kolonien am Schwarzen Meer. Das Striegauer Tuch lag im Preise sogar über dem Görlitzer. Dabei hatte man im 15. Jahrhundert den Hussitenschreck zu überwinden.

Das 14. Jahrhundert hatte im Zusammenwirken mit den Johannitern die einzigartige Schöpfung der Peter-Paul-Kirche vollbracht, die in ihren Formen an nordfranzösische Gotik erinnert. Sie hat den Sturm des Jahres 1945 ebenso überstanden wie die Belagerungen des Dreißigjährigen Krieges.

Im 16. Jahrhundert entstand neben einem neuen Rathaus eine gemeinsame Verkaufsstelle der Bäcker, Schuhmacher und Kürschner, das sogenannte Schmetterhaus. Das ganze Rathausviereck erhielt damals ein anderes Gesicht. Unbedingt erwähnt werden muß noch der erbitterte Kampf, den Striegau um das Brau- und Schenkrecht geführt hat. Während das eigentliche Mittelalter das Gerstenbier schätzte, begann man jetzt in Schlesien, das seltene Weißbier zu bevorzugen. Das war eine Striegauer Spezialität. Infolgedessen ging das Biergeschäft über Erwarten gut. Gegen Ende des 16. Jahrhunderts konnte die Bürgerschaft allein von dem Ertrag des Bierexportes leben. Man braute es nämlich nicht nur in Brauereien, sondern auch in den Bürgerhäusern. Damals wurde das Striegauer Erzeugnis neben dem Breslauer »Schöps« zu einer schlesischen Berühmtheit.

Nach dem entsetzlichen Dreißigjährigen Kriege befand sich kein einziger Weber mehr in Striegau. Ein furchtbarer Brand, der auch das Innere der Pfarrkirche vernichtete, hatte große Teile der Stadt in Asche gelegt. So sah es im Anfang des 18. Jahrhunderts mehr als traurig aus, und mitten in dieser trostlosen Zeit wurde Striegaus größter Sohn, Johann Christian Günther, als Sohn des Physikus Johann Günther geboren. Der Vater des Dichters – aus Aschersleben stammend – war einer der wenigen Fremden gewesen, die es gewagt hatten, sich in der armen Stadt niederzulassen.

Der Knabe Johann Christian war ein schwächliches Kind. Sein Vater, Arzt, Lehrer und Seelsorger in einer Person, suchte Leib und Geist des Knaben planmäßig zu erziehen. Leben und Lehre, Vorbild und Vorschrift einten sich in dieser Zucht, die zwar streng war, doch vom Zögling willig ertragen wurde. Als sich das eigene Wesen des Sohnes zu entfalten begann, gerieten Haushalt und Lehrplan in Unordnung. Lesehunger, Wissensdurst und die Versessenheit, selber Verse zu schreiben, ließen Johann Christian die üblichen Schlafens- und Essenszeiten mißachten. Der Vater verwarf sein Versemachen als Grillen. Als er merkte, daß der Sohn den Vorsatz hatte, Dichter zu werden, griff er zum Prügel: »Wirf den Bettel hin! Treib eine Brotkunst! Das Reimen bringt nichts ein!« Schülerjahre in Schweidnitz, Studentenjahre in Wittenberg und Leipzig mit allem Elend eines armen und kranken Jünglings setzten sich in Verse wie diese um:

Mein Gott! wo ist denn schon der Lenz von meinen Jahren
So still, so unvermerkt, so zeitig hingefahren?
So schnell fleugt nimmermehr ein Segel durch das Meer,

So flüchtig dringt wohl kaum ein heißes Blei zum Ziele.
Es dünkt mich ja noch gut der ersten Kinderspiele:
Wo kommt denn aber schon des Körpers Schwachheit her?

In diesen Worten faßt er selbst das ganze Elend zusammen, das über dem Rest seines jungen Lebens schwebt. Er ist ja nur achtundzwanzig Jahre alt geworden, und das Mißgeschick seines äußeren Daseins – sein von ihm enttäuschter Vater hatte ihn längst im Stich gelassen – wurde dem Dichter immer wieder bewußt. Als nach einem halben Jahrhundert Goethe in Striegau weilte, wo er sich Edelsteine und andere Minerale aus den Striegauer Granitbrüchen mit nach Weimar nahm, errichtete er in seiner Lebensgeschichte eine Tafel des Ruhmes für den unglücklichen Dichter: Er habe alles besessen, was dazu gehöre, im Leben ein zweites Leben durch Poesie hervorzubringen. Goethe schrieb aber auch gleichzeitig den Satz, der, meist aus dem Zusammenhang gelöst, das Urteil über Günther lange Zeit bestimmen sollte: »Er wußte sich nicht zu zähmen, und so zerrann ihm sein Leben wie sein Dichten.«

Günther selbst hat sein eigenes Verhängnis hellsichtig erkannt und sich sterbensmüde seine eigene Grabinschrift ersonnen:

Hier starb ein Schlesier, weil Glück und Zeit nicht wollte,
Daß seine Dichterkunst zur Reife kommen sollte;
Mein Pilger! lies geschwind und wandre deine Bahn,
Sonst steckt dich auch sein Staub mit Lieb' und Unglück an.

Ein Gedenkstein und die nach ihm benannte Günther-Straße haben uns bis zuletzt an diesen großen Sohn seiner Vaterstadt erinnert, und im Gymnasium von Striegaus Patenstadt Lübbecke steht eine Bronzebüste des Dichters, ein Werk des bekannten oberschlesischen Bildhauers Professor Robert Bednorz.

Ein zweiter Name ist eng mit Striegau verbunden: Friedrich der Große. Wir wissen, daß er in drei Kriegen um Schlesien und die Grafschaft Glatz gerungen hat, und daß am 4. Juni 1745 die Schlacht bei Hohenfriedberg und Striegau zu einem Höhepunkt seines Ruhmes geführt hat. Zahlreich sind die Erinnerungen der Stadt an dieses große geschichtliche Ereignis. Ich entsinne mich, daß an jedem 4. Juni am frühen Morgen vom alten Ratsturm der Hohenfriedberger Marsch und ein Choral zur Erinnerung an die Schlacht geblasen wurden. Auf dem Spitzberg war ein eisernes Kreuz mit folgender Inschrift errichtet worden: »Die dort drüben im Tal sich feindlich besiegten und starben / Schlafen vereinigt in Ruh. / Schlummert im Pflichtgefühl sanft! 4. Juni 1745.« In der »Guhle« unweit der Stadt wurde im Jahre 1908 im Beisein preußischer, österreichischer und sächsischer Prinzen ein Denkmal eingeweiht mit folgender Inschrift: »Wanderer! Bringe die Kunde von uns nach Sachsen und Österreich. Folgsam und treu dem Gebot ruhen wir vereint hier im Grab.« Auch das Striegauer Notgeld von 1921, entworfen von Bruno Handke, Zeichenlehrer am Striegauer Gymnasium, zeigt in der Hauptsache Bilder und Inschriften zur Erinnerung an dieses denkwürdige Ereignis. Einen wirklichen Aufstieg in der preußischen Zeit brachten eigentlich erst die Gründerjahre. Von den damals in der Stadt entstandenen Industrieanlagen hatte sich eine bereits im 19. Jahrhundert zum Großbetrieb entwickelt, eine über die Grenzen hinaus bekannte Bürstenfabrik. Sie fiel leider der ersten Wirtschaftskrise nach dem Ersten Weltkrieg zum Opfer.

Keine Industrie aber hatte das Gesicht der modernen Stadt so bestimmt wie die Steinindustrie. Ihr Aufschwung fiel ebenfalls in die Jahre zwischen 1871 und 1890. Seitdem war Striegauer Granit ein weitbekannter Begriff geworden. Er erschien als Werkstück in repräsentativen Bauten wie dem alten Deutschen Reichstag, in Brückenpfeilern und Kaimauern, wie etwa in Amsterdam, als Grabstein auf vielen Friedhöfen und als Pflaster auch in westdeutschen Städten.

Hören wir dazu etwas aus einer Chronik der Familie Bartsch; der Bartschbruch war nämlich der bedeutendste und größte Bruch, der unmittelbar vor der Stadt lag. Frau Gerda Roßmann, eine Nachkommin des Begründers der Firma – Friedrich Samuel Bartsch (1786–1839) – berichtet uns aus der Familienchronik über die Anfänge der Steinindustrie in Striegau folgendes: »Noch ruhte der urzeitliche Granit der schlesischen Gebirge weithin, als er, der an allem Interessierte, mit lebendiger Entdeckerneugier Begabte, beobachtete, wie bereits am Zobtenberge der erste Granit gebrochen wurde. F. S. Bartsch, seines Zeichens Rothgerber, hatte nun eine besondere Freude an geologischen Untersuchungen und trug zumeist sein Gesteinshämmerchen bei sich. Und eines Tages fand er den Schatz, den er bei seinen Wanderungen mit sicherem Instinkt umkreist hatte. Er schlug sich ein Stückchen Granit aus dem Land – und dieses Land war der spätere Bartsch-Bruch unter dem Galgenberg, auf dem in unserer Kindheit noch die Ruine einer ausgebrannten Windmühle nach allen Richtungen übers Land schaute. Die Chronik meldet in schlichten Worten, daß Friedrich Samuel zunächst Stillschweigen bewahrte, dann die Grundstücke erwarb und ein Granitlager mächtiger Ausdehnung vorfand. Hiernach deckte er als erster im Kreise Striegau Granit auf, während alle später aufgenommenen Granitwerke Folgen seiner Initiative waren.«

Ein Nachkomme des Begründers der Firma, Paul Bartsch, erfand zur Verbesserung der Arbeitstechnik einen Stockhammer mit auswechselbarem Einsatz verschiedener Zahnungen, den er sich patentieren ließ und den er in der von ihm gegründeten Stockhammerfabrik in der Jauer-Straße jahrzehntelang fräste, schmiedete und härtete. Auch heute noch wird er im In- und Ausland als »Bartschhammer« unverändert hergestellt. Nicht unerwähnt soll in diesem Zusammenhang bleiben, daß die Steinbrüche von Striegau für den Mineralogen kostbare Fundgruben waren. In einer Vitrine der Striegauer Heimatstube in der Patenstadt Lübbecke befindet sich eine Auswahl, zu der auch Strigonit gehört, der seinen Namen von Striegau herleitet. Merkwürdig ist, daß die drei Striegauer Berge nicht aus Granit, sondern aus Basalt bestehen. Das hat dazu geführt, daß der sogenannte Breite Berg im Laufe der letzten Jahrzehnte teilweise abgebaut worden ist, weil man den harten blauen Basalt gern zur Schotterung der Chausseen verwandte. Verwitterter Basalt bildet Boluserde, die im Mittelalter eine besondere Bedeutung für Striegau als »Terra Sigillata« hatte. Auch in der Medizin wurde sie verwendet. Ich kann mich entsinnen, daß wir als Jungen in der Rennerhöhle am Breiten Berg diese Boluserde suchten, die kleinen Steinchen ins Wasser warfen und uns freuten, wenn diese mit einem leisen Knall im Wasser zerplatzten.

Neben der Steinindustrie mit vielen Hunderten von Arbeitern wies Striegau auch noch einige andere bedeutende Industrien auf. Da war neben einer großen Malzfabrik, einem bedeutenden Dampfmühlenwerk und einigen eisenverarbeitenden Betrieben noch die Striegauer Stuhlfabrik von Ernst Jaekel, die wegen der guten Qualität der hergestellten Sitzmöbel bei den großen Werften in Hamburg und Kiel eifrige Abnehmer fand. Viele Passagierdampfer und die Messen vieler Kriegsschiffe waren mit Striegauer Stühlen und Sesseln ausgestattet.

Auch des großen Levkojenzüchters Gustav Teicher sei noch gedacht. Er unterhielt Anbauverträge mit renommierten Gärtnereien anderer europäischer Länder, wie Ungarn, Dänemark, Norwegen und Frankreich, seine besten Kunden waren die Russen. Die Petersburger Hofgärtnereien und die botanischen Gärten der Metropolen Rußlands kauften vor dem Zweiten Weltkrieg und seit jeher ihren Blumensamen in Striegau. Als der botanische Garten in Petersburg im Jahre 1912 sein hundertjähriges Bestehen feierte, erhielt der Striegauer Blütenzauberer eine persönliche Einladung des Zaren aller Reußen zur Jubelfeier. Als die Zarenherrschaft von der Sowjetmacht abgelöst wurde, trat in den Handelsbeziehungen zwischen Moskau und Striegau durchaus keine Unterbrechung ein. Denn die Bolschewisten schätzten nicht nur die schlesischen Blütensamen, sondern auch das gastliche Haus von Gustav Teicher so sehr, daß sie meist mehrere Tage bei ihm blieben. Es kamen aber auch die berühmten Gartenbaudirektoren aus Paris, London, Washington, Madrid, Kairo und anderen Hauptstädten nach Striegau, um hier ihren Bedarf an Levkojen und anderen Blumenwundern zu decken.

Der Wochenmarkt in Striegau bot immer ein farbenprächtiges Bild; die Stadt allein und ihre Nachbarschaft beherbergten weit über zwanzig Gärtnereien. Auf dem fruchtbaren Weizen- und Zuckerrübenboden wurde zum Teil Feldgemüsebau betrieben, und zur Gurkenzeit schritt man durch hohe Berge von grünen Gurken, die bis aus Liegnitz in die Stadt kamen. Im Frühjahr hatte man von den Striegauer Bergen einen wundervollen Blick auf die blühenden Obstbäume, die die großen Straßen nach den Dörfern zu säumten, und an warmen Sommerabenden strömten die Striegauer vor allem in die Kirschalleen, um die saftigen und billigen Früchte bester Sorten auf einem Abendspaziergang zu verzehren.

Vorübergehend war Striegau seit der friderizianischen Zeit auch immer wieder einmal Garnisonstadt, und es hat zu allen Zeiten bestes Einvernehmen zwischen dem Militär und der Zivilbevölkerung bestanden.

Es ist erstaunlich, wie sich gerade in einigen schlesischen Kleinstädten wie auch in Striegau ein reges geistiges Leben entwickelt hat. Ich schrieb schon von Johann Christian Günther. Auch Hans Christoph Kaergel, dem wir eine Fülle guter Erzählungen, Romane, auch Dramen verdanken, muß erwähnt werden. Einer der ersten schlesischen Mundartdichter nach Holtei war Robert Rößler, der von 1870 bis 1880 das nach ihm benannte Striegauer Gymnasium leitete. Rößlers Verdienst ist es, die schlesische Prosadichtung fest begründet zu haben.

In den Jahren von 1907 bis 1919 wirkte in Striegau als Vorsteher der Königlichen Evangelischen Präparandenanstalt Fedor Sommer (1864–1930), der im benachbarten Hohenfriedberg geboren wurde und sich nicht nur als Schulmann, sondern auch als Heimatschriftsteller einen Namen schuf. Ich bin selbst drei Jahre sein Schüler gewesen und denke mit Hochachtung und Dankbarkeit an ihn zurück. Seine Schule zählte damals zu den besten Schlesiens. Der überzeugende Beweis für diese Tatsache liegt darin, daß sie eine der wenigen war, die auf der Weltausstellung zu Brüssel im Jahre 1910 vertreten war und dort mit einer Goldmedaille ausgezeichnet wurde. Wochenlang wurde das 1909 nach modernen Richtlinien hinter der »Viehweide« erbaute Schulgebäude mit seinem Tennisplatz, seinen neuzeitlich ausgestatteten Unterrichtsräumen, Lehr- und Lernmittelzimmern, seiner gediegenen Aula und der klangvollen Orgel fotografiert. Unterrichtseinheiten wurden festgehalten, Schülerhefte mit Aufsätzen, Klassen- und Hausarbeiten, Schülerzeichnungen, Lehrberichte wurden nach Brüssel geschickt, um Zeugnis abzulegen, mit welch modernen Methoden und wie erfolgreich in Striegau gelehrt und gearbeitet wurde.

Hier soll noch ein anderer Pädagoge erwähnt werden, der als Fotograf berühmt geworden ist. Es ist der 1881 in Striegau geborene und 1948 in Lichtenstein

a. d. Rödlitz gestorbene Studienrat und Schriftsteller Kurt Hielscher. Die Zeitschrift »Foto-Kino-Technik« schrieb in seinem Todesjahre: »Mit Kurt Hielscher ist einer der weit über Deutschlands Grenzen hinaus bekannt gewordenen Meisterfotografen dahingegangen. Nach dem großen Erfolg seines Spanienbuches (»Das unbekannte Spanien«), mit welchem er erstmalig den Typ eines reinen Bildbuches in Kupfertiefdruck schuf, hatten ihn die Regierungen Skandinaviens, Italiens, Österreichs, Rumäniens und Jugoslawiens zu mehrjährigen Fotoreisen durch die Länder eingeladen. Im Verlag Brockhaus erschienen großformatige Tiefdruckbildbände mit hochkünstlerischen Aufnahmen. Sie waren die Frucht dieser Europareisen. Die größte Auflage (156 000) erlebte sein Deutschlandbuch. In Tausenden von Lichtbildervorträgen konnte Hielscher, unterstützt von einer mitreißenden, prägnanten Vortragsweise, für die künstlerische Werbung der Fotografie kämpfen und die Achtung vor ihren Spitzenleistungen erzwingen.« Ich hatte die große Freude, ihn noch in Striegau auf einem Vortragsabend unseres »Wissenschaftlichen Vereins« zu hören und ihn zu bewundern. Dieser Verein war eine Einrichtung einmaliger Art für eine Kleinstadt wie Striegau, die allen Bürgern die Möglichkeit gab, sich über die wichtigsten geistigen Strömungen der Gegenwart gut zu informieren.

Ganz überrascht war ich, als ich bei meinen Studien über Striegau auf einen zwanzig Seiten langen Artikel in Westermanns Monatsheften (Jahrgang 1914) stieß, in dem der Striegauer Raffael Schuster-Woldan und sein Schaffen ausführlich gewürdigt sind. Er ist als Sohn des Amtsrichters Schuster 1870 in Striegau geboren. Im Jahre 1902 erhielt er den Auftrag, die Decken und Wände des großen Bundesratssaales im Reichstagsgebäude auszumalen. Insonderheit widmete er sich der Porträtmalerei. 1955 ist er in Garmisch-Partenkirchen gestorben.

Alle zwei Jahre treffen sich die Striegauer in ihrer schönen Patenstadt Lübbecke am Wiehengebirge, die in manchem an Striegau erinnert. Im Kreisheimatmuseum von Lübbecke ist eine Striegauer Heimatstube entstanden, in der alles zusammengetragen worden ist, was an das 1945 stark zerstörte Striegau erinnert. Viel ist nicht gerettet worden, weil die Flucht aus der Stadt panikartig erfolgt ist, und die Zurückgebliebenen ein kaum beschreibliches Schicksal erlitten.

Benutzte Quellen: Chronik der Stadt Striegau, bearbeitet von Julius Filla; »Striegau – Schicksale einer schlesischen Stadt« von Dr. Bojanowski und Erich Bosdorf; Festschriften der Bundesheimatgruppe Striegau.

LIEGNITZ

Erwin Leiser

Residenz der Herzöge — Stadt der Bürger

Sich einer Stadt zu nähern von der überschaubaren und noch im Wachstum ihr ursprüngliches Gesicht bewahrenden Größe, wie sie Liegnitz mit seinen zuletzt über 84 000 Einwohnern aufweist, ist in vieler Hinsicht reizvoll.

Ob wir von Westen, von Osten, von Norden oder von Süden kommen, immer bietet sich uns die charakteristische Silhouette der Türme, und immer befinden wir uns im Bereich jener alten Straßen, die wie die Haynauer Straße einst von Franken kommend die Brücke über Breslau nach Krakau schlug, oder die von Glogau her die Ostsee mit Böhmen verband.

Nirgends ist das Stadtbild verstellt, doch mag Theodor Blätterbauer gewußt haben, warum er für seine Staffelei sich einen Platz am Vorderbruch im Nordwesten der Stadt aussuchte, um dem vielstimmigen, ernsten Chor der Türme den Vordergrund eines lustigen Getümmels auf dem Eise zu geben. Sogar die bereits von Haynau herandampfende Eisenbahn fügt sich diesem Bilde ein.

Nebenbei ist die Eröffnung des ersten Teilstückes dieser Bahn nach Breslau im Jahre 1844, wenige Jahre nach zwei Choleraepidemien, nach einem Brand der Liebfrauenkirche und des Schlosses so wie nach erheblicher Verschuldung aus der Franzosenzeit, ein Zeugnis für den Lebenswillen eines Stammes. Gewiß kannte Blätterbauer auch Merians Ansicht von Liegnitz aus der Topographia Germaniae, die das gleiche Bild zeigt, noch mit Wall, Graben, Mauer und Toren.

Mein Freund und ich lagen am besonnten Strand des Nordbades, die Weite des Stadtbruches hinter uns, das Stadtbild vor uns, in genießerischem Schauen. Das Stadtbruch, Teil eines Urstromtales und noch vor wenigen Jahren ein Stück urwüchsige Landschaft, hatte hier der Ausbreitung der Stadt eine natürliche Grenze gesetzt, und das Schwarzwasser bildete ehemals einen Teil des Wallgrabens. Zwischen Katzbach und Schwarzwasser, unweit des Zusammenflusses, erhebt sich auf einer leichten Erhöhung an der Stelle des alten Kastells das mächtige Geviert des Piastenschlosses mit dem hochragenden massigen Petersturm und dem schlankeren Hedwigsturm.

Wenn heute dieses Vorderbruch nicht mehr den ungebändigten Eindruck der Vergangenheit mit ihren periodischen Hochwassern macht, so haben wir es mit der erst in jüngster Zeit erfolgten Vollendung eines Werkes zu tun, das mit dem

Vorflutedikt Friedrichs des Großen 1746 seinen Anfang nahm, dessen Ausspruch: »Sümpfe austrocknen ist auch eine Heldentat« ein Motiv zu Goethes Faust II geliefert haben könnte.

Ich hatte meinem kunstbeflissenen Freund noch eine Überraschung vorbehalten, als wir, der Stadt von Norden zuwandernd, etwa dort rasteten, wo die von Schönborn kommende Straße aus dem Kiefernwald der hier beginnenden niederschlesischen Heide heraustritt. Linker Hand liegt jene Höhe, bei der Friedrich 1760 durch seinen Sieg den eisernen Ring Dauns, Laudons und Ssaltykows sprengte.

An diesem klaren Morgen erlebten wir das Panorama der Stadt vor einer mächtigen Landschaft, die, mit der bewaldeten Goldberger Höhe beginnend, sich über die dunkel blauenden Schwellen des Bober-Katzbach-Gebirges zu dem bekrönenden Dach des Riesengebirges mit dem Kegel der Schneekoppe aufschwingt. Zugleich läßt sich hier in dem Dreiklang von Heide, Flußniederung und Gebirge als der zugehörigen Landschaft etwas von der Weite und Vielgestaltigkeit der Stadt ahnen, zu der ein Kranz von Seen und der nahe Oderstrom noch einige Akkorde hinzufügen.

Wenn auch die Jahresringe der Jahrhundertwende unverkennbar sind, so hat doch das gesunde langsame Wachstum der Stadt ihr auch in den Außenbezirken eine bescheidene persönliche, teilweise gediegene Note gewahrt. Größtenteils waren es ehemalige Gutsvorwerke der Stadt, die allmählich aufgeteilt und bebaut wurden, und die Menschen dieser Vororte, soweit sie nicht zu den Altbürgern gehören, stammen aus den benachbarten Dörfern. Der Ort erhielt bereits 1250 mit dem deutschen Stadtrecht hundert Hufen Feldmark, die an Siedlerkonsortien vergeben wurden.

Nur an der Straße nach Breslau hat sich die Stadt bis an den Rand der Nachbargemeinde Großbeckern herangeschoben, lag doch jenseits der Katzbach schon in alter Zeit die Niederlassung der Kartäusermönche.

Der dichtbevölkerte Stadtteil Carthause erhält seine Konturen durch die Promenade auf den vorgelagerten Katzbachdämmen, zwischen denen dieses launische Kind der Berge meist als munteres Rinnsal fließt, zuweilen auch als braunes Ungeheuer tobt, beherrscht von dem Profil der neugotischen Kaiser-Friedrich-Gedächtniskirche, hinter der es einen großzügig angelegten Marktplatz gibt.

Hier an der Katzbach erleben wir das Stadtbild von der anderen Seite. Wir stehen nahe dem ehemaligen Breslauer Tor vor den alten Wallanlagen der Stadt, die sich heute als Grünanlagen präsentieren, in denen man von der Glogauer Promenade am Schloß beginnend über Parkstraße, Königsallee durch den neuen Stadtpark bis zur Wasserkunst an den Bergerwiesen lustwandeln kann.

Die Liebe zu den Gärten mag hier tiefer wurzeln, ein Eindruck, der sich noch verstärkt durch eine auffällige Zahl großer Dauergartenanlagen, die zugleich Bodenverbundenheit und Fleiß ihrer Besitzer sichtbar demonstrieren.

Wer 1927 die Deutsche Gartenbauausstellung in Liegnitz besuchte, dem sind die zum Teil einzigartigen Anlagen zum Ausdruck eines Wesens geworden, das etwas von der Heiterkeit und dem Schönheitssinn Frankens mit Tatkraft und Zähigkeit verbindet, die nicht gern Aufhebens von sich macht. Der Ruf als Gartenstadt wurde bereits bei einer Ausstellung im Jahre 1880 begründet.

Auch der Gemüsebau hat seine Tradition, nennen sich doch die auf dem Gelände der ehemaligen Stadtvorwerke in den Vorstädten liegenden Gehöfte stolz Kräutereien. Die Gemüsefelder im Umkreis der Stadt sind nicht zu übersehen. Wenn sich auch auf dieser Grundlage eine Gemüseverwertungsindustrie entwickelt hat, so war für den kleinen Kaufmann und für viele Familien das Einsauern von Kraut und Gurken Tradition.

Den Gast und Besucher empfängt die Stadt am Bahnhof mit einem weiträumigen Platz, mit bunten Blumenbeeten in Grünflächen und einer Leopardenplastik, die einen guten Zusammenklang mit der heiteren Architektur des Bahnhofsgebäudes ergeben. Da kurvt auch die Straßenbahn heran. Will man die Liegnitzer kennenlernen, so setze man sich in die Straßenbahn.

Den Freund gelüstet es zuerst nach dem Schloß, bis 1675 Sitz der Piastenherzöge. In wenigen Minuten stehen wir am Glogauer Torturm und gewinnen den ersten Eindruck von der Größe der Anlage. Wenn auch einige Brände und ein späterer Ausbau nach Plänen Schinkels das architektonische Bild verändert haben, so wird doch hier wie an anderen Stellen bewußt, daß es in Ostdeutschland großartige Schöpfungen der Gotik gegeben hat. Wie in Norddeutschland war der Backstein das Baumaterial mit dem Unterschied, daß die zierenden Bauelemente wie Bögen, Portale, Simse und Friese in Sandstein ausgeführt wurden, wodurch sich reizvolle Kontraste ergaben. Eindrucksvoll ist der Gang durch das Renaissanceportal in den ersten Schloßhof.

Dem Herzen der Liegnitzer hat immer das Zimmer im Hedwigsturm nahegestanden mit seinen Erinnerungen an die Mutter jenes Herzogs Heinrich, der 1241 bei Wahlstatt im Kampf gegen die Mongolen sein Leben ließ, in dem Ritter aus deutschem und polnischem Geblüt Schulter an Schulter starben.

Vielleicht ist manchem auch das Grabmal des Ulrich von Württemberg mit seiner Gemahlin Agnes von Liegnitz in der Stiftskirche in Stuttgart aus dem Jahr 1265 zu Gesicht gekommen als ein Zeichen der engen Bande jener Zeit.

Von der Höhe des Turmes aus erkennt man in der Anlage des Stadtkerns das typische Beispiel für schlesische Stadtgründungen. Um den rechteckigen Marktplatz, den Ring, bilden Straßen und Häuser ein Schachbrett, das deutlich umgürtet ist von den im Zuge des alten Walles angelegten Straßen.

Weit reicht der Blick von dem Stadtforst und der Heide im Norden zu den Bergen im Süden. Im Südosten glänzen die Barocktürme von Wahlstatt, wo alljährlich im Oktober das Hedwigsfest gefeiert wird zur Erinnerung an die Stifterin des Klosters auf dem Schlachtfeld von 1241.

Weiter im Osten erkennt man bei klarem Wetter das Band des Oderwaldes, überragt von Kloster Leubus, das Zisterzienser aus Pforta 1175 gründeten. Ihnen unterstand auch das heute zur Stadt gehörende Gut Dornbusch, und an sie erinnert das Leubuser Haus. Hinter dem grünen Meer des Stadtbruchs im Westen mit seinen Weiden und Störchen sieht man die roten Dächer von Waldau, Boberau und Pansdorf.

Wir müssen uns gewaltsam vom Blick auf die lockenden Wanderziele losreißen, die Frage nach dem Verhältnis der Liegnitzer zur Herzogsburg ist fällig. Nun – alles trägt die Merkmale einer Bürgerstadt, wenig die einer Residenzstadt. Beider Initiative ergänzte sich oder war rechtlich sorgsam abgegrenzt. Das Herzogsland außerhalb der Mauern ging im Laufe der Zeit in den Besitz der Stadt über. Als Kuriosität mag am Rande vermerkt sein, daß die Stände einmal (1246) einen Herzog wegen seines unberechenbaren Verhaltens in Besserungshaft nahmen.

Ein Versuch des Stadtschreibers Ambrosius Bitschen, die Stadt unmittelbar der Krone des Reichslandes Böhmen zu unterstellen und ihr damit den vergleichbaren Rang einer freien Reichsstadt zu geben, scheiterte (1454) und bescherte der Stadt lediglich zu den Schlüsseln im Wappen den böhmischen Löwen. 1536 wurde hier jene Doppelhochzeit vorbereitet, die dann in Berlin stattfand und den Erbvertrag zwischen Hohenzollern und Piasten begründete.

Es ist derselbe Herzog Friedrich II., der mit Kaspar von Schwenckfeld eifrig die Reformation förderte – bis zu dessen Abspaltung –, der Trotzendorf zu Vorlesungen im Liegnitzer Dom und zur Gründung einer Universität in Liegnitz berief – die nur drei Jahre bestand –, der, wie in Goldberg, so auch hier eine fürstliche Stiftsschule begründete und schließlich sein Vermögen für Schulzwecke vermachte.

1675 zogen die Habsburger hier ein, die den Erbvertrag nicht anerkannten. Als 1741 Friedrich der Große zum ersten Male Liegnitz betrat, ließ er seinen Anschlag am Schloßportal höflicherweise unter den Maria Theresias heften.

Nach einer Periode preußischer Administration von Glogau aus wurde das

Schloß 1809 wieder Sitz der Regierung, und preußische Könige, später auch der deutsche Kaiser pflegten bei Besuchen hier Wohnung zu nehmen.

Der Blick von oben hatte bei meinem Freund den Wunsch nach näherer Bekanntschaft mit der Stadt verstärkt. Aus nächster Nähe schauen die Türme der evangelischen Kirche zu Unserer lieben Frauen herüber, von den Liegnitzern Niederkirche genannt, als antworteten sie den Schloßtürmen. Auf den Mauern der schon vor dem Mongolensturm errichteten romanischen Kirche stehend, wurde sie zuletzt nach dem Brande von 1822 durch Schinkel zu der jetzigen einfach, aber wuchtig wirkenden Hallenkirche aufgebaut. Das hohe Schiff erhält sein eigenartiges Gepräge durch die mit verschiedenen Mustern bemalten Säulen und die farbenprächtigen Glasfenster. Am daneben liegenden Klosterplatz entdecken wir in eine Realschule einbezogen die ehemalige Barockkirche der Benediktinerinnen. Die Apsis ist heute Bestandteil eines Festsaales von bemerkenswerter Schönheit.

In den Straßen, die zum Ring führen, und ihren Querverbindungen finden wir das geschäftliche Leben konzentriert. Die Erdgeschosse sind vorwiegend zu Läden ausgebaut, von denen manche die Maße der alten Giebelfronten gesprengt haben. Dazwischen hemmen einige alte Portale unseren Schritt. Die wenigen prächtigen Zeugnisse der Renaissance, die Feuerstürme übrigließen, zeugen von einer Zeit stolzen und kunstliebenden Bürgertums.

Wir haben, die Frauenstraße hinaufpilgernd, den Ring erreicht und müssen vor der Hauptkirche der Stadt, St. Peter und Paul, der Oberkirche, verharren, die dem Ring nach Osten hin Abschluß und Schwerpunkt gibt. In ihrem hohen gotischen Schiff mit den Backsteinpfeilern, das 1200 Sitzplätze faßt, finden wir die Porträts aller Geistlichen seit der Reformation. In diesen Bänken den Abendmusiken eines Rudnick zu lauschen, gehörte zu den auserlesenen Freuden. Über die westlichen Gebäude des Ringes ragen die Barocktürme von St. Johannes, während durch die Frauenstraße sich die Niederkirche zum Blick auf die drei großen Kirchen gesellt.

Den Vordergrund bildet unter hohen Bäumen der Neptunsbrunnen, der Liegnitzer Gabeljürge, mit seinem barock geschwungenen Wasserbecken, Modell aller Liegnitzer Künstler. Man muß ihn gesehen haben, wenn das Markttreiben sich unter seinem Zepter ausbreitet. Der Zauber, der von den alten Märkten ausgeht und überall seine eigene durchaus bodenständige Note hat, ist nicht in wenigen Worten zu fassen, zumal das Kind ihn anders erlebt als der Erwachsene und in diesem wieder etwas vom Kindheitserleben mitschwingt. Das gilt besonders für den Christmarkt, wenn sich auch der Gabeljürge eine weiße Verbrämung zugelegt hat und grimmig durch die Flocken schaut.

Striegau um 1850
Stahlstich nach einer Zeichnung von Th. Blätterbauer

Die Goldberger Straße in Liegnitz
Stahlstich nach einer Zeichnung von C. Würbs

Bunzlau
Stahlstich nach einer Zeichnung von Th. Blätterbauer

Sagan, Aussicht vom Ratsturm um 1840
Lithographie nach einer Zeichnung von E. Hackert

Am andern Ende des Ringes erhielt das Fischweib Brunnen und Herrschaftsbereich über die Fischstände. Die Speisetafel der Liegnitzer aus Feld und Wald wird hier durch die stattlichen Karpfen ergänzt, die aus den Fischteichen der Stadt oder der Umgebung kommen, wobei wir auch die Möweneier des Kunitzer Sees nicht vergessen wollen.

Aber der Gabeljürge ist nur die Ergänzung zum barocken Kleinod des alten Rathauses. Welch ein Genuß, dem bogenförmigen Aufschwung der beiden Flügeltreppen zu folgen bis zu dem Portal unter dem Türmchen, das die Überschrift »Standesamt« trägt. Es scheint eigens dafür geschaffen und vielleicht ertönt gerade von hoch oben, von St. Peter und Paul, das Glockenspiel.

Wie etwas schmalbrüstige Schwestern reihen sich die acht Giebel der »Heringsbuden« an, zum Teil mit reicher Kratzputzmalerei, überragt von einem an Florenz gemahnenden Bau, der sich da in die Mitte des Ringes ein wenig eingezwängt hat, das Stadttheater – eine städtische Bühne, die die Bürger ihrem preußisch sparsamen Bürgermeister förmlich abtrotzten und der sie immer verbunden blieben.

Den gleichen Zug verrät übrigens die Geschichte des Städtischen Orchesters, das, aus einem Musikkorps der Königsgrenadiere hervorgegangen, 1919 mit dem ersten Symphoniekonzert hervortrat, weitgehend auf eigenen Beinen stand und in den Jahren der großen Wirtschaftskrise, als die Stadt ihre Zuschüsse ganz einstellte, von den Bürgern allein am Leben erhalten wurde. Nicht zuletzt auch mit den sommerlichen Parkkonzerten eroberten sie die Herzen der Liegnitzer.

Am Theater verbindet die Fimmlergasse großen und kleinen Ring. Den reizenden runden Eckbalkon hat der Volksmund »Wachtelkorb« getauft. Immer haben ihn die Besitzer liebevoll mit Blumen geschmückt. Wie ein Bilderbuch erzählt die Kratzputzmalerei am Giebel des Hauses.

Im Zentrum der Stadt, am Ring, haben auch alte Giebel modernen Kaufhäusern weichen müssen. Wir gehen am Café »Hauptwache« mit seinen beiden Kanonen vorbei, dorthin, wo die Türme von St. Johannes locken, und befinden uns plötzlich im Barock. Die große Johanneskirche an der Stelle einer älteren Kirche sowie das benachbarte frühere Jesuitenkollegium und das gegenüberliegende Leubuser Haus sind sichtbares Erbe der habsburgischen Herrschaft und zugleich der Gegenreformation. Die mächtige Bewegung der Fassade ist um so wirkungsvoller, als der Blick an ihr vorbei zu den geraden, ruhigen Konturen des Schlosses geht. Auch das Innere der Kirche schwelgt und jubiliert, und dann stehen wir im Mausoleum der Piasten, jenes Geschlechtes, dessen schlesischer Zweig schon im 12. Jahrhundert seine Werber ins Reich der Staufer schickte und mit allen Sinnen und allem Wollen Teil dieses Reiches wurde. Der Block der Ritterakademie wurde auf Veranlassung

Karls XII. der fürstlichen Stiftsschule zurückgegeben, aus der später das Staatliche Gymnasium Johanneum wurde.

Hier am Kohlmarkt kann man an Markttagen die Hausfrauen nach Herzenslust in Bunzlauer Tonwaren kramen sehen, und selten gehen sie ohne ein paar Tippel, Schüsseln oder eine behäbige Kaffeekanne heim.

Wir wenden uns wieder dem Ring zu und betreten, wenige Schritte an St. Peter und Paul vorbei, einen neuen Bezirk. Zwar geht ohne Bruch und ohne Antiquiertheit Altes in Neues über, aber die Weite des Friedrichsplatzes mit seinen Grünanlagen, dem Denkmal des Alten Fritz inmitten und dem stattlichen Neuen Rathaus im Stil der Renaissance – das noch ergänzt werden sollte – fügen neue Dimensionen hinzu. Das Gebäude am Südende des Platzes, dort wo die Baumgartstraße mit alten Baumreihen beginnt, beherbergt die Berufsschulen der Stadt. 1839, sechs Jahre vor der preußischen Gewerbeordnung, gab es in Liegnitz bereits gewerblichen Unterricht für Lehrlinge.

Der Baumgartstraße folgend stoßen wir auf einen klassizistischen Bau mit der Inschrift: SAPIENTI ATQUE ELOQUENTI PIETATI. Aus der Geschichte dieses Städtischen Gymnasiums erfahren wir, daß sein Weg von der Pfarrschule von St. Peter (nach 1215) über die Lateinschule und die Gelehrtenschule bei St. Peter (1309) führte.

Wie relativ die Vorstellung von Enge ist, die wir oft mit der alten Geschichte verbinden, erfahren wir hier, wenn wir ein altes Verzeichnis in die Hand nehmen, in dem gewissenhaft durch einige Jahrhunderte die Namen von Liegnitzer Studenten registriert wurden. Wir finden als Studienorte unter anderen Padua, Perugia, Bologna, Prag, Paris, Leipzig, Erfurt, Heidelberg, Krakau, Wittenberg, Leiden, Straßburg, Königsberg, Frankfurt/Oder, Köln und später natürlich auch Breslau, eine wahrhaft europäische Weite. Wenn wir zu den schon genannten Bildungsstätten noch ein Realgymnasium, eine Oberrealschule, zwei Mädchenoberschulen und zeitweise ein Lehrerseminar rechnen, so gewinnen wir einen Eindruck vom Bildungswillen der Bürgerschaft.

Zurückgekehrt zum Friedrichsplatz, finden wir uns bald am Rande des Ziegenteiches, eines alten Festungsteiches, der vom Mühlgraben gespeist wird. Von dem kleinen Strandcafé, der Ziegenteichbaude, schaut man den Schwänen und anderen Wasservögeln zu, füttert die Karpfen oder blickt zur kleinen Insel hinüber, wo große Weiden ihr Haar in das Wasser hängen lassen. Im Winter dreht hier das junge und sich jung fühlende Volk seine Runden auf Stahlkufen, oft zu den Klängen der Blasmusik. Wir schlendern im Schatten der alten Ulmen durch die Königsallee zum Konzerthaus und sind bald umfangen vom Zauber des alten Stadtparks.

Jenseits der Baumgartstraße leuchtet die weite Rasenfläche des Hag. Mit seiner Länge von einem Kilometer und seiner Begrenzung durch den Katzbachdamm bildet er eine ideale Festwiese. Wenn hier zuzeiten Schaubuden, Karussells und Verkaufsbuden aufgeschlagen werden, erinnert man sich an Goethes Wort von des Volkes wahrem Himmel. Allmählich wird auch hier der Aufwand größer und das Staunen kleiner.

Ab 1882 wurde bis 1912 alle fünf Jahre im Anschluß an Traditionen der Schützengilde, die es seit 1414 gab, in der Kilianswoche das Mannschießfest begangen. Schon im frühen Mittelalter wurde die Wehrpflicht der Bürger beschlossen, übten regelmäßig die Armbrustschützen, und 1430 wurden die Hussiten blutig abgewiesen. Von hier aus, nicht zuletzt auch durch die Volkserhebung 1813, fügt sich zwanglos im Bild der Stadt das Garnisonsleben ein, das vor allem durch die Königsgrenadiere seinen Schwerpunkt erhielt.

Wenn wir auf den Katzbachdamm steigen, entdecken wir drüben eine ausgedehnte offene Siedlung, eine Gartenvorstadt, die bis zum Stadtrand reicht. Der sich anschließende Flugplatz sah 1912 eine erste Luftschiffhalle und wiederholt den Besuch stolzer Zeppeline.

Die bewaldete Siegeshöhe südlich der Stadt verspricht einen Blick auf das Gebirgsvorland und die Stadt zugleich. Vom Ring aus setzt die Goldberger Straße den Zug der Frauenstraße in dieser Richtung fort, im ersten Viertel Domäne der Pennäler, die an Nachmittagen auf den Bürgersteigen beiderseits ihren Bummel absolvieren wie Theaterbesucher im Foyer, während Kunstbegeisterte in die Schaufenster der Kunsthandlung schauen.

Der Marsch führt uns über den Logauplatz, wo wir uns erinnern, daß Friedrich von Logau als Kanzleirat eines der letzten Herzöge im 17. Jahrhundert seine Sinnsprüche schrieb, Toleranz predigte und die deutsche Ausländerei verspottete als jüngerer Zeitgenosse eines Martin Opitz, der ebenfalls zeitweise in herzoglichen Diensten die erste schlesische Dichterschule begründete. Von hier spannt sich der Bogen der Dichtung bis zu dem 1904 in Liegnitz geborenen Horst Lange, dessen Lyrik und Romane (»Schwarze Weide«, »Ulanenpatrouille«) beste deutsche Literatur sind.

Die Siegeshöhe lädt mit ihrem großzügig angelegten Waldpark zu ausgedehnten Spaziergängen. Auf vielen verschlungenen Pfaden wandelt sonntäglich das geputzte Volk zwischen Tannen und Edelkiefern. An das Bürgerwäldchen schließt sich der Matthäushügel mit der großen Rodelbahn an, und westlich der Goldberger Straße bildet der Rufferpark mit dem anschließenden Skigelände die Fortsetzung.

Von der Höhe umfaßt der Blick die Wellen des Vorgebirges und wird über diese hinweg vom Riesengebirge angezogen. Die Siegesallee zieht sich als drei Kilometer langer schattiger Weg nach Osten bis zur Jauer Straße. Unweit im Süden liegt das Feld der Katzbachschlacht von 1813, wo Blücher mit Yorck, Gneisenau, Sacken und Langeron einen der ersten bedeutenden Siege errang, der Schlesien von Napoleon befreite. – Heute führt die Autobahn von Berlin nach Breslau hier vorbei.

Während der Blick über die Stadt schweift, entdecken wir im Nordwesten die Schornsteine von Industrieanlagen. Werkstätten und Betriebe drängen sich im Stadtbild nicht auf. Am ehesten findet man die Klavierbauer, denn die Tonskalen ihrer Stimmer sind nicht zu überhören. Männer wie Seiler, Liehr, Sponnagel, Stamnitz, Fricke haben hier von kleinsten Anfängen her ihren Ruf aufgebaut.

Ein Sprichwort aus dem Munde der Großmütter lautete: »Durch Müh und Fleiß und Sparsamkeit, bringt man es in der Welt so weit, daß man kann in wenigen Jahren in einem schönen Wagen fahren.« Blieb der Wagen ein Traum, so fing man doch immer wieder von vorn an und war es am Ende auch so zufrieden. So entstanden die Werke des Holzgewerbes, des Textil- und Ledergewerbes, der Stein- und Tonwaren und nicht zuletzt der Metallindustrie, gefördert durch Handwerkskammer und Handelskammer mit dem Sitz in der Stadt. In der Möbelindustrie war der Vater des späteren Reichstagspräsidenten Paul Löbe, der 1875 in Liegnitz geboren wurde, beschäftigt. Die Maschinenindustrie hat sich längs der Eisenbahn angesiedelt, die ihr den Anschluß an den Bahnhof gewährt. Holzbearbeitungsmaschinen und landwirtschaftliche Maschinen haben zeitweise großen Anteil am Export.

Die Anlage der Wohnstraßen in diesem Stadtviertel, das bevorzugte Wohngebiet der Belegschaften, macht, obwohl nach der Jahrhundertwende entstanden, einen großzügigen Eindruck. Die Entstehung des Namens Dänemark für diese Vorstadt verliert sich in den Einzelgruppen von Anwesen vor der Eingemeindung.

Von einer der Ruhebänke auf der Höhe schauen wir abends über die erleuchtete Stadt und sinnen über ihr Wesen, das mehr ist als ein soziologisches Phänomen. Der Einheimische braucht nicht besonders das Wissen über sie zusammenzutragen. Es wächst ihm etwas zu, das man nicht in Monographien findet und nicht abfragen kann.

BUNZLAU

Karl Wiechmann

Stadt und Land des guten Tones

Wir haben immer von der Stadt des guten Tones gesprochen, aber ohne das Land, ohne die Tonerde ringsum wäre Bunzlau eben nicht durch seine braunen Töpfe, Krüge, Kruken, Vasen, Kaffeekannen, Tassen und Tonröhren im In- und Ausland bekannt geworden. Wo gab es einen so edlen Ton in so reichem Maße wie zwischen Bunzlau, Naumburg am Queis und Löwenberg! Die Qualität der Tone war so außergewöhnlich, daß sie noch bei 1350 Grad und mehr schneeweiß brannten, und wie der Ton, so waren das Bunzlauer und Naumburger Braun- und Weißgeschirr der Töpfereien, die Tonwaren und das Steinzeug der Fabriken in Bunzlau und Siegersdorf und die Kacheln der Tillendorfer Ofenfabrik von so guter Qualität, daß die Bunzlauer Erzeugnisse in aller Welt geschätzt wurden.

Hand in Hand mit den Töpfereien und der Ton- und Steingutindustrie arbeitete die Staatliche Keramische Fachschule, die in immer neuen Versuchen die von den alten Töpfern angewandte Schmucktechnik der Ornamentauflagen auf das Braungeschirr weiterentwickelte, bis eine neue Malweise und eine Serie neuer Modelle und Muster entstanden, für die schließlich die Bezeichnung »Bunzlauer Braunzeug« gefunden wurde.

Der in der Bunzlauer Landschaft vorhandene Moränenlehm eignete sich vorzüglich zum Brennen von Ziegeln, und die Quarzsande zur Herstellung von Glas. So gab es Ziegeleien und Glasbläsereien in der Bunzlauer Heimat und in den letzten siebzehn Jahren vor der Vertreibung auch eine Glasfachschule.

Das Wahrzeichen der Stadt war der »Große Topf« im städtischen Museum, der im Jahre 1953 zweihundert Jahre alt geworden wäre, wenn ihn sinnlos waltende Kräfte beim Einmarsch der Sowjets nicht zerstört hätten. Die Bunzlauer hatten ihn wie ein Heiligtum gehütet, und viele Experten hatten ihn untersucht, um festzustellen, ob er Ring für Ring oder in einem Stück gefertigt war, und oft war in Zeitungen und Illustrierten über ihn geschrieben worden.

Nicht weniger bewundert wurde die im Museum stehende »Singuhr«. Es war ein vom Tischlermeister Jakob vor nunmehr hundertundfünfzig Jahren angefertigtes mechanisches Kunstwerk, das in sechs Aufzügen mit künstlerisch geschnitzten Holzfiguren die Passion Christi vorführte. Für den Theaterfachmann war die Singuhr insofern von Bedeutung, als darin schon das System der Drehbühne verwirklicht worden war. Auch von ihr hat man nach 1945 nichts mehr gehört.

Und ein drittes Wahrzeichen, das sich einst täglich dem Auge bot, schwebt nicht mehr über dem Bunzlauer Rathausturm: der riesige preußische Adler. Die Polen haben sich die Mühe gemacht, den alten Preußen herunterzuholen und an seine Stelle eine kleine Wetterfahne mit der Jahreszahl 1945 zu setzen. Aber der gewaltige erratische Block am Erlendreieck blieb liegen. Auf ihm steht noch heute zu lesen, daß Bunzlau schon seit dem Jahre 1531 als eine der ersten deutschen Städte über Kanalisation verfügte.

Nicht weit davon lag der große Gebäudekomplex der Bunzlauer Waisen- und Schulanstalt. Das alte Waisenhaus stammte aus der Mitte des 18. Jahrhunderts und wurde nach dem Vorbild der Franckeschen Stiftungen in Halle angelegt. Und davor sprudelte der Queckbrunnen, der einst die Stadt mit Wasser und die Kanalisation mit Spülwasser versorgte und den der in Bunzlau (am 23. Dezember 1597) geborene Martin Opitz von Boberfeld als Bad der Najaden und köstliche Fontäne besang. Sein Buch von der »Teutschen Poeterey« findet noch heute in der Literaturgeschichte seinen gebührenden Platz. Seinen Zeitgenossen vor Goethe war er der größte Dichter Deutschlands. Heute ist er fast vergessen. Seine Sehnsucht nach seinem geliebten Bunzlau faßte er in Siebenbürgen in die Worte: »O könnte ich doch nach solcher weiten Reise und soviel Ungemach bei euch sein, ihr Täler, ihr Gebirg', ihr Brunnen und du Strand des Bobers.«

Auf ihr kleines Theater inmitten der Promenade haben sich die Bunzlauer mit Recht etwas eingebildet. Und es stammte nicht einmal aus neuerer Zeit, sondern war aus einem Zeughaus an der Stadtmauer um die Mitte des vorigen Jahrhunderts entstanden. Von den Dörfern ringsum kamen viele herbei, um an den festlichen Aufführungen teilzunehmen. Auch Gerhart Hauptmann, Ehrenbürger von Bunzlau, konnte man zu seinem sechzigsten Geburtstag in einer Loge des Theaters sitzen sehen. Einst war er hier in Bunzlau Schüler des Gymnasiums gewesen.

Das war eine schöne Zeit, als es noch kein Fernsehen gab und man sich abends im Theater traf oder in einem der beiden Kinos saß und die ersten Tonfilme ansah. Und anschließend saßen manche noch ein Stündchen in einem der drei Cafés der Stadt, von denen zwei im Sommer einen Platz unter Rosenlauben oder in einem Glaspavillon unter Kastanienbäumen anboten. Der Heimgang über den Marktplatz mit dem hohen, schlanken Rathausturm und den Giebelhäusern im österreichischen Barock ringsum – wer könnte das vergessen!

An schönen Sommerabenden kamen die Bunzlauer gern zu ihrem Promenadenteich und lauschten der Musik im Odeongarten oder drehten sich dort auf der

Tanzfläche. In der Nähe des Teiches hatten Tierfreunde eine kleine Tierschau mit wenigen Käfigen geschaffen, die im Volksmund als Zoo in Anführungsstrichen bezeichnet wurde. Nicht weit davon waren ein Stück Stadtmauer hinter dem Stockhaus und ein dicker Weigturm erhalten, in dessen Nähe das Kutusowdenkmal, das einst auf dem Marktplatz stand, aufgestellt worden war. Fürst Kutusow – die Betonung liegt auf der zweiten Silbe – war ein russischer Feldherr, der in der Nachhut der preußischen Armee des Feldmarschalls Blücher im April 1814 in Bunzlau erkrankte und starb. Friedrich Wilhelm III. setzte ihm dann dieses von Schinkel und Schadow geschaffene, gußeiserne Monument, Leo Tolstoi schuf in seinem Roman »Krieg und Frieden« dem Feldherrn ein literarisches Denkmal.

Stolz waren die Bunzlauer auf ihren Viadukt, der den Bober auf sechsunddreißig Pfeilern mit fünfunddreißig Bogen überspannte und auch heute überspannt. Wer über den Viadukt der Stadt entgegenfuhr, sah auf eine freundliche, von Gärten und Promenaden geschmückte Stadt, über deren Dächer der Rathausturm, die Türme der evangelischen und katholischen Kirche, der »Concordia«-Spinnerei und Weberei und das Türmchen des ehemaligen Gymnasiums ragten, das zuletzt Amtsgericht und Katasteramt beherbergte. Es stand mit dem Stadttheater in dem Teil der Promenade, in dem sich auch das Hallenbad befand, das schon vor dem Ersten Weltkriege aus der Stiftung eines wohlhabenden Bürgers erbaut worden war. Ein anderer Mäzen hatte vorher Wannen- und medizinische Bäder errichten lassen, als Bunzlau noch 13 000 Einwohner hatte. Ihre Zahl stieg bis 1939 auf 22 455, spätere Zählungen liegen nicht vor.

Die Bunzlauer waren überwiegend evangelisch. Der Anteil der Katholiken an der Bevölkerungszahl betrug ein knappes Fünftel. Überwiegend katholisch waren im Kreise Bunzlau nur die Stadt Naumburg am Queis mit ihren eindrucksvollen Kirchen und Klostergebäuden, und das Dorf Ullersdorf. Nicht weit davon entfernt ist Gießmannsdorf mit einem mächtigen Wasserschloß, in dem Gertrud Bäumer, die bekannte Schriftstellerin und Vertreterin der Frauenbewegung, bis zum letzten Kriege manches Jahr wohnte.

Im Süden und Osten der Stadt entstanden zwischen den beiden Weltkriegen neue Stadtteile, meist Häuser mit Gärten. Kurz vor dem Zweiten Weltkriege war Bunzlau Garnisonstadt geworden und besaß eine Infanterie- und eine Artilleriekaserne an der Alt-Jäschwitzer Straße, auf der die Bunzlauer sonntags einem beliebten Ausflugsziel zustrebten, dem Hockenwald. Bis hierhin und bis zum Boberwiesenbad und den Sport- und Tennisplätzen dehnten sich die Ausläufer des Bober-Katzbach-Gebirges. Hier war die Landschaft hügelig, während im Norden der Stadt die Wälder und die Dörfer mit ihren Feldern in flachem Land lagen.

Vom Bunzlauer Kleinbahnhof fuhr man in den nordöstlichen Teil des Kreisgebietes. Hier befand sich eine bedeutende Portland-Zement-Industrie, heute wird dort bei Mittlau Kupfer abgebaut. In der Nähe erhebt sich die Gröditzburg, die 1945 ebenfalls zerstört wurde. Südlich des Kleinbahnhofes und der Bahnstrecke erstreckte sich der weltbekannte Steinbruch- und Steinmetzbetrieb von Zeidler und Wimmel, Berlin und Bunzlau, der das in den Steinbrüchen von Altwarthau, Rackwitz, Sirgwitz, Plagwitz und Hockenau gewonnene Material in seinen Diamantsägen, Drehereien und Bildhauerateliers bearbeitete. Zeitweise waren bis achthundert Mann beschäftigt, darunter fünfzig Bildhauer. Zum Bau des Reichstagsgebäudes, des Herrenhauses, des Abgeordnetenhauses, der Oper und des Schauspielhauses in Berlin wurde Altwarthauer und Rackwitzer Sandstein verwendet. Ein Stein aus einem heimatlichen Steinbruch steht heute, mit dem Relief eines Töpfers an der Drehscheibe geschmückt, in der Bunzlauer Patenstadt Siegburg und trägt die Inschrift »Siegburg-Bunzlau 790 km«.

Im Kleinbahngebiet arbeiteten auch die Schlesischen Eisenwerke, die Maschinen- und Handguß herstellten, Ofenarmaturen und Kanaldeckel, das Carlswerk, das Flachglas produzierte, und ein großer holzverarbeitender Betrieb, der im Kriege die unvermeidlichen Baracken lieferte. Dazu kamen noch eine Landmaschinenfabrik, eine Kartoffeltrocknerei, ein Steingutwerk, ein Keramikwerk und eine Drahtwarenfabrik.

Nach der Herrnhuter Siedlung Gnadenberg hin schloß sich das große Terrain der Provinzial-Heil-und-Pflegeanstalt an, zu dem zwanzig mehrgeschossige Krankengebäude, viele Wohnhäuser, Wirtschaftsgebäude, eine sechshundertvierzig Morgen große Landwirtschaft, Wald und viele gärtnerische Anlagen gehörten.

Schlösser und Herrensitze zeichneten den Kreis Bunzlau aus. Die bekanntesten waren die von Warthau, Modlau, Eichberg, Mittlau, Ottendorf, Kroischwitz, Rothlach und Wolfshayn. Das Klitschdorfer Schloß war in den achtziger Jahren des 19. Jahrhunderts umgebaut worden. In der Klitschdorfer Kirche stand das vierhundert Jahre alte Epitaph der Familie Rechenberg, ein wertvolles Schnitzwerk mit lebensgroßen Figuren.

Im Westen von Klitschdorf, an der Görlitzer Kreisgrenze, hatte sich in dem Dorf Tiefenfurt aus drei zwischen 1808 und 1840 entstandenen Steinzeugfabriken eine große Porzellanindustrie entwickelt. Die Firma C. H. Tuppak lieferte außer nach den europäischen Ländern auch nach Übersee. Von der Firma K. Steinmann heißt es, sie habe ausschließlich ein Warenhaus in New York beliefert. Bekannt war das Tuppaksche Druckmuster »Chinablau« auf dünnem Porzellan.

Die Landwirtschaft im Kreise Bunzlau, auch darüber noch ein Wort, war hochentwickelt. Am ertragreichsten waren die Lehmböden im Bober- und Queistal. Sandboden gab es nur zu siebenundzwanzig Prozent, Moorboden zu fünf Prozent. Vor allem wurden Roggen und wegen der starken Viehhaltung Futterpflanzen angebaut. Unvergessen sind die reich beschickten Wochenmärkte in Bunzlau, wo die Landleute nicht nur ihre Produkte verkauften, sondern auch selber für Haus und Hof einkauften, in den Ausspannungen ihre Pferde unterstellten und schließlich auch fröhliche Einkehr hielten. Wir denken noch gern an die Zeit, wo wir Bunzlauer mit unseren Freunden und Bekannten aus den Kreisdörfern an einem Tische zusammensaßen, und was würden wir wohl darum geben, wenn wir heute noch dort zusammensein könnten!

Bunzlauer Kaffeekanne

In der Ofenröhre, wo es schmorend schmauchte,
Duft von Äpfeln, der sich heut noch schmecken läßt,
Hockte sie, die brave, braungebauchte
Kaffeekanne, wie die Glucke warm im Nest.

Urgroßvater hatte schon am Henkel
Sich die gichtigen Finger gern gewärmt,
Und nun tat es frostverklammt der Enkel,
Wenn die Schneeballschlacht im Dorf verlärmt.

Mutter hatte ihm davon erzählt,
Wie ein solches Ding in Töpfers Händen
Mählich sich dem Sinn vermählt,
Ein Gefäß zu sein mit runden Wänden.

Und die Jungenhand, die Schnee geballt,
Fühlte heimlich nach der alten Kanne,
Deckel, Wölbung – eine Fingerspanne –
Suchte sie das Weltgeheimnis der Gestalt.

Doch die stumme Alterlauchte
Bog sich nur, um Kaffee einzuschenken,
Und der Junge trank, indes sie würzig rauchte,
Und die Schöpfung Traum blieb, niemals auszudenken.

Friedrich Bischoff

SAGAN

Johannes Renner

Grün und rot und golden

Der Garten mit den schnurgeraden Wegen lag am linken Boberufer. Auf den Rabatten standen zwischen Akelei, Rittersporn, Georginen, hochstämmige Rosen, zierlich an grün-weiße, mit Glaskugeln geschmückte Pfählchen gebunden. Sie waren nicht weniger der Stolz des Großvaters, der ein Dachdeckergeschäft betrieb, als die üppig tragenden Erdbeerbeete hinterm Blumengarten. Die geräumige Gartenlaube träumte unter einem Gewirr von duftender Waldrebe und rankendem Jelängerjelieber. Die Laube war der sommerliche Mittelpunkt der Familie und der Spiele in wohlbehüteten Kindertagen.

Von diesem Garten aus eroberten wir unsere heimatliche Welt, die Stadt und die dahinter liegenden Wälder und die Heide.

Hinter dem Garten fiel das steile Ufer an sieben Meter tief zum reißenden, wilden Bober hinunter. Seine Wellen brachten jahraus, jahrein die runden sudetischen Kiesel vom Ostfuße des Rehorngebirges herab. Am jenseitigen Ufer stürzten zwischen den hohen Gebäuden der Mos. Löw-Beerschen Tuchfabrik die Wasser des breiten Mühlgrabens gischtend von zwei hohen Wehren herab. Ihre Wellen wühlten das Flußbett vier Meter tief auf. Nach dem Zusammenfluß von Mühlgraben und Hinterbober weitete sich das Bett des Flusses auf neunzig Meter Breite. Von der doppelten Strömung aufgeschwemmt, bildeten sich hier zwei – teils mit Weidengestrüpp überwucherte – Sandbänke aus scharfem Kies.

Das Boberufer, der Fluß und die Sandbänke bildeten sehr bald den Schauplatz unserer Jungenspiele; denn der Fluß führte nach plötzlichen Regengüssen rasch Hochwasser, dessen größere Wellen unheimliche Strudel aufrissen. 1897 waren, wie uns die Großeltern erzählten, Garten und Haus überschwemmt, so daß die Möbel in den unteren Räumen »an der Decke schwammen«. Man mußte damals vor dem Haus auf der Bahnhofstraße mit dem Kahn fahren. Trotz der seit etwa 1900 im Gebirge angelegten Talsperren führten der Bober und der kurz oberhalb Sagans in den Kammlerbergen mündende Queis zu allen Jahreszeiten immer wieder mehr oder minder starke Hochwasser. Sie konnten uns wilden Jungen gar wohl gefährlich werden. Die Bank unter der vielästigen Eiche, die am oberen Uferrand zum Verweilen einlud, war dann nicht mehr zu erreichen.

Hatte der Bober wieder ausgetobt, so erlebte man von hier aus einen der schönsten Blicke auf die Stadt. Aus den grünen Baumwipfeln der jenseitigen Ufergärten lugten die Altstadthäuser hervor, und ihre Fensterscheiben blitzten in der Abendsonne. Links funkelte das große goldene Kreuz vom höchsten der Saganer Türme, von der evangelischen Gnadenkirche, die 1709 nach der Altranstädter Konvention auf besondere Fürsprache Karls XII. von Schweden erbaut werden durfte. Erst 1847 erhielt sie den im neugotischen Stil erbauten Turm. Anschließend schaut über das mächtige Dach des ehemaligen Augustinerklosters und die davor stehenden Klosterlinden ein geräumiges, von schützendem Dach gekröntes Türmlein, recht geeignet, von seiner Plattform aus ins Land zu spähen oder dort oben den Sternenhimmel zu betrachten. Hat vielleicht von hier aus schon Johannes Kepler in seinen Saganer Jahren nach 1628 das von ihm erfundene »astronomische Fernrohr« gen Himmel gerichtet, wie es hundertdreißig Jahre nach ihm der fünfzigste Abt und Prälat des Klosters tat, der berühmte Saganer Pädagoge Johann Ignaz von Felbiger? Für Kepler war der zum Hospitaltor gehörige Turm eingerichtet worden. Dort hat er die Seiten seiner in Sagan gedruckten Ephemeriden durchgelesen. Der Turm war verschwunden und nur in einer kümmerlichen Nachbildung erhalten. In der Nähe bezeichnet eine Tafel die Wohnung des großen Sternkundigen, den Wallenstein aus Ulm herübergeholt hatte. Die alte Hospitalstraße ist später in Keplerstraße umbenannt worden.

Das Stadtbild wurde vom mächtigen Turm und dem gewaltigen, blendenreichen Giebel der Stadtpfarrkirche beherrscht. Es war nicht »meine« Kirche, und doch hatte mich schon ihre äußere Gestalt, die dem Saganer Stadtbild erst sein charakteristisches Gepräge gab, in ihren Bann geschlagen. Beileibe nicht allein die große Uhr, die mich durch Jahre allmorgendlich an meinen Schulweg mahnte, verband mich dem Turme, an den Abt Felbigers kühne Hand den ersten schlesischen Blitzableiter legte. Hinter dem dicken Stadtpfarrkirchturm schaute wie ein minderer Bruder der Gymnasialkirchturm vom ehemaligen Franziskanerkloster hervor. Längst hatten die Jesuiten das alte Klostergebäude der Bettelmönche abbrechen und an seiner Stelle das Jesuitenkolleg errichten lassen, aus dem das Königliche Gymnasium, die Herzog-Friedland-Schule wurde. Wallenstein hatte einst die Jesuiten mit der Schulgründung beauftragt. Das humanistische Gymnasium besuchten die Freunde, die mit uns im Garten am Bober spielten, während mein Bruder und ich in die etwa 1900 erbaute Mittelschule gingen. Hier waren auch die Schätze des jungen Heimatmuseums untergebracht. Sie zeugten mit ihren bei Sagan gemachten Bodenfunden von der germanischen Vorzeit. Dort lagen die alten um 1319 ausgestellten Schenkungsbriefe des Markgrafen Waldemar von Brandenburg und die Innungsbriefe und Chroniken aus der Stadtgeschichte. Besonders stolz waren wir auf die Handschriften, Briefe und Werke der mit Sagan verbundenen Dichter Karl Weisflog und Johann Friedrich Schink, an die auch der Dichterstein in den schönen Anlagen auf dem Keplerplatz erinnerte.

Wenn es bei der Bank am Boberufer dunkel wurde und die Nachtschicht in der gegenüber liegenden Tuchfabrik begann, dann tanzte auf den nun schwarz erscheinenden Wellen des Flusses wie ein lustiges Feuerwerk der Widerschein aus den hundert Fenstern des Gebäudes der Fabrik. Im Nachsinnen klingt mir noch das Klappern der Holzpantoffeln im Ohr, das durch die Saganer Straßen hallte, wenn beim Schichtwechsel die langen Reihen der Arbeiter vorüberkamen, es waren lange Kolonnen, die zu den fünf großen und einer kleineren Tuchfabrik der Stadt eilten. Dieses Geklapper ist dann nach dem Ersten Weltkrieg ganz verschwunden.

Je mehr Giebel und Türme am jenseitigen Ufer im nächtlichen Dämmern verschwammen, um so heller strahlte wie vertrauter Vollmondschein das erleuchtete Zifferblatt des Ratsturmes von der Stadt herüber. Es war ein Geschenk der Herzogin, auf deren Drängen überhaupt der Ratsturm erneuert wurde. Daß er dem Berliner Ratsturme nachgebildet sein soll, erfuhr ich erst später. Der lichte Umgang im oberen Viertel des Turmes gab mir den Gedanken, mit meinen Freunden vom Wandervogel und anderen Jugendbünden laternentragend in der Christnacht hinaufzusteigen. Wir sangen von dort herab vor den Christvespern alte Weihnachtslieder. Unter uns lag die verschneite Stadt. Die Pferdeschlitten klingelten herauf. Wir konnten hinunterschauen auf unseren Ring mit seiner Butter- und Kornmarktseite und auf die geraden Straßenzüge, die von hier ausgingen. Da standen die behäbigen Gasthäuser, der »Silberne Löwe« und die »Krone«, die schmalbrüstigen Bürgerhäuser mit ihren hübschen Barockgiebeln und der »Röhrtrog« in der Ecke, der alte, ewig plätschernde Marktbrunnen.

Wenn in den Januartagen der Atem in der Luft dampfte, dann hallte zu Kaisers Geburtstag Paradeschritt über das froststarre Marktpflaster und in das Hurra der Soldaten unseres Feldartillerieregimentes von Podbielski mischten sich die Salutschüsse der auf dem Heideberg aufgefahrenen Kanonen. Im Sommer aber erfüllte das bunte Leben des immer reich beschickten Wochenmarktes den Ring.

Abseits vom geschäftigen Alltagsleben barg die Stadt noch eine ganz besondere Schönheit: das alte Wallensteinschloß mit seinem nahezu tausend Morgen großen, herrlichen Schloßpark. Wir Saganer nannten ihn bescheiden den Schloßgarten. Der Sohn des Schloßgartendirektors war mein Schulkamerad. Darum öffnete sich mir manchmal noch das große eiserne Gartentor, wenn in den Abendstunden die breiten, gepflegten Parkwege menschenleer waren. Da war's, als hätte uns Eichendorffs Taugenichts an die Hand genommen und als »finge der Garten zu singen an«.

Nicht minder reizvoll aber war es, zwischen der Blumenfülle auf den Randbeeten, die weite Rasenflächen umsäumten, auf sonnigen Wegen durch den großen Schmuckvorgarten des Schlosses zu spazieren. Rosen und Dahlien, Verbenen, Zinnien, rotbrennende Pelargonien, braunsamtige Studentenblumen blühten dort in verschwenderischer Fülle. Ich habe Blumengärten in allen Teilen Deutschlands gesehen. Doch ist mir's, als ob die Reize, die Meister Degenhardts pflegerische Hand und künstlerische Anordnung hervorzauberten, nicht leicht erreicht werden konnten. Hinter aller Pracht lag breit hingelagert mit seinem warmen, hellgelben Sandstein das Renaissanceschloß. In seiner heutigen Form geht es auf Wallenstein zurück, der vor dem Baubeginn fünfundsiebzig Bürgerhäuser »der besseren Aussicht wegen« niederreißen ließ. Obwohl spätere Geschlechter erst den Lobkowitzflügel und den Kurlandflügel um den breit nach Süden sich öffnenden und mit hoher Terrasse abschließenden Schloßhof anbauten, macht das ganze Bauwerk einen in sich geschlossenen Eindruck.

Durch die Heirat der von den alten Saganern hochverehrten, aus dem Hause der kurländischen Biron stammenden Herzogin Dorothea mit Edmund Talleyrand von Périgord kam das Schloß in französischen Besitz. Dieser Talleyrand war der Neffe des berühmten französischen Staatsmannes, der auf dem Wiener Kongreß mit großem Geschick nach den verlorenen Napoleonischen Kriegen die Interessen seines Vaterlandes vertrat. Noch heute ist das Schloß französisches Eigentum. Seine prachtvolle, mit auserlesenem Geschmack zusammengetragene Inneneinrichtung der Säle, Salons und Galerien ist das Werk dieser Herzogin, »der schönen Dorothee«. Als Kinder standen wir mit großen Augen vor den winzigen, zierlich bestickten Schühlein einer chinesischen Dame oder strichen behutsam über die glatte Politur eines eigenartigen, drehbaren Briefständers in Dorotheas Schreibsalon. Er soll nach Angaben der Herzogin von einem unserer Urgroßonkel, seines Zeichens »Herzoglicher Hoftischlermeister«, gefertigt worden sein. Dieser Onkel hat die feine Politurkunst nach seiner Wanderschaft aus Wien mitgebracht. Die Verleihungsurkunde des Titels »Herzoglicher Hoftischler« mit Dorotheas Unterschrift und Siegel lag bis 1945 wohlverwahrt bei meinen Familienandenken neben einer reich vergoldeten Kaffeetasse. Diese Tasse hatte meine Großmutter nach einer Aufführung bei einem Parkfest von der Herzogin zum Geschenk erhalten. Sie wurde in der Familie gehütet wie ein kostbarer Schatz. Jedesmal kniete die Großmutter auf ein flugs vor den Mahagonischrank gelegtes Kopfkissen nieder, wenn sie uns vorsichtig unsere »Herzogintasse« zeigte.

In späteren Jahren stand ich mit Ehrfurcht vor anderen Dingen im Schloß. Da waren die beiden hohen Stühle, auf denen Wallenstein gesessen, wenn er den verworrenen Zeichen seines Horoskops nachsann, das ihm Kepler, widerwillig ob solch abergläubischen Denkens, ausstellen mußte. Auf dem Tisch vor dem lebensgroßen Bilde des Feldherrn stand ein kostbares Schachspiel. In den Vitrinen in der kleinen kurländischen Galerie waren die alten Prachtgewänder des Herzogs Peter von Kurland ausgebreitet und ein Mantel, der einst auf ihren Reisen nach Wien, Paris oder Italien die zierliche Gestalt der Herzogin sorglich einhüllte. Im Familienzimmer stand der große Empireschreibtisch, den die Herzogin von Wien mitgebracht hatte. An diesem Tische war 1815 die für das Schicksal Deutschlands so bedeutsame Wiener Kongreßakte unterschrieben worden. Darüber schaute aus schwerem Goldrahmen Talleyrand, der Hauptakteur dieses Kongresses, selbstgefällig an eben diesem Tische lächelnd. Seine Hand ruhte lässig auf der mit grünem Leder bezogenen Tischplatte. Das Bild ist ein Meisterwerk Gérards, des berühmten Historien- und Bildnismalers Napoleonischer Zeit.

Die nun schon in der Mitte des Lebens stehende Herzogin ließ bei der Einrichtung ihres Schlosses Bild und Tisch nebeneinander anordnen, erinnerten sie diese Stücke doch täglich an die große Zeit ihres Lebens, als sie unter der weltgewandten Leitung ihres Onkels Talleyrand am Wiener Hof in der Gesellschaft wie in der ränkevollen diplomatischen Weltpolitik eine bedeutende Rolle spielte. Nicht ohne Grund schrieb Friedrich von Gentz, der intime Mitarbeiter Metternichs, in einem Brief: »Was sie wissen, ist unheimlich.« Gemeint waren damit die in Wien ständig anwesenden kurländischen Prinzessinnen und besonders unsere Herzogin Dorothea.

Ich gäbe etwas darum, könnte ich noch einmal über die breiten Marmortreppen, durch die Vorzimmer und Säle gehen, die Unzahl der Kostbarkeiten, die Vasen und Nippes, Geschenke der Großen der damaligen Zeit, betrachten oder im Großen Saal vor dem kostbarsten Gemälde im Schloß verweilen, vor dem »Lautenschläger« von Velasquez. Ob die vielen Schubladen im Großen Autographensaal noch die wertvollen Handschriften bergen mit den Namen von Kaisern und Königen, mit den Billets Napoleons, den Briefen Voltaires, Rousseaus, Goethes und Schillers und mit der Originalpartitur der Zauberflöte? Wie ein »Treppenwitz der Weltgeschichte« mutet es an, daß dort im französischen Schlosse zu Sagan das Original von Nikolaus Beckers Lied »Sie sollen ihn nicht haben den freien deutschen Rhein« aufbewahrt war.

Mit der Mutter und deren Jugendgefährtinnen besuchten wir fast allsonntäglich den Schloßgarten, nicht immer zur Freude der nun größer gewordenen Jungen. Wir kannten doch Wege und Stege, Fontänen und Palmenhäuser, wo die »Königin der Nacht« blühte. Wir kannten den Baumstumpf bei der Lulueiche, wo die seltsamen Orchideen nach Schokolade und Vanille dufteten. Aber auf die zum Spiel lockenden Porzellanmöbel durften wir uns nicht setzen. Diese zierlichen Hocker, Bänke und Tische dienten nur der Verschönerung des Holländischen Gartens und waren ebenso nur zum Ansehen da, wie die goldgelben Orangen und Pomeranzen an den barocken Kübelmöbeln. Der Karpfenteich mit seinen alten bemoosten Bewohnern, die wir als Kinder noch gern gefüttert hatten, reizte uns erst, wenn dort die Schlittschuhbahn eröffnet wurde.

Jetzt stand unser Sinnen nach den unermeßlich weiten Wäldern hinter der Stadt und den darin versteckten kleinen Heidedörfern, nach Burau, Wolfsdorf, nach Zeipau und Zibelle, wo sich der Himmel in stillen Heideteichen spiegelte. Ganz versteckt lagen die kleinsten unter ihnen tief in den Wäldern. Schon ihre Namen Siehdichfür, Wärstdubesser und Traunicht weckten unsere Wandersehnsucht. Dahin zogen wir »auf Streife«, um Pflanzen und Tiere kennenzulernen. Herrlich war es, auf den leise schwingenden hölzernen Feuerwachttürmen über dem grünwogenden Kiefernmeer in der Mittagssonnenglut zu liegen und auf den weißen, feinen Heidesand herunterzublinzeln. Das war die unbekannte niederschlesische Heide – unsere Heide.

Im Sommer trug sie reiche Blaubeerernten und im Herbst schmückte sie sich mit den bunten Pilzen, den goldgelben Kochmänneln, die anderswo Pfifferlinge genannt werden, mit Rotkappen, vielfarbigen Täublingen und zuletzt mit den Grünlingen, die am besten schmeckten, wenn sie im harzduftenden Walde zubereitet wurden. Seltene Begegnungen mit einem Förster, mit Holzarbeitern oder emsig suchenden Pilzweiblein machten die Stille der Heide noch deutlicher. Vom Rande der Dörfer her zog der Duft der Lupinenfelder weit hinein in den Wald. Klare Heidebächlein, das Rothwasser, der Goldbach und der Hammerbach, trieben gemächlich über eisenbraunen Sand der Tschirne zu, die zum reißenden, rauschenden Bober floß.

Die Tschirne war anderen Charakters. Leise und lautlos, kaum einmal glucksend, glitt ihr klares, warmes Wasser dahin und lockte zum Bade. Da schreckten nur Fuchs, Marder oder Wiesel Enten und Teichhühner aus ihrer Ruhe auf. Mitten in solcher Landschaft, wo auf vertorfender Wiese zwischen Vergißmeinnicht und den fleischroten Blüten des Tausendguldenkrautes die prächtigen Dolden des Gilbweiderichs die Grabenränder säumten, stand strohgedeckt das Landheim unserer Jugendgruppe, Ziel und Ausgangspunkt ungezählter Heidewanderungen. Dort lernten wir die schöne Heideflora kennen, das braunblühende Sumpfblutauge, die steif im weißen Hüllblatt stehenden, korallenroten Kolben des Schlangenkrautes oder die stachelbewehrten Krebsscheren, die auf stillem Wasserspiegel ihre Rosetten der Sonne entgegenbreiteten. Wir kannten sogar die Stellen, wo abends die Kraniche vom Bruchwald her auf die Äcker traten, oder wo im Dickicht ein letztes Schwarzstorchpärchen seine Jungen hegte.

Das waren die Ziele unserer Wanderfahrten, die uns immer tiefer in die Wälder lockten. Nach Hartmannsdorf führten die Wege, zu den im Walde versteckten kleinen Braunkohlengruben, wo man noch die gefüllten Körbe mit der Handkurbel aus der Grube nach oben zog. Dahinter begann die Welt der Glashütten.

Weiter im Westen, hinter den Wäldern der verwachsenen Wussina, lag am Ufer der Lausitzer Neiße bei Muskau das Wunder des Herrn von Pückler, der große Bruder des Parkes der Saganer Herzogin. Statt der übermütigen, rokokohaften Verspieltheiten, die dem Saganer Park weithin seinen Reiz gaben, leuchteten hier die zarten Töne eines Pastellgemäldes. Flußaufwärts stand auf buschbewachsenem Hügel der Priebuser Hungerturm, in dem Herzog Hans von Sagan nach langem Zwist seinen Bruder Balthasar verhungern ließ. Eine schlichte Holzbrücke verband die kleine Heidestadt Priebus mit dem auf westlichem Ufer liegenden Podrosche, auf dessen Dorfstraßen man am liebsten barfuß im weißen, wohligwarmen Heidesand gehen mochte. In Grenzkirch wurde das Dorf umbenannt, weil dort eine Zufluchtskirche in gegenreformatorischer Zeit stand. Heute hat für uns der Name einen unheimlichen Klang.

Grün und rot und golden war die Schnur an unseren Wanderkitteln, grün wie die Wälder, rot wie die Heideblüte und golden wie der feine goldgelbe Heidesand in den niederschlesischen Wäldern.

Eim Heedekraute

Do satt ock bluß de Kiefer vurne,
nee su a Stoamm, a reener Stoat,
doas Flüssla drunter ies gewiß de Tschirne,
ei der ich ufte hoa geboadt'.

Viel schilgemoal eim Heedekraute
loag iech durt ei der Sunnaglut,
wenn uba bloasser Himmel blaute,
wie woar de Zeit do still und gut.

Ganz leese summta Biena und Libellen,
tief aus'm Wald der Guguck rief,
mir ist's als hierte ich itze noch de Wellen
und spürte wie de Heede schlief.

GRÜNBERG

Ernst Clauß
Wo die Berge tragen Reben

Im Chor der schlesischen Landschaften soll das heiter beschwingte Lied vom Wein nicht fehlen. Es erklang einst da, »wo des Oderstromes Welle Schlesien grüßt zum letztenmal«. So heißt es im Grünberger Heimatlied von Paul Petras aus Kühnau. So erklingt es heute noch, wenn sich Grünberger treffen.

Das Grünberger Rebenanbaugebiet erstreckte sich über die Stadt-, Kreis- und Provinzgrenzen hinaus nach Brandenburg, Crossen und Tschichertzig, und nach der früheren Provinz Posen, nach Bomst und Chwalim. Dabei ist es nur der kümmerliche Rest des ausgedehnten ostdeutschen Weinbaugebietes, das sich bis in die Höhe von Thorn hinzog, wo die Ordensherren einen Thorner Landwein ausschenkten, nach dem »die Schnauze kläbet«. So urteilte damals ein Besucher aus Westdeutschland und verrät uns damit, daß die geistlichen Herren ihren Wein durch reichlichen Zusatz von Honig »schönten«. Da noch kein Weingesetz der Zuckerung eine Grenze setzte, belasteten sie damit noch nicht einmal ihr Gewissen. Heute noch erinnern Flur- und Straßennamen vieler Orte an früheren Weinbau.

Als Getränk spielte der Wein im Mittelalter eine viel größere Rolle als heute. Vor allem war er für sakrale Zwecke unentbehrlich. Die Weinbauern jener Zeit klagten aber immer wieder, daß ihnen im Winter die in vielen Jahren mühsamer Arbeit herangezogenen Weinstöcke bis in die Wurzeln erfroren. Erst als die Entwicklung der Handelsbeziehungen so weit gediehen war, daß das edle Getränk aus klimatisch besser geeigneten Gegenden bezogen werden konnte, gab man nach und nach den Weinbau im Osten auf.

Aber nicht in Grünberg! Auch dort blieb die mittlere Jahrestemperatur um einige Zehntelgrade unter neun Grad Celsius, die als Voraussetzung für einen erfolgreichen Weinbau angesehen werden. Das hatte seine besonderen Gründe. Als im 12. Jahrhundert die schlesischen Piasten deutsche Siedler ins Land riefen, fanden diese eine Landschaft vor, die geradezu ideale Vorbedingungen für Weinbau und Schafzucht bot. Die Eiszeit hatte über den Geschiebelehm der Endmoräne eine dicke Schicht grobkörnigen bis kiesigen Sand geschwemmt, in dem die tiefwurzelnde Weinrebe bis zu den nährstoffhaltigen Schichten hinabklettern konnte, andere Kulturgewächse aber nur spärliche Nahrung fanden. Dieser Sand erhitzte sich in heißen Sommern derartig stark, daß in der Rückstrahlungswärme des Bodens die Trauben förmlich gar kochten. Man mußte nur die Stöcke niedrig halten, dann war der Mangel an Wärme meist auszugleichen. Schafherden fanden gute Weide auf den Wiesen an der Lunze und konnten auch auf den Heidehügeln noch ihr Dasein fristen.

Wein und Wolle waren jahrhundertelang die Hauptnahrungsquellen der Bewohner. Sie ergänzten sich ausgezeichnet. Fiel die Weinernte einmal aus, was häufiger vorkam als im weinbautreibenden Westen, so schnallte man den Riemen enger, brauchte aber noch nicht zu hungern. Lag der Wollhandel darnieder, weil Raubritter oder kriegerische Unruhen die Handelswege sperrten, so boten die Weinberge immer noch ein bescheidenes Auskommen.

Wenn wichtige Arbeiten im Weinberg erledigt werden mußten, dann ließ man Spindel und Webstuhl ruhen und zog in den Weinberg zur Arbeit. Wenn es ihre Mittel zuließen, so bauten sich die Weinbauern dort ein Weinberghäuschen, in dem sie ihre spärlichen Ruhestunden genossen. Als Zeichen ihrer Anwesenheit hißten sie die grüngelbe Stadtfahne und wollten damit Freunden und Bekannten sagen: Wenn ihr Lust habt zu einem nachbarlichen Schwatz, wir sind anwesend! Die Wollmärkte und die Weingärten setzten ihrem Leben die Zäsuren.

Bei Beginn der Traubenreife wurden die Weinberge durch einen Strohwisch gesperrt. Aber die Vogelschwärme kehrten sich nicht daran. Sie fielen ein und labten sich an den süßen Beeren, verdarben durch Anpicken mehr als sie fressen konnten. Die Flurschützen, die in dieser Zeit die Weinreviere durchstreiften, hatten mit ihren Ballerbüchsen allerlei zu tun, um diesem Tun zu wehren. Je mehr Weinberge eingingen, um so schwieriger wurde die Bewachung, um so mehr wuchs bei den Weinbauern die Neigung, durch frühere Weinlese Verluste zu vermeiden. Das ging natürlich auf Kosten der Qualität. Durch eine Kabinettsorder Friedrich Wilhelms IV. von Preußen wurde bestimmt, daß der Weinlesetermin vom Magistrat angeordnet werden sollte. Die Kirchenglocken sollten die Weinlese einläuten. Das taten sie auch brav bis 1944. Nur im Revolutionsjahr 1848 weigerten sich die Glocken beider Konfessionen.

Arbeit und Fest zugleich war die Weinlese. Freunde und Bekannte wurden eingeladen zur Mitarbeit und zur Mitfreude. Dann klapperten in den Weingärten die Sammelgefäße, donnerten auf den steinigen Höhenwegen die Wagen mit traubengefüllten Driebsen in die Stadt. Dort wurden die Trauben bis zur Reform des Weinbaues zwischen 1820 und 1830 in Driebsen und Trögen getreten, von da an gemahlen in Weinmühlen. Die riesigen zweispindligen Pressen verrichteten ihr Werk bis in die Gegenwart neben modernen hydraulischen Pressen. Im ersten

Drittel des 19. Jahrhunderts begann man auch damit, die Trauben vor der Weiterverarbeitung sorgfältig zu verlesen.

Zur Weinlese gehörte ein Festmahl mit Hirsekraut oder Kartoffeln mit Butter, Salz und Brot. Abends flammten auf den Höhen die Weinbergsfeuer. Wer es sich leisten konnte, ließ Schwärmer und Raketen in den abendlichen Himmel steigen oder brachte das Frauenvolk durch unberechenbar hin- und herhüpfende Feuerwerksfrösche zu erschrecktem und doch vergnüglichem Kreischen.

Für weitergehende geistige Ansprüche blieb nicht viel Zeit. Man kann den Stoßseufzer des ersten Grünberger Buchhändlers verstehen: »Die Grünberger lesen Wein und Wolle, aber keine Bücher!« Daß keine Gedenktafel am Geburtshaus von Otto Julius Bierbaum angebracht wurde, hat andere Gründe. Am 28. Juni 1865 wurde der heitere Lyriker und Mitbegründer des Insel-Verlages als Sohn eines Konditors, des ersten, der sich hier niedergelassen hat, in Grünberg geboren. (Bierbaums »Irrgarten der Liebe« war vor dem Ersten Weltkrieg ein Bestseller.) Man hat erst spät Bierbaums Geburtshaus ermittelt und zugleich festgestellt, daß er seit seiner Volksschulzeit nie mehr in seiner Geburtsstadt gewesen ist.

Im 19. Jahrhundert änderten sich die Formen der Wirtschaft, aus dem selbständigen Weber wurde der Fabrikarbeiter. Nun waren es hauptsächlich die Handwerker, besonders die Bäcker, die Weinberge bearbeiteten, oder die Fabrikbesitzer, die sie bearbeiten ließen. Schließlich blieben neben den Getränkefirmen nur noch Stadt und Kreis in stärkerem Maße Weinbergspfleger.

Solange man denken konnte, hatten die Weinbergsbesitzer das Recht, selbstgewonnenen Wein drei Monate im Jahr an sitzende Gäste auszuschenken. Die Absicht dazu bekundeten sie nicht nur durch die Tageszeitungen, sondern auch durch das Heraussteckеn des Weinkranzes, der an langer Stange über der Straße baumelte, beschwert durch das glückverheißende Hufeisen, damit er im Herbstwinde nicht gar zu tolle Kapriolen vollführte. Dort saß man entweder in der Wohnstube des Wirtes oder im Garten, wenn möglich unter dem Walnußbaum. Am besten hat Georg Steiff die Stimmung des Bürgerweinschanks eingefangen:

Schwankt dort nicht im Mondesglanz
Hin und her ein Weidenkranz?
Unterm alten Walnußbaum
Ist für viele Zecher Raum.
Grüß Euch Gott! In dichten Reih'n
Sitzen sie da froh beim Wein,
Und der Schmied, der lange Schmied

Stimmet an ein lustig Lied:
Und er singt im tiefen Baß:
Trinket 1 2 3 4 Glas
Von dem Grüneberger Wein,
Und ihr werdet selig sein.

Linde laue Sommernacht!
Wie das schwirrt und scherzt und lacht!
Der dicke Wirt läuft hin und her:
Die Pasterflasche ist gleich leer!
Eine Kaule goldig heller Winzerwein
Liegt noch im Keller! Gretelein,
Du holde Maid, dir sei mein volles Glas geweiht.
Und nun singen sie im Baß:
Trinket 5 6 7 8 Glas
Von dem Grüneberger Wein,
Und ihr werdet selig sein!
Der Wirt, der bläst die Lampe aus,
Wir wandern Arm in Arm nach Haus,
Und preisen laut den goldnen Trank
Vom Ziegelberg und Löbendank.
Der Mond guckt hinterm Obertor
Ganz leise lächelnd noch hervor.
Ich schlummre sanft im Bettgehäus'
Und summ im Schlafe so ganz leis':
M ......, trank 9 10 11 12 Glas
Von dem Grüneberger Wein,
Und ich werde se .. huppla! selig sein!

Das bei diesem Besuch als vertilgt angegebene Quantum betrachte man als dichterische Freiheit. Die Grünberger tranken mit Maßen – aber nicht mit Litermaßen. Nur der in diese Gesellschaft hineingeratene Fremdling tat in der ersten Begeisterung über den gemütlichen Abend des Guten zuviel, manchem wurde »hinterher erst klar, wie schwer der Wein doch war!«.

Zwischen den beiden Weltkriegen waren Bürgerweinschank und Weinlese in den Sog des Fremdenverkehrs geraten. Zweimal im Jahr setzten die Grünberger ihre ganze Stadt unter das Zeichen des Weinkranzes. Er hing am Rathausturm. Das geschah zu Pfingsten beim Weinfest und im September beim Weinlesefest.

Der ganze Ring war in einen Bürgerweinschank verwandelt. Für die Jungen gab es ein vergnügliches Promenieren zu den Klängen der Stadtkapelle und einen Tanz auf der Diele, für die älteren Jahrgänge ein lauschiges Plätzchen beim Glase Wein. Mitunter wurden etwa 12 000 Gäste gezählt. Sie kamen aus dem Raum zwischen Breslau und Berlin.

Aber die hohe Zeit des Jahres brach für das Grünberger Land erst an, wenn sich die Höhen und Gärten im Frühling in ein schimmerndes Festgewand warfen. Es begann damit, daß in den noch sperrig wirkenden Weinbergen, in denen sich die zartgrünen Weinblätter noch in ihren wolligen Knospen räkelten, Farbkleckse in Rosa erschienen, blühende Bäume des Weinbergpfirsichs. Dann brachte einige Wochen lang jeder Tag neue Wunder. Grünberg wurde zur Stadt in Blüten. Nach amtlichen Zählungen gab es im Kreise 500 000 Obstbäume. Mit dieser Zahl konnte in Schlesien nur noch der Kreis Trebnitz in Wettbewerb treten.

Ein Kranz von Höhen, teils mit Kiefernwald, teils mit Gärten und Weinreben bedeckt, umgibt die Stadt von allen Seiten. Stehen wir auf der Löbtenzpromenade, die auf dem Höhenzug entlangläuft, der die Stadt im Südwesten begleitet, so schweift der Blick nach links über Augusthöhe, Piastenhöhe, den Blücherberg bis zum Meiseberg mit dem Bismarckturm. Hier erreicht die Hügelkette mit 221 Metern (21 Meter für den Turm) ihren höchsten Punkt. Nach rechts setzt sich die Hügelkette mit der Grünbergshöhe (203 m) fort. Wenn man berücksichtigt, daß die höchsten bebauten Teile der Stadt 135 Meter erreichten, so kann man sich leicht denken, weshalb die Grünberger lieber von Höhen als von Bergen redeten. Diese Höhen imponierten nicht durch eine hohe Meterzahl, sondern bezauberten durch ihre Anmut.

Blickt man vom Löbtenz aus in die Ferne, so sieht man hinter einem breiten Wiesengürtel die Rauchfahnen der Oderdampfer. Die Wasserfläche selbst verbirgt sich hinter den prachtvollen Oderwäldern.

Aber bleiben wir in der Nähe! Da schmiegt sich die ausgedehnte Stadt in die Beuge des leicht gewinkelten Moränenwalles. Dicht bebaut ist nur der Stadtkern. In den Außenbezirken findet man überall Grünflächen zwischen den Häusern. Es ist berechnet worden, daß Grünberg denselben Raum einnimmt wie Görlitz mit dreimal soviel Bewohnern. Die Grünberger sind eben zum großen Teil Gartenfreunde, ihre Haus- und Vorgärten erfreuten sich sorgfältiger Pflege.

Der Kenner der Stadtgeschichte sieht in der Führung der Straßen im dichtgedrängten Stadtkern den Lauf der alten Stadtmauer. Beim Erwerb des Grünberger Oderwaldes im Jahr 1429 hatte die Stadt die Verpflichtung übernehmen müssen, sich zu »mauren und zu festen«. Sie ersetzte deshalb ihren Plankenzaun, der bis dahin einen sehr zweifelhaften Schutz gewährt hatte, durch eine Steinmauer, die auch nicht sehr viel wert war. Aus Sparsamkeit zog man sie so eng, daß von jeher mehr Bewohner außerhalb als innerhalb der Mauern wohnen mußten. Ober- und Niedertor und später auch das Neutor erhielten Torhäuser, das Neutor zusätzlich sogar noch einen Wehrturm, der sich als Hungerturm bis auf unsere Tage erhalten hat. Neben wenigen Mauerresten ist er die einzige bauliche Erinnerung an die alte Stadtbefestigung. Einst umschloß die Mauer die dicht an dicht stehenden Wohnhäuser der Stadtmitte, den schlanken Rathausturm in schlesischem Barock, der mit seinem dreifachen Durchbruch so gefällig wirkte, die katholische Stadtpfarrkirche, die evangelische Stadtpfarrkirche aus Friderizianischer Zeit und die Friedrichsschule. Die prägende Kraft dieser Mauer hat sich aber bis in die Gegenwart erhalten, obwohl sie schon zur Zeit des Königs Friedrich II. abgetragen wurde.

Einen wirksamen Schutz bot sie kaum. Herzog Johann II. von Sagan erklärte: »Grünberg hat eine alte Pickelhaube und Halsberge; aber Bauch und Schenkel sind bloß; es wird Püffe kriegen!«

Es bekam die vorausgeahnten Püffe reichlich. Dank der klugen Politik der Glogauer Herzöge wurde es zwar von den Hussiten verschont, aber im Glogauer Erbfolgestreit, im Dreißigjährigen Krieg, den Schlesischen und Napoleonischen Kriegen wurde es oft und schwer gebrandschatzt. Doch hat es nie eine längere Belagerung aushalten müssen. Als im Dezember 1740 preußische Grenadiere hart an die geschlossenen Tore schlugen, versuchten die Grünberger erst gar keinen Widerstand. Aber als erste schlesische Stadt dem Feind einfach die Tore zu öffnen, das ging eben auch nicht. Sie handelten so weise, wie es Adolph Menzel in seinem bekannten Bilde von der Schlüsselübergabe dargestellt hat.

Mehrmals brannte die Stadt bis auf die Grundmauern ab. Deshalb sind keine Urkunden über ihre Gründung und wenige über ihre ältere Geschichte erhalten. Auch an alten und schönen Gebäuden fehlt es. Was davon vorhanden ist, stammt aus Friderizianischer Zeit.

In den Vorstädten zeigt sich der Charakter als Wein- und Gartenstadt am deutlichsten. Jahrhundertelang gab es keinen verbindlichen Bebauungsplan. Jeder errichtete sein Haus auf eigenem Grund und Boden wie es ihm gefiel, ohne Rücksicht auf Wege, mitunter geradezu sägeblattartig zu ihrem Verlauf. Das gibt ein malerisches Bild, stellte aber die Stadtverwaltung bei der Versorgung mit Gas und Wasser vor kostspielige Aufgaben.

Auffallend sind in der Bahnhofsvorstadt zwei Türme. Schwer und wuchtig und in einem Stil, der während des Ersten Weltkrieges modern war, ist der Turm der

Erlöserkirche, eines evangelischen Gotteshauses, zierlich und sehr gefällig das Türmchen der Altlutherischen Kirche am Freiheitsplatz – bei politischem Rechtskurs hieß er Kaiser-Wilhelm-, später auch Hindenburgplatz.

Am Stadtrand fallen die vielen Schornsteine der Fabriken auf. Neben den Textilwerken gibt es viele Werke der Getränkeindustrie. Besonders zu erwähnen ist die Schaumweinherstellung. Bei der Weinlese 1823 kam der Hirschberger Kaufmann Carl Samuel Häusler nach Grünberg. Ihm war es gelungen, aus Obstweinen in verlustreichen Versuchen einen »Champagner« herzustellen, der aber nicht viel Anklang fand. Nun versuchte er es mit Grünberger Traubenwein. Er entwickelte das Verfahren der Flaschengärung so weit, daß erstmalig in Deutschland Schaumwein aus deutschen Trauben als Handelsware auf den Markt kam. Damit erregte er, wie ein weitgereister Zeitgenosse schrieb, ein »europäisches Aufsehen«. Die Sektkellerei Grempler und Co. – Häusler schied bald aus – bestand bis 1945 in Grünberg. Schon um 1900 waren für die Getränkeindustrie die heimischen Rohstoffe nicht mehr ausreichend. Seit dieser Zeit wurde Grünberger Weinbrand aus ungarischen Brennweinen, Schaumwein aus Saar-Ruwerweinen hergestellt.

In neuerer Zeit entstand unabhängig von heimischen Rohstoffquellen das große Werk von Beuchelt und Co. für Waggon- und Brückenbau.

Und nun überqueren wir den Höhenzug. Das dauert keine fünf Minuten, da stehen wir auf der Plattform der Schillerhöhe, mit einer der besten Weinlagen und dem malerischsten aller Grünberger Weinbergshäuser. Hier schauen wir ins Tal der Ochel mit der Lehranstalt für Obst- und Weinbau, dem Botanischen Garten und dem Stadtvorwerkspark, der ein echter Volkspark mit Planschbecken, Freilichtbühne, Rodelbahn und Sprungschanze werden sollte. Auch die Fördertürme des Braunkohlenbergbaus erblicken wir von hier aus. Dieser blieb zwar über ein Jahrhundert in Betrieb, konnte aber die aus zweiundvierzig Metern Tiefe gewonnenen Kohlen nur am Orte absetzen. Wenn zu den erheblichen Gestehungskosten noch Transportkosten gekommen wären, wäre diese Kohle nicht mehr konkurrenzfähig gewesen.

Was über Wein- und Obstbau bei Grünberg gesagt wurde, gilt auch für alle Dörfer auf dem Grünberger Höhenzuge, der den Raum zwischen Oder und Ochel ausfüllt. Des Hochwassers wegen gab es an Oder und Ochel nur Dörfer am hohen, von den Flüssen ziemlich weit entfernten Ufer.

Der Kreisteil rechts der Oder, »das Jenseits«, wie man in Grünberg mit einem leicht ironischen Unterton sagte, lag in ziemlicher Verkehrsferne. Die Bewohner erreichten leichter Neusalz und Züllichau als ihre eigene Kreisstadt. Die Verbindung wurde nur durch die Nachbarkreise oder die alte Fähre bei Milzig hergestellt.

Das Grünberger Land war schlicht wie seine durch eine harte Stadtgeschichte gegangenen Bewohner. Aber es war anmutig und wurde geliebt. In der Atmosphäre dieser Stadt schwang etwas mit von schwerem Kampf um des Lebens Notdurft, aber auch von lebensbejahender Fröhlichkeit, von sauren Wochen und frohen Festen.

Die Grünberger wußten, daß ihr Wein von der nördlichen Weinbaugrenze herhalten mußte für sämtliche sauren Weinwitze. Aber was machte das schon aus? Den Wein, den sie ernteten, tranken sie allein, und die vielen auswärtigen Besucher halfen ausgiebig dabei. Kenner lobten den Grünberger, und wer ihn lästerte, hatte mit Sicherheit noch nie welchen getrunken!

Biographische Notizen

Clauß, Ernst – * 17. 5. 1889 in Neuendorf/Potsdam – 1920 bis 1945 Lehrer in Grünberg, heute Mittelschullehrer i. R. – seit 1945 in Königslutter am Elm – Ehrenbürger der Stadt – Redakteur der Monatsschrift »Grünberger Wochenblatt« – Buch der Stadt Grünberg 1964, Das schlesische Weinland 1961 – Bundesverdienstkreuz, Niedersächsisches Verdienstkreuz — † 13. 3. 1976 in Lenglern bei Göttingen.

Dziallas, Paul – * 20. 8. 1911 in Ohlau – nach acht Volksschuljahren städtisches Stipendium für Besuch der Staatlichen Bildungsanstalt Wahlstatt – Studium in Freiburg, Tübingen, Breslau, zuerst Kunstgeschichte, Musik, Philosophie, später zur Medizin übergewechselt – Truppenarzt – nach Kriegsende habilitiert, Professor der Anatomie an der Münchner Universität – Mitarbeit im Kulturwerk Schlesien, Sammler von Silesiaca, Vorträge über Schlesien — † 6. 12. 1974 in München.

Eichborn, Wolfgang von – * 16. 3. 1909 in Breslau – Studium in Heidelberg – Dipl. Volkswirt, Dr. phil. – 1926 Teilhaber des Bankhauses Eichborn in Breslau – lebt in Ebersberg bei München – Das schlesische Jahr, Landschaften der Sehnsucht 1948, Kleiner Bruder in der Wiege, Tagebuch eines Vaters 1950, Schlesiens Vermächtnis, ein Lesebuch aus siebenhundert Jahren 1960 – Schlesische Anthologien.

Grundmann, Günther – * 10. 4. 1892 in Hirschberg – Studium in München und Breslau – Dr. phil. – Leiter des Hausfleißvereins in Bad Warmbrunn, Lehrer an der Holzschnitzschule – 1932 bis 1945 Provinzialkonservator von Niederschlesien – Professor an der Technischen Hochschule Breslau – nach 1945 bis 1949 Leiter der Kunstsammlungen auf der Veste Coburg – 1950 bis 1959 Denkmalpfleger von Hamburg, Direktor des Altonaer Museums – Präsident des Herder-Forschungsrates in Marburg, Vorsitzender des Kulturwerkes Schlesien – Zahlreiche Publikationen – Fritz-Schumacher-Preis 1963, Georg-Dehio-Preis 1966 — † 19. 6. 1976 in Hamburg.

Hayduk, Alfons – * 18. 11. 1900 in Oppeln – Schuldienst in Oberschlesien, 1933 bis 1945 Gleiwitz – Oberlehrer in Ansbach – Leiter des Kulturwerkes Schlesien – zahlreiche Veröffentlichungen mit schlesischer Thematik – Das Hausbuch des schlesischen Humors 1965 – Gesamtauflage der 30 Publikationen 250 000 – Eichendorffmedaille, Ehrenplakette der Stadt Oppeln — † 15. 7. 1972 in Erlangen.

Hoffbauer, Jochen – * 10. 3. 1923 in Geppersdorf/Liebenthal, Kreis Löwenberg – Frühjahr bis Herbst 1945 im polnisch besetzten Niederschlesien – Flucht durch die Lausitzer Neiße – Versicherungsangestellter in Kassel – Lyrik, Essays über schlesische Dichter – Schlesisches Weihnachtsbuch 1965 – Eichendorff-Literaturpreis des Wangener Kreises 1963.

Hoffmann, Ruth – * 19. 7. 1893 in Breslau – 1917 bis 1924 Studium an der Breslauer Akademie – 1920 Heirat, Ehemann 1943 in Auschwitz ermordet – 1944 Flucht aus Schlesien – seitdem in Berlin – freie Schriftstellerin – Pauline aus Kreuzburg Roman 1935 – zehn Jahre Arbeitsverbot – Meine Freunde aus Davids Geschlecht 1947, 1955 – Jugendbücher, Romane – Der Wolf und die Trappe Roman 1963 – aufgenommen in 18 Anthologien — † 10. 5. 1974 in Berlin.

Hultsch, Paul – * 13. 3. 1913 in Brieg – Studium Germanistik, Englisch, Geschichte – 1936/37 Staatsexamen und Dr. phil. an der Breslauer Universität – nach dem Krieg Gymnasiallehrer in Süddeutschland – Oberstudiendirektor a. D. – Der schlesische Mensch 1954, Andreas Gryphius, Deutung und ausgewählte Lyrik 1959 – in Überlingen ansässig.

Hupka, Herbert – * 15. 8. 1915 in Diyatalawa (Ceylon) – seit 1919 in Ratibor – Studium in Halle und Leipzig Germanistik, Geschichte, Geographie, Kunstgeschichte – Dr. phil. – 1945 aus Ratibor vertrieben – seitdem in München, Bremen und Bonn – Journalist für Rundfunk und Presse – Herausgeber und Verfasser von Bild- und Erinnerungsbänden mit schlesischer und gesamtdeutscher Thematik, Schlesien – ein deutsches Land, 6. Aufl. 1965, Einladung nach Bonn 1965 – Letzte Tage in Schlesien 1981 - politisch, landsmannschaftlich und kulturpolitisch tätig - Mitglied des Deutschen Bundestages.

Klose, Werner – * 20. 3. 1923 in Hünern, Kreis Ohlau – Abiturient am Maria-Magdalenen-Gymnasium in Breslau – viermal im Krieg verwundet – 1945 bis 1950 Studium in Kiel Germanistik, Geschichte, Philosophie — Studiendirektor am Nordseegymnasium St. Peter-Ording – Jenseits der Schleuse Roman 1953 – Das Hörspiel im Unterricht 1962 – Generation im Gleichschritt. Die Hitlerjugend 1964, 1982.

Köhler, Willibald – * 6. 9. 1886 in Beuthen O/S – Studium in Breslau, Genf, Berlin, Königsberg und Oxford moderne Sprachen – 1919 bis 1936 Studienrat in Oppeln, bis 1945 Studienrat am Eichendorffgymnasium und Leiter des Eichendorff-Museums in Neisse – Wiederaufbau des Eichendorff-Museums in Wangen i. Allgäu – Die Spiegelbrücke Gedichte 1921 – Joseph von Eichendorff, Ein Dichterleben 1957 – Romane, Erzählungen, Lyrik, Essays — Eichendorff-Preis 1924, Großes Bundesverdienstkreuz — † 25. 10. 1976 in München.

Kosler, Alois Maria – * 3. 8. 1901 in Tichau, Kreis Pleß – Gymnasium Ratibor, Studium in München, Freiburg, Berlin und Breslau – Dr. phil. – 1939 Dozent an der Beuthener Hochschule für Lehrerbildung – Leobschütz Heimatstadt des Vaters, Land der väterlichen Vorfahren — Gymnasialprofessor i. R. — Die preußische Volksschulpolitik 1742 bis 1848, 1929, Profil der Dichtung Oberschlesiens 1956.

Kulke, Heinz – * 24. 11. 1918 in Görlitz – väterlicherseits mit der Lausitz eng verbunden – Juli 1959 Flucht aus Görlitz, heute in Wolfenbüttel – Journalist und freier

Schriftsteller — Chefredakteur des »Neuen Glogauer Anzeigers« — Mitarbeiter des Sammelbandes »Deutsche Mitte« 1964 — zahlreiche Veröffentlichungen in der schlesischen Presse.

Leiser, Erwin — * 2. 3. 1909 in Liegnitz — Ingenieurschule in Görlitz, Studium in Berlin — Berufsschuldienst — Famile nach der Flucht in Thüringen wiedergefunden — Studiendirektor i. R. — Vorfahren mütterlicherseits seit dem 13. Jahrhundert im Kreis Liegnitz ansässig — gelegentliche Veröffentlichungen von Erlebnisberichten und Skizzen sowie Gedichten — Fachbuchautor.

Menzel, Wilhelm — * 8. 1. 1898 in Ober-Steinkirch, Kreis Lauban am Queis — 1919 Lehrerprüfung in Brieg — Jugendbewegung — erste Singwoche mit Walter Hensel in Gnadenfrei 1923 — 1926 bis 1932 Studium in Leipzig und Breslau Germanistik, Geschichte, Volkskunde — Dr. phil. — Dozent und Professor an der Hirschberger Hochschule für Lehrerbildung — Professor an der Pädagogischen Akademie Dortmund — Anthologien, Schallplatten, rege Vortragstätigkeit als »Menzel-Willem«.

Niekrawietz, Hans — * 8. 2. 1896 in Oppeln — vor und nach dem Ersten Weltkrieg Kaufmann und Hilfsbeamter — arbeitslos — Verlagslektor — in der schlesischen Künstlerkolonie Wangen im Allgäu ansässig — »Sänger der Oder«: mehrere Lieder- und Lyrikbände — Der Wind weht von der Oder, Roman 1961 — Ehrenplakette der Stadt Oppeln — Schlesischer Literaturpreis, Eichendorff-Literaturpreis.

Nisch, Otto — * 5. 4. 1898 in Berlin — seit 1927 in Ostdeutschland, Schneidemühl, Stolp und Waldenburg — Studienrat — mit einer Waldenburgerin verheiratet — nach der Vertreibung in Versmold und Warendorf — Heimatforscher und Schriftsteller.

Perlick, Alfons — * 13. 6. 1895 in Ossen, Kreis Gross Wartenberg — Lehrerseminar, Studium in Hamburg und Berlin — Direktor des Oberschlesischen Volksliedarchivs — Lehrauftrag an der Pädagogischen Akademie Beuthen für Heimat- und Volkskunde 1930, Professur 1935 — Professur an der Pädagogischen Akademie Dortmund 1946, Prorektor 1954 bis 1960 — Herausgeber: Oberschlesische Volkskunde 1929—1938, Mitteilungen des Beuthener Geschichts- und Museumsvereins 1918—1966 — Oberschlesische Berg- und Hüttenleute 1953, Biographische Studien zur schlesischen Heimatforschung 1962 — Festschrift zum 65. Geburtstag 1960 — † 24. 9. 1978 in Wegscheid-Thurnreuth.

Piontek, Heinz — * 15. 11. 1925 in Kreuburg — 1943 bis 1945 Soldat — seit dem Krieg in Bayern ansässig: Dillingen und München — kurzes Studium der Germanistik — seit 1948 freier Schriftsteller: Lyriker, Erzähler, Essayist, Hörspielautor, Herausgeber — Gedichte und Prosa wurden in 150 Anthologien und Schulbüchern aufgenommen — in 12 Sprachen übersetzt — zahlreiche Preise, 1976 Georg-Büchner-Preis.

Pilz, Reinhold, * 26. 6. 1894 in Oels – 1919 aus dem Kreis Wartenberg zum ersten Mal durch Polen vertrieben – 1919 bis 1945 Lehrer, Mittelschullehrer, Rektor in Oels – Stadtverordneter, 1929 Stadtverordnetenvorsteher – nach dem Krieg Schulrat in Freiburg i. Br. — landsmannschaftlich tätig — Bundesverdienstkreuz — † 25. 7. 1971 in Freiburg i. Br.

Pohl, Gerhart – * 9. 7. 1902 in Trachenberg – Studium in Breslau und München Germanistik – Herausgeber der Zeitschrift »Die Neue Bücherschau« – Publikationsverbot – freier Schriftsteller in Berlin – Präsident der Bundesvereinigung deutscher Schriftstellerverbände – Die Brüder Wagemann Roman 1936 – Der verrückte Ferdinand Roman 1937 – Bin ich noch in meinem Haus? Die letzten Tage Gerhart Hauptmanns 1962 – Ostdeutscher Literaturpreis, Kogge-Preis der Stadt Minden, Bundesverdienstkreuz — † 15. 8. 1966 in Berlin.

Pusewey, Artur – * 7. 7. 1911 in Glogau – kaufmännische Lehre – Jugendbewegung – sechs Jahre Soldat – nach Bad Oldesloe/Schleswig Holstein aus englischer Kriegsgefangenschaft entlassen, hier ansässig – Verwaltungsangestellter – landsmannschaftlich tätig – † 15. 8. 1981 in Bad Oldesloe.

Reiprich, Walter – * 10. 10. 1924 in Leutmannsdorf, Kreis Schweidnitz – in Reichenbach aufgewachsen – Besuch der Landesmusikschule in Breslau – Soldat – nach Heidelberg aus amerikanischer Gefangenschaft entlassen, hier ansässig – Landarbeiter, Straßenbahnschaffner, Notenschreiber, Fahrkartenverkäufer, Eisenbahn-Sekretär – Lyrik, Kurzgeschichten, Mitarbeit bei Presse und Rundfunk – landsmannschaftlich tätig.

Renner, Johannes – * 1. 6. 1901 in Frauenhain, Kreis Ohlau – Kindheit und Jugend in Sagan – Jugendbewegung – Lehrer, Anstaltserzieher, stv. Leiter der Schweidnitzer und Wohlauer Provinzialanstalten – Soldat, russische Gefangenschaft – Rektor in Lehrberg bei Ansbach – heimatkundliche Veröffentlichungen – landsmannschaftlich tätig.

Roch, Herbert – * 30. 12. 1907 in Penzig/Oberlausitz – mit 15 Jahren nach Kalifornien und Hawaii, Arbeit als Bäcker und Konditor – 1927 Rückkehr nach Deutschland – Besuch der Arbeiter-Abiturienten-Kurse in Berlin-Neukölln – vom Studium aus politischen Gründen ausgeschlossen – freier Schriftsteller in Berlin – Eltern nach der Vertreibung jahrelang in Görlitz ansässig – Solange das Herz schlägt Roman 1937 – Bücher über Modigliani, Maupassant, Fontane – Leben unter dem Motto: Nichts fürchten, nichts hoffen – † 30. 3. 1978 in Stockelsdorf.

Rosner, Erwin – * 19. 5. 1903 in Breslau – in Neisse aufgewachsen – Jugendbewegung – Heimgarten Neisse-Neuland – Krankenkassenverwaltung – Lyrik, Kurzgeschichten – Soldat – Aufbau und Leitung eines Caritas-Flüchtlingsheimes in Nordwürttemberg – Verwaltungsrat im Versicherungsamt der Stadt Stuttgart – †24. 5. 1984 in Eichelsberg bei Esslingen.

Schenke, Ernst — * 24. 5. 1896 in Nimptsch, Kreis Reichenbach — 1924 durch Paul Barsch nach Breslau geholt — Redakteur, freier Schriftsteller, Rundfunkautor — wohnhaft in Schieferstein am Zobten — 1945 vertrieben — heute in Recklinghausen ansässig — bekanntester schlesischer Mundartdichter — Schlesische Gedichte, 23. Tausend - Schallplatten - Lesungen - Schlesischer Literaturpreis 1965. - †11.12.1982 in Recklinghausen.

Schettler, Albert — * 11. 11. 1893 in Rabenau — 1900 bis 1924 Kindheit und Jugend in Striegau — Lehrer, Rektor, Magistratsschulrat in Breslau — nach dem Krieg Schulrat des Landkreises Lübbecke/Westfalen — Arbeiten zur Ostkunde im Unterricht — Ehrenvorsitzender der Bundesarbeitsgemeinschaft für deutsche Ostkunde — Erster Vorsitzender der Bundesheimatgruppe Striegau — Begründer der Patenschaft Lübbecke-Sagan — arbeitet an einem ostkundlichen Lesebuch — † 9. 12. 1969 in Lübbecke.

Schindler, Karl — * 1. 11. 1905 in Mährisch-Weißkirchen — in Oberschlesien und seit 1918 in Glatz aufgewachsen — Studium in Breslau, Heidelberg und Wien — Dr. phil. — 1928 bis 1943 höherer Schuldienst — Soldat — aus amerikanischer Gefangenschaft 1946 entlassen nach München, hier ansässig — Studienprofessor — Andreas Scultetus. Ein Beitrag zur Literatur- und Kulturgeschichte des 17. Jahrhunderts 1930, Heimat und Vertreibung in der schlesischen Dichtung 1964 — Aufsätze in Zeitungen, Zeitschriften.

Schönfelder, Erich — * 15. 11. 1904 in Neisse — 1908 bis 1921 in Hindenburg — Lehrer — 1929 bis zum bitteren Ende in Breslau — russische Gefangenschaft — 1948 nach Kiel, hier im Schuldienst als Sonderschullehrer — zahlreiche Zeitungs- und Zeitschriftenaufsätze — Dokumentation über die Belagerung von Breslau.

Troeger, Heinrich — * 4. 3. 1901 in Zeitz — Regierungsreferendar in Breslau — 1926 bis 1933 Erster Bürgermeister von Neusalz — nach Entlassung aus dem Amt durch NSDAP Fachanwalt für Devisen- und Steuerrecht in Berlin — 1945/46 Oberbürgermeister in Jena — 1947 Ministerialdirektor in Wiesbaden — 1951 bis 1956 Finanzminister in Hessen - 1958 bis 1969 Vizepräsident der Deutschen Bundesbank in Frankfurt am Main - Dr. jur. Dr. h. c. rer. pol. - † 28. 8. 1975 in Jugenheim/Bergstraße.

Tschechne, Wolfgang — * 26. 12. 1924 in Schweidnitz — später in Breslau — Elisabeth-Gymnasium — Soldat, Gefangenschaft — Leiter des Feuilletons der »Hannoverschen Rundschau« — Leiter des Feuilletons der »Lübecker Nachrichten«.

Ulitz, Arnold — * 11. 4. 1888 in Breslau — 7jährig nach Kattowitz — hier entscheidende Jugendjahre bis zum Abitur — Studium der neueren Sprachen und Germanistik — seit 1913 Studienrat in Breslau — 1933 als »untragbar« vorzeitig pensioniert — Januar 1945 Flucht aus Schlesien — in Tettnang, der Bodenseeheimat der Mutter, wohnhaft — freier Schriftsteller — Ararat Roman 1921, Der große Janja Roman 1940 — im ganzen

2 Bände Lyrik, 11 Bände Novellen und Erzählungen, 13 Romane – Bundesverdienstkreuz, Schlesierschild, Schlesischer Literaturpreis 1963 — † 12. 1. 1971 in Tettnang.

Webersinn, Gerhard – * 25. 4. 1904 in Münsterberg – Studium in Breslau Rechtswissenschaft und Geschichte – Dr. jur. – Amtsgerichtsrat in Löwen – Soldat, russische Gefangenschaft – Aufsichtsrichter Amtsgericht Finsterwalde/NL – 1950 Richter am Verwaltungsgericht Arnsberg, 1954 Oberverwaltungsgerichtsrat Münster – Beiträge im »Jahrbuch der Schlesischen Friedrich-Wilhelms-Universität«, Vierteljahresschrift »Schlesien« zur schlesischen Rechts- und Landesgeschichte — Schlesierschild.

Wiechmann, Karl – * 21. 7. 1896 in Torgau – Redakteur in Torgau, 1926 bis 1945 in Bunzlau – in Eschwege, der Heimatstadt seiner Frau, ansässig – 1948 bis 1961 Geschäftsstelle der »Hessischen Allgemeinen« geleitet – Redaktion der Bunzlauer Heimatzeitung — Zahlreiche Aufsätze über Bunzlauer Heimatgeschichte — † 2. 2. 1974 in Eschwege.

Bildnachweis

Archiv für Kunst und Geschichte, Berlin: S. 70, 71, 286; Germanisches Nationalmuseum, Nürnberg: S. 18, 19, 190; Privat: S. 17, 72, 105–108, 189, 191–196, 213–216, 249–252, 285, 287, 288; Ullstein Bilderdienst, Berlin: S. 20, 69.